PANORAMA DU DROIT
Collection dirigée par Guillaume Bernard

ÉCONOMIE POLITIQUE

DOCTRINES ÉCONOMIQUES ET PROBLÈMES CONTEMPORAINS

Valentine ERNÉ-HEINTZ

A mes enfants,

Eva-Aliénor, Clément-Godefroy, Thomas-Constantin

A mon époux

En souvenir de cet été pluvieux

SOMMAIRE

INTRODUCTION

FICHE 1 | DÉFINITIONS DE LA SCIENCE ÉCONOMIQUE

1. RÉFÉRENCES

ARROW J.K., *Social choice and individual value*, Yale University Press, 1963.

BOURDÉ G., MARTIN H., *Les Ecoles historiques*, Inédit Histoire, collection « Point », 1983.

BROSSOLLET C., « Spécialisation et déspécialisation sexuelle du travail : l'analyse économique », *Sociétés contemporaines*, 16, 1993, p. 145-163.

BUSTREEL A., « La rationalité de la non-spécialisation dans les ménages. Une rupture avec la théorie beckérienne », *Revue Economique*, 2001, 6, volume 52, p. 1157-1183.

DUPUY J.-P. *Introduction aux sciences sociales*, Ellipses, Ecole polytechnique, 1992.

ERNÉ-HEINTZ V., « Décomposition et recomposition, quelle rationalité dans la constitution d'une famille ? », *Les Essais de philosophie pénale et de criminologie*, volume 7, Dalloz, 2008, p. 231-242.

GAUCHET M., « Les trois visages de l'individu », *Le Débat*, 2010.

GIRARD R., *La Violence et le sacré*, Grasset, coll. Pluriel, 1972.

HAYEK F.A., *Droit, législation et liberté*. 3. *L'Ordre politique d'un peuple libre*, Quadrige, PUF, 1979.

MORIN E., *L'Etat des sciences sociales*, La Découverte, 1986.

NAVILLE P., *Sociologie d'aujourd'hui. Nouveaux temps, nouveaux problèmes*, Editions Anthropos, 1981.

PICARD P., *Eléments de microéconomie. Théories et applications*, Montchrestien, 2e édition, 1990,

PROST A., *Douze Leçons sur l'histoire*, Inédit Histoire, collection « Point », 1996.

VARIAN H.-R., *Introduction à la microéconomie*, Prémisses, De Boeck Université, 1997.

2. EXPLICATIONS

L'économie est une discipline récente puisque ce n'est qu'en 1795 qu'une chaire d'économie politique est créée à l'Ecole normale[1]. On attribue à J.-B. Say les premiers enseignements d'économie à l'Athénée (1815) puis au Conservatoire national des arts et des métiers (1819). La principale particularité de la discipline est l'aide au « *Prince* » qu'elle se veut de fournir car « *gouverner, c'est choisir* ». L'économie a alors une fonction sociale. L'économie devient politique[2] au XVIe siècle lorsque l'Etat encourage la création de richesses. D'ailleurs, J.M. Keynes peut se définir comme un institutionnaliste pragmatique avec une volonté affichée : 1) d'agir sur les événements (proposition de réforme du système monétaire international) et 2) d'influencer Roosevelt dans sa volonté d'augmenter les dépenses publiques au printemps 1938 (2e phase du *new deal*). Cette prérogative de l'économie politique sera également sa plus grande diatribe, car l'économie influence le réel et se base sur la réalité pour se construire. On lui reproche parfois son caractère idéologique puisque l'économie se destine à faciliter l'arbitrage politique. Pourtant, il existe des modes dans la pensée – un paradigme dominant – autant de ruptures (voire de révolutions) dans les idées. La société privilégie alors un autre paradigme. *Ita est*, la communauté économique n'est pas unifiée. Cette multitude d'approches et d'analyses d'un

1. La première agrégation de sciences économiques se fait dans les facultés de droit (1896).
2. C'est Antoine de Montchrestien qui publie le premier un *Traité* d'économie politique (1615).

même fait peut fragiliser la dynamique scientifique. C'est pourquoi une œuvre, un auteur doivent être lus et resitués dans leur époque. Aussi, l'économie est contingente à un contexte culturel, social, industriel. D'ailleurs, E. Morin (1986) allègue que « *la science n'est pas le monopole d'une théorie mais est le produit de l'antagonisme entre théories dans des conditions de vérification qui s'imposent à une communauté scientifique* ».

Comment définir la science économique ? En réalité, la « science » économique n'apparaît qu'avec l'approche mathématique de l'école néoclassique (fin XIXe siècle). Effectivement, la formalisation des comportements des agents économiques – avec pour support le calcul statistique et économétrique – s'inscrit dans une volonté de construire des lois générales supposées incontestables. L'économie politique devient science économique. Une transformation radicale. De là, naîtra le débat – non clos – sur le fait de classer la discipline en science « dure » (comme la physique ou la chimie) ou en science « molle » (comme les sciences humaines). Mais l'économie, en tant que science sociale, englobe une très grande variété d'idées et de cheminements de pensées. Dès lors, il sera difficile de dater les premiers penseurs économiques puisque si l'on se réfère à l'étymologie grecque du mot « économie », on obtient, d'une part, « *oîkos* », la maison et, d'autre part, « *nómos* », la loi, la coutume. J.-B. Say ne relate-t-il pas que l'économie est « *la science du grand pot-au-feu national* » (1832) ?

L'économie serait alors toute forme d'activité humaine liée à la production, à la consommation et à l'échange de cette production. D'ailleurs, tant Adam Smith (XVIIIe siècle) que Karl Marx (XIXe siècle) et John Mayard Keynes (XXe siècle) font référence aux théories sur l'échange et sur la monnaie d'Aristote[3] (IVe siècle av. J.-C.). En somme, l'économie regroupe une variété de points de vue et de méthodes d'analyse sur les conditions d'organisation du monde. Elle tente de comprendre la croissance, la crise et de mettre en exergue des principes de régulation des interactions entre les hommes. Aussi, cette première fiche va tenter de répondre à trois questions : à quoi sert l'économie ? Comment se construit-elle ? Comment évolue-t-elle ?

Chapitre 1 À QUOI SERT L'ÉCONOMIE ?

Il existe plusieurs définitions de l'économie car elle est une science en construction, une façon de penser l'agir collectif. Néanmoins, elles ont toutes un point commun qui se résume comme suit : l'économie est une science sociale qui s'interroge sur la meilleure allocation des ressources disponibles afin de satisfaire des besoins individuels et collectifs. Elle recherche l'efficacité (l'atteinte d'un objectif) et l'efficience (la meilleure allocation possible, au moindre coût). Or ces besoins se révèlent illimités alors que les moyens disponibles sont, par essence, limités. La science économique a pour objet l'étude de la lutte

3. Pour Aristote, l'économique (c'est-à-dire les règles de la maison) est une discipline des sciences de l'Homme qui fait référence à la vie en cité, à la chrématistique (création de richesses dans et au nom de la famille). Le commerce, le salarié et le prêt à intérêt sont dénoncés. Cette approche marque profondément l'analyse économique jusqu'à la fin du Moyen Age.

des hommes contre la rareté, et les choix qu'ils font pour aménager dans le temps et l'espace les ressources rares dont ils disposent en vue d'en obtenir le meilleur résultat. Cette hypothèse d'optimisation des comportements sous contraintes (imposées par la société ou ses institutions) fera l'objet de nombreux développements – souvent mathématisés – que l'on retrouvera dans l'école néoclassique, puis dans la théorie de la décision (H. Simon). Cette quête de son intérêt propre au moindre coût est une caractéristique inhérente aux activités humaines. L'économiste néoclassique Von Mises parle de praxéologie.

Dans un système libéral, le principal critère de choix est le prix. Celui-ci se détermine en fonction de l'offre et de la demande qui se confrontent sur un marché. Pour un bien normal[4], la demande est décroissante du prix (lorsque le prix augmente, la quantité demandée diminue) et l'offre est croissante du prix (plus le prix augmente, plus les entreprises sont prêtes à augmenter les quantités offertes). Si l'offre est supérieure à la demande, il y a surproduction : le prix diminue afin de rendre le produit plus attractif et d'écouler le stock. Si la demande est supérieure à l'offre (pénurie sur le marché), le prix augmente, rend le produit moins accessible ; la demande se réduit. Dans les deux cas, les variations des prix permettent d'équilibrer le marché. En définitive, un équilibre de marché se définit comme une situation où l'offre est égale à la demande. Ainsi, le prix reflète la rareté ou l'utilité d'un bien. Dès lors plusieurs questions se posent : les ressources disponibles sont-elles efficacement utilisées ? Faut-il réglementer l'économie en instaurant de nouvelles lois ? L'intérêt collectif découle-t-il de la volonté générale ou de la volonté collective ?

Cet ajustement par tâtonnement sera mis en évidence par Léon Walras (1874) : l'ajustement au prix d'équilibre procède par ajustements de la quantité. La stabilité de l'équilibre est donc assurée par la flexibilité des prix (Sonnenschein, Mantel, Debreu). L'équilibre du marché (en situation de concurrence pure et parfaite) intervient lorsque l'offre totale égalise la demande totale. En conséquence de quoi, tous les acheteurs et vendeurs sont preneurs de prix, ce dernier étant annoncé, avant les échanges, par le commissaire-priseur. Toutefois, cet ajustement suppose l'existence d'un commissaire-priseur en amont des négociations (il annonce le prix initial) : l'univers est centralisé. Le diagramme d'Edgeworth construit le cheminement dans le cadre d'un univers décentralisé où les agents décident des prix. Plus un bien est cher, plus il est rare. A ce titre, l'économie se définit aussi comme la science des biens rares et utiles.

Dès lors, après l'étude de l'équilibre d'un marché en particulier, Léon Walras (1874) et Gustav Cassel (1918) démontrent qu'il est possible de passer d'un équilibre partiel à l'équilibre général d'une économie. Ces éléments seront repris par Arrow et Debreu (1954). L'équilibre de l'économie sera qualifié de *pareto-optimale* (*optimum*) car les agents

4. L'élasticité (ou sensibilité) mesure la variation de la consommation suite à un changement de prix ou de revenu. Le bien est inférieur si l'élasticité est négative (avec une hausse du revenu, la quantité consommée diminue). Pour une élasticité comprise entre 0 et 1, le bien est normal (toute baisse du prix entraîne une hausse de la consommation). Lorsque l'élasticité est supérieure à 1, il s'agit d'un bien de luxe.

n'auront pas intérêt à modifier leurs situations respectives : à l'équilibre général, les possibilités d'échanges mutuellement avantageuses auront été épuisées. Le marché est efficace. Dans cette situation, quatre propriétés sont émises :

- chaque consommateur maximise son utilité sous contrainte budgétaire ;
- chaque firme maximise son profit sous contrainte technique (fonction de production) ;
- les quantités totales produites sont égales aux quantités consommées ;
- l'offre de travail est égale à la demande de travail émanant des entreprises.

Ainsi, la loi de Walras peut être énoncée comme suit : « *la somme de la valeur des excès nets de demande est toujours nulle. Dans une économie comprenant n marchés, l'équilibre sur n-1 marchés implique l'équilibre sur le dernier marché* ». Cet équilibre sera repris par A. Marshall (néoclassique de Cambridge) par le biais de la notion de surplus : il correspond à la différence entre le consentement à payer (accepter) et le prix d'équilibre. L'école néoclassique met ainsi en évidence un transfert de surplus entre le consommateur et le producteur au bénéfice de ce dernier dans le cas du monopole et conclut à la supériorité de la concurrence. Pour M. Allais, l'équilibre général est un état où le « *surplus distribuable* » est négatif ou nul. Cependant, il définit la notion « *d'utilité perdue* » en dénonçant la gestion publique d'un bien : celui-ci pourrait être vendu moins cher. Pour l'un des fondateurs de l'école marginaliste, J. Dupuit (1804-1866), il existe alors un écart entre l'optimum du monopoleur et l'optimum social (où l'utilité perdue est minimisée).

En définitive, l'économie a quatre principales fonctions :

- coordonner les activités économiques : dans un système libéral, la coordination s'effectue au travers d'un marché (la main invisible pour Adam Smith), dans une société socialiste, à travers un plan, prédéfini par l'Etat ;
- arbitrer en fonction d'un intérêt général en sachant que l'intérêt général se définit autour de l'efficacité économique et de la justice sociale ;
- harmoniser les choix, c'est-à-dire assurer la compatibilité de l'offre et de la demande ;
- et enfin, atteindre les objectifs à savoir satisfaire le maximum de besoins.

Les besoins sont le moteur de l'activité économique. La compréhension de ses besoins suscite des relations économiques entre agents et implique ensuite de réguler ces relations. Une querelle naîtra ainsi entre l'école libérale et les keynésiens : l'offre crée-t-elle sa propre demande, comme le suggère la loi des débouchés de J.-B. Say ou, au contraire, s'adapte-t-elle aux débouchés potentiels (la demande effective, anticipée de J.M. Keynes) ? Dans le premier cas, la production crée les conditions nécessaires à son écoulement (via la distribution de revenus). Dans le second cas, l'entrepreneur peut sous-estimer la demande et l'économie entre en crise : l'économie est en situation de sous-emploi. Dès lors, faut-il inciter à épargner (pour investir et produire) ou faut-il agir sur les revenus (freiner l'épargne) afin de libérer du pouvoir d'achat destiné à la consommation et rendre les anticipations plus optimistes ?

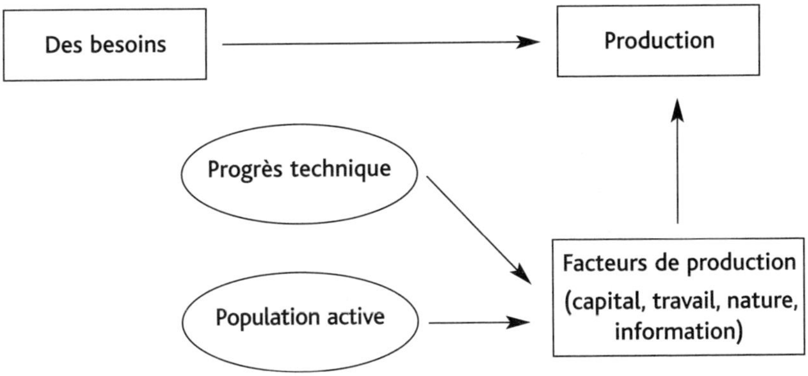

Pour autant, les besoins ne représentent pas la finalité de l'économie et ne définissent pas la science économique. L'économie est un outil permettant de mettre en évidence les processus décisionnels des acteurs économiques (décision d'épargne ou de privilégier tel bien plutôt qu'un autre, choix d'investissement ou délocalisation...). *Ita est* l'objectif de l'économie n'est pas seulement de connaître, mais aussi d'agir. C'est en cela qu'elle se révèle parfois normative car elle ne cherche pas uniquement à décrire le monde tel qu'il est, mais aussi à définir comment il devrait être. Ainsi, lorsque la consommation est trop faible, le gouvernement peut décider de réduire les impôts comme le montre l'exemple suivant :

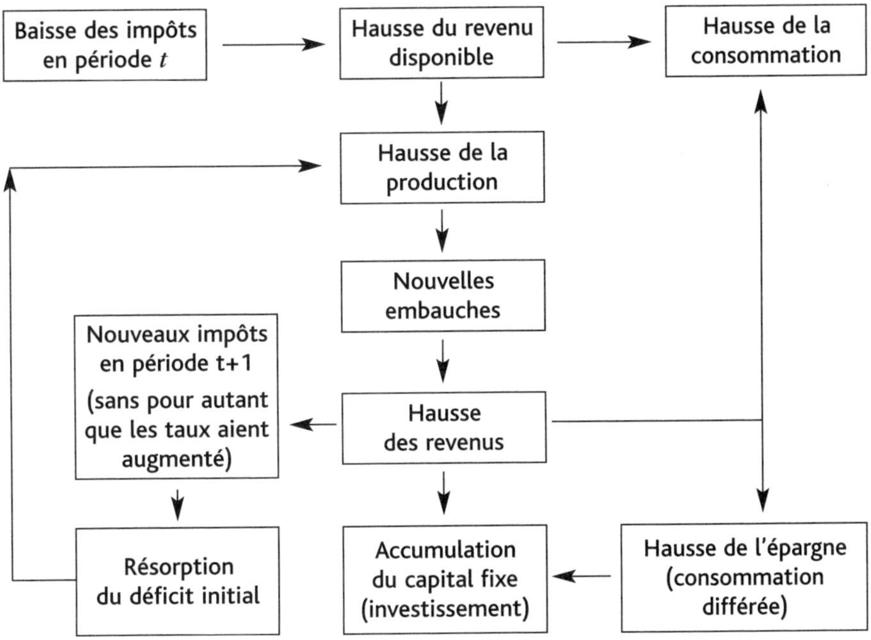

Définir les comportements des différents acteurs (entreprises, ménages, banques, Etat) permet de construire des lois économiques dans le seul et unique but de proposer des mesures économiques. La politique économique implique de faire des choix en définissant des priorités. Pour cette raison, l'économie est souvent définie comme une science des choix entre des fins et des moyens. Cet aspect prend en compte une double optique : d'une part, l'efficacité dans l'utilisation des ressources (recherche d'optimisation des facteurs disponibles) et d'autre part, l'équité dans la distribution des richesses (débat sur la justice sociale). Dès lors, plusieurs questions se posent : l'économie utilise-t-elle efficacement les ressources disponibles ou induit-elle des gaspillages ? Faut-il réglementer l'économie en instaurant de nouvelles lois ? L'intérêt collectif découle-t-il de la volonté générale ? Pour définir l'intérêt national, faut-il privilégier le contrat ou la loi ? Ce faisant, la question concernant la place de l'Etat est récurrente dans l'histoire des doctrines : comment réguler le social ? Comment penser la société ? Est-elle auto-instituée comme le suggèrent les Libéraux ou repose-t-elle sur un ordre (divin, étatique) extérieur à l'Homme ? En somme, l'économie n'est pas seulement l'analyse des richesses matérielles. Elle est une science sociale, une science des choix qui étudie les comportements d'agents ayant des objectifs propres soumis à des contraintes comme la législation ou la rareté des ressources. L'économie s'intéresse aux opérations de production, de consommation et de distribution des richesses, mais aussi aux institutions et aux activités ayant pour objet de faciliter les échanges.

Chapitre 2 COMMENT L'ÉCONOMIE SE CONSTRUIT-ELLE ?

L'économie observe les comportements pour définir des lois économiques. Parfois, elle englobe différentes approches comme la sociologie, la psychologie ou l'histoire afin de comprendre l'évolution de la vie économique et sociale[5]. Ainsi, la microéconomie repose sur l'hypothèse de rationalité, ce qui suppose que chaque agent a un objectif propre ; elle ne s'interroge pas sur la détermination de cet objectif. En conséquence de quoi, la microéconomie s'inscrit en complémentarité d'autres disciplines telles que l'anthropologie, la psychologie ou la sociologie. Concernant l'hypothèse de rationalité de l'homo-œconomicus, H. Simon (prix Nobel en 1978) reprend l'hypothèse de myopie de Keynes et expose l'hypothèse de rationalité limitée. En quelque sorte, l'homme de Descartes (comportement rationnel) a évolué vers un homme de Pavlov (avec des réflexes conditionnés, déterminés : le comportement deviendrait irrationnel).

La recherche d'information est incertaine et a un coût. Or selon Simon, l'individu a une sorte de paresse qui limite la volonté de maximiser son intérêt. Il se contente de l'atteinte

5. L'économie n'est pas la seule discipline ouverte. Ainsi, en histoire, l'école des Annales (L. Febvre et M. Bloch, 1929) prône la nécessaire interdisciplinarité pour comprendre les faits sociaux : l'Histoire est « *problème* », c'est-à-dire qu'elle questionne le passé pour mieux comprendre le présent. La nouveauté porte moins sur la méthode que sur les objets et les questions abordés par la discipline. Elle refuse l'histoire politique événementielle au profit d'une histoire totale (c'est-à-dire une « *histoire économique et sociale* ») avec une volonté de synthèse permettant de comprendre à la fois le tout et ses parties.

de l'objectif dès lors qu'il a atteint un certain seuil. Il ne considère pas l'ensemble des possibles pour décider, mais agit en fonction d'un principe de réalité[6]. La rationalité individuelle est alors bornée. De ces limites de la rationalité naissent les conventions et les institutions humaines qui permettent ensuite de réguler les contradictions entre groupes sociaux. T. Schelling (1973) insiste sur les tactiques développées par l'individu, anticipateur du comportement de l'autre partie : pour atteindre son but, l'individu fait preuve de stratégie lors de l'échange (qui n'est pas toujours sans menace, sans arrangement ou sans violence). Aussi, un intermédiaire est souvent nécessaire pour faciliter les négociations voire régler le conflit. Ce jeu de coordination dépend alors de la crédibilité et du rôle joué par l'institution. La théorie des jeux met en exergue ces stratégies émises par les individus.

Par ailleurs, si l'économie se concentre sur la réalisation de cet objectif, elle ne s'intéresse qu'à l'échange marchand. C'est pourquoi le concept de marché est omniprésent. Cela ne signifie en rien qu'elle ignore d'autres échanges ou d'autres formes de réalisation de l'objectif de l'agent. D'ailleurs, il existe de nombreuses passerelles entre les disciplines. Qu'il s'agisse d'altruisme ou de philanthropie (Mauss, Hume), du rôle de l'Etat (Rousseau, Locke, Saint-Simon) ou de l'origine du capitalisme (Max Weber[7]), les apports mutuels sont constants. Ainsi, en s'appuyant sur l'approche de Weber, Gérard Donnadieu explique le différentiel de croissance entre l'Afrique et les pays asiatiques à l'aune de l'héritage culturel : le bouddhisme encourage l'abandon des biens matériels, mais conjugué avec le confucianisme, les valeurs partagées sont « *recherche de la qualité, sens du service, égalité d'humeur* », autant d'éléments propices au développement économique. Les théories économiques du développement illustrent parfaitement la contingence des approches, selon que l'on adhère ou non à l'hypothèse de réciprocité des avantages et au principe mono-économiste. La réciprocité des échanges suppose que le libre-échange participe d'une stratégie gagnant-gagnant. Le principe mono-économiste (une loi universelle du développement) suppose que les pays du Tiers-Monde ont les mêmes caractéristiques (structures) que les pays industrialisés ; de ce fait, le structuralisme (Prebisch, Perroux) s'oppose nettement à la synthèse classico-keynésienne (favorable au libre-échange et à l'ouverture des frontières).

De ce fait, les lois économiques ne sont pas immuables, elles évoluent dans le temps à travers ses hypothèses. Dans l'histoire de la pensée économique, il existe alors des révolutions voire des ruptures épistémologiques plus ou moins marquées. Il en est ainsi de la notion de valeur d'un bien. En effet, si le prix d'un bien correspond à sa valeur de production, il suffit de déterminer un coût de production en sommant les différents éléments nécessaires à sa production. La théorie classique de la valeur travail (XVIIIe siècle) suppose que le prix d'un bien est proportionnel au travail fourni pour le produire. Mais cette théorie objective – comptable dans son esprit – sera remise en question par la théorie subjective de la valeur construite par les marginalistes (fin XIXe siècle) : la valeur d'un bien dépend de

6. Il existe une relation dialectique entre les fins adaptées aux moyens disponibles : l'éducation, le groupe social conditionnent l'Homme et ne le rendent pas totalement rationnel. Ces aspects se retrouvent dans « *l'habitus* » de P. Bourdieu.

7. *L'Ethique protestante et l'esprit du capitalisme* (1904-1905).

l'utilité de ce dernier. Le paradoxe de Smith lié au dilemme[8] eau / diamant est ainsi résolu. Il est ainsi patent de constater que l'art contemporain a un prix mais pas forcément une valeur. Il est donc erroné de confondre les notions de prix et de valeur.

Lorsqu'ils introduisent la formalisation dans l'économie, les néoclassiques construisent une approche scientifique des relations entre les acteurs. Obéissant à une volonté de réduire la subjectivité dans l'analyse, cette abstraction recherche la scientificité. Pour autant, elle repose également sur des hypothèses fortes (dont la rationalité). En définitive, pour se constituer en discipline autonome, l'économie se sépare du politique et de la morale. Cette émancipation se retrouve dans l'édification de *l'homo-œconomicus,* c'est-à-dire dans un individu dégagé de toute codification sociale, contrainte ou obligation. La première voie empruntée par des théoriciens du contrat social comme Rousseau, Hobbes ou Locke puis par Hegel s'efforce de lier l'individu et donc la société au niveau politique. L'autre voie développée par Hume et Smith donne naissance à l'économie. Ici, l'individu est placé au centre du monde. Il est autonome et capable de se positionner en tant que spectateur impartial.

Avec l'école néoclassique, l'économie devient abstraction. Mais elle construit une certaine perception de l'activité humaine car l'économie n'existe pas isolément. En l'espèce, la théorie de la complexité offre une image nouvelle, dans la mesure où elle insiste sur le caractère instable et imprévisible des comportements, donc de la croissance. Cette dernière n'apparaît plus comme un phénomène linéaire lié à un seul facteur (comme la démographie, le progrès technique), mais comme une dynamique instable issue de la conjonction de plusieurs forces (culture, place de l'Etat, niveau d'accumulation, psychologie). Aux antipodes, la théorie de la complexité est née à l'intersection de la théorie de l'information, de l'approche systémique[9], de la théorie de l'auto-organisation et de la théorie du chaos. Surtout, elle se révèle pluridisciplinaire en se référant à des économistes (Herbert Simon), des sociologues (Edgar Morin), des physiciens (Heinz von Foerster) ou encore des biologistes (Henri Atlan). L'idée qu'un seul comportement puisse déstabiliser un ensemble dans un état de déséquilibre (par ex. sur le marché boursier) s'impose alors. La prospective (anticipation de l'avenir) ne s'inscrit pas forcément dans le renforcement d'une tendance en cours (*trend*). Ainsi, « *l'avenir est la rencontre de déterminismes, de hasard et de volonté* » (J. Lesourne, 1988).

8. L'eau existe en abondance et ne vaut pas cher en comparaison du diamant alors que son utilité est grande. L'introduction du concept d'utilité marginale décroissante permet de comprendre l'effet satiété qui baisse la valeur de la consommation d'un bien.

9. Née dans les années 1940, elle met en exergue trois grandes propriétés : 1) le principe d'interdépendance et d'interaction des éléments d'un ensemble (l'autarcie est impossible), 2) le principe de totalité (« *le tout est supérieur à la somme des parties* »), 3) le principe de rétroaction (« *feedback* ») qui énonce l'idée qu'une action entraîne une réaction provoquant des mécanismes de régulation plus ou moins stables.

Quoi qu'il en soit, l'élaboration d'une théorie débute par des hypothèses afin de formaliser un comportement pour ensuite les confronter à la réalité. Ce cheminement se décline en plusieurs étapes comme le rappelle Gide (*Principes d'économie politique*, 1917) :

« *La véritable méthode procède par trois étapes : 1) observer les faits sans idée préconçue ; 2) imaginer une explication générale qui permette de rattacher entre eux certains groupes de faits dans des rapports de cause à effet : en d'autres termes, formuler une hypothèse ; 3) vérifier le bien-fondé de cette hypothèse* ».

SECTION 1 - L'OBSERVATION DE LA RÉALITÉ (LES FAITS STYLISÉS)

L'observation de la réalité s'effectue par le biais des statistiques qui, retraitées grâce à l'économétrie, permettent de définir des variables discriminantes. Les faits apparaissent alors comme autant de preuves au sens donné par les historiens : « *les faits sont têtus* », « *pas d'histoire sans faits* ». Pour Leroy-Beaulieu[10] (1910) :

« *L'économie politique est une science d'observation et non une science expérimentale* [...] *Elle est la science qui constate les lois générales déterminant l'activité et l'efficacité des efforts humains pour la production et la jouissance des différents biens que la nature n'accorde pas gratuitement et spontanément à l'homme.* »

Sur l'hypothèse des cycles par exemple, l'histoire économique et l'histoire de la pensée économique se conjuguent aisément. D'ailleurs, certaines problématiques, qui semblaient avoir été oubliées, resurgissent aujourd'hui : les questions liées à la répartition des fruits de la croissance, l'existence d'un inévitable état stationnaire ou encore le gain à l'échange international sont autant de débats réactivés. La révélation de cycles suscite encore de violentes diatribes entre théoriciens : quelle est l'origine du cycle ? Différentes causes tant exogènes qu'endogènes se font concurrence : calamités agricoles, spéculation, progrès technique, augmentation de la population ou surinvestissement sont autant d'explications possibles.

La question des faits pose incontestablement celle des comportements des individus. A ce titre, il apparaît judicieux de différencier l'attitude de l'intention, de la préférence et du comportement. Le comportement précise un ensemble de réactions ou de conduites conscientes et inconscientes. L'intention signifie que l'action de l'individu a été réfléchie : elle donne un sens *ex ante* à l'acte. L'attitude est une conduite adoptée en des circonstances précises ; elle dépend de la perception du réel. Dès lors, l'individu est mû par la subjectivité et non par l'objectivité, comme pourrait le faire croire l'hypothèse de rationalité. Et J. Rueff (1896-1978), créateur du nouveau franc le 27 décembre 1958, affirme :

10. Dans son *Traité théorique et pratique d'économie politique* (1910), P. Leroy-Beaulieu (1843-1916) est un libéral français et, en ce sens, est convaincu que la révolution industrielle est facteur de réduction des inégalités sociales. Selon lui, « *l'Etat n'a pas pour mission de faire régner la vertu, la sagesse ou la santé* [...] *L'Etat n'a pas charge d'âmes. C'est sur les choses, presque uniquement, que son action doit s'exercer.* » (*Le Travail des femmes au XIX*e *siècle*, 1873).

« *Les lois économiques parfaitement vraies lorsque règne le chaos individualiste, lorsque acheteurs et vendeurs agissent indépendamment les uns des autres, cessent purement et simplement de régir la succession de phénomènes lorsqu'on peut obtenir des individus qu'ils concertent leur action et lui donnent une direction unique.* » En d'autres termes, pour cet adepte de la planification indicative, la prévision est parfois totalement inutile.

SECTION 2 - LA DÉTERMINATION D'HYPOTHÈSES (OU PROLÉGOMÈNES), LA FORMALISATION D'UN COMPORTEMENT, LA CONSTRUCTION D'UNE THÉORIE

Le point de départ de l'analyse est le comportement d'un agent. En l'espèce, pourquoi un ménage décide-t-il d'épargner ? Pourquoi une personne décide-t-elle de se porter sur le marché du travail ? De même, les décisions d'embauche d'une entreprise dépendent du coût de la main d'œuvre mais aussi de ses perspectives de ventes, des coûts de ses matières premières. Dès lors, il s'agit de construire un modèle de fonctionnement de l'ensemble des marchés (des biens, du travail, du capital) afin de comprendre la logique de ses interactions. L'économie est ici une science explicative car elle recherche les modalités les plus favorables pour organiser la production, la distribution et la consommation des biens et services.

Deux hypothèses peuvent être posées.

La première est **l'hypothèse de rationalité** : les agents sont rationnels ; ils agissent en fonction de leurs préférences qu'ils confrontent à leurs contraintes. Exemple : un ménage utilise au mieux son revenu de telle sorte qu'il obtienne une satisfaction maximale ; de la même manière, une entreprise détermine son programme de production, sa politique d'embauche et d'investissement en fonction de ses contraintes afin de maximiser son bénéfice. De cette hypothèse de rationalité découle la transitivité des préférences[11]. De plus, la notion même de rationalité ne signifie pas que l'individu ne prenne pas en compte les intérêts d'autrui. Au contraire, dans son schéma décisionnel, il peut inclure le bien-être procuré à autrui et développe alors un comportement altruiste. Ainsi, la philanthropie de certains milliardaires américains, le don d'organes ou de sang peuvent s'expliquer par une dynamique maussienne[12] de don/contre-don. Mais cette rationalité, au cœur de la pensée néoclassique, suppose non seulement que l'individu dispose de l'information nécessaire à l'optimisation, mais également qu'il soit à même de traiter et d'évaluer la pertinence de

11. La transitivité des préférences est une hypothèse de la théorie microéconomique : elle suppose l'objectivité des choix. Pourtant, certains psychologues (Kahneman et Tversky) remettent en question cette hypothèse car, face à deux situations identiques, l'individu peut opérer des choix différents en raison de la perception psychologique des choix (aversion ou non au risque par exemple).
12. Marcel Mauss (*Essai sur le don. Forme et raison de l'échange dans les sociétés archaïques*, 1925) définit le don comme créateur de lien social car il « *oblige* » celui qui reçoit à accepter le don et à rendre. Le don se révèle alors indispensable aux sociétés humaines.

celle-ci. La rationalité est donc forcément limitée (H. Simon). Pour Arrow (1986) : « *en dehors de telles conditions, les hypothèses de rationalité sont mises à rude épreuve et peuvent même devenir contradictoires.* [...] *Une théorie de l'économie ne peut, en principe, qu'être fondée sur la rationalité.* [...] *Ainsi, John Stuart Mill soutient-il que la plus grande part de la vie économique est gouvernée par la coutume, et non par la concurrence. Mais il ajoute que la seule théorie possible est celle qui se fonde sur la concurrence – qui, dans ses théories, comporte certains éléments de rationalité, en particulier la mobilité du capital et du travail vers les activités les plus rentables.* »

La deuxième hypothèse concerne **les modalités** avec lesquelles les agents s'efforcent d'atteindre leurs objectifs. L'analyse économique s'intéresse avant tout à l'échange marchand : c'est pourquoi le concept de marché est au cœur de l'analyse économique. Le marché se définit comme le mécanisme qui organise la confrontation des offres et des demandes pour un certain type de bien et qui conduit à la détermination d'un prix. Le postulat est que l'échange est toujours volontaire – consenti – et mutuellement avantageux. Ce caractère d'avantages réciproques fonde l'échange marchand, par opposition à d'autres formes comme le vol (contrainte). A ce titre, il existe plusieurs types de marché comme le résume le tableau suivant. A. Cournot (1786-1862) et E. Chamberlain (1899-1967) précisent les concepts de concurrence imparfaite et les conséquences sur la formation des prix : l'existence de rapports de force entre les différents acteurs (accords ou cartels, syndicats ou coopératives) limite l'efficacité du marché. Toutefois, K. Galbraith (1967) souligne – à travers la théorie du « pouvoir compensateur » – que le pouvoir appelle le contre-pouvoir : les rapports de force ont tendance à s'équilibrer. Ainsi en est-il des petits producteurs qui se regroupent pour faire face à la position dominante d'une firme multinationale ou encore de syndicats de salariés face aux entreprises.

Demande / Offre	Un seul acheteur	Quelques acheteurs	Multitude d'acheteurs
Un seul vendeur	Monopole bilatéral Ex. : commande spécifique à un artisan	Monopsone contrarié Ex. : monopole discriminant Ex. traitement pour une maladie rare	Monopole Ex. : nucléaire
Quelques vendeurs	Monopsone contrarié Ex. : une FMN avec des sous-traitants	Oligopole bilatéral Ex. : constructeurs automobiles face à des offreurs de composants	Oligopole Ex. : position dominante d'une firme ou entente Ex. : téléphonie mobile
Un très grand nombre de vendeurs	Monopsone Ex. : industriels du tabac face à l'Etat	Oligopsone Ex. : peu de centrales d'achats face à des firmes agroalimentaires	Concurrence pure et parfaite

SECTION 3 - LA CONFRONTATION DES HYPOTHÈSES AVEC LA RÉALITÉ

Deux cas sont possibles comme le résume le schéma suivant : soit les hypothèses sont confirmées et la théorie validée, soit les hypothèses sont infirmées avant d'être reformulées. Et on peut ajouter avec J. Robinson (1955) : « *Une théorie économique, au mieux, est seulement une hypothèse* [...] *Si les faits ne permettent pas de justifier l'hypothèse, celle-ci doit être rejetée* [...] *Pour faire un bon usage d'une théorie économique, nous devons d'abord extraire les éléments scientifiques, confronter ces derniers avec l'expérience, voir dans quelle mesure l'élément scientifique apparaît convaincant et finalement le combiner avec nos propres vues politiques.* » (cité par Baslé *et al.*, 1993, p. 6)

En effet, les théories se construisent à partir d'hypothèses qui ne sont pas toujours respectées. Ainsi, l'observation d'un comportement peut s'avérer exacte dans un contexte et pas dans un autre. Max Weber insiste sur le caractère relatif des théories. Toutefois, il existe parfois des similitudes dans les événements économiques. Ainsi, Maurice Allais (prix Nobel français en 1988) pose trois caractéristiques d'une crise monétaire : le développement des dettes, la montée d'une forte spéculation et le financement des investissements du long terme par les dépôts à court terme. Ces éléments ont été observés lors de la crise de 1929, de 1987 puis, plus récemment, lors de la crise des *subprimes*.

1re étape : la détermination d'hypothèses

↓

2e étape : la formalisation d'un comportement
= construction d'une théorie

↓

3e étape : l'observation de la réalité (faits stylisés)

↓

4e étape : la confrontation des hypothèses avec la réalité

↙ ↘

confirmation des hypothèses → théorie validée

infirmation des hypothèses → hypothèses initiales reformulées (→ retour à la 1re étape)

De manière similaire, la construction de fonction de production (fonction objectif d'une firme) combine pour chaque unité produite une certaine quantité de facteur capital et de facteur travail. Dès lors, toute hausse de l'utilisation des facteurs conduit à une hausse de la quantité produite. De manière similaire, toute hausse de la productivité apparente du travail ne peut provenir que d'une plus grande intensité capitalistique de la combinaison productive. Or, les travaux empiriques[13] sur les facteurs de la croissance réfutent cette conclusion et ouvrent à de nouvelles explications : le « *résidu* » provient d'une meilleure organisation du travail, du niveau de formation et de l'implication des salariés, du profil du dirigeant, du progrès technique.

Le temps transforme les théories. L'économie obéit également à cette règle même si certaines questions semblent ne pas avoir trouvé de consensus. En l'espèce, une société se forme-t-elle à partir d'individus séparés ? Quel est le statut de l'individu ? Si la société se construit à partir d'individus autonomes, comment interpréter le résultat de leurs actions ? La société est-elle le simple résultat de l'agrégation de ces actions ? C'est en s'appuyant sur cette conviction qu'Adam Smith élabore la théorie de la main invisible (auto-organisation du marché). Pour Marshall (*Principes d'économie politique*, 1890), l'économie doit être positive, basée sur l'observation et non normative car « *il est entendu aussi que les lois économiques expriment les tendances formulées sur le mode indicatif et non des préceptes éthiques sur le mode impératif* ».

Le point fondamental réside dans l'idée qu'il n'existe pas de théorie universelle, de vérité absolue en économie. Celle-ci se caractérise par sa diversité. Trop souvent, il est omis de rappeler que chaque théorie repose sur des prolégomènes qui sont loin d'être uniformes. Ainsi, une grande dichotomie entre l'approche libérale et l'approche keynésienne est non seulement temporelle (structurelle *versus* conjoncturelle) mais porte aussi sur les modalités d'adaptation (respectivement par les prix ou par les quantités). L'approche ne peut être que relativiste et contingente. La science économique se construit selon un processus continu : chaque auteur s'inscrit en continuité ou en porte à faux de ses prédécesseurs. L'économie cherche à éclairer le présent en se basant sur le passé. Certains auteurs tombent parfois dans l'oubli ou sont vilipendés à leur époque, puis redécouverts ou réhabilités plus tardivement. Il existe ainsi des écoles de pensée, des clivages entre les auteurs : l'école classique, le marxisme, le keynésianisme, le monétarisme, l'école de la régulation, etc.

A ce titre, il est assez traditionnel de distinguer trois écoles principales :

• l'école libérale, qui défend le libéralisme : l'économie est régie par une main invisible qui conduit à une harmonie sociale (A. Smith) ; la crise durable est impossible en raison de la loi de débouchés de J.-B. Say ;

• l'école marxiste (Marx, Kautsky, Hilferding), les libertaires (Proudhon, Kropotkine, Bakounine) et les économistes du rêve (Fourier, Cabet, Owen) : le capitalisme conduit à une croissance appauvrissante ; il est nécessaire de rompre de façon radicale avec l'économie de marché ;

13. Denison (1967) obtient un résidu élevé pour l'Europe et les Etats-Unis pour la période (1950-1962); Carré, Dubois et Malinvaud (1972) expliquent que seule la moitié des 5 % de la croissance française entre 1951 et 1969 résulte de l'augmentation des facteurs de production. En d'autres termes, le résidu correspond à près de la moitié du taux de croissance.

• l'école keynésienne (Keynes, Weintraub, Harrod, Domar, Kaldor, Robinson), qui propose de réformer l'Etat-Gendarme afin d'introduire une rupture dans les institutions traditionnelles. L'Etat a un rôle économique à jouer car le système libéral peut rester en crise et conduire à un sous-emploi structurel.

Cette classification est cependant contestable pour son caractère sommaire et réducteur. Ainsi, des auteurs comme R. Malthus et D. Ricardo (XVIIIe siècle), que l'on classe aisément dans l'école libérale, ont une vision bien plus pessimiste puisqu'ils introduisent l'idée d'un état stationnaire. De même, K. Marx (XIXe siècle) a une approche très similaire de la notion de valeur des Libéraux puisqu'il adhère à la valeur-travail. Une rupture entre les Classiques et les Néoclassiques réside justement dans l'idée que cette valeur repose non pas sur la quantité de travail qu'incorpore un bien (approche objective), mais sur l'utilité du bien (approche subjective). D'ailleurs, Marx introduit la classification de « *Classiques* » (W. Petty, D. Ricardo) – qu'il apprécie – et à qui il oppose les « *économistes vulgaires* » (comme F. Bastiat).

Ecoutons Lord Keynes (1936) : « *Les idées, justes ou fausses, des théoriciens de l'économie et de la politique exercent une puissance supérieure à celle qu'on leur prête communément. En fait, ce sont elles qui mènent le monde ou peu s'en faut. Les hommes d'action qui se croient affranchis des influences doctrinales sont d'ordinaire les esclaves de quelque économiste du passé. Les illuminés du pouvoir qui se prétendent inspirés par des voix célestes distillent en fait des utopies nées quelques années plus tôt dans le cerveau de quelque écrivailleur de faculté. Tel maniaque de l'autorité, qui entend des voix, ne tire en fait sa frénésie que d'un dogme.* »

Chapitre 3 *COMMENT L'ÉCONOMIE ÉVOLUE-T-ELLE ?*

L'économie est une science vivante car les comportements ne se reproduisent pas toujours à l'identique. Les théories ne sont ni immuables ni universelles même si certains auteurs[14] tentent de réaliser une synthèse. Pour L. Reybaud (*Journal des économistes*, 1841) :

« *L'économie politique n'est pas une science universelle ; c'est une science circonscrite et spéciale, marchant sur son terrain, agissant dans ses limites. Elle est appelée à jouer dans la vie des peuples un rôle essentiel, mais elle n'aspire pas à décider toute seule de leurs destinées ; elle a ses problèmes particuliers, mais elle ne se flatte pas de résoudre tous les problèmes* [...] *C'est avant tout une science pratique.* »

En matière de querelle doctrinale, citons celle qui oppose l'individualisme méthodologique et l'institutionnalisme. L'individualisme méthodologique, développé essentiellement

14. Charles Gide (1847-1932) et les fondateurs (Jourdan, Villey, Faure) de la *Revue d'économie politique* (1887). En réalité, cette querelle fait référence à l'école classique française qui disposait d'un monopole dans la diffusion des idées à travers *Le journal des économistes*.

par l'école viennoise représentée notamment par le marginaliste Menger (1840-1921), postule que tout événement peut être analysé à partir d'actions individuelles : l'analyse économique repose sur l'individu et son calcul d'optimisation. Les décisions microéconomiques conduisent la société au bonheur. Ce postulat sera fortement critiqué, entre autres, par l'école historique (Labrousse, Kuznets, Bloch, List et Schmoller) et les institutionnalistes (Veblen, Mitchell). Pour ces derniers, l'économie est liée à l'histoire d'un peuple : à chaque période correspondent des institutions propres à chaque Etat. Pour A. Wagner (1871), institutionnaliste allemand, favorable à un social-étatisme nationaliste, « *l'économie nationale est un tout.* [...] *Ce tout est considéré en lui-même, à un certain degré de son évolution et étant donné certaines hypothèses juridiques.* »

L'approche est alors globalisante, holiste : les organes sociaux priment sur l'individu. Ainsi, l'école historique allemande est favorable à une intervention sociale de l'Etat : le capitalisme mixte, l'économie sociale de marché sont des modèles rhénans et apparaissent comme un compromis entre le socialisme étatique et le capitalisme.

D'ailleurs, c'est dans ce contexte socialisant que naît l'école autrichienne ultralibérale (Ecole de Vienne) qui refuse catégoriquement toute intervention de l'Etat, assimilée à une forme de totalitarisme. Face à une économie social-étatiste (et parfois nationaliste comme chez Wagner ou Schmoller), l'école de Vienne (Von Mises, Hayek) propose une approche ultralibérale. La critique est également méthodologique car, pour l'école historique allemande, l'économie doit être inductive, réaliste ; elle ne saurait être mathématisée et fonctionnelle.

Chez Hayek (1979), l'individu est excentré, aspiré par la foule. Ce phénomène se retrouve chez l'anthropologue René Girard (1972) dans son « *désir mimétique* », dans la « *sympathie envers les autres* » chez Adam Smith ou encore dans ce processus « *d'imitation* » que J.M. Keynes désigne comme une forme de rationalité (le marché est ici synonyme de foule). D'ailleurs, Tocqueville insiste sur ce déchirement intérieur entre l'isolement et l'intérêt pour l'Autre que la passion pour l'égalité exprime parfaitement. Selon l'approche privilégiée, la définition donnée au contenu du contrat social et à l'articulation des liens entre les agents s'en trouve fortement conditionnée : préférence pour la loi (centralisation administrative, culture jacobine) dans le modèle continental ou pour le contrat (autorégulation ou auto-organisation, auto-extériorisation sociales) dans le modèle anglo-saxon. Chaque approche préfigure des attributions différenciées à l'Etat central.

L'économie politique qui se construit au XVIIIe siècle, repose sur une psychologie implicite liée à l'intérêt ; l'associationnisme est au cœur de l'utilitarisme de Bentham, de Mill et de Hume. Cette théorie hédoniste, du plaisir et de la satisfaction se retrouve dans l'ophélimité[15] de Pareto, voire même chez Keynes avec ses développements sur la préférence pour la liquidité, la propension à consommer ou à épargner.

15. Plaisir procuré par la possession ou la consommation d'une quantité de bien. A l'optimum, l'ophélimité est maximale. Pareto désigne « *l'ophélimité élémentaire pondérée* » comme « *l'ophélimité élémentaire divisée par le prix de la marchandise* ». A l'équilibre, 1) toutes les ophélimités pondérées sont égales et 2) les prix d'équilibre assurent le maximum d'ophélimité.

<table>
<tr><th colspan="2">Pensée</th><th>Continentale</th><th>Anglo-saxonne</th></tr>
<tr><td colspan="2">Conception de l'individu</td><td>Rousseau
Dualisme entre l'amour de soi et l'amour-propre</td><td>Smith
Monisme et self-love</td></tr>
<tr><td rowspan="4">Rapport Individu / Société</td><td>Contrat social</td><td>Rousseau</td><td>Hobbes, Rawls</td></tr>
<tr><td>Marché</td><td>Montesquieu, Walras</td><td>Smith, Hayek, Nozick</td></tr>
<tr><td>Foule</td><td>Freud, Girard</td><td>Keynes</td></tr>
<tr><td>Sociologie individualiste</td><td>Constant, Tocqueville</td><td>Ferguson</td></tr>
</table>

Source : J.-P. Dupuy (1992), *Introduction aux sciences sociales. Logique des phénomènes collectifs*, Ellipses, p. 19.

La question des liens entre les motivations microéconomiques et les comportements macroéconomiques a également été étudiée par T. Schelling (1973), spécialiste de la théorie des jeux, qui démontre les contradictions de la main invisible d'A. Smith. Selon lui, l'absence de règle aboutit à une situation non optimale[16] avec des effets non désirés (les « *effets émergents* » de Boudon, les externalités négatives de Marshall à Viner). Et Bell et Kristoll (1986) d'ajouter :

« *Si chacun fait ce qu'il veut, on aboutit au niveau de la société dans son ensemble à une situation dont personne ne veut. En bref, il n'est pas possible d'additionner simplement l'ensemble des décisions individuelles parce qu'à partir d'un certain seuil les conséquences globales peuvent se retourner contre les intentions des individus.* »

Dès lors, comment penser le bien-être collectif ? Peut-on définir le bien-être maximum ? J.K. Arrow s'interroge sur le processus de choix collectifs : comment concilier les choix individuels mus par l'individualisme méthodologique et la définition d'un choix collectif par l'Etat ? Selon lui, en politique, le consensus résulte du vote alors qu'en économie, il est le fruit du marché. Cependant, l'hypothèse de transitivité[17] des préférences est mis à mal en cas d'agrégation des préférences individuelles. Par conséquent, la loi du plus grand nombre (la majorité) n'aboutit pas forcément au même ordre que celui des préférences individuelles.

16. Il s'appuie sur l'exemple de la circulation automobile dans un croisement. En l'absence de règles, les accidents se multiplient. La régulation est donc indispensable.
17. Elle suppose que si un individu préfère A à B, et B à A, il préfère automatiquement A à C.

Individu	Ind. 1	Ind. 2	Ind. 3
Ordre de préférence	A > B > C	B > C > A	C > A > B
Conclusion	A > B : 2 fois B > C : 2 fois A > C : 1 fois	Donc choix collectif : A > B > C Avec A > C	Problème : A > C n'est voté qu'une seule fois !

En conséquence de quoi, le processus démocratique n'est pas toujours optimal. Ce paradoxe de Condorcet, repris par Arrow, pose la question des conditions de l'agrégation des préférences individuelles. A ce titre, la fonction de bien-être collectif doit respecter les conditions suivantes :

- le champ dans lequel s'effectue le choix des individus doit être illimité pour éviter un effet d'ordre dans les modalités de choix ;
- l'optimum de Pareto est atteint lorsque tous les individus préfèrent le même état ;
- l'indépendance entre les séries successives suppose que les choix s'effectuent sans tenir compte des autres éventualités ;
- le principe de non-dictature (absence de droit de veto) qui impose l'égalité du vote entre les individus, c'est-à-dire le suffrage universel (un homme, une voix).

Ces conditions sont irréalisables et forment le théorème d'impossibilité. En conséquence de quoi, aboutir à une décision sociale rationnelle nécessite la présence d'un dictateur ou d'une violence légale (la loi) que l'on retrouve dans la loi d'airain de l'oligarchie : « *la seule méthode pour passer des goûts individuels aux préférences collectives qui est satisfaisante et qui peut être définie pour une grande variété de classements individuels est soit imposée soit dictatoriale* » (Arrow, 1963). Pareto soulignait également cette illusion démocratique. Harsanyi (1955) démontrera que le passage des utilités ordinales (cas d'Arrow) à des utilités cardinales[18] permet d'échapper à cette dimension dictatoriale.

3. DÉBAT

Sur le plan sociologique, l'individu n'apparaît qu'à la fin des années 1970. Depuis lors, c'est le triomphe de l'ego : émancipé de la famille, de la structure sociale, politiquement et religieusement[19], l'individu devient un objet social. L'individu devient de plus en plus autonome. Cette autonomie va-t-elle à l'encontre de la cohérence d'un global ou favorise-t-elle la réalisation d'une société ? Pour autant, l'individualisme connaît plusieurs visages. Gauchet (2010) présente ainsi trois phases successives : dans les années 1970, l'individu sociologique est égoïste, hédoniste et narcissique ; dans les années 1980, l'individu juridique cherche à défendre ses droits (droits de l'homme, droits des minorités, reconnais-

18. En chiffrant l'utilité.
19. En référence au « *phénomène de sécularisation* » qui renvoie au désenchantement du monde de Max Weber.

sance du statut de victime) ; depuis 2000, l'individu est psychologique marqué par un subjectivisme émotif, identitaire et affectif (culte des émotions, extériorisation de l'intime). Tout choix relève du consentement et de la négociation.

Les travaux portant sur l'organisation du travail reflètent également ce changement de perspective : de formes collectives où il n'a de place qu'à travers une hiérarchie sociale et un élément d'un processus global (la chaîne de production), l'individu devient facteur clé de succès via l'autonomie et l'implication qui est exigée.

La décision de s'unir n'échappe guère à cette évolution. L'avènement du Pacs ne répond-il pas à des considérations économiques (héritage, imposition, droits du partenaire) ? Dans ce cadre, le mariage[20] a des coûts d'autant plus importants que l'homme et la femme sont sur un pied d'égalité : l'union sera préférée si elle apporte davantage de satisfactions que de désutilités. De plus, les choix sont effectués sous contrainte de revenu familial : l'agent disposant d'un avantage à se spécialiser sur le marché du travail s'y spécialisera, l'autre dans les tâches domestiques. De l'optimisation de ces choix découle une satisfaction collective et une organisation interne spécifiant le rôle de chacun[21]. Selon la théorie des jeux (Von Neumann, Morgenstern, 1944), un équilibre de Nash intervient lorsque aucun individu n'a intérêt à changer de comportement : chacun choisit la meilleure réponse possible à la stratégie de son partenaire. Le mariage est alors un contrat coopératif dont l'issue dépend de la rentabilité de l'investissement de chacun. Celle-ci détermine alors la durabilité (ou le renouvellement du contrat). L'accord se révèle contraignant si sa réalisation repose sur une autorité extérieure (laïque ou religieuse).

20. Gary Becker (1992) entrevoit la famille comme la configuration la plus efficiente sur le plan économique : les couples mariés disposent de revenus plus élevés et ont tendance à épargner davantage afin de prendre en compte les besoins physiologiques et les nécessités sociales du groupe. Des solidarités intra et inter-générationnelles s'installent dans un cadre stabilisé.

21. Plus l'écart de salaire entre les deux individus est élevé et plus les tâches seront spécialisées. L'indépendance financière des femmes, l'amélioration de leur niveau de formation (donc de leur productivité sur le marché du travail) ainsi que la recherche de l'égalité des rôles sont autant d'éléments qui rendent l'engagement plus coûteux. Ils exigent un partage des tâches domestiques plus égalitaire. Pour Anne Bustreel (2001), plus la probabilité de divorce est forte, plus la répartition égalitaire des tâches s'opère.

PARTIE I

DYNAMIQUE ÉCONOMIQUE DE L'HISTOIRE

FICHE 2 | À L'ORIGINE, DEUX SIÈCLES DE CROISSANCE...

1. RÉFÉRENCES

BERGERON L., *L'Episode napoléonien. I. Aspects intérieurs. 1799-1815*, Seuil, collection « Points Histoire », 1972.

BRAUDEL F., *Civilisation matérielle, économie et capitalisme (XVe-XVIIIe siècles)*, Paris, Armand Colin, 1979.

CORNETTE J., « Le temps de l'économie-monde », dossier spécial « Mille ans de croissance économique », *L'Histoire*, n° 239, janvier 2000, p. 62-63.

DUBY G., WALLON A., dir., *Histoire de la France rurale*, Seuil, 1976.

FLAMANT M., *Dynamique économique de l'histoire. Deux siècles de progrès*, Montchrestien, Domat Economie, 1989.

HENNER H.-F., *Commerce international*, Montchrestien, Domat Economie, 1992.

HILGEMANN W., KINDER H., *Atlas historique. De l'apparition de l'Homme sur la Terre à l'ère atomique*, Stock, 1968.

MADDISON A., *L'Economie mondiale. Statistiques historiques*, OCDE, 2001.

MARSEILLE J., « L'aventure économique de l'Europe », dossier spécial « Mille ans de croissance économique », *L'Histoire*, n° 239, janvier 2000, p. 34-39.

MAYEUR J.-M., *Les Débuts de la IIIe République. 1871-1898*, Seuil, collection « Points Histoire », 1973.

OLIVESI A., NOUSCHI A., *La France de 1848 à 1914*, Nathan université, collection « Fac Histoire », 1981.

ROSANVALLON P., *Le Libéralisme économique : histoire de l'idée de marché*, Le Seuil, collection « Sociologie politique », 1989.

2. REPÈRES

Chronologie des faits économiques et sociaux

1774	Avènement de Louis XVI
1775	Guerre des farines en France provoquée par l'incompréhension de la politique libérale de Turgot (libre circulation intérieure des grains de 1774)
	Guerre d'indépendance des Etats-Unis (1775-1783)
1776	Déclaration d'indépendance des Etats-Unis
1786	Traité D'Eden entre la France et l'Angleterre
	En France, mauvaises récoltes provoquant la hausse des prix (1786-88 et 89)
1787	Vote de la Constitution aux Etats-Unis
1789	Etats généraux à Versailles ; abolition des privilèges ; Assemblée constituante
	Déclaration des droits de l'homme et du citoyen
	Décret mettant les biens ecclésiastiques à la disposition de la Nation
	Arrêt ordonnant la libre circulation des grains à l'intérieur et interdisant l'exportation

1791	Décret d'Allarde abolissant les privilèges de professions (maîtrises, jurandes et corporations) ; loi Le Chapelier interdisant les regroupements et coalitions, Assemblée législative
1797	La banque d'Angleterre suspend l'étalon-or
1799	Loi interdisant les grèves en Angleterre En France : coup d'Etat du 18 brumaire et Consulat
1800	Fondation de la Banque de France
1803	Création du franc germinal, seule unité monétaire légale en France
1804	Promulgation du code civil des Français (1807 : Code Napoléon)
1811	Emeutes luddites au Royaume-Uni
1815	Règne de Louis XVIII (début de la Restauration : 1815-1824)
1816	Crise économique en Grande-Bretagne, puis aux Etats-Unis et en France Définition en or de la livre sterling
1824	En France : règne de Charles X (1824-1830) Au Royaume-Uni : droits de douane sur les blés et loi permettant les grèves
1825	Crise économique en Grande-Bretagne puis aux Etats-Unis
1830	27-28 et 29 juillet (les Trois Glorieuses) : la Monarchie de Juillet succède à la seconde Restauration (Charles X abdique) ; Louis-Philippe Ier (1830-1848) est nommé Roi des Français (et non plus Roi de France) Crise économique et financière en France
1833	Obligation de fréquenter l'école jusqu'à 12 ans (loi Guizot)
1836	Crise économique en Grande-Bretagne puis aux Etats-Unis
1841	Première loi sociale en France : le roi Louis-Philippe réglemente le travail des enfants (8 ans, durée maximale hebdomadaire de 10 heures, dimanche férié)
1846	Abolition des *Corn Laws* en Grande-Bretagne fixant des tarifs douaniers sur le blé
1848	Révolution en France : abdication de Louis-Philippe : Louis-Bonaparte est élu Président de la République
1851	Coup d'Etat de Louis-Napoléon Bonaparte (proclamation de l'Empire en 1852-70)
1859	Forage du premier puits de pétrole en Pennsylvanie
1860	Construction du métropolitain de Londres Traité de libre-échange entre la France et l'Angleterre (Chevalier-Cobden)
1861	Abolition du servage en Russie Guerre de Sécession (1861-65)

1862	Bismarck, premier ministre en Prusse (1862-90) ; réalisation de l'unité allemande
1867	Loi sur les sociétés anonymes (suppression de l'autorisation préalable)
1868	Le Japon s'ouvre au monde occidental (début de l'ère Meiji)
1870	Guerre franco-prussienne (19 juillet 1870-10 mai 1871) entamée par Napoléon III Institution de la IIIe République
1871	18 mars-27 mai : la Commune de Paris (sursaut patriotique de gauche après la défaite contre la Prusse, inspiration proudhonienne et blanquiste) s'achève dans une semaine sanglante (21 au 28 mai) Proclamation de l'Empire allemand ; les *trade-unions* (syndicats) anglais acquièrent un statut légal (en France : 1884)
1881	Loi de J. Ferry sur l'enseignement primaire gratuit (1882 : laïc et obligatoire)
1890	Démission de Bismarck Loi anti-trust *Sherman Act* aux Etats-Unis et tarif douanier MacKinley
1891	Encyclique de Léon XIII sur la condition ouvrière Sanglantes manifestations en France à Fourmies (1er mai) ; grèves des mineurs
1894	Affaire Dreyfus (1894-1906)
1898	Loi sur l'indemnisation des accidents du travail
1901	Loi portant sur la liberté d'association de Waldeck-Rousseau
1908	Lancement de la Ford T ; 1913 : introduction de la chaîne d'assemblage
1910	Loi sur les retraites ouvrières et paysannes
1914	Début de la Première Guerre mondiale (prend fin en 1918) Création de l'impôt sur le revenu en France, un an après les Etats-Unis
1917	Prise du pouvoir par les socialistes en URSS ; révolution d'octobre
1919	Traité de Versailles (rebaptisé Diktat par les Allemands) impose des dédommagements aux Alliés Journée de 8 heures
1921	Lénine introduit la NEP dans les secteurs industriels et commerciaux
1923	Hyperinflation en Allemagne ; dépréciation vertigineuse du Mark
1928	Loi rendant obligatoire les assurances sociales Juin : stabilisation du franc et création du franc Poincaré
1931	Abandon du *Gold Exchange Standard*
1932	Loi sur les allocations familiales

1935	Création du *Social Security Act* aux Etats-Unis
1936	Accords de Matignon : loi sur les conventions collectives, les congés payés, la semaine de 40 heures Septembre : dévaluation du franc Guerre d'Espagne
1937	Création de la SNCF ; nationalisation de l'industrie aéronautique
1939	Début de la seconde guerre mondiale
1944	Conférence de Bretton Woods et création du SMI, du FMI et de la Banque mondiale
1945	Conférence de Yalta (réorganisation politique et territoriale de l'Europe) puis conférence de Postdam (partage de l'Allemagne en zones d'occupation) Création de la Sécurité sociale (De Gaulle, R. Pleven) ; instauration des comités d'entreprise ; droit de vote des femmes Nationalisations (Renault, Banque de France, EDF, etc.)
1947	IVᵉ République (V. Auriol, P. Ramadier) Premier plan (Monnet) ; plan Marshall
1948	Entrée en vigueur du GATT ; création de l'OECE Dévaluation du franc (H. Queille)
1949	Fin du rationnement en France Création de la république populaire de Chine par Mao Tsé-Toung
1950	Première carte de crédit aux Etats-Unis ; création du Smig en France Schuman propose un plan pour l'Europe
1951	Fondation de la Ceca réunissant l'Allemagne, la France, l'Italie, le Benelux
1952	Traité de la communauté européenne de défense (CED) Programme de lutte contre l'inflation (A. Pinay)
1954	Création de la TVA ; deuxième plan français (R. Coty, P. Mendès-France) La France rejette la CED
1956	Troisième semaine de congés payés (R. Coty, G. Mollet)
1957	Traité de Rome instituant la CEE, une Europe des Six Dévaluation de 20 % du franc
1958	Création de l'assurance chômage Dévaluation du franc (Ch. de Gaulle, A. Pinay)
1959	Naissance de l'AELE Vᵉ République (C. de Gaulle, M. Debré)
1960	Création du nouveau franc

1961	Création du *pool* de l'or dans le cadre du plan Kennedy : stratégie coopérative entre les principales banques centrales pour soutenir l'or à 35 dollars l'once, dissout en 1968
1962	Premiers accords sur la PAC
1968	Mouvement étudiant et conflits sociaux ; accords de Grenelle (Ch. de Gaulle, G. Pompidou, M. Debré)
	Instauration de l'union douanière dans la CEE
1969	Création des droits de tirage spéciaux (DTS) par le FMI remplaçant l'or dans les échanges internationaux
1970	Remplacement du Smig par le Smic (G. Pompidou, J. Chaban-Delmas, V. Giscard d'Estaing)
1971	Nixon suspend la convertibilité du dollar en or
	Accord de Washington (du *Smithsonian Institute*) qui établit des marges de fluctuations à ± 2,25 %
1972	Création du serpent monétaire européen
1973	Premier choc pétrolier (G. Pompidou, P. Messmer)
	Flottement généralisé des monnaies
	1er élargissement de l'Europe (Danemark, Irlande, Royaume-Uni) : l'Europe à 9
1975	Plan de relance conjoncturelle (V. Giscard d'Estaing, J. Chirac et J.-P. Fourcade)
1976	Plan de lutte contre l'inflation (V. Giscard d'Estaing, R. Barre) ; blocage des prix
	Accords de la Jamaïque qui légalisent le système des changes flottants
1979	Entrée en vigueur du SME ; premières élections du parlement européen
	Deuxième choc pétrolier (V. Giscard d'Estaing, R. Barre, R. Monory)
1981	Relance économique : dévaluation, nationalisations (F. Mitterrand, P. Mauroy, J. Delors)
	La Grèce devient le dixième Etat européen
1982	Semaine des 39 heures, 5e semaine de congés payés ; loi Auroux ; Loi Defferre sur la décentralisation
	Juin : dévaluation et blocage des prix
1983	Politique de rigueur ; dévaluation ; désinflation compétitive
1985	Contre-choc pétrolier
	Accords de Schengen : ouverture des frontières entre l'Allemagne, le Benelux et la France
	Accords du Plaza (le dollar américain est déprécié)

1986	Dévaluation ; politique de privatisation et de déréglementation (F. Mitterrand, L. Fabius, P. Bérégovoy jusqu'en mars puis J. Chirac et E. Balladur) L'Espagne et le Portugal entrent dans la CEE (Europe des 12)
1987	Février : accords du Louvre mettant fin au système de changes flottants pour faire face à la baisse du dollar 19 octobre : « Lundi noir » ; les marchés boursiers s'effondrent après l'annonce de déficits records aux Etats-Unis Entrée en vigueur de l'Acte unique européen (signé en 1986) *Perestroïka* et *glasnost* par Gorbatchev (URSS) ; fin de la course aux armements
1988	Création du revenu minimum d'insertion (Mitterrand, Rocard, Bérégovoy)
1989	Chute du mur de Berlin et réunification des deux Allemagne (1990)
1991	Naissance du World Wide Web (www.), Internet ; fin de l'Union soviétique
1992	Traité de Maastricht Fortes turbulences au sein du SME Accords sur l'Espace économique européen ; la Suisse refuse de rejoindre l'Union européenne
1993	Fin du SME et création du SME bis suite à de fortes attaques spéculatives contre certaines monnaies européennes (marges élargies de 2,25 % à 15 %)
1994	La Norvège dit « non » à l'Europe pour la seconde fois (1972)
1995	L'OMC succède au Gatt
	L'Europe passe à 15 (Autriche, Finlande, Suède)
1997	Crise de changes dans les pays émergents d'Asie du Sud-Est
	Signature du Pacte de stabilité et de croissance
1998	Le PIB nippon connaît la plus forte chute depuis 1974 ; l'Asie est touchée par une grave crise financière et économique
1999	Entrée en vigueur de l'euro (création de la zone euro avec 11 pays : Allemagne, Autriche, Belgique, Espagne, Finlande, France, Irlande, Italie, Luxembourg, Pays-Bas, Portugal) et du traité d'Amsterdam ; la Suède et l'Angleterre refusent Ouverture contestée de la conférence de l'OMC à Seattle
2001	L'euro est la monnaie officielle de douze pays (la Grèce intègre la zone euro) ; les Irlandais refusent le traité de Nice (réforme institutionnelle de l'Union) Crise argentine marquée par la dévaluation du peso
2003	Entrée en vigueur du traité de Nice Le RMI est transformé en revenu minimum d'activité (RMA)

2004	L'Europe passe de 15 à 25 avec 10 nouveaux entrants (Chypre, Malte, Estonie, Lettonie, Lituanie, Slovaquie, Slovénie, République tchèque, Hongrie, Pologne) Un dollar s'échange contre 1,20 euro (contre 0,88 fin 2001)
2005	La France et les Pays-Bas rejettent la Constitution européenne Assouplissement du Pacte de stabilité et de croissance
2007	La Roumanie et la Bulgarie rejoignent l'Union européenne (Europe des 27) La Slovénie adopte l'euro (13e pays) Le traité de Lisbonne remplace le traité de Nice
2008	Crise du crédit hypothécaire (subprime) aux Etats-Unis Le dollar est au plus bas (1 euro = 1,60 dollar) Chypre et Malte rejoignent la zone euro (15 pays) Dénonciation des Pigs (Portugal, Italie, Grèce, Espagne) pour leur mauvaise gestion de la dette publique ; parfois Piigs (avec l'Irlande en sus)
2009	La Slovaquie rejoint la zone euro (16e pays) Le revenu de solidarité active (RSA) remplace le RMI
2010	Crise de la dette grecque, crise en Irlande qui fragilise la crédibilité de l'euro
2011	L'Estonie est le 17e pays à rejoindre la zone euro Fortes turbulences et remise en cause de l'euro en raison des déficits abyssaux de certains pays Crise de confiance aux Etats-Unis liée aux difficultés à financer les déficits jumeaux (publics et commerciaux)

3. EXPLICATIONS

Dès le XVIIIe siècle, le commerce extérieur se développe. Il résulte davantage des échanges coloniaux (+ 1310 % entre 1715 et 1789) que des relations avec les autres pays européens (+ 412 %). Ce XVIIIe siècle est un siècle où l'optimisme généralisé se retrouve dans les théories libérales élaborées à la même période. En définitive, elles ne font que refléter cette conviction partagée : les progrès – de la science et de la technique – contribuent à la richesse et au bien-être des Nations. Elles forgent une certaine foi en l'Homme et dans sa capacité à maîtriser la Nature. C'est pourquoi la conception de l'Etat se limite à la protection des libertés individuelles : l'Etat-Gendarme est né. Le XVIIIe siècle sera celui du « *laissez-faire les hommes, laissez-passer les marchandises*[1] », favorable à la libre concurrence et à l'ouverture des frontières (traité Eden-Rayneval du 26 septembre 1786 entre la France et la Grande-Bretagne pour une libre circulation des céréales).

1. Célèbre formule du physiocrate V. de Gournay (1712-1759).

L'augmentation de la production, le commerce entre les régions et la baisse de la mortalité[2] améliorent les niveaux de vie. L'intervention de l'Etat participe aussi à une meilleure répartition des progrès (envoi de médecins dans les campagnes, transferts de blé entre les régions en pénurie et en excédent). Toutefois, les échanges ne sont pas seulement matériels puisque se développent les idées, les discussions (l'*Encyclopédie* est écrite durant ce siècle). L'Europe est celle des Lumières. D'ailleurs, les premiers débats sur le luxe et la revendication d'un bonheur immédiat (et non plus après la mort, dans une autre vie) apparaissent. La Rochefoucauld n'affirmait-il pas au sujet de Bordeaux, en 1783, que « *le luxe est énorme en tout* » ?

En France, de grands ports naissent (Nantes, Bordeaux qui devient le premier port du royaume), symboles de l'ouverture vers l'extérieur et de l'importance grandissante du poids économique des flux. La construction d'infrastructures offre de nouvelles opportunités d'échanges et favorise la création d'économies régionales (les grandes villes sont à moins de douze jours de Paris). Cette affirmation du pouvoir parisien, centralisateur, cherche à construire une unité nationale, territoriale autour d'un centre. L'apparition de banques provinciales accompagne les prémices de la révolution industrielle. Mais à la différence de l'Angleterre, la France de Louis XV et de Louis XVI reste féodale, paysanne et presque exclusivement agricole ; elle restera essentiellement rurale jusqu'à la fin du XIXe. Cette apologie de l'agriculture se retrouve dans les théories économiques : François Quesnay, médecin de Louis XV, la considère comme la seule source légitime de richesses. Cette sous-estimation de l'industrie et du commerce (qualifiés de « *stériles* ») expliquera le retard industriel de la France par rapport à l'Angleterre. Cette ruralité agricole française fait face à une population grandissante, la France est alors le pays le plus peuplé d'Europe. C'est dans ce contexte que vont naître les thèses libérales pessimistes sur la croissance et la capacité à accroître la production (Malthus sur la loi des pauvres, Ricardo pour son état stationnaire).

La conception individuelle de la production apparaît clairement en Angleterre avec le phénomène d'enclosure[3], entamé dès le XVe siècle. A. Young (1771) souligne l'influence de la rotation des cultures, l'amendement des sols et la durée des baux à ferme (21 ans) accordés par les propriétaires sur la performance agricole. Ces méthodes de production intensive importées de la Flandre restent surtout le fait de l'aristocratie propriétaire

2. Baisse de la mortalité infantile, réduction du nombre de famines et de disettes, amélioration de l'hygiène et diminution du nombre d'épidémies (introduction du vaccin antivariolique en 1796, découverte du bacille de la tuberculose en 1882, vaccin contre la rage en 1885) sont autant d'éléments qui augmentent la population (les trois « *parques surmortelles* » – A. SAUVY, 1963 - : famine, guerre, épidémie). Mais la transition démographique n'est pas immédiate : la baisse du taux de mortalité accroît la population ; il faut attendre un certain délai pour que la démographie se rééquilibre et que le taux de natalité diminue à son tour. La transition démographique laisse donc apparaître un surplus de population. Sur le long terme, les taux de natalité et de mortalité s'atrophient.
3. L'idée est de rompre avec le système collectif de l'*openfield* : les terres agricoles sont clôturées (et de ce fait remembrées) de façon officielle en 1760 avec les *Enclosure acts*. Dénoncée par Marx comme créatrice de pauvreté paysanne, l'enclosure sera qualifiée d'« *individualisme agraire* » par M. Bloch (1931).

(la *gentry*). Des spécificités culturelles caractérisent l'Angleterre[4] même si des « *nébuleuses industrielles*[5] » opèrent en Italie du Nord, en Allemagne ou aux Pays-Bas avec l'apparition des premières sociétés de capitaux (avec des actions négociables en bourse) permettant la séparation des fonctions de financement et de gestion d'une entreprise. Autant de prodromes – d'antécédents – qui lancent l'Angleterre plus rapidement dans l'aventure économique du XVIIIe siècle.

En France, le capitalisme reste essentiellement familial car, avant 1867[6], la société par actions est soumise à autorisation. Par ailleurs, l'existence, en France, de jurandes et de corporations constitue un obstacle notable (via les privilèges qu'ils induisent) dans le développement de l'esprit d'initiative individuelle même si, par un édit de février 1776 (aboli six mois plus tard), Turgot tente de supprimer ces communautés de commerce. Devenu contrôleur général des finances en 1774, Il réforme la politique budgétaire pour redresser les finances publiques après la fin désastreuse de la guerre de Sept Ans en 1763. Mais les mauvaises récoltes de 1775 ajoutées à une spéculation contre le blé provoquent la guerre des farines. Le décret d'Allarde (1791) introduit la liberté d'exercice et supprime de ce fait ces privilèges de profession. La même année, la loi Le Chapelier interdit les regroupements d'ouvriers et d'artisans pour prévenir toute tentative de coalition.

A la fin du XVIIIe, la Grande-Bretagne est la première puissance industrielle mondiale. En réalité, dès 1651[7], les *acts* de navigation de Cromwell (applicables jusqu'en 1849) préfigurent la future place de cette nation : aucun navire étranger n'a le droit de s'introduire dans un port anglais s'il transporte des marchandises produites dans son pays d'origine ; de ce fait, tout échange avec un pays non européen est une prérogative exclusive des navires anglais. Ce quasi-monopole des importations accordé à la flotte nationale contribue considérablement à l'avènement d'une puissance maritime. L'abolition des *Corn Law*[8] en 1846 symbolise aussi le choix de l'ouverture des frontières. Cela se révèle d'autant plus facile que la flotte maritime anglaise est la première mondiale.

Le début du XIXe siècle est marqué par les guerres napoléoniennes (1799-1815). La mise en place du blocus continental contre l'Angleterre (1806) par Napoléon Ier provoque une

4. Convaincu de la nécessité de promouvoir le progrès et la civilisation dans le Monde, T. Carlyle (1795-1881) pose l'Angleterre comme une « *nation élue* ». Pour R. Kipling (1865-1936), il s'agit du « *fardeau de l'homme blanc* ».
5. Selon l'expression de P. Léon (1970) et qui se réfère aux conditions proto-industrielles.
6. La loi de 1867 supprime l'autorisation ; entre 1826 et 1837, on dénombre à peine treize autorisations en moyenne par an.
7. En l'espèce, cette question de l'intervention de l'Etat ne peut être menée hors de la dimension politique : elle est concomitante à la création des Nations : l'intérêt national se construit dans le cadre d'une patrie et autour d'un pouvoir central fort. D'ailleurs, cette emprise du politique sur l'activité économique sera mise en exergue par les mercantilistes (XVIe- XVIIIe siècle).
8. Si le prix du blé importé était inférieur au prix national, les importations étaient interdites ou soumises à taxe.

reconversion industrielle de la France. Ce protectionnisme sera dénoncé par J.-B. Say, libéral français. L'Angleterre règne également sur le plan monétaire puisque le système de l'étalon-or (1816-1914) repose sur la livre sterling. En 1826, le *Bank Charter Act* permet au *Banking principle* de s'appliquer : la Banque centrale[9] a le monopole d'émission mais les banques provinciales ont la possibilité d'accorder des crédits. Le succès est tel qu'en 1844, le retour à des principes plus sereins (*Act* de Peel) liés à la *Currency School* impose de lier la création monétaire à la quantité d'or détenue dans les réserves. Autrement dit, face à une pénurie de capitaux disponibles pour l'investissement privé et au déficit des finances publiques (à financer), l'industrialisation se fait avec les banques. En France, le système de crédit n'est pas aussi développé qu'en Angleterre : la Banque de France est privée, et ne prête qu'à quatre-vingt-dix jours sous condition d'avoir les signatures d'endossement nécessaire.

En définitive, le système monétaire ne laisse qu'une place réduite à une monnaie autre que métallique, limitant d'autant les perspectives de crédit. Les billets de la Banque de France sont fondés sur l'escompte d'un effet de commerce garanti par une réserve métallique. Les déficits de la balance commerciale et de paiement mettent en danger l'économie nationale. Il faudra attendre le second Empire (1852-1870) pour que l'activité de crédit (par le biais d'escompte d'effets de commerce) se développe en France. La grande différence entre la France et l'Angleterre tient au fait suivant : « *Les banques anglaises avaient, au total, cinquante fois plus de dépôts que les nôtres.* » (Flamant, 1989, p. 94), ce qui favorise le développement de la monnaie scripturale. Une autre caractéristique nationale est la frilosité des banques à prêter aux industries. Cette dernière est le résultat d'une querelle entre « *la finance orléaniste représentée par les Rothschild, par ceux que Proudhon qualifiait de "bancocratie louis-philipparde", et la finance saint-simonienne incarnée par les Pereire*[10]. [...] *On peut regretter que Rothschild l'ait emporté sur les Pereire.* » (Flamant, 1989, p. 96).

Le XIXe siècle fait figure de période de prospérité et de bonheur économiques (pas de guerre entre 1815 et 1914, la peste disparaît). Cet équilibre international se vérifie également sur le plan interne (absence d'inflation, stabilité monétaire avec le système de l'étalon-or, acceptation de l'économie de marché). A l'instar de l'ère victorienne[11], l'Etat est conçu selon le modèle manchestérien. L'ère est à l'ouverture des frontières puisque, entre 1860 et 1867, tous les traités signés réduisent les taxes douanières. Citons le traité Cobden-Chevalier du 23 janvier 1860, favorable à une abolition des taxes douanières entre les deux pays. Ce dernier obéit à la clause de la nation la plus favorisée et exalte la libre-concurrence. Le commerce atlantique propulse l'Angleterre comme la grande puissance

9. C'est au cours du Moyen Age qu'un réseau de banques familiales se construit, répondant ainsi à une demande issue du développement du commerce et des échanges. La Banque centrale apparaît à la fin du XVIIe siècle en Suède, en Angleterre et aux Pays-Bas. En France, il faudra attendre Bonaparte, en 1800, pour la création de la Banque de France, qui n'aura le privilège d'émission pour la France qu'en 1848. La bourse est un marché de capitaux. Créée à Anvers en 1592, son objectif était de négocier des lettres de change et des actions de compagnies de commerce. Les places de Londres et de Paris sont créées au XIXe siècle.
10. Le saint-simonisme est étudié dans la partie II.
11. Le règne de Victoria (1837-1901).

économique : en 1880, près de la moitié des tonnages maritimes sont du fait anglais[12] ; son commerce extérieur double entre 1880 et 1913 (si la balance commerciale est déficitaire, celle des comptes est fortement positive grâce aux activités bancaires, la plaçant ainsi en position de prêteuse face au reste du monde).

Plus timidement et plus tardivement, la France, au début du XIXe siècle, puis l'Allemagne[13] et les Etats-Unis[14] à partir de la moitié du XIXe, le Japon à partir de 1868 et la Russie à la fin du XIXe siècle connaîtront des changements moins brutaux. L'agriculture demeure la principale activité aux Etats-Unis jusqu'en 1880 et représente encore plus des trois quarts des exportations à la fin du XIXe. Riches en matières premières, ils bénéficient d'un immense marché intérieur alimenté par d'importants flux migratoires dont les besoins à satisfaire sont propices à la croissance industrielle. La guerre de Sécession (1861-1865) oppose deux modèles économiques : le Nord (bourgeois, industriel, commerçant et banquier), favorable aux nouvelles thèses européennes basées sur un libre-échange et une industrie protégée (protectionnisme éducatif de F. List), contre un Sud (aristocrate, colonial, agricole) opposé au libre-échange.

En France, il faudra attendre la Révolution française pour que le marché agricole[15] se développe réellement. La révolution agricole, puis industrielle, est plus tardive et intervient au XIXe siècle grâce au développement de machines agricoles (moissonneuse en 1824, moissonneuse-batteuse en 1834, les engrais via les progrès dans l'industrie chimique). Car le XVIIIe siècle est aussi celui des inventions et des inventeurs, ou plus exactement des innovateurs, au sens de Schumpeter[16] : perfectionnement dans le textile, dans la métallurgie du fer et du charbon, mais aussi création de la machine à vapeur (James Watt en 1781) et généralisation de l'électricité à partir de 1875. Un effet d'entraînement par création de nouveaux besoins provoque l'industrialisation des pays (transfert de main-d'œuvre de l'agriculture vers l'industrie) : l'exode rural des travailleurs agricoles débute. Les thèses du développement de Rostow (1961) trouvent ici un terrain d'analyse. Le second Empire (1852-1870) est celui des grands travaux (chemin de fer, transformation de Paris par Haussmann[17]) et de la mécanisation du textile.

---

12. Chamberlain (1836-1914), ministre des Colonies anglaises, tentera de compenser la concurrence des nouveaux pays industrialisés par la politique du *Two powers standard* afin que la flotte anglaise reste supérieure à celle des deux principales puissances étrangères.
13. Plus exactement l'Empire allemand (ou IIe Reich proclamé en 1871).
14. Le succès économique américain est d'autant plus notable qu'il fait suite à la création d'une Nation par le regroupement de populations très disparates sur le plan culturel ; construire un collectif sur la base d'individuels dichotomiques reste à ce titre exceptionnel : l'individu existe par sa richesse créée et non par son héritage... L'impérialisme américain au XXe siècle sera patent.
15. Pour P. Rosanvallon (1989), il s'agit de « *déterritorialiser l'économie et construire un espace fluide structuré par la seule géographie des prix* ».
16. Selon lui, l'inventeur est celui qui décèle une nouvelle idée scientifique ou technique alors que l'innovateur la rend applicable.
17. Le compartimentage des espaces vaut aussi au niveau social par quartier (7e, 8e, 16e et 17e arrondissements pour les classes aisées) et selon un ordre inverse de la hauteur des étages dans les immeubles.

L'Allemagne, quant à elle, dispose à partir de 1834 d'une organisation spécifique (le *zollverein*, union douanière avec une monnaie commune[18]) qui protège le marché intérieur et qui favorise l'unification des différentes provinces. Le développement du chemin de fer et l'importance des voies navigables renforcent les relations internes. L'Etat joue un rôle moteur dans l'industrialisation en favorisant la concentration des grandes firmes (les *Konzerne*). L'Allemagne sera le principal concurrent de l'Angleterre. Otto Von Bismarck (1815-1898) symbolise cette puissance politique et économique où l'étatisme s'articule autour d'un protectionnisme et d'un interventionnisme avec création d'un système d'assurances sociales. La guerre de 1870-1871 entre la France et la Prusse marque une rupture même si elle est brève et ne concerne que deux Etats. En réalité, le traité de Francfort[19], signé le 10 mai 1871, redessine les frontières géographiques et la perte de l'Alsace et de la Moselle ampute la France de zones riches en matières agricoles et industrielles (bassin houiller, mines de sel, gisements de fer, industrie textile).

Incontestablement, le charbon et le fer deviennent les moteurs de l'activité économique : cette période est celle du machinisme et du capital. Elle illustre incontestablement la révolution industrielle par les changements radicaux dans la société. En l'occurrence, l'acceptation sociale du profit et de l'enrichissement personnel via le travail[20] sont des éléments moteurs dans le développement économique. Ainsi, la réforme protestante[21], la place prise par la bourgeoisie et le passage d'une société féodale à un régime parlementaire[22] sont autant d'éléments qui préfigurent de l'avènement du capitalisme[23]. Ce déterminisme historique est d'ailleurs partagé par certains sociologues

18. D'abord le Thaler prussien en 1857, puis le Mark en 1871.
19. Le paiement des 5 milliards de franc-or en guise d'indemnités au bénéfice de l'Allemagne représente plus du quart du revenu national français. Il alimentera une rancœur qui expliquera l'ardeur à partir en guerre en 1914. Toutefois, l'impact économique fut assez modéré puisque le financement s'effectue via les excédents commerciaux et la souscription à des emprunts publics par les Français. De ce fait, la France voit son endettement public augmenter.
20. L'approche catholique du travail a été appréhendée par Max Weber : chez les protestants, le travail n'est pas expiatoire d'une faute, du péché originel, mais une manière de consacrer Dieu. Le protestant entrevoit sa réussite professionnelle comme une bénédiction divine puisque Dieu récompense ici-bas ses serviteurs. De ce fait, l'enrichissement personnel est autorisé mais il devra être pieux, sobre et économe. Toutefois, concernant le prêt à intérêt, notons la divergence entre Luther (qui le condamne) et Calvin (qui l'autorise).
21. Qui opère dès le XVIe siècle avec Martin Luther et Jean Calvin. Jean Calvin affirme que la réussite matérielle désigne les élus de Dieu. Par ailleurs, comme la philosophie protestante prône la sobriété, l'entrepreneur protestant ne dépense pas son argent et conserve ce profit par l'épargne. La réforme contient les germes du capitalisme. La philosophie catholique du Moyen Age ne considère pas la richesse matérielle comme une vertu. Mais au XVIe siècle, les Mercantilistes – laïcs – vont se préoccuper de la richesse et de la puissance de l'Etat.
22. En 1867, le droit de vote est accordé aux petits bourgeois et ouvriers spécialisés. En 1884, il sera étendu aux propriétaires. En 1911, les suffragettes multiplient les actions pour l'émancipation des femmes.
23. Historiquement, le capitalisme naît à Venise, qui, dès le XIe et jusqu'au XVIe siècle, constitue une véritable métropole du commerce. Il naît de l'association entre un bailleur de fonds et un marchand navigant ; c'est la *commenda*, première forme de contrat entre capital et travail avec respectivement les trois quarts et le quart des bénéfices. Venise est un haut lieu d'échanges, un port entre Byzance, l'Extrême-Orient et le reste de l'Europe.

allemands du début du XXe siècle qui proposent des explications culturelles et religieuses à l'émergence du capitalisme (prenons Max Weber qui voit dans la pensée protestante, puritaine, tous les éléments théoriques favorables au développement capitaliste).

Les Etats-Unis dominent le XXe siècle : pays d'émigration face à un gigantisme territorial, l'exigence porte sur l'efficacité des systèmes de production (le taylorisme). L'abondance du capital, la rareté de la main-d'œuvre (en 1890, la population européenne correspond au triple du continent américain) et le dynamisme de l'innovation sont des facteurs décisifs dans l'hégémonie à venir. La taille du marché national favorise les concentrations (Rockefeller pour le pétrole en 1882). Aussi, dès 1890, le *Sherman Act* interdit les trusts au nom de la libre-concurrence. Il sera renforcé en 1914 par le *Clayton Antitrust Act*.

Quoi qu'il en soit, la révolution industrielle fait croire à une multiplication de la production potentiellement sans limite. La division du travail et la concentration du capital – le *factory system* – favorisent la production à grande échelle. Elle repose sur une nouvelle logique économique : la production précède la commande (donc la consommation). En d'autres termes, l'industrie appelle le commerce[24]. Le risque économique est plus grand qu'avant et se transmet aux salariés puisque ces derniers peuvent perdre leur emploi. La grande industrie – privée – est née. Et avec elle, le machinisme qui conduit à la spécialisation des firmes, puis des Etats. Cette concentration du capital autorise le décollage économique avec des taux de croissance de la production supérieure à ceux de la population : une hausse de la production (revenu) par habitant rend possible l'enrichissement des peuples. Mais plus qu'une simple activité économique, ce nouveau processus de production métamorphose les esprits : l'introduction de la concurrence, le développement du salariat et l'exode rural, la séparation entre la propriété du capital et la gestion de l'entreprise sont autant de préludes à notre société contemporaine. La prise de conscience de l'antagonisme entre classes sociales voit le jour dans ce contexte. Le développement industriel transforme les relations sociales : une nouvelle classe de commerçants aisés naît, le monde rural est attiré par l'industrie qui propose des salaires plus élevés que ceux issus de l'agriculture ; ceci est d'autant plus vrai que les ouvriers agricoles ne sont en poste que durant les deux tiers de l'année. Rappelons que la concurrence de produits agricoles étrangers pousse les prix fortement à la baisse[25].

Toutefois, le ralentissement économique est perceptible à partir de 1860. Durant cette période, Napoléon III opte pour une politique libérale et libre-échangiste. Mais la crise de 1880-90 voit renaître le protectionnisme. Dès 1875, sur les conseils de Cauwès[26], le ministre Méline met en place des barrières à l'entrée des importations pour faire suite à

24. Alors qu'au préalable, le commerce appelait l'industrie : la commande déclenche la production. Le développement des voies navigables crée de nouveaux marchés, autant de débouchés potentiels.

25. « *Le quintal de blé, qui dépassait 30 francs sous l'Empire, tombe en dessous de 25 francs après 1882, à 18,20 francs en 1895* » (Mayeur, 1973, p. 82).

26. Paul Cauwès (1843-1917) défend un protectionnisme éducatif et industrialiste. Il croit en l'harmonie naturelle induite par la libre concurrence mais s'oppose au libre-échange. Nationaliste, il considère l'impérialisme comme le résultat d'une division internationale du travail.

la baisse continue des matières premières induite par la concurrence internationale (essentiellement d'Amérique du Nord et de Russie). En 1878, le plan Freycinet ne constitue qu'une parenthèse même s'il permet la construction d'un véritable réseau d'Etat (de lignes de chemin de fer, de canaux, d'installations portuaires) préfigurant la politique de grands travaux de Keynes. La tendance à la stagnation est même incontestable entre 1883 et 1896. La France passe du 2e au 4e rang mondial : investissement réduit, crise du secteur agricole qui pèse sur l'industrie et ralentissement de l'urbanisation. La balance commerciale est désormais déficitaire. En 1882, la faillite de l'Union générale[27], effet d'investissements risqués et spéculatifs, aura des conséquences sur l'économie réelle (chômage dans les secteurs des mines, de la métallurgie, du textile et du bâtiment). Le système monétaire est alors réorganisé : les activités de dépôts, spécialisées dans le crédit à court terme sont séparées des banques d'affaires, orientées vers le développement industriel. L'usage du billet s'étend et, malgré les réticences, la monnaie scripturale (le chèque) se répand. La Banque de France joue de plus en plus le rôle de Banque centrale. En définitive, cette période marque l'inévitable ascension du capitalisme : constitution de grandes sociétés de capitaux, apparition des banques et des bourses d'échange.

Si l'inflation se réduit à partir de 1873, les incertitudes liées à l'emploi augmentent tant et si bien que le niveau de vie stagne. Le triomphe d'une bourgeoisie devient alors patent : son pouvoir (économique et politique) dans la société ne cesse de s'accroître. En définitive, la prise de conscience de la condition prolétarienne est aussi le fruit de la révolution industrielle. Ainsi, « *il est difficile de juger de la condition ouvrière. Mais il est certain que régnait une surpopulation relative et que les grandes agglomérations urbaines abondaient en taudis. Il faut signaler une disposition de grande conséquence. Depuis Elisabeth, depuis la fin du XVIe siècle, une loi des pauvres* (Poor Law) *s'appliquait : les paroisses devaient assistance à leurs indigents. Ceci était assorti d'une sévère sanction pour les indigents peu « méritants » : la maison de correction (workhouse).* [...] *La* Poor Law *a joué le rôle d'un anesthésique social. Les classes populaires prirent l'habitude d'être assistés par les paroisses.* [...] *Pour les classes possédantes, ce fut l'équivalent du paiement d'une prime d'assurance pour se protéger contre les risques d'une révolution* [...] *Mais pour les industriels, l'allocation de secours* (allowance) *permettait de ne verser que de bas salaires.* » (M. Flamant, 1989, p. 53-54)

Les premières vagues d'agitation sociale ont lieu dès 1830-1834 : protestations en faveur d'une démocratie politique plus importante et contre le machinisme, contre la misère. Même si les thèses libérales de Bastiat (1801-1850) dominent largement, la découverte de la misère[28] ouvrière apparaît concomitante à la révolution industrielle et invite l'Etat à intervenir directement sur le plan social en réglementant le travail. Néanmoins, la législation est discrète (la journée de douze heures est habituelle) ; ce n'est qu'en 1892

27. Banque catholique française dont l'histoire inspira Emile Zola pour son roman *L'Argent* (1891).
28. Rappelons que le sujet au concours de l'Académie des sciences morales et politiques de 1840 s'intitulait ainsi : « *En quoi consiste la misère, par quels signes elle se manifeste en divers pays ; quelles en sont ses causes ?* »

que le travail des enfants de moins de treize ans sera interdit. Les œuvres littéraires telles que *Oliver Twist* (1837-1839) de Dickens, *Les Misérables* d'Hugo (1862) ou *Germinal* (1886) et *L'Assommoir* (1877) de Zola, les enquêtes sociologiques et les monographies se multiplient : les usines sont de plus en plus grandes, la condition ouvrière désastreuse. La paupérisation ouvrière impose la question sociale. La méfiance envers l'industrialisation (surtout le machinisme), et les progrès qu'elle est censée induire, crée un terreau favorable aux thèses socialistes. Ce contexte social, très rude pour les ouvriers, est propice à la syndicalisation, qui dispose de caisses centrales et d'organes de presse.

1848 est le « printemps des peuples » où la classe ouvrière revendique « *le droit au travail* ». En France, la suppression, en 1864, du délit de coalition augmente le nombre de grèves. Les ouvriers rédigent *Le Manifeste des Soixante* qui revendique la liberté du travail et l'accès au crédit. Les syndicats (autorisés à partir de 1884) se constituent et se multiplient afin de créer un contre-pouvoir aux grandes industries. Le mouvement ouvrier prend forme et l'action syndicale devient politique. Entre 1864 et 1876 se réunit la Première Internationale, mais les querelles entre marxistes et anarchistes ne se résorberont qu'à travers une incompréhension structurelle. En 1878, une loi interdit en Allemagne les syndicats, qui réapparaîtront en 1890. La Deuxième Internationale sera fondée en 1889 sur une base marxiste. Le succès des thèses de l'Association générale des travailleurs allemands[29] (1863) incite le chancelier Otto von Bismarck à créer un système d'assurances sociales (1883 pour la maladie, pour les accidents en 1884, pour la vieillesse et l'invalidité en 1889), afin de contenir une éventuelle révolution. Partisan du protectionnisme, Bismarck sera congédié par l'empereur Guillaume II en 1890.

En France, également, les partis ouvriers connaissent un certain succès[30]. Cette fin du XIXe siècle voit naître une « *évolution vers le socialisme d'hommes politiques issus de la bourgeoisie, venus du radicalisme comme Millerand, du ferrysme comme Jaurès, tous ces faits disent l'originalité d'un temps où le socialisme, jusque-là secte et idéologie, devient un grand mouvement, selon le mot d'Ernest Labrousse, où le syndicalisme prend son essor, où les classes dirigeantes jugent indispensable une politique de défense sociale* » (Mayeur, 1973, p. 181). L'école devient l'œuvre de la laïcité, au sens de Condorcet et d'Allain-Targé, le lieu où « *la diffusion des lumières* » mettrait fin à « *l'inégalité dans les rapports sociaux* ». La crise économique, les déficits financiers sont flagrants. L'état stationnaire est-il en cours de réalisation ? On comprend alors pourquoi les économistes ont tenté de concentrer leurs réflexion sur les questions liées aux déterminants de la croissance (produire davantage et mieux) et à sa répartition dans la société (inégalités, rente, plus-value). Quoi qu'il en soit, cette fin du XIXe favorise le boulangisme, le nationalisme et le socialisme international car la République libérale et parlementaire déçoit. L'espérance est ailleurs.

29. Premier parti socialiste fondé par F. Lassale (1825-1864), il défend l'idée de coopératives de production sous la tutelle de l'Etat et est favorable au suffrage universel. Bismarck sympathise avec Lassale. Quant à Marx, il réfute violemment cette idée de socialisme d'Etat.
30. Le Parti ouvrier français (POF) de Jules Guesde comprend 2 000 membres en 1889 et 16 000 en 1898.

FICHE 3 | ... PUIS L'APPARITION DE DÉSÉQUILIBRES DURABLES

1. RÉFÉRENCES

ASSELAIN J.-C., *Histoire économique du XXe siècle : La montée de l'Etat (1914-1939)*, Presses de la Fondation nationale des sciences politiques, Dalloz, 1995.

BERSTEIN S., *La France des années 30*, Armand Colin, collection « cursus », 1988.

BORNE D., DUBIEF H., *La Crise des années 30. 1929-1938*, Seuil, collection « Points Histoire », 1976.

HEILBRONER R.-L., *Les Grands Economistes*, Points, collection « économie », 1971.

RÉMOND R., *Introduction à l'histoire de notre temps*, tome 3, *Le XXe siècle. De 1914 à nos jours*, Seuil, collection « Points Histoire », 1974.

2. REPÈRES

Chronologie

	Années 1930	Années 1970	Années 1990	Années 2000
Fait initiateur	Krach boursier 1929 à New York	Chocs pétroliers en 1973 (Guerre du Kippour) puis en 1979 Inconvertibilité du dollar en or (15 août 1971)	Crises des caisses d'épargne aux Etats-Unis Réunification allemande Eclatement de la bulle spéculative au Japon	Surendettement des Etats industrialisés Eclatement de la bulle Internet Crise des *subprimes* aux Etats-Unis Crise au sein de la zone euro
Intensité de la crise	Forte baisse de la production, de l'emploi	Rupture dans le rythme de croissance	Inégalités dans les taux de croissance	Zones régionales inégales
Indicateurs clés	Baisse des prix supérieure à celle des salaires Taux d'intérêt réels positifs Crédits limités	Boucle prix/salaires Taux d'intérêt réels négatifs Apparition d'une économie d'endettement	Désinflation Monnaie forte Taux d'intérêt réels positifs Désendettement des ménages Etats et firmes	Epargne de précaution en Asie et Europe Surendettement des Etats-Unis Guerre des monnaies
Accumulation et productivité	Investissements et productivité élevés Partage de la richesse en faveur des profits	Investissements élevés Baisse de la productivité Partage de la richesse en faveur des salaires	Paradoxe de la productivité (faible productivité et investissements élevés) Restauration des profits	Inégalités grandissantes Baisse de la part des salaires dans la valeur ajoutée

	Années 1930	Années 1970	Années 1990	Années 2000
Rôle de l'Etat	Intervention procyclique (Laval en France, Hoover aux Etats-Unis) ou contracyclique (Front populaire, Roosevelt)	Politique monétaire de relance puis restrictive pour lutter contre l'inflation Politique budgétaire de relance Déréglementation	Politique d'assainissement des finances publiques Libéralisation des marchés Ouverture des frontières	Politiques de rigueur réaffirmées en Europe Stratégie de la douce négligence aux Etats-Unis (dollar faible)
Echanges mondiaux	Baisse des échanges et protectionnisme Dévaluations compétitives et flottement des monnaies	Hausse des échanges Crise mexicaine en 1982 Flottement des monnaies et créations de zones régionales	Mondialisation Apparition des dragons asiatiques Désordres monétaires (1987, 1992-1993) Création de l'euro	Globalisation Montée en puissance Amérique du Sud, Inde et Chine (Bric)

Définition : paupérisation

Notre société se décrit par des éléments pessimistes : crise sociale, surendettement de l'Etat, persistance d'un chômage durable, absence de projet collectif, croissance ralentie comme si, depuis la fin des Trente Glorieuses, nous étions entrés dans l'ère des Vingt Rugueuses puis des Vingt Piteuses : tout d'abord, 1974-1984 avec une stagflation, des dévaluations puis un plan de rigueur, ensuite 1984-1994 avec, certes de la croissance, mais une hausse structurelle du chômage. Pour certains (V. Forrester, 1996), nous vivons dans l'Horreur économique. Elle s'accompagne aussi d'une horreur sociale avec le retour de travailleurs pauvres et d'inégalités sociales. Effectivement, à la différence de celle des années 1930, cette crise est durable. D'ailleurs, certains hommes politiques n'ont-ils pas affirmé que face à la mondialisation, « *l'Etat ne peut pas tout* » (Jospin, 2000, lors de l'annonce de licenciements boursiers) ? Certes, le projet européen aurait pu mobiliser les énergies, mais l'introduction de l'euro s'est accompagnée d'un sentiment de méfiance et de sacrifice (hausse des prix, assainissement des finances publiques). La politique de la concurrence, le traité de Maastricht et la prééminence du consommateur sont à l'origine d'un nouveau courant, l'euroscepticisme, qui dépasse les clivages politiques traditionnels.

Dans une perspective de long terme, l'analyse de Kondratiev permet d'appréhender l'atonie économique actuelle. Aussi, dans la phase ascendante du cycle long (1947-1967), le développement des Etats-Providence (*Welfare State*) a largement contribué au succès des politiques keynésiennes. Mais l'amélioration du taux de profit de l'accumulation dans cette phase d'essor a pour autant conduit à une suraccumulation durable du capital. Cette longue phase de difficultés a débuté en 1967-73. Depuis plusieurs années, la vigueur de la croissance mondiale ne se dément pas, malgré les nombreux sujets d'inquiétude que les chocs ou les accumulations de déséquilibre font naître. Les ralentissements apparaissent toujours plus modérés qu'escomptés et ne remettent pas en cause la trajectoire de croissance, comme l'attestent le retournement du marché immobilier, la fin de la déflation au Japon, l'apparition des zones émergentes (Asie, Amérique latine, Europe de l'Est). Toutefois, ces nouveaux pays dévoilent une croissance plus rapide, masquant ainsi l'effet du ralentissement européen. Les incertitudes enregistrées depuis juillet 2007 sur les marchés financiers concernent naturellement les Etats-Unis mais aussi les pays où les effets de contagion du ralentissement américain sont les plus marqués (effet papillon[1]) et, en particulier, le Canada, le Mexique et certains pays émergents d'Asie.

La crise des *subprimes* est cependant venue rappeler que l'économie connaît des phases périodiques de déprime et de recomposition. Elle a introduit un élément supplémentaire d'incertitude, lié aux modalités d'absorption de ce choc dans les différentes zones du monde. Effectivement, certaines formes d'organisation des marchés financiers sont à l'origine d'une série d'excès et spéculations, assise notamment sur la titrisation qui dilue les responsabilités et génère un mouvement de panique que l'on définit de plus en plus, comme une crise systémique. En définitive, suite à cette crise, les conditions de financement se sont durcies et ce, en dépit des injections massives de liquidité opérées par les banques centrales.

3. EXPLICATIONS

Chapitre 1 *LE XXe SIÈCLE : LE BONHEUR ÉCONOMIQUE OU LE TRIOMPHE DU LIBÉRALISME*

Le XXe siècle fait état d'une forte croissance malgré l'apparition de crises économiques (1929, 1973, 1997, 2008 dite crise des *subprimes*). Mais la présence de cycles n'est pas une spécificité du XXe siècle. Déjà, dans la Bible, Moïse met en garde le pharaon contre les « *sept années de vaches grasses et sept années de vaches maigres* ». L'histoire est rythmée d'évolutions et la résurgence du débat lié à l'existence d'un état stationnaire, comme issue ultime du développement est patente. La question de la croissance est au cœur des actions politiques. En l'espèce, concernant ces mille dernières années, Jacques Marseille (2000), détermine quatre phases de croissance (de l'An Mil voire du début du XIIe siècle à 1350 ; du milieu du XVe siècle à 1600-1650 ; de 1720-1730 à la Révolution puis de la Belle Epoque (fin XIXe) à 1970). Il met aussi en exergue quatre phases de dépression (entre 1300-1350 et 1450-1500 ; entre 1600-1650 et 1720-1730 ; le XIXe siècle ; et une quatrième phase débutant dans les années 1970).

1. L'effet papillon a été développé par la théorie du chaos et désigne l'idée qu'une petite cause en un point donné peut avoir des conséquences notables en un autre point par le simple enchaînement de plusieurs éléments. Ainsi, l'interdépendance des économies fragilise ces dernières puisqu'une infime variation du taux d'intérêt, par exemple, peut provoquer un ralentissement économique général.

Selon le FMI, en 2010, le PIB mondial aurait été de 61 963 429 millions de dollars contre 57 937 460 millions en 2009 et 60 689 812 millions en 2008. La crise de 2008 est ainsi à l'origine de la plus forte baisse depuis l'après-guerre, mais avec des effets plus ou moins importants selon les pays. Le PIB de 2010 de la France s'élève à 2 582 527 millions de dollars soit 4,2 % du PIB mondial (5e rang mondial derrière les Etats-Unis, la Chine, le Japon et l'Allemagne avec respectivement 23,6 %, 9,2 %, 8,7 % et 5,3 % du PIB mondial).

Ainsi, depuis 1913, le PIB par tête s'est accru de plus de 2 % en moyenne par an pour l'ensemble des pays industrialisés. Certes, les Trente Glorieuses[2] marquent une période d'exception avec une diffusion du progrès technique : la production de biens standardisés et à bas prix facilite cette démocratisation de la consommation. Une classe moyenne se constitue. Si nous ajoutons à cette richesse matérielle l'amélioration des niveaux de vie, l'allongement de la durée de vie et la démocratisation de l'accès aux soins, à l'instruction et à la culture, nous constatons que la pyramide des besoins du psychologue Maslow (1954) a évolué, de façon significative, en à peine trois générations. Autrement dit, l'accroissement quantitatif des richesses (PIB) a permis l'amélioration qualitative (développement des modes de vie) : les besoins primaires (physiologiques, de sécurité, voire sociaux) semblent satisfaits au profit de nouveaux besoins (dits supérieurs) tels que culturels ou d'épanouissement personnel.

Nonobstant, le XXe siècle voit apparaître des déséquilibres durables. Dès les années 1930, le monde n'apparaît plus aussi stable et ordonné. L'approche pessimiste des thèses stationnaires ne se dissipera qu'avec le retour de la croissance après les années 1945. Aujourd'hui, elles réapparaissent d'autant plus virulentes face à une population mondiale grandissante, un épuisement des ressources naturelles et une pollution lancinante qui remet en cause l'idée positive des bienfaits de la croissance. En réalité, plus le niveau de richesses est élevé, plus le volume des richesses supplémentaires à créer est difficile à atteindre. Aussi, les pays en développement connaissent des taux de croissance bien plus élevés du fait du rattrapage économique.

La suprématie économique et politique européenne a été mise mal par la guerre de 1914-18, qui marque une rupture internationale : l'affaiblissement dans les échanges internationaux et la multiplication des cloisonnements freinent la croissance, provoquant une baisse du commerce international et des flux de capitaux. L'heure est au protectionnisme et au contrôle des changes. La révolution russe d'octobre 1917, puis la victoire de Mao en Chine (1949), la conférence de Bandung (1955) et la décolonisation sont autant d'éléments qui forgent alors la conviction que les forces révolutionnaires en marche pouvaient

2. Expression de Jean Fourastié (1907-1990) in *Les Trente Glorieuses ou la révolution invisible de 1946 à 1975* (1979). Période durant laquelle le PIB a été multiplié par 4,5 (soit une croissance annuelle moyenne de 5,9 %).

constituer une alternative[3] au capitalisme. Dès lors, deux modèles (« blocs ») se concurrencent pendant près d'un demi-siècle. L'apparition d'un Tiers-Monde dans les années 1950 représente rapidement un élément décisif dans ce « partage » du monde entre l'Est et l'Ouest : l'aide aux pays pauvres devient un enjeu politique permettant d'asseoir l'assise de chacun des blocs (communiste ou capitaliste). Cependant, la chute des régimes communistes en Europe de l'Est à la fin des années 1980 rend obsolète la vision d'un capitalisme historiquement condamné. Cette approche est certes une caractéristique marquée de la pensée marxiste, mais aussi d'auteurs du XXe comme J.A. Schumpeter. Le clivage se déplace : d'un antagonisme politique Est/Ouest, l'analyse se déplacera vers les inégalités Nord/Sud (c'est-à-dire pays riches/pays pauvres).

En conséquence, la première partie du XXe siècle se caractérise par une fragmentation de l'économie internationale, une fermeture des économies nationales dont profitera l'Etat qui voit son rôle réaffirmé après la crise de 1929. Pourtant, les interventions publiques ont d'abord un caractère défensif (protectionniste), puis offensif (recherche de la croissance) : les thèses libérales sont mises à mal puisque la crise est non seulement possible, mais bien réelle. Nous présenterons successivement cinq séquences dans les processus de restructuration.

Chapitre 2 LA GRANDE DÉPRESSION DE 1929

Le traité de Versailles (1919) attribue formellement la faute de la première guerre mondiale à l'Allemagne. Les conséquences de la guerre sont importantes sur le plan territorial avec la naissance d'Etats, fondés sur le principe du droit des peuples à disposer d'eux-mêmes. La Société des Nations universalise le régime parlementaire en affirmant la prééminence du droit sur la violence de la guerre. Mais les pertes humaines ont été considérables et transforment durablement la pyramide des âges[4]. Les destructions liées à la guerre obligent à la réparation et à la reconstruction : les Etats s'endettent[5]. Pour autant, le chômage demeure massif. Les grèves se multiplient face à la pénurie. Cette période voit naître une véritable crise de la démocratie : le rayonnement de l'expérience soviétique et le développement du fascisme en Italie, des dictatures en Espagne et au Portugal institu-

3. R. Rémond (1974) souligne les ambiguïtés dans le vocabulaire : « *Pour l'Ouest, la démocratie est l'épanouissement des libertés individuelles héritées des régimes libéraux, elle implique le pluralisme des opinions politiques et des formations organisées. Pour l'Est, la démocratie, parce qu'elle met l'accent sur la justice à instaurer et sur l'égalité à promouvoir, entraîne la suspension des libertés individuelles : au lieu de tolérer le pluralisme, elle s'identifie au monopole d'un parti qui exerce une dictature absolue.* » (p. 173).

4. Elle handicape l'économie d'une partie de la main-d'œuvre donc d'une production potentielle et de consommateurs futurs. L'absence de père déstabilise les familles. Les femmes travaillent dans les usines. La Guerre a accéléré l'exode rural.

5. « *La dette publique de la France est passée, entre 1914 et la fin de la guerre, de 33,5 milliards de francs-or à 219 milliards* [...] *Et chaque année, une part appréciable du budget public est affectée au règlement des pensions de guerre.* » (Rémond, 1974, p. 39). D'où la phrase célèbre de Klotz, ministre français des Finances : « *L'Allemagne paiera.* »

tionnalisent une ligne de partage dans les forces politiques[6] de cette époque. L'hymne est antilibéral, anti-individualiste, antiparlementaire, nationaliste avec une aspiration à l'unité autour de la Nation, de la souveraineté nationale.

Sur le plan politique et économique, les guerres ont modifié la perception de l'Etat : le gouvernement passe les commandes et construit les usines ; l'Etat est commanditaire et producteur, employeur et client. Sur le plan politique, l'impérialisme change de camp : de créancière, l'Europe devient débitrice. Les Etats-Unis détiennent la moitié du stock d'or mondial. Toutefois, les années folles (1920-29) font tourner la tête et croire que la paix s'est définitivement installée. L'économie est prospère. L'Europe semble avoir retrouvé sa place d'antan. D'ailleurs, pouvait-on croire autrement après la signature des accords de Locarno (1925) ? En 1929, Mussolini signe les accords du Latran[7]. Pourtant, dix années plus tard, la seconde guerre mondiale éclate.

En 1929, le marché boursier américain s'effondre : en deux mois, il perd ce qui avait été accumulé durant les années précédentes. Pour autant, l'origine de la crise était inévitable dans le sens où le marché des actions reposait sur une accumulation de prêts via un système d'hypothèques et des achats d'actions à terme. Aux Etats-Unis, les inégalités étaient très fortes :

« *Le revenu moyen d'une famille aisée représentait 630 fois le revenu moyen d'une famille en bas de l'échelle. Deux millions de chômeurs étaient ignorés* [...] *Un ouvrier sur quatre avait perdu son emploi à la fin de 1930.* [...] *Dans tout le pays, la construction de maisons d'habitation déclina de 95 %. Neuf millions de comptes d'épargne furent clos. Quatre-vingt-cinq mille entreprises firent faillite. Le volume national des salaires déclina de 40 % ; les dividendes de 58 % ; les salaires de 60 %.* [...] *En 1930, le revenu national tomba de 85 milliards de dollars à 75 milliards. En 1931, il tomba à 59 milliards de dollars. En 1932, il s'était abaissé au chiffre désastreux de 42 milliards de dollars. En 1933, 14 millions de chômeurs hantaient le pays* » (Heilbroner, 1971, p. 236-237).

La crise mondiale liée à la grande crise de 1929 dura environ une décade. Cependant, si celle-ci fut essentiellement américaine (chute de la production industrielle de plus de 50 %, celle des biens d'équipements de 75 %), la dépression s'est rapidement transmise aux autres pays en raison du poids économique international de l'industrie américaine. Le protectionnisme se développa au travers des tarifs douaniers (loi Hawley-Smoot en 1930, accords d'Ottawa en 1932, par ex.). Le système monétaire international fondé par les accords de Gênes en 1922 – *Gold Exchange Standard*[8] – est fragilisé dès 1931 avec la décision britannique de supprimer la convertibilité de la monnaie nationale[9], puis

6. Entre fascisme et antifascisme, il s'agit avant tout d'un combat politique.
7. Le catholicisme devient la religion de l'Etat italien.
8. La conversion des monnaies en or s'effectue par l'intermédiaire du dollar et de la livre sterling.
9. Afin de la dévaluer.

s'effondre en 1933 lorsque les Etats-Unis prennent la même décision. *De facto*, le système des changes fixes est abandonné.

Dès lors, de nouvelles solutions sont recherchées en dehors du capitalisme traditionnel. Aux Etats-Unis, le *New-Deal* (1933-1938)[10] de Franklin Delano Roosevelt se propose de relancer l'investissement et la consommation des plus démunis via des interventions dans les domaines économique, monétaire et social. Le 4 mars 1933, Roosevelt dit : « *the only thing we have to fear is fear itself* »[11]. L'action qui commença sous Herbert Hoover, puis sous Roosevelt, a pour objectif de transformer l'Etat en investisseur économique : projets d'infrastructures (routes, barrages, aéroports, ports) et de logements afin de pallier l'insuffisance de l'investissement privé. Cette stratégie keynésienne repose sur l'hypothèse que les dépenses gouvernementales stimulent le pouvoir d'achat de la Nation. La Grande-Bretagne fait de même en aidant les régions les plus éprouvées par la crise. La France ne connaît de sérieuses difficultés qu'à partir de 1934. Ainsi, en 1936, les accords de Matignon permettent une forte augmentation des salaires, imposent la semaine de 40 heures et deux semaines de congés payés. Des nationalisations sont mises en œuvre. Mais il faudra attendre 1952 pour retrouver le même niveau de richesse qu'en 1929. Le national-socialisme s'installe en Allemagne. En 1933, celle-ci compte 5,5 millions de chômeurs. La préparation de la guerre redirige l'appareil productif en faveur des industries d'équipement et d'armement[12]. Le commerce extérieur est étroitement contrôlé et des accords de troc sont établis, en particulier avec les pays d'Europe centrale. Le mark perd sa libre convertibilité. L'impôt sur le revenu passe de 12 % en 1933 à 22 % en 1938.

En définitive, la crise de 1929 aboutit à un monde plus cloisonné dans le sens où les Etats recherchent une solution nationale à la dépression économique. Les Etats sont renforcés : socialement, le dirigisme étatique est accepté (il faut gérer la pénurie, organiser la production et la distribution, préserver l'accès aux ressources de base). Les démocraties sont confrontées à un chômage de masse et à une stagnation industrielle. La grande crise économique plonge toute une partie de la population dans la misère. La fin des années 1930 laisse place à un nouvel objectif : la revanche par la guerre. Ainsi, aux Etats-Unis par exemple, les dépenses budgétaires[13] passent de 8 % en 1938 à 40 % en 1943. Pour autant, certains facteurs préfigurent de la forte croissance à venir : la diffusion

10. Deux *new deal* doivent être différenciés : le premier, du 9 mars au 16 juin 1933, appelé « *les 100 jours de Roosevelt* », a pour objectif de relancer immédiatement l'économie. Le second (1935-38) a des ambitions plus structurelles avec des lois de protection syndicales ou encore le *Social Security Act* qui crée une protection sociale au niveau fédéral (retraite pour les plus de 65 ans, assurance chômage). En réalité, la notion de *new deal* fait référence à la politique de Théodore Roosevelt qui, trente ans auparavant, avait expérimenté un *square deal*, favorable aux classes moyennes.
11. C'est-à-dire : « *la seule chose que nous ayons à craindre est la crainte elle-même* ».
12. Entre 1933 et 1938, l'Allemagne emprunte sur les marchés internationaux et sa dette passe de 3 à 15 milliards de marks. La dette publique passe de 14 à 30 milliards entre 1936 et 39.
13. Keynes (*Comment payer pour la guerre*, 1940) explique qu'un emprunt national obligatoire constitue un outil important pour financer les dépenses militaires et que, face à la baisse de la demande privée, une politique sociale (Etat-Providence) permet de compenser cette rigueur.

du taylorisme puis du fordisme vont profondément transformer les structures productives. L'industrie automobile sera au XXe siècle ce que le développement ferroviaire aura été pour le XIXe siècle. La seconde révolution industrielle se base sur les industries mécaniques, électriques et chimiques. Toutefois, les conférences de Yalta puis de Postdam (1945) annoncent un nouveau type de conflit : la guerre froide. En 1947, l'hostilité entre les vainqueurs est totale ; elle amorce la stratégie du réarmement. Le « *rideau de fer*[14] » voit naître des antagonismes politiques (démocratie *versus* communisme), militaires (pacte atlantique *versus* pacte de Varsovie) et économique (capitalisme et libre-échange *versus* collectivisme et autarcie).

Chapitre 3 1945-1974 : DE L'ÉCONOMIE DE PRODUCTION À L'ÉCONOMIE DE CONSOMMATION

La croissance économique domine toute la période. La reconstruction consécutive à la seconde guerre mondiale permet le renouvellement et la modernisation de l'appareil productif. Les économies capitalistes renaissent. Le modèle français d'économie mixte d'après-guerre rappelle la tradition colbertiste ; les secteurs de base sont nationalisés. L'ordre social et économique passe par l'Etat, qui assure l'indépendance. En Grande-Bretagne, le plan Beveridge (1942) pose les jalons d'un système national de santé et d'assistance. En France, la Sécurité sociale, la généralisation des allocations familiales et leur indexation sur les salaires ou encore le plan de modernisation et d'équipement de Jean Monnet (1946-47) relancent la confiance et les investissements. La productivité s'améliore, les changements technologiques se diffusent rapidement. Les syndicats multiplient les adhésions. De plus, l'Etat joue d'un protectionnisme offensif via la recherche et les commandes publiques. Rappelons que dans ce contexte d'après-guerre, la demande privée demeure largement supérieure à l'offre des entreprises. Les poussées inflationnistes en France s'élèvent à + 60 % de 1945 à 1948. Les autorités monétaires cherchent à réduire la quantité de monnaie pour réduire l'inflation. La monnaie étant rare, sa parité s'élève. Les tensions sur le marché monétaire poussent les taux d'intérêt à la hausse et devraient inciter à l'épargne.

En 1958, le plan libéral de J. Rueff repose sur trois axes : 1) la libéralisation des échanges, 2) la lutte contre l'inflation en stabilisant le franc (le nouveau franc vaut 100 anciens francs) pour rétablir la « *vérité des prix* » et la compétitivité des produits nationaux, et 3) la maîtrise des finances publiques via une baisse des dépenses publiques (baisse des aides aux firmes et des remboursements de la Sécurité sociale) et une hausse des impôts (sur les sociétés et sur le revenu, taxes sur l'alcool et le tabac et des tarifs publics). J. Rueff est tenté par le modèle d'économie sociale de marché dans laquelle il voit la clé du succès de l'Allemagne. En 1963, le plan vise la stabilisation conjoncturelle. Cette politique caractérise la doctrine gaulliste : une coopération institutionnelle entre le Plan, le Trésor et les entreprises publiques, la politique de grands projets dans les industries de pointe (aéronautique,

14. Selon l'expression de Churchill (1946).

électrique, transport). L'emprunt public se concentre autour de l'intérêt national et fait appel à l'épargne publique pour le financement de la reconstruction. L'idée de service public fait son chemin : le critère n'est pas la maximisation du profit, mais la satisfaction de la collectivité. La construction des grandes tours HLM permettra de supprimer les bidonvilles.

L'Etat a de nouvelles fonctions (culture, solidarité nationale, espace, énergie nucléaire). Les dépenses de recherche[15] sont croissantes. L'Etat est un agent économique à part entière. En France, il existe une tendance spontanée à la concentration par la création de monopoles publics guidée par un Etat qui fixe les impératifs industriels (politique des « champions »). Le monopole est accepté (à l'opposé des Etats-Unis).

En fait, le tissu industriel s'en trouve considérablement modifié : le secteur primaire décline à partir des années 1960 au profit du secteur secondaire. Progressivement, ce dernier laisse sa place au secteur tertiaire qui devient rapidement la première source d'emplois. La production repose sur une politique d'innovation[16], la concurrence se développe : la publicité devient un support indispensable de l'offre. A l'instar d'autres pays industrialisés, la société française entre dans la société de consommation (le *caddy* se remplit dans une grande surface, symbole de cette période d'opulence). Parfois, la demande anticipe le revenu : le crédit à la consommation apparaît. Les effets sociaux sont patents : amélioration du niveau de vie, réduction du temps de travail, hausse à long terme des salaires, progression générale de l'espérance de vie. Les dividendes sociaux de la croissance se répartissent dans la société : cette période des Trente Glorieuses laisse apparaître une diffusion et une profusion du progrès. La croissance semble illimitée.

Le processus productif constitue également une source potentielle de productivité. Ainsi la théorie de la régulation (R. Boyer, M. Aglietta) stipule que le modèle d'organisation de la production de type fordiste reposait sur un compromis social et sociétal : la participation aux gains de productivité en contrepartie d'une augmentation des salaires, d'un emploi durable avec des perspectives de carrière et de la protection sociale. Ce mode d'accumulation du capital est socialement accepté, sous la tutelle de l'Etat, du fait de la répartition des gains de productivité au bénéfice des salariés. Autres faits marquants durant cette période : l'urbanisation, la profonde mutation des habitudes de consommation

15. Entre 1920 et 1940, l'Europe domine les Etats-Unis dans le domaine de la recherche (radioactivité, fission nucléaire), mais cette suprématie disparaît peu à peu au profit des Américains.

16. Cette question place le progrès technique au cœur du processus de croissance. Selon J. Schumpeter (1951), l'innovation apparaît en « *grappes* », le changement suscite le changement. Le ressort de l'économie se trouve alors du côté de l'offre : ce sont les producteurs qui orientent les besoins des consommateurs à travers les biens fournis sur le marché. En réalité, il précise que ce sont les entrepreneurs qui mettent en œuvre de nouvelles combinaisons productives : un nouveau produit, une nouvelle méthode de production, une nouvelle matière première, un nouveau débouché ou une nouvelle organisation. De sa conception à son intégration dans les processus de production ou encore les biens et services vendus, ce « *résidu* » (*Solow*, 1956) demeure un élément contributif fondamental dans la dynamique économique. Aussi, le progrès technique s'accompagne, en règle générale, de gains de productivité.

et la hausse du taux d'activité des femmes à partir de 1962. Le salaire des femmes dope les revenus du ménage et crée une nouvelle demande (dans le tertiaire avec les loisirs et le tourisme, la transformation des modes d'alimentation et des modes de garde des enfants). Le confort est démocratisé et individualisé (appareils ménagers, automobile, vacances).

A l'étranger, les problèmes monétaires et les déséquilibres économiques se cumulent. Les nombreux conflits entraînent des dépenses militaires importantes (guerres de Corée, d'Indochine, d'Algérie...) qui agissent sur le niveau des prix des matières premières. Le FMI, créé par les accords de Bretton Woods de 1944, ne peut faire face à la crise du dollar : le déficit des paiements courants du reste du monde à l'égard des Etats-Unis est supérieur au stock d'or mondial. Si le dollar est institué comme pilier du système de taux de changes fixes, il est devenu monnaie de réserve internationale du fait des paiements des importations en dollar et de l'aide européenne octroyée dans le cadre du plan Marshall[17]. Le prestige de la monnaie américaine est total (« *dollar is as good as gold* »). Toutefois, à partir des années 1950, la confiance dans le dollar s'essouffle. En 1957, le déficit de la balance des paiements américaine est tel que le dollar chute. Le SMI est en crise. En 1961, la création du Pool de l'or ne met pas fin à la baisse du dollar. Au final, en 1971, Nixon déclare l'inconvertibilité du dollar en or[18]. En décembre 1971, les accords de Washington permettent la dévaluation du dollar avec des marges de fluctuation à +/- 2,25 % de chaque monnaie par rapport au dollar. D'ailleurs, cette même année, les Etats-Unis constatent le premier déficit de la balance commerciale du XXe siècle, illustration du retour de la croissance en Europe et de l'avènement du Japon sur la scène internationale. L'Europe cherche à se protéger, dès 1969, lors de la conférence de La Haye, durant laquelle il est décidé de réaliser une unité monétaire. Le rapport Werner (1970) en précisera les modalités. En 1973, le système des taux de changes fixes est abandonné au profit d'un système de changes flottants. Les accords de la Jamaïque légalisent le système des changes flottants mais ne feront que constater une situation effective.

Parallèlement, l'Europe cherche une nouvelle dynamique face à la puissance américaine. La déclaration de Robert Schuman, en mai 1950, présente le plan de Jean Monnet ; celui-ci devient réalité avec le traité de la Communauté européenne du charbon et de l'acier (1951) engageant six pays (Belgique, RFA, France, Italie, Luxembourg, Pays-Bas). Ce traité instaure une coopération avec une autorité supranationale qui vise à dépasser

17. Dans son ouvrage *Les Conséquences économiques de la paix* (1919), Keynes insiste sur la nécessité que les vainqueurs de la guerre prêtent aux vaincus afin de favoriser la reconstruction et les échanges économiques ; c'est par le biais des exportations vers les pays prêteurs et le libre-échange que la paix sera possible. En cela, il considère que la demande de réparation des alliés dépassait largement les capacités de remboursement de l'Allemagne : « *Si nous choisissons délibérément l'appauvrissement de l'Europe centrale, j'ose le dire, la revanche ne traînera pas.* [...] *les nations ne sont pas autorisées par la religion ou la morale naturelle à faire expier aux enfants de leurs ennemis les erreurs des parents et des dirigeants.* » Il proposera une révision du traité de Versailles de 1919.
18. Roosevelt l'avait prononcé avant lui en 1933 pour dévaluer le dollar.

les intérêts nationaux pour éviter une nouvelle guerre. Le traité de Rome de 1957 s'inscrit dans cette continuité en créant la Communauté économique européenne (CEE), qui passe progressivement de six à dix membres en 1981. Le principal succès concerne la Politique agricole commune (1958) avec la création d'un tarif extérieur commun et d'un budget européen. L'objectif de la PAC est d'assurer l'indépendance alimentaire de la zone via une augmentation de la productivité. Il s'agit aussi d'assurer un niveau de vie équitable aux paysans en stabilisant les marchés sur lequel repose la fixation d'un prix indicatif (complété par un prix d'intervention). Cette PAC fera l'objet de violentes diatribes à partir des années 1990 en raison des dégâts environnementaux du productivisme agricole.

La création d'une union douanière ainsi que la libre-circulation des marchandises, des travailleurs et des capitaux sont explicites dans le projet européen. Ce projet sera renforcé par des politiques de la concurrence et d'élargissements successifs. Dès 1968, les barrières à l'intérieur de la communauté sont supprimées. Tendance confortée par les négociations commerciales internationales puisque dans le cadre du Gatt, le *Dillon Round* (1960-62), puis le *Kennedy Round* (1964-67) et enfin le *Tokyo Round* (1979) abaissent régulièrement les restrictions quantitatives et tarifaires douanières. La CEE voit son rôle international s'affirmer même si les échanges sont essentiellement intra-communautaires.

En conclusion de cette période, les forces motrices de la croissance d'après-guerre sont le dynamisme spontané de la production et de la consommation, le stimulant de l'ouverture croissante sur l'extérieur et l'impulsion exercée par l'Etat qui intervient comme garant du plein emploi et de la croissance. Le courant keynésien gouverne l'économie pendant près de trois décennies au point de devenir une orthodoxie vers la fin des années 1960. Cet âge d'or prend fin avec l'inflation des années 1970 et l'effondrement du régime des parités fixes, réglementé par le FMI. En définitive, les chocs pétroliers de 1973 et 1979 imposeront des stratégies de redéploiement interne (recentrage des activités) et externe (entrée en force sur les marchés étrangers). Pour autant, 1980 apparaîtra comme la plus grande récession d'après-guerre (chute de l'investissement national et hausse du chômage structurel).

Chapitre 4 1974-1980 : LES DIFFICULTÉS DU CAPITALISME FRANÇAIS

Pour Fernand Braudel, 1973 voit débuter un *trend* séculaire baissier, après le *trend* haussier entre 1896-1973. L'essoufflement de la demande de biens homogènes, la recherche de qualité, l'intensification de la concurrence et l'ouverture des frontières modifient le rapport de force entre producteurs et consommateurs au bénéfice des derniers. Or, face à une baisse de la demande, le premier choc pétrolier annonce la fin des Trente Glorieuses en augmentant les coûts de production. Le pétrole représente une part croissante de la consommation d'énergie dans le monde avec une dépendance[19] accrue envers les pays

19. En 1973, l'Europe importe du pétrole à hauteur de 60 % de son approvisionnement énergétique, le Japon 77 %, alors que les Etats-Unis approchent l'autosuffisance.

producteurs de pétrole. A partir de 1971, l'Opep fixe des hausses de prix et, en 1973, la guerre de Kippour intervient comme un catalyseur décisif : le prix du baril triple en quelques semaines. Au Japon, cette crise apparaît bien plus virulente avec un taux d'inflation de 21 % contre laquelle les mesures furent restrictives (amputations des heures supplémentaires et des primes, libéralisation du contrôle des changes). Le dollar faible (1973-1979) contribue à l'aggravation de l'inflation. En fait, cette baisse de la monnaie américaine bénéficie essentiellement au mark, qui devient la monnaie forte du système européen. Pour contrer cette baisse, P. Volcker, le directeur de la FED, décide d'augmenter les taux d'intérêt à partir de 1979, afin de lutter contre l'inflation et d'enrayer la dépréciation du dollar (afflux de capitaux), mais au prix d'une récession économique.

En Allemagne, la maîtrise de l'inflation a toujours été un objectif impliquant la maîtrise des coûts salariaux et la préservation d'une parité forte de la monnaie nationale. Elle fait partie du pacte social. Ces éléments ont été déterminants dans leur capacité à maintenir un excédent de la balance commerciale et un niveau d'investissement élevé. Le second choc pétrolier de 1979 résulte d'un épuisement des réserves américaines, d'une conjonction de facteurs politiques (révolution iranienne) et techniques (recul de la production en Arabie). Proportionnellement, la hausse du prix du baril est moins forte que lors du premier choc pétrolier, mais ses effets sont amplifiés en raison de la hausse concomitante du dollar (les contrats sont libellés en dollar). Ces hausses du coût des matières premières pèsent sur les industries françaises et dégradent leur compétitivité-prix. Le chômage augmente (de 2,8 % à 6,4 %). Les exportations ne suffisent pas à couvrir les importations (dégradation du rapport d'échange) ; l'investissement national diminue de plus de 22 % pesant ainsi sur la modernisation de l'appareil productif. La crise de confiance devient plus forte – les gouvernements étaient convaincus que le seuil du million de chômeurs serait socialement intenable[20] – et conduit à une nouvelle conviction : la crise peut être durable.

Sur le plan théorique, les thèses keynésiennes sont mises à mal par l'observation d'une stagflation : une croissance atone accompagnée d'une forte inflation et d'un chômage important. L'idée d'un inévitable arbitrage politique entre inflation et chômage (courbe de Phillips) est fortement critiquée par le courant monétariste. A ce titre, les trois plans Barre, adoptés entre 1976 et 1979, vont dans le sens de la rigueur budgétaire pour limiter les déficits publics et contrôler l'inflation. Ces plans restructurent la sidérurgie en provoquant de grandes vagues de protestation liées aux licenciements.

C'est à cette période que l'idée de maintenir une balance commerciale excédentaire (« *la contrainte extérieure* ») devient un objectif de politique économique. *De facto*, les entreprises nationales se concentrent sur la compétitivité-prix. Pour autant, cette crise des matières premières est conjuguée à des facteurs internes : la saturation de la demande accentue le ralentissement de la consommation. De nouvelles thèses (de la décroissance)

20. Et conduirait à l'implosion sociale (J. Freyssinet, 1986). Il n'en a rien été.

apparaissent et font redécouvrir les libéraux pessimistes du XVIIIe siècle (Ricardo, Malthus) : face à la surexploitation et à l'épuisement des ressources naturelles, les projets alarmistes se développent. Ainsi, le rapport Brundtland (1987) de l'ONU trouve un certain écho dans la société de consommation des pays industrialisés. Les thèses écologiques mettent en exergue les dommages environnementaux et sanitaires de la croyance en une croissance infinie.

Toutefois, la construction européenne poursuit sa marche. Le tarif extérieur commun est un facteur d'unité et de solidarité entre les pays membres. Cependant, la CEE développe des relations privilégiées avec les pays du Tiers-Monde dans le cadre d'une politique de coopération. Dès 1971, elle leur octroie un régime douanier avantageux (franchise de droits).

En mars 1979, le système monétaire européen (SME) entre en vigueur avec des marges de fluctuations de +/-2,25 % autour d'un cours pivot (l'ECU) : c'est un système de taux de changes fixes (stables) mais ajustables. Il remplace le serpent monétaire européen en créant une véritable solidarité monétaire entre les pays adhérents puisque les banques centrales s'engagent à soutenir les monnaies en difficulté. L'Europe confirme son élargissement en passant à douze pays en 1986. Le SME reste fragile car les tentatives de déstabilisation sont considérables et les divergences économiques entre pays imposent des interventions des autorités monétaires nationales. Pour autant, la nécessité d'une cohésion monétaire apparaît de plus en plus comme le support de l'intégration économique par les marchés. L'idée d'une monnaie unique n'est pas loin.

Chapitre 5 ***1980-1994 : UN NOUVEAU TOURNANT***

Entre 1980 et 1986, le PIB stagne alors que les prix à la consommation augmentent fortement. Le chômage s'amplifie pour atteindre 10 %. L'arrivée au pouvoir du gouvernement socialiste en 1981 ouvre des espoirs vite déçus : le passage aux 39 heures hebdomadaires, la hausse des salaires et la relance par le budget ne provoquent pas les effets escomptés. Le déficit extérieur ne se résorbe pas et l'investissement continue de baisser. Ces effets sont accentués par l'existence d'un décalage conjoncturel entre la France (qui mène une politique de relance) et ses partenaires économiques (politiques de rigueur afin de lutter contre l'inflation). Dès lors, la France devient un marché à conquérir pour les autres pays partenaires. La valeur du franc se détériore (dévaluation en 1981, en juin 1982, en mars 1983 puis en 1986). Désormais, le plan n'a plus d'objectifs chiffrés et le mot d'ordre des années glorieuses « *prévoir pour demain* » se transforme en « *consommez aujourd'hui sans prévoir* ». Au contraire, l'aggravation des déficits publics et commerciaux donne lieu à un changement radical d'optique, au grand dam des électeurs socialistes qui, pour certains (comme dans le Nord ou en Lorraine), hurlent à la trahison face à la fermeture de sites industriels.

En 1983, le gouvernement Mauroy se convertit à une politique de rigueur mettant en place des politiques monétaires restrictives et une désindexation des salaires : c'est le début de la désinflation compétitive avec une politique de franc fort. Résultats : l'inflation diminue[21], le chômage poursuit sa hausse. En définitive, la France se modernise difficilement face à la bataille technologique. Les mutations sectorielles (pourtant indispensables dans un contexte de mondialisation) sont difficiles. Le chômage sera structurel et la théorie du déversement (Alfred Sauvy) aura du mal à se confirmer. Le déficit public se creuse de façon irrémédiable et durable. L'entreprise est réhabilitée et se transforme en un lieu d'expression (lois Auroux en 1982) : d'un lieu d'exploitation et de conflits, l'entreprise est devenue un lieu d'épanouissement avec des cercles de qualité, des séminaires d'intégration et de cohésion. En 1986, les privatisations débutent (Saint-Gobain, Paribas...) avec le retour de la droite au pouvoir.

En 1987, la reprise est de retour via une dynamique de la demande (consommation, exportation) ; les nouveaux investissements créent 155 000 emplois, mais ne permettent pas de réduire de façon significative le chômage : la hausse du PIB est supérieure à la hausse du volume d'emplois, la différence provient de gains de productivité. La croissance européenne est moins riche en emplois (par rapport aux Etats-Unis, par exemple) et repose essentiellement sur la recherche de gains de productivité. Toutefois, 1987 est aussi l'année du krach boursier.

En définitive, la période 1983-1994 se caractérise par un processus de mondialisation de la production, une fragilisation de l'économie nationale en raison des risques de délocalisations. Les entreprises optent pour une stratégie externe de concentration via des opérations de fusion/acquisition : l'idée est à la grande taille pour réaliser des économies d'échelle. La révolution des nouvelles techniques d'information et de communication sonnera le glas des services puisque ces derniers deviennent également potentiellement délocalisables. L'ouverture du secteur public à la concurrence accompagne ce mouvement général de déréglementation. L'effet démographique des *baby-boomers* – devenant *papy-boomers* – commence à inquiéter (financement des retraites face à un chômage durable). La politique de désinflation compétitive porte néanmoins ces fruits. La banque commerciale française devient positive à partir de 1992, mais au prix d'un chômage de masse et d'une dualité sur le marché du travail (les salariés saisonniers, les CDD subis, les intérimaires constituent un volet régulateur soumis à la conjoncture).

Dans ce contexte, la construction européenne trouve un nouvel élan, comme si elle constituait la solution au mal national : si la croissance ne vient pas de l'intérieur (consommation), elle proviendra de l'extérieur (exportations). Aussi, l'Acte unique (1987) prévoit la réalisation, en cinq ans, d'un marché unique impliquant libéralisation des échanges et

21. En 1986, le contre-choc pétrolier résulte de la décision de l'Arabie Saoudite de renoncer à soutenir le prix du baril de pétrole. La chute est brutale (de 40 dollars en 1980 à 10 dollars en 1986 : le baril retrouve un prix comparable aux années 1974-75). Cette chute a été accentuée par l'apparition de nouveaux producteurs (Amérique latine, mer du Nord) et par les efforts des pays industrialisés pour réduire leur dépendance énergétique (recherche de nouvelles sources d'énergie comme le nucléaire en France).

déréglementation des monopoles publics. La politique de la concurrence[22] prend définitivement l'option d'une Europe libérale en abandonnant l'idée de l'approfondissement (Europe sociale). Dès lors, le nouveau modèle du droit de la concurrence européen limite les possibilités d'intervention des Etats dans un contexte économique défavorable ; elle interdit les pratiques dites anticoncurrentielles (monopole, cartel, collusion, pratiques discriminatoires). A ce titre, elle supplante la politique industrielle au nom des bénéfices supposés de la concurrence : alors que la première favorise l'efficience économique par le marché, la seconde cherche à améliorer – par l'intervention des pouvoirs publics – la compétitivité du territoire. Les Etats sont aujourd'hui soumis à un contrôle strict dans ce domaine (aides publiques tolérées si privatisation prévue comme dans les cas du Crédit lyonnais, prohibées pour le textile). L'Europe s'élargit et passe à 15 en 1995. Elle prend de nouvelles orientations via le renforcement de l'interdépendance économique et, surtout monétaire. Décidément, la course à la productivité devient également un objectif européen... peut-être au bénéfice du consommateur... mais au détriment du salarié...

L'Union économique et monétaire (UEM) est prévue par le traité de Maastricht (1992) avec la création d'une Banque centrale européenne (BCE) et d'une monnaie unique (l'euro). Cinq critères sont fixés : l'appartenance au SME depuis au moins deux ans, un taux d'inflation maîtrisé et un taux d'intérêt faible, un déficit et une dette publics ne devant pas dépasser, respectivement, 3 % et 60 % du PIB. La politique d'une monnaie forte s'est définitivement généralisée à l'ensemble des pays européens comme l'unique politique économique. Cependant, à cette période, les turbulences au sein du SME sont fortes (spéculations contre la lire italienne, dévaluation de la peseta, fortes attaques contre le franc ; en 1993, la livre sterling quitte le SME). Pour sortir de cette crise et en raison de l'impossibilité de respecter les marges de fluctuations, une alternative se construit : soit attendre une stabilisation des parités entre les monnaies et renforcer la coopération monétaire spontanée entre les Etats membres du SME ; soit supprimer les fluctuations entre les monnaies en imposant une monnaie unique afin d'afficher une volonté politique européenne active et désinciter les marchés financiers de spéculer contre les diverses monnaies. Selon les pays, la seconde option a été soumise au vote par le biais du parlement ou du référendum (comme ce fut le cas en France qui a voté « *oui à la monnaie unique* » à une courte majorité). Par ailleurs, en 1993, le SME se transforme en SME bis avec des marges de fluctuations portées à +/- 15 %. Quoi qu'il en soit, la crédibilité du Deutsche Mark est renforcée face à ces turbulences européennes. La zone monétaire européenne se construit autour de la monnaie allemande. L'euro sera fort, pour crédibiliser la construction européenne.

22. La déréglementation trouve ses justifications dans la volonté de libéraliser les marchés (théorie des marchés contestables de Baumol). L'école de Chicago conteste l'intervention des pouvoirs publics dans le contrôle des conditions de la concurrence et s'oppose ainsi à l'école d'Harvard. Les 3D (déréglementation, dérégulation et désintermédiation) sont les directives à suivre. Historiquement, la croissance fordiste favorisa l'émergence de grandes firmes. Mais la méfiance envers ce processus de concentration (risques d'abus de position dominante, entente sur les marchés, concurrence déloyale) est forte. C'est pourquoi, dès 1957, le traité de Rome prévoit des règles de la concurrence, mais celles-ci ne seront véritablement appliquées qu'à partir de 1986 par l'intervention de la Commission européenne (limitation et contrôle des fusions).

Cette redécouverte du marché se traduit par une ouverture des marchés, des mouvements de privatisations et de déréglementation tant des marchés financiers que du travail et de la finance. En Grande-Bretagne, elle trouve un écho favorable[23] auprès de Margaret Thatcher qui accède au pouvoir en 1979 et auprès de Ronald Reagan à partir de 1980. Le consensus keynésien est vivement critiqué par le courant monétariste de Milton Friedman, pour qui croissance de la monnaie et inflation sont intimement liées. En l'espèce, aux Etats-Unis, le gouvernement Carter (1976-80) doit faire face à une inflation galopante, une balance commerciale déficitaire et une croissance ralentie. Il s'appuie sur l'emploi et la croissance (alors que le gouvernement précédent de Ford avait comme priorités la monnaie et les prix). Face à une hausse vertigineuse des taux d'intérêt (21 % en 1980), le gouvernement de Reagan (1980-88) a pour ligne directrice de « *rendre les commandes de la vie économique aux particuliers* » car « *le gouvernement n'est pas la solution, il est le problème* » (discours d'investiture en 1981). Afin de rompre avec la tradition de Roosevelt, Reagan utilise des politiques de « *stop and go* » (diminution de 10 % de l'impôt sur le revenu chaque année pendant trois ans, gel de l'embauche de fonctionnaires fédéraux, action sur la masse monétaire) afin de réduire l'inflation et le chômage. Sa politique économique – la *Reaganomics* – obéit aux préceptes de l'économie de l'offre (baisse des impôts et des dépenses publiques). Mais la forte hausse du budget militaire (Reagan était anti-communiste dans un contexte de guerre froide) contribue à la dégradation des finances publiques. A ce titre, la dette publique augmente de 200 % lors de ses deux mandats. Le dollar évolue de 4FF à 10FF en 1985 et atteint 6FF en 1987. Le déficit commercial reste néanmoins un véritable casse-tête (forte dépendance vis-à-vis du Japon pour les importations d'automobiles et de téléviseurs). Au final, le bilan économique de Reagan apparaît plutôt positif (baisse de l'inflation, baisse du chômage et un dollar au plus haut) puisque G. Bush est élu en 1988 (3e mandat républicain successif, ce qui ne s'était pas produit depuis la seconde guerre mondiale). Toutefois, les déficits jumeaux (publics et commerciaux) sont abyssaux : les Etats-Unis vivent à crédit (intérieur et extérieur).

La crise de la dette des pays en voie de développement (Pologne en 1981 et Mexique en 1982) aura des répercussions mondiales. Ainsi, la décision du Mexique de suspendre ses remboursements a provoqué un retournement dans l'offre de crédit mondial. Des pays se déclarent insolvables, malgré le rééchelonnement de la dette et l'assistance du FMI. En guise de solution, les Etats-Unis proposent une annulation partielle de la dette : telle est la finalité du plan Brady qui prévoit un rachat de la dette à 50 % de sa valeur. Le Mexique est le premier pays concerné par ce plan.

Les pays de l'Amérique latine transforment leur déficit commercial en excédent à travers une compression de leurs importations. Le Tiers-Monde reste toujours aussi dépendant du marché financier mondial. Toutefois, certains nouveaux pays industrialisés (NPI) annoncent des taux de croissance deux fois plus élevés que les pays industrialisés :

23. Cette approche conditionnera la politique monétaire de la Banque centrale européenne (BCE) dont l'objectif se concentre sur la stabilité des prix. La politique budgétaire doit être menée en assurant sa soutenabilité sur le long terme.

les quatre dragons asiatiques (Corée du Sud, Hong Kong, Singapour et Taiwan) et le Brésil bénéficient de l'ouverture des frontières et fondent leur croissance sur une politique d'exportations aux pays industrialisés. L'apparition de ces NPI fait resurgir le débat sur le protectionnisme et le *dumping* social : pour les pays industrialisés, cette nouvelle concurrence aggrave le déficit commercial et détruit les emplois non qualifiés du tissu industriel (délocalisation des firmes).

La chute du communisme (politique de la *Glasnost* – ou « transparence » – et de la *Perestroïka* – ou « reconstruction » – en 1985 par Gorbatchev) et la réunification allemande (1989) laissent place à une nouvelle organisation économique dans les pays de l'Est. Surtout, elle marque la fin de la guerre froide avec les négociations entre l'URSS (Gorbatchev) et les Etats-Unis (Reagan). Dès les années 1950, des réformes économiques sont mises en place afin de rétablir la confiance en freinant la collectivisation forcée (Tito en Yougoslavie en 1948 avec l'autogestion et la décentralisation, Nagy en Hongrie, 1953-55 puis Kadar en 1968-72 ; Gomulka en Pologne à partir de 1956 ; Khrouchtchev en 1956-64 ; Dubcek avec le Printemps de Prague – le « *socialisme au visage humain* » – en Tchécoslovaquie en 1968). En effet, si certaines reconversions économiques semblent réussir (la Tchéquie, la Pologne, l'Ukraine par exemple), d'autres périclitent. Malgré tout, la crise des pays à économie de marché n'offre qu'un souffle temporaire aux économies dirigistes, leur redressement économique sonne le glas à la planification dans les années 1980. En l'espèce, Deng Xiaoping initie la Chine à l'économie de marché – la révolution réformatrice – dès la fin des années 1970. Les résultats économiques sont immédiats mais le pays doit faire face à une inflation galopante et un déficit commercial. Le processus de démocratisation est rompu suite aux manifestations de la place Tian Anmen en 1989. L'Inde opte pour la libéralisation des échanges au début des années 1990.

En définitive, ces années 1980 sont marquées par l'incertitude et la détérioration générale des performances économiques. Le chômage ne cesse de progresser et la question du financement, donc de la soutenabilité des déficits publics commence à être posée. De nouveaux acteurs économiques (Amérique du Sud, notamment le Brésil, Chine, Inde) fragilisent la position européenne, qui privilégie l'élargissement. Pour autant, en Europe, les difficultés ne font que commencer... Quoi qu'il en soit, un modèle économique s'impose : l'économie de marché. Pourtant, de nouvelles contestations (virulentes lors des sommets de l'OMC comme à Seattle en 1999, Doha en 2001 ou Cancun en 2003) apparaissent : le libre-échange est vilipendé, la marchandisation du monde dénoncée, la mondialisation – assimilée à l'américanisation – trouve une nouvelle issue dans le commerce équitable.

Chapitre 6 *1994-2010 : UNE CROISSANCE RETROUVÉE ?*

Entre novembre 1993 et décembre 1995, la brève reprise ne permet pas d'enrayer le cycle car la production supplémentaire est stockée et non motivée par des anticipations positives liées à une hausse de la demande effective. Ce rattrapage de cycle intervient dans le cadre de nouvelles restructurations avec une réforme du marché financier. En Europe les difficultés économiques sont patentes. La signature du Pacte de stabilité et de croissance (réaffirmant les articles 99 et 104 du traité de Maastricht) a pour objectif de crédibiliser le respect des objectifs en matière de finances publiques (déficit et dette publics respectivement inférieurs à 3 % et 60 % du PIB) : ainsi, les pays de la zone euro mettent en exergue une volonté d'améliorer la coordination budgétaire et d'éviter les déficits excessifs *via* une procédure préventive (présentation d'un budget équilibré) et une procédure dite des déficits excessifs avec des sanctions possibles (0,2 à 0,5 % du PIB). Ce pacte est toutefois fragilisé car certains pays fondateurs ne le respectent pas et la réforme de 2005, qui prévoit un assouplissement[24], de la procédure dissuasive n'aura que peu d'effet. En réalité, le vrai problème de l'Europe est plus profond et ne se résume pas à une simple question liée au respect de certaines normes comptables.

Entre 1995 et 1998, les échanges commerciaux de l'Union européenne avec les Etats-Unis (partenaire commercial à hauteur de 20 %) ont fortement augmenté (+ 50 % en valeur) dégageant même un excédent. L'Union est le second partenaire commercial des Etats-Unis, après le Canada. Parmi les Etats membres, l'Allemagne est le premier exportateur vers les Etats-Unis, le Royaume-Uni étant le premier importateur. En 2000, le sommet de Lisbonne définit une politique de l'innovation et signe la volonté des Etats européens de renouer avec l'idéologie de la Ceca (une solidarité de fait). Le principe est simple : les innovations permettent d'obtenir des gains de productivité, d'augmenter les marges, d'améliorer les conditions de fabrication, d'accroître les parts de marché des firmes nationales. L'intervention des pouvoirs publics (encouragement à l'innovation, protection de la propriété industrielle via les brevets et licences) se justifie par le fait que le rendement social de l'innovation est supérieur au rendement privé. Par ailleurs, la reconnaissance du principe de précaution (loi Barnier, 1992) et du droit des générations futures à un environnement sain insistent sur la nécessité de prendre en considération l'environnement et de redéfinir la notion de progrès. La croissance se veut verte et le développement durable. Dans une Europe en perte de vitesse et en crise, les villes renaissent en chassant les automobiles ; la population redécouvre les espaces verts collectifs. Du vert pour soigner la désespérance sociale ?

La croissance est désormais moins riche[25] en emplois qu'au cours de la dernière décennie. Effectivement, en 2004, avec une augmentation du PIB de 2,5 %, la croissance permettait la création de 39 000 emplois. En 2001, elle en créait 246 000 avec une croissance de 2,1 %. Comment expliquer qu'elle soit moins féconde en emplois ? En l'espèce, l'intégration des nouvelles technologies de l'information et de la communication dans l'organisation du travail et de la production a souvent été présentée, *mutatis mutandis*, comme le facteur explicatif de la croissance américaine depuis les années 1990. Au grand dam des conclusions de Schumpeter (*Capitalisme, socialisme et démocratie*, 1951), la dynamique

24. Les sanctions ne sont pas applicables si le pays est en récession.
25. Il s'agit de se référer au taux d'utilisation de l'outil de production. Plus ce dernier est élevé, plus les entreprises sont rapidement confrontées à un goulot d'étranglement et créent de nouvelles embauches. *A contrario*, elles puisent dans leurs réserves et privilégient les gains de productivité. Est-il alors possible d'enrichir la croissance en emplois ? Effectivement, la dynamique de la croissance n'est pas uniforme et la loi d'Okun s'observe différemment selon les pays.

économique américaine corrobore l'idée de la non-évolution d'une société capitaliste vers un état stationnaire. Il semble que l'Europe soit en mal d'assurer une trajectoire de croissance basée sur l'innovation. Statistiquement, les faits stylisés dénotent une relation parallèle entre taux de croissance et taux d'investissement. Ces fluctuations similaires se caractérisent néanmoins par leurs brusques variations. L'investissement demeure donc une variable clé dans le processus de croissance.

En tout état de cause, l'incertitude portant sur le marché immobilier et sur les issues de la crise financière, devenue économique, crée un état psychologique morose, accentué par la forte hausse de certains éléments des coûts de production. Depuis la liberté de circulation des capitaux, les crises se répètent même si elles ne se ressemblent pas (1987, 1998 avec l'effondrement des monnaies en Asie du Sud-Est, 2000 et l'éclatement de la bulle Internet, 2001 et la récession économique et financière de l'Argentine, 2007 le début de la crise immobilière aux Etats-Unis). A chaque fois, les banques centrales sont amenées à fournir des liquidités en abondance (*via* la création monétaire), tout en affichant leur volonté de lutter contre le risque inflationniste (gage de leur crédibilité) avec une différence néanmoins : la complexité croissante des produits financiers accentue l'interdépendance financière et rend l'action des pouvoirs monétaires de plus en plus incertaine dans son issue.

L'expansion mondiale, en cours depuis quelques années, correspond à la période de croissance la plus forte depuis les années 1970. Ainsi, l'ouverture extérieure traduit une interdépendance des pays de plus en plus forte et, peut-être surtout, dans le domaine financier. Ensuite, les pays émergents et en développement représentent une part élevée de cette croissance (plus des deux tiers contre environ la moitié dans les années 1990). La croissance chinoise, par exemple, s'accélère et, pour la première fois en 2007, contribue le plus fortement à la progression du PIB mondial. Avec l'Inde et la Russie, ces trois pays représentent plus de la moitié de la croissance mondiale. Cette forte croissance a ainsi compensé la croissance modérée, qui persiste aux Etats-Unis, la tendance au freinage au Japon ou encore la faible progression de la zone euro.

En définitive, l'économie n'évolue pas toujours sous forme de cycles au sens de Kondratiev, à savoir comme une succession régulière et inéluctable de phases de croissance (phases A) puis de crises ou de dépressions (phases B). Au contraire, les phases B correspondraient davantage à des phases de ralentissement de la croissance, comme le suggère le schéma suivant : les phases A et B correspondent alors respectivement à des périodes de croissance rapide et atone.

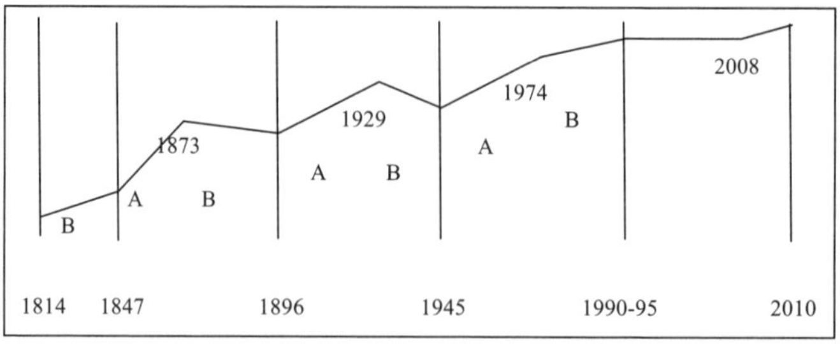

FICHE 4 | DYNAMIQUE ÉCONOMIQUE DE L'HISTOIRE

1. RÉFÉRENCES

BARON X., « Et si la performance était source de bien-être... », *L'Expansion Management Review*, n° 141, juin 2011, p. 10-19.

BOYER R., DURAND J.-P., *L'Après-Fordisme, collection alternatives économiques*, Syros, 1993.

DAMON J., *Questions sociales : analyses anglo-saxones*, PUF, collection « Major », 2009.

DARSY S., *Le Temps de l'anti-pub*, Actes Sud, 2005.

DESREUMAUX A., *Stratégie*, Précis Dalloz, collection « Gestion », 1993.

ERNÉ-HEINTZ V., « Le paupérisation », in BERNARD G., DESCHODT J.-P. et VERPEAUX M., dir., *Dictionnaire de la politique et de l'administration*, PUF, 2010, p. 190-191.

JONES D., ROOS D., WOMACK J., *Le Système qui va changer le monde*, Dunod, 1992.

PAUGAM S., *La Société française et ses pauvres*, PUF, Paris, 1993.

ROCHE L., « Le *slow management*, antidote au stress », *L'Expansion Management Review*, n° 141, juin 2011, p. 42-49.

VEGA X. DE LA, « Conflits au travail : de nouvelles mobilisations ? », *Sciences humaines*, n° 227, juin 2011, p. 32-37.

2. EXPLICATIONS

Au début des années 1980, on assiste à une révolution managériale : il semblerait que le taylorisme soit mort et qu'il ait laissé la place à de nouvelles formes de travail : polyvalence, travail en équipe, cercle de qualité, juste à temps... Autant de pratiques qui laisseraient davantage d'autonomie aux salariés. Nous assisterions ainsi à une nouvelle autonomie des individus. Qu'en est-il réellement ?

Chapitre 1 *DU TAYLORISME AU FORDISME*

Dans un contexte de pénurie où tous les besoins sont à satisfaire, la production en grandes séries s'impose. Les firmes s'organisent de telle manière à augmenter la production pour satisfaire la demande. Dès lors, il s'agit de définir des règles de management afin d'optimiser la production. Le taylorisme s'inscrit dans cette recherche : il s'applique aisément dans les grandes structures où la division des tâches en gestes simples et rapidement assimilables par les individus est possible. Entre 1893 et 1911, F.W. Taylor publie plusieurs ouvrages dont l'objectif est de rationaliser le travail. Son hypothèse repose sur l'idée que l'individu est prédisposé à la paresse (une certaine « *flânerie systématique* »). Dès lors, il s'agit de mettre en place une organisation du travail permettant d'accroître le rendement des ouvriers en luttant contre cette tendance naturelle. Chaque tâche est alors décomposée en gestes élémentaires, planifiés et chronométrés par le bureau des méthodes : l'ouvrier n'est plus recruté pour le métier qu'il maîtrise, mais devient spécialisé. La distinction entre les « cols blancs » (les cadres) et les « cols bleus » (les ouvriers) apparaît et repose sur une centralisation de la production au sens de Fayol. De plus, la séparation des tâches accompagne la standardisation des produits. C'est la division verticale (hiérarchie fonctionnelle) et horizontale (codification) du travail.

Pour Taylor, la motivation des salariés s'opère par le biais d'un salaire au rendement, propice aux gains de productivité. L'organisation scientifique du travail (OST) transforme le travail manuel en travail mécanisé et hiérarchisé. Le travail est simple et pallie le manque de personnel qualifié (patent après la seconde guerre mondiale). Pour Friedmann (1956, *Le Travail en miettes*), cette décomposition correspond à une déshumanisation, une déqualification et une aliénation de l'ouvrier : ce dernier devient extérieur au produit. L'ouvrier a perdu son autonomie et sa capacité à produire une pièce entière. Il n'existe plus en tant qu'individu mais en tant que maillon d'une chaîne de production.

L'organisation taylorienne automatisée intervient dans de grands établissements ayant de nombreux salariés et dans lesquels le travail peut être décomposé en un maximum de fonctions différentes nécessitant peu de qualification : le travail en continu (trois équipes, chacune huit heures par jour) est possible. Le rôle des agents de maîtrise est surtout de surveillance de l'application des processus et des modes opératoires. L'approche est répressive. Aussi, les relations conflictuelles au sein des usines n'étaient pas rares. D'ailleurs, l'automatisation puis la mécanisation *via* la robotisation et l'informatisation des objectifs à atteindre n'apparurent pas comme des solutions satisfaisantes : alors que la fonction de contrôle des agents de maîtrise se renforçait, celle d'organisation et de technique leur échappait. La recherche d'une plus grande autonomie s'inscrit historiquement à la fin des années 1960. L'idée est de développer la discussion et la collaboration au sein des structures : les premiers groupes autonomes apparaissent. Ces derniers prennent en charge l'ensemble des tâches (manutention, contrôle, entretien, répartition et organisation des tâches).

Forte de son succès dans les années 1920, cette rationalisation du travail sera très rapidement dénoncée par des sociologues et psychologues du courant des Relations humaines (Mayo, Lewis, Maslow) eu égard au manque d'intérêt, à la pénibilité physique et à la fatigue nerveuse qu'elle entraîne. Les gains de productivité ne seront qu'à court terme en raison de la hausse de l'absentéisme et du turnover qu'elle provoquera. La découverte de la résistance psychologique qu'un individu et un groupe opposent à l'exécution d'un ordre mal accepté et émanant de la hiérarchie a fait naître l'idée de faire participer les salariés au processus décisionnel. De manière similaire, l'expérience d'Harwood a démontré la nécessité de l'accompagnement des salariés lors d'un changement : sans discussion ou explication du changement lors d'une réunion collective, les résistances au changement sont plus fortes. Cette stratégie de communication réduit la zone d'incertitude et la force des oppositions ; l'introduction d'une nouvelle technologie, d'un nouveau mode de production échoue si elle n'est pensée qu'en termes techniques, commerciaux ou financiers. Cette école intègre de nouveaux concepts dans l'organisation du travail : l'ouvrier peut avoir une stratégie propre de la règle à laquelle il doit se soumettre. Mais cette stratégie fait intervenir la notion de groupe : l'ouvrier confronte sa propre productivité à celle de son groupe et cherche à préserver la cohésion de son groupe. Toutefois, l'ouvrier reste libre, donc imprévisible. Au sens de Crozier et Friedberg (*L'Acteur et le système*, 1977), l'ouvrier recherche cette zone d'incertitude car elle constitue son espace de liberté dans lequel il peut exercer son pouvoir. Autrement dit, la ligne hiérarchique n'est qu'une représentation d'un certain pouvoir puisque l'ouvrier dispose d'un pouvoir, celui de saboter sa machine.

Le passage de cette production de masse à une consommation de masse sera rendu possible par les préceptes de Ford. En effet, si la première chaîne de fabrication apparaît chez le constructeur automobile Ford, ce dernier introduit une nouveauté dans le taylorisme : il transforme le salarié en client potentiel en offrant de hauts salaires (« *five dollars a day* ») pour éviter la surproduction. D'ailleurs, le marxiste Antonio Gramsci (1934) appellera fordisme cette union entre préceptes tayloristes et hauts salaires. Ce mode de production est prédominant lors des Trente Glorieuses. La pression des syndicats et la multiplication des lois sociales réduisent le rejet de ce mode de production aliénant puisque les conditions de travail difficiles et les gains de productivité réalisés sont compensés par des hausses de salaires et la mise en place d'une protection sociale. Dès lors, cette forme de régulation envisage la redistribution horizontale (assurances chômage, maladie, retraite) comme un avantage en nature lié au contrat de travail. Pour l'école de la Régulation (Boyer et Durand, 1993), ce type de rapport salarial est inhérent au capitalisme et favorise son acceptation sociale. Aussi, la crise économique de 1974 sera aussi celle du rapport salarial.

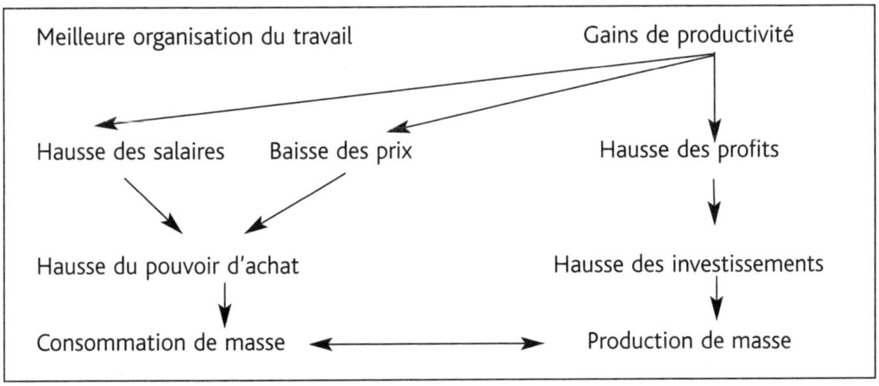

Ce mode de production fut à l'origine de mutations sectorielles importantes (A. Sauvy) : passage du secteur primaire au secteur secondaire, puis tertiaire. Il assura une diffusion généralisée du progrès technique et social. Le développement de la sous-traitance dans les années 1980 marque toutefois un changement radical dans le mode d'organisation (et la taille) des firmes. De nouvelles méthodes de comptabilité et de contrôle des coûts ont largement contribué à cette nouvelle problématique de l'organisation du travail (passage d'une comptabilité des coûts complets à une comptabilité par activité, calculs de prix de cession interne, tableaux de bord, optimisation de la gestion des stocks). Sur le plan macroéconomique, le marché du travail se segmente ; cette dualité du marché du travail se définit par le développement de la précarité et de la flexibilité tant interne (annualisation du temps de travail, temps partiel) qu'externe (travail intérimaire, sous-traitance) du travail. Elle est synonyme d'inégalités entre salariés opposant un marché du travail interne à un marché du travail externe (Doeringer et Piore, 1966). Le premier se caractérise par une certaine stabilité dans les salaires et les droits à la formation et à la promotion ; le taux de syndicalisation y est généralement plus élevé. Le second apparaît comme un volet régulateur subissant les vicissitudes économiques liées au niveau des commandes.

Flexibilité → adaptation aisée à la conjoncture
↓
baisse des incertitudes pour les entrepreneurs
↘
baisse du chômage conjoncturel

Les effets positifs attendus de cette nouvelle flexibilité (interne et externe) sont divers : baisse des coûts salariaux, gains de productivité, mobilité professionnelle, adaptation de la gestion du personnel aux fluctuations de la demande. La gestion du personnel devient celle des ressources humaines : l'accent est mis sur la poly-compétence, la capacité d'adaptation, la responsabilisation, l'implication et l'autonomie des salariés. La diffusion de l'informatique favorise l'apparition d'une nouvelle révolution, celle des flux tendus. Les flux d'information intègrent plus rapidement les évolutions du marché et permettent de réduire les coûts de stockage : « *la commande déclenche la production* » et « *le client est roi* ». La ligne hiérarchique est réduite. L'ouvrier n'est plus lié à une machine, mais mobilisé en permanence afin de surveiller la qualité de la production. Facteurs de motivation, ils seraient ainsi source de productivité. Les groupes semi-autonomes de production de Volvo deviennent alors la référence avec une production adaptée aux nouveaux besoins de qualité et de différenciation des clients. La culture d'entreprise s'interprète comme un facteur d'intégration.

Dans ces années 1980, où la famille se brise, le rôle de l'Etat se fragilise, l'entreprise est réhabilitée pour devenir, dans les années 1990, citoyenne. L'implication des salariés, leur participation au processus de production ont transformé l'entreprise en organisation qualifiante. Cette mobilité interne ainsi développée réduit – en conformité avec la théorie des coûts de transaction (R. Caose, 1959) – les coûts d'ajustement de la firme. En somme, en cas de retournement de conjoncture, il s'agit de passer d'un modèle de flexibilité quantitative externe à un modèle de flexibilité fonctionnelle qui préfère l'ajustement interne aux licenciements et embauches successifs. Ce modèle de relations sociales énoncé par M. Aoki (1995) est souvent expliqué au travers de l'exemple japonais : le modèle J (japonais) *versus* le modèle H (hiérarchique à l'occidental). Leibenstein (1966) insiste sur la capacité d'innovation organisationnelle dans l'agencement des lignes de production par les salariés eux-mêmes. Ces effets d'efficience X sont source de productivité. A ce titre, il préconise une organisation fondée sur des conventions d'effort dans la mesure où le salaire n'est pas le seul élément motivant d'un individu. Par ailleurs, la théorie des salaires d'efficience (Stiglitz, 1976 ; Akerlof, 1986) vise à s'assurer une productivité accrue en contrepartie d'un salaire réel plus élevé. Les gains de productivité à court terme sont privilégiés pour une compétitivité prix et qualité supposée améliorée à plus long terme.

Cette approche relève aussi de l'entreprise automobile Toyota qui forgera un nouveau modèle de production : le toyotisme ou « *lean production* » (« production au plus juste »), en flux tendus (Jones, Roos et Womack, 1992). A la stratégie des flux poussés (l'offre précède la demande) succède la stratégie des flux tirés (la demande déclenche l'offre). Ce nouveau mode de production se caractérise par les cinq zéros (zéro délai, zéro stock, zéro panne, zéro défaut, zéro papier) ainsi qu'une volonté de réduire constamment les coûts et d'améliorer le processus de production (diagramme d'Ischikawa[1]). Ce modèle sera d'autant plus généralisable qu'il repose sur les nouvelles technologies d'information et de communication. Le juste à temps va en ce sens : la production des sous-traitants est synchronisée à celle de la firme-mère (donneur d'ordre). Le modèle n'est plus l'entreprise paternaliste, mais celui de la firme réseau.

La gestion du temps (flux tendus, respect des délais) devient un facteur de compétitivité, à charge aux sous-traitants et aux salariés de développer productivité, polyvalence et adaptation aux nouvelles contraintes de production. Les entreprises apprenantes (Garvin, 1993) se fondent sur une forte autonomie des salariés où l'information et la connaissance sont à la base de la compétitivité : le contrôle de la hiérarchie est relâché, une plus grande implication est exigée. La frontière entre vies privée et professionnelle s'estompe. C'est l'exemple des avocats-associés, des cadres rémunérés au forfait, des chargés de clientèle en banque qui gèrent leur planning et leur portefeuille clients en respectant toutefois certains objectifs.

Pour autant, alors que cette nouvelle philosophie de la production aurait dû réduire la monotonie des tâches, l'absentéisme et la rotation du personnel (*turnover*), une nouvelle forme de pénibilité du travail se développe : de physique, la souffrance devient morale et les premiers suicides au travail apparaissent. Ce phénomène sera mis en avant via le « *productivisme réactif* » (P. Askenazy, 2004) où le salarié est responsabilisé, surveille lui-même la qualité de sa production et trouve les moyens d'améliorer sa productivité : l'exigence est permanente. La pénibilité au travail est ainsi recentrée sur le stress psychologique[2] comme si ces nouvelles formes d'organisation au travail n'avaient pas améliorées les conditions de travail des salariés (A. Valeyre, 2007 ; P. Askenazy, 2004). Bien au contraire, la course à la productivité via la réduction des coûts et la flexibilité ont fait réapparaître des travailleurs pauvres. La hausse du niveau de formation (démocratisation de la scolarisation) n'assure pas un haut niveau d'emploi à la société. Au contraire, elle aboutit à une disqualification au travail (Paugam, 1993) et à la désaffiliation sociale (Castel, 1995).

1. Ou diagramme de cause à effet (diagramme en arêtes de poisson). C'est un processus d'amélioration continue qui repose sur l'implication des salariés. L'information est transparente et circulante et repose sur les 5 M : main-d'œuvre, matériel, matière, méthode, milieu sur lesquels il est possible d'agir pour améliorer la performance du produit, donc de l'entreprise.
2. L'année 2008 est décrétée « *année des risques psychosociaux* ». Plusieurs facteurs de stress sont mis en exergue : la crainte du chômage, la mondialisation, la financiarisation, le *reporting* et l'exigence de résultat. Ces éléments démontrent surtout que le travail n'est pas uniquement entrevu sous l'angle de la rémunération, mais aussi considéré comme un vecteur d'épanouissement personnel et de lien social.

Aujourd'hui cette dépréciation du capital humain et la précarisation des salariés dégradent l'image sociétale de l'entreprise. Dans un contexte de croissance atone, ce retour de la pauvreté alimente une épargne de précaution et une aversion pour le risque (on parle de génération *tanguy*). Des droits à la formation, des stages de motivation et de cohésion du groupe sont alors mis en place dans les entreprises. Pour L. Roche (2011), le *slow management* peut être un antidote au stress au travail : l'idée est de rebâtir le rapport salarial sur la confiance et autour d'un projet collectif.

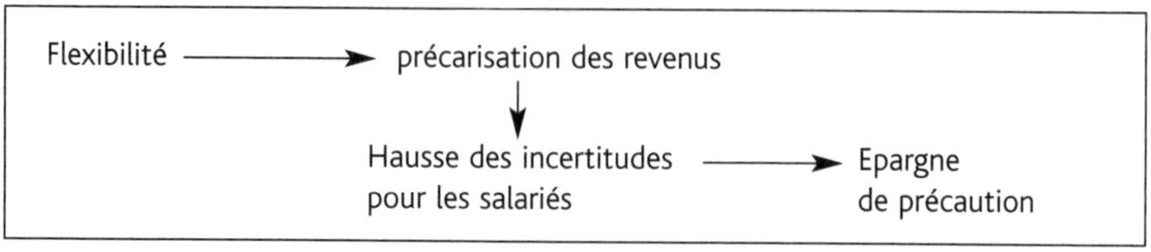

En réalité, ce modèle de production répond aussi à une demande sociale transformée : les besoins primaires étant satisfaits, les consommateurs recherchent des produits différenciés, diversifiés et innovants. La voiture illustre parfaitement ce changement des mentalités : la fameuse Ford T (modèle unique basé sur une logique du volume et des économies d'échelle) laisse place à la multiplication des options et des modèles. Par ailleurs, la publicité alimente une demande illimitée via le processus psychologique d'imitation/différenciation : tout le monde souhaite posséder une voiture ou un téléphone portable tout en ne désirant pas avoir le même modèle que son voisin. La production se réalise alors en petites séries.

En conséquence de quoi, l'entreprise impose son produit et axe sa stratégie sur la différenciation dont la publicité sera le principal support. Le prix n'est plus le seul facteur explicatif d'achat. Aussi, un modèle qui ne repose que sur la standardisation des produits (afin de baisser les coûts, donc les prix) ne correspond plus aux attentes d'un client devenu plus exigeant, même si standardisation et différenciation peuvent se conjuguer : le modèle est homogène et standard et la différenciation est retardée au dernier stade de la production ou de la distribution. Des études de marché, des campagnes publicitaires, une gestion de la qualité totale ont accompagné ce changement dans les procédures de production. Pour autant, dès les années 1960, les Japonais ont introduit la qualité comme facteur concurrentiel discriminant. Cette stratégie commerciale est également une force commerciale pour l'Allemagne et, plus récemment, la Chine. Aujourd'hui, le taylorisme n'a pas disparu ; il trouve de nouveaux espaces d'expression dans le tertiaire (restauration, hôtellerie, santé, parc d'attraction) au point que l'on évoque le néo-taylorisme.

Chapitre 2 UNE VULNÉRABILITÉ SOCIALE AU NOM DE LA COMPÉTITIVITÉ ?

Le compromis fordiste a, *nolens volens*, laissé place à une nouvelle organisation du travail : de l'axe taylorien, on est passé à un axe toyotiste. Le premier s'appuyait sur un échange consenti entre temps de travail et salaire régulièrement croissant avec accès au crédit à la consommation, permettant l'intégration des ouvriers à la société de consommation de biens standardisés. Mais l'économie de variété ne permet plus d'offrir ni stabilité de l'emploi et croissance des salaires ni, *de facto*, la même protection sociale. Ce mode de production en réseau bouleverse la relation salariale : productivité et compétitivité sont devenues des exigences dans la société d'information. Le savoir et la connaissance ainsi que la capacité à exploiter ces derniers se révèlent des clés indispensables pour s'intégrer dans ce nouveau mode de production. Il suscite de nouvelles formes de flexibilité. Effectivement, toute innovation technique peut conduire à de profonds changements de l'organisation de la société. Or une innovation s'insère toujours dans un système technique préexistant. Les périodes les plus propices à l'innovation sont celles où le système commence à se heurter à des dysfonctionnements de plus en plus graves. L'apparition d'un marché de l'innovation – période de l'émergence – cède alors sa place à la période de diffusion.

Période	Rapport au travail	Système social	Caractéristique économique
1950-1960	Fordisme	Hiérarchie sociale (classes sociales)	Démocratisation du progrès technique
1970-1980	Tertiarisation et mobilité	Individualisme	Différenciation et publicité pour valoriser l'ego
1990-2000	Chômage massif	Société du risque (aversion au risque)	Epargne de précaution Société d'assurance
2000- ?	Modèle de l'entrepreneur individuel	Autonomie, responsabilité	De la différenciation au sur-mesure ; consommateur-acteur et éthique

La transformation des modes de production s'articule également au niveau mondial. Face à une saturation des besoins, les entreprises ont d'abord exporté leurs produits. D'internationales, les firmes sont devenues multinationales avec des lieux de production délocalisés, des marchés globalisés. Paradoxalement, la contrainte temporelle s'allonge également du fait de la multitude d'opérations effectuées sur des sites différents. La division du travail fait place à une division des échanges qui va bien au-delà de l'économie nationale.

Modèles d'organisation	Taylorisme	Fordisme	Entreprise apprenante	Toyotisme
Référence	Taylor	Ford	Volvo	Toyota
Caractéristiques	Centralisation Standardisation Communication verticale	Centralisation Standardisation Communication verticale	Décentralisation Communication horizontale	Amélioration continue 5 zéros Cercles de qualité
Modèles productifs	Stratégie «diversité, flexibilité » Production en moyenne série, réorientation rapide	Stratégie «volume » Production peu variée et en grande série	Stratégie de diversification	Stratégie qualité basée sur une production variée et en petite série
Travail de l'ouvrier	L'ouvrier a des tâches variées	L'ouvrier travaille à la chaîne Une tâche par ouvrier	L'ouvrier travaille de façon autonome en équipe	Diversification des tâches Implication et responsabilisation
Finalités	Aucune prise en compte du pouvoir d'achat de l'ouvrier	Transformer l'ouvrier en consommateur (5 dollars *day*)	Intégrer le salarié dans le processus de production	Transformer l'ouvrier en acteur de la production
Spécificité nationale	Europe du Sud	Etats-Unis	Scandinavie, Pays-Bas, Allemagne, Autriche	Japon, Angleterre

Ita est, l'idée de l'économie-monde de F. Braudel (1985) façonne notre représentation de la mondialisation. Cette dernière crée des pôles d'agglomération et de richesse avec des périphéries qui, dans un mouvement décroissant de prospérité, s'organisent autour de ces pôles. Mais le centre n'est pas spécialisé, comme pourrait le laisser supposer une division internationale du travail. Il concentre une grande variété de compétences et de savoir-faire. La périphérie est spécialisée et subordonnée à des donneurs d'ordre extérieurs par le biais de la sous-traitance. Cette division internationale du travail a donc été, *mutatis mutandis*, facilitée par la libéralisation des flux de capitaux et la baisse des coûts de transport et de communication. En se concentrant sur les balances commerciales, il apparaît nettement qu'au-delà des secteurs traditionnels (textile, etc.), les pays émergents se spécialisent dans des secteurs à forte valeur ajoutée même si, pour l'heure, ce sont souvent des activités d'assemblage ou de production. Le phénomène de délocalisation facilite ce rattrapage économique, fournissant une impulsion à la croissance par le biais de nouveaux produits, de nouvelles méthodes de production et de transport, de nouveaux marchés ou de nouvelles formes d'organisation du travail.

Cette interdépendance entre les Etats s'analyse comme une nouvelle division internationale du travail et *de facto* comme une complémentarité dans les processus de production. Ainsi en est-il de la dépendance de certains pays développés vis-à-vis des importations de matières premières ou ressources énergétiques en provenance des pays moins avancés. Ces derniers – en contrepartie – ont de forts besoins en produits agricoles que les excédents européens et américains sont à même de satisfaire. Cette nouvelle division internationale du travail ne se définit donc plus en un processus d'industrialisation des pays les moins avancés suggéré par la théorie traditionnelle du développement (Rostow, 1960) comme ce fut le cas avec le Mexique ou certains pays asiatiques (Hong Kong, Chine, Corée du Sud, Taiwan).

3. DÉBAT

La paupérisation de notre société s'explique par la résurgence de la pauvreté. Les nouvelles logiques de production mondialisées recherchent les gains de productivité au prix d'une plus grande précarité salariale. La dévalorisation des diplômes et la déqualification des jeunes (Paugram, 1993) face à un chômage durable et massif, la mondialisation et la politique de monnaie forte pèsent sur la rémunération du travail. Ainsi, cette modération salariale pousse les consommateurs vers des produits à bas prix fabriqués dans des pays à faibles coûts de main-d'œuvre. Ces importations renforcent la contrainte de compétitivité-prix des firmes nationales et pèsent à nouveau sur la rémunération du travail. Le cercle vicieux est inévitable. En outre, si la théorie du déversement s'observe, elle révèle une détérioration du pouvoir d'achat national : les emplois détruits (dans le secteur industriel) sont en moyenne mieux rémunérés que les nouveaux emplois créés (dans le secteur tertiaire).

En outre, le fondement de la logique de production repose sur un principe consumériste. Or, plusieurs auteurs s'interrogent sur le sens donné à produire toujours plus et sur les conditions dans lesquelles cette production se réalise. Certains (Putnam, politologue, 2003) y voient un facteur de désintégration sociale où risque et compétition nuisent au contrat social : la recherche du « *posséder davantage* » (« *toujours plus* ») repose sur une logique basée sur les gains de productivité collectifs et individuels. Or ce modèle de production (néo-taylorisme, toyotisme) s'accompagne de mobilité professionnelle et d'insécurité économique via un dualisme sur le marché du travail. Ces facteurs d'instabilité sont bien plus destructeurs psychologiquement qu'une simple baisse des revenus. Dès lors, dans un contexte mondialisé, la rationalisation de la production contamine les modes de vie : tout relève de la performance. Ce nouvel environnement économique et technologique appelle une course à la nouveauté (souvent futile) qui plonge l'individu dans un monde du jetable. Pour Putnam (cité par Damon J., 2009), « *il y a urgence à réapprendre la lenteur pour redécouvrir les saveurs, celle des aliments et celle de la vie ensemble* ».

PARTIE II

HISTOIRE DE LA PENSÉE ÉCONOMIQUE

Cette partie n'a pas la prétention de présenter tous les auteurs. La tâche est impossible tant la diversité est grande. Aussi, à défaut de l'exhaustivité, nous recherchons la pertinence afin de faciliter la construction d'une grille de lecture pour comprendre les différentes écoles de pensée et, à travers elles, les auteurs. Les écoles se composent aussi par les conclusions auxquelles elles aboutissent. Les paradigmes se construisent à partir d'hypothèses sur le réel. Or ces prolégomènes sont contingents à un contexte culturel et politique (donc historique), à la perception du réel par l'analyste et à la définition qu'il donne au contrat social. Pourtant, il n'est pas toujours aisé de trouver des éléments qui obtiennent le concours de tous. Ainsi, comme le rappelle Boncœur (in *Capul*, 1997, p. 8) : « *Selon une tradition bien établie, l'âge de l'économie classique est borné symboliquement par la publication de* La Richesse des nations *de Smith en 1776 et par celle des* Principes d'économie politique *de Stuart Mill en 1848. Schumpeter adopte une chronologie un peu différente, en qualifiant d'"âge classique" la période qui s'étend des années 1790 aux années 1870 (ce qui exclut Smith, mais inclut Marx). Deux auteurs au moins se sont attachés à donner un contenu analytique plus précis à la notion d'économie classique : pour Marx comme pour Keynes, celle-ci se définit à partir de l'adhésion à certaines conceptions théoriques [...] chez Marx, il s'agit de la théorie de la valeur-travail, alors que Keynes attribue ce rôle à la loi des débouchés* ».

En outre, il est parfois difficile de résumer la pensée d'un auteur : classé dans une certaine école, cet auteur peut avoir des idées ou des conclusions divergentes sur certains points. Il en est ainsi de Malthus[1], considéré comme libéral, alors que l'hétérodoxie de son approche de la crise est patente. Cependant, il existe des liens de filiation ou de rupture entre les auteurs. C'est dans cet esprit que s'inscrivent les fiches suivantes. Laissons conclure J. Robinson (1955) : « *C'est une sottise de rejeter un morceau d'analyse sous prétexte que nous ne sommes pas d'accord avec les jugements politiques des économistes qui le mettent en avant. Malheureusement, cette approche de l'économie est très répandue.* » (cité par Baslé et al., 1993, p. 6).

1. Il combat l'idée de Say que l'insuffisance de la demande ne peut exister.

FICHE 5 | LES CLASSIQUES DES XVIIIE ET XIXE SIÈCLES

1. RÉFÉRENCES

BASLÉ M., BENHAMOU F., CHAVANCE B., GÉLÉDAN A., LÉOBAL J., LIPIETZ A., *Dictionnaire des pensées économiques*, tome 1, *Les Fondateurs*, et tome 2, *Les Contemporains*, Sirey, 1988 et 1993.

BURDEAU G., *L'Etat*, Seuil 1970.

CAPUL J.-Y. dir., *Découverte de l'économie. 2. Histoire de la pensée économique*, *Cahiers français*, Documentation française, 1997, n° 280.

KEYNES J.M., *Théorie générale de l'emploi, de l'intérêt et de la monnaie*, Payot, 1936.

KROPOTKINE P., *L'Entraide* (1902), Ecosociété, 2001.

LATOUCHE S., *L'Invention de l'économie*, Albin Michel, 2005.

POLANYI K., *La Grande Transformation*, Gallimard, 1983.

RABOURDIN S., *Les Sociétés traditionnelles au secours des sociétés modernes*, Delachaux et Niestlé, 2005.

RUEFF J., *L'Ordre social*, Génin, 1966.

SKORNICKI A., « Le libéralisme une philosophie sociale », *Sciences Humaines*, octobre 2010, n° 219.

SMITH A., *Théorie des sentiments moraux* (1759), Léviathan, PUF.

SMITH A., *Recherches sur la nature et les causes de la richesse des nations* (1776), tomes 1 et 2, Flammarion, 1991.

WOLFF J., *Histoire de la pensée économique : des origines à nos jours*, Montchrestien, collection « Domat Economie », 1991.

2. REPÈRES

Chronologie des auteurs

Période	Courant et auteurs
XVIe- XVIIIe siècle	• Mercantilisme (Montchretien, Mun, Colbert, Child) : l'Etat comme organe centralisateur, la conquête des marchés extérieurs comme source de richesses • Thomas More (*L'Utopie*, 1516) – Machiavel (*Le Prince*, 1513) – Hobbes (*Le Léviathan*, 1650) – Locke (*Deux Essais sur le pouvoir civil*, 1690)
XVIIIe siècle	• Physiocrates (Quesnay, Turgot, Dupont de Nemours) : apôtre du laissez-faire ; l'agriculture comme unique source de richesses • Ecole classique (Smith) : favorable au libre-échange et au libéralisme, rôle croissant des marchands ; théorie de la valeur travail • Montesquieu (*L'Esprit des lois*, 1748) – Rousseau (*Discours sur l'inégalité*, 1754) – Condorcet (*De l'influence de la révolution d'Amérique*, 1777) – Sieyes (*Qu'est-ce que le Tiers-Etat*, 1789)

Période	Courant et auteurs
XIXe siècle (1re moitié)	• Ecole classique (Malthus, Sismondi, Bastiat, Say, Ricardo) : favorable au libre-échange, loi des débouchés • List : dénonciation du libre-échange, l'Etat doit être protecteur • Socialisme utopique (Proudhon, Fourier) : pour un nouveau monde sociétaire • B. Constant – Mme De Staël – A. Comte – A. De Tocqueville (*De la démocratie en Amérique*, 1835-40)
XIXe siècle (2e moitié)	• Révolution marginaliste (Jevons, Menger, Walras) : l'économie politique devient science économique • Ecole historique allemande • Théorie du collectivisme (Marx, Engels) • Socialisme libéral : les industrialistes (Saint-Simon), Stuart Mill
XXe siècle (1re moitié)	• Schumpeter : une analyse par les cycles • Marshall : synthèse néoclassique • Keynes : pour une intervention économique de l'Etat • Ecole institutionnaliste américaine (Veblen, Commons) • Ecole du bien-être (Pigou)
XXe siècle (2e moitié)	• Approfondissement école néoclassique (Arrow-Debreu) et renouvellement (monétarisme, nouvelle école classique) • Ecole de Vienne (Hayek) • Galbraith, Hischman, Strange, Stiglitz : une autre façon de lire l'économie

Dès les XVe et XVIe siècles, le développement du capitalisme commercial modifie la perception du commerce et du prêt à intérêt. L'approche traditionnelle (héritée d'Aristote) ne convient plus aux réalités économiques. La création de richesses ne s'effectue plus uniquement dans et pour la sphère familiale mais pour la nation : l'économique devient économie politique. Le **mercantilisme** aborde l'économie sous l'angle de l'enrichissement – qui n'est plus à mépriser – par le commerce, par et pour la puissance publique : l'Etat se fait entrepreneur. Pour les mercantilistes bullionistes[1], une nation est d'autant plus riche

1. Cette pensée naît parallèlement à la découverte du Nouveau Monde et de ses métaux précieux : l'afflux d'or et d'argent permet de conforter le pouvoir du Souverain. La politique industrielle renforce la position internationale du pays. L'Etat doit interdire les sorties d'or, obliger les exportateurs étrangers à dépenser dans le pays et contraindre les exportateurs nationaux à rapatrier leurs créances afin d'éviter la fuite des capitaux. En effet, une importation fait l'objet d'une entrée de marchandise et d'une sortie monétaire (or ou argent). Cette dernière correspond à une vente (une offre de monnaie nationale) contre une demande (achat d'une devise étrangère). Selon la loi de l'offre et de la demande, il y a alors baisse de la valeur de la monnaie nationale. En conséquence de quoi, les importations déprécient de la monnaie nationale. Elles sont donc préjudiciables à la richesse d'une nation. Au contraire, les exportations poussent la parité nationale à la hausse.

qu'elle dispose d'or et de métaux précieux[2]. Or au XVIe siècle, l'Espagne monopolise les métaux précieux provenant du Nouveau Monde. C'est pourquoi, afin de rivaliser avec l'Espagne, les auteurs invitent les Etats à favoriser la conquête des marchés extérieurs et à protéger l'industrie nationale (par le biais de taxes ou d'un protectionnisme monétaire c'est-à-dire un contrôle des changes) car une balance commerciale excédentaire fait entrer des flux monétaires : le pays s'enrichit. Le commerce doit être encouragé.

Mercantilisme (1450-1750)	Espagnol (bullioniste)	Français (industrialiste et commerçant)	Anglais (commercial)	Allemand (caméraliste)
Auteurs	Orthiz ; Olivarès	Montchrestien ; Bodin ; Colbert	Mun ; Hume[3] ; Petty	J.H. Gottlob von Justi
Pensées	Le bonheur est chryshédoniste[4] Maximiser les importations d'or tout en limitant les sorties	Maximiser la détention de l'or Favoriser le développement de l'industrie et du commerce	Développer le commerce politique monétaire expansionniste	Proche du colbertisme Développer l'industrie Mener du protectionnisme

En réalité, la pensée mercantile fonde l'idée d'un Etat représentant de la Nation en tant qu'entité unie ; elle justifie la centralisation[5] pour éviter la division territoriale en fiefs provinciaux. Le marché intérieur est libre, mais protégé de l'extérieur via des droits de douane. Les mercantilistes français proposent un patriotisme économique. En l'espèce, pour Antoine de Montchrestien[6] (1575-1621), l'Etat doit favoriser les exportations de produits de bonne qualité via par exemple, la création de manufactures d'Etat :

2. Toutefois, Bodin (1568) soulève le risque d'inflation qu'il lie à une trop forte masse monétaire en circulation.

3. HUME (1711-1776), *Traité sur la nature humaine* dans lequel il développe l'idée que les passions (et non la raison) guident l'action. La passion de la richesse est un désir illimité chez l'homme. Hume présente Smith aux encyclopédistes français (Alembert, Helvétius).

4. Le bonheur provient de la détention d'or. Bullionisme (*bullion* en anglais) au sens péjoratif signifie l'amour du lingot.

5. Le roi de France François Ier (1515-1547) optimise ainsi la gestion du territoire, mais jette aussi les bases de l'absolutisme. Assimilé au mercantilisme, il sera combattu par l'école libérale et, en premier lieu, les physiocrates.

6. Son *Traité d'économie politique* (1615) est dédié à Louis XIII et constitue un véritable catalogue de mesures à suivre pour accroître la puissance de l'Etat. L'économie est au service du pouvoir, elle se comprend comme une « *arithmétique politique* [...] *Gouverner, c'est d'abord compter et recenser* » (Petty) ; « *c'est la science du calcul qui fait les habiles ministres* » (Davenant). L'économie est ici normative.

c'est l'apparition d'une véritable politique industrielle. J.-B. Colbert (1619-1683), au service de Louis XIV, fait de la France « *un Etat, une usine* ». Dans ce cadre, le commerce international se définit comme un jeu à somme nulle : les pertes des uns sont la contrepartie des gains d'autres nations ; les échanges internationaux s'analysent alors dans le cadre d'une guerre commerciale. L'approche se distingue nettement des thèses libre-échangistes où le commerce international est mutuellement bénéfique.

Les thèses **physiocrates** et libérales s'opposent au mercantilisme. Les thèses du « *laissez-faire* » et « *laissez-passer* » condamnent l'absolutisme et l'intervention de l'Etat dans l'économie. L'Etat entrave la croissance. Alors que le mercantilisme favorise le commerce et l'industrie, les physiocrates voient en l'agriculture l'unique source de la croissance. Cela les conduit à défendre la liberté des prix agricoles et à condamner les législations protectionnistes. Dès lors, il est courant de faire naître la tradition classique avec Adam Smith, puis, en continuité avec cette approche, l'école néoclassique à partir de 1860. L'école libérale privilégie l'offre.

L'analyse libérale constitue la pierre angulaire du libéralisme économique. Ses fondements reposent sur la primauté de la liberté individuelle et de l'initiative personnelle. En d'autres termes, elle suppose la libre-entreprise et l'ouverture vers l'extérieur pour faciliter les échanges. Les ajustements libéraux sont des ajustements de prix. L'épargne est le moteur de la croissance via les investissements. Plus tard, les **néoclassiques** (Walras, Jevons, Menger) approfondiront cette approche sur la base d'un cadre théorique fondé sur la concurrence pure et parfaite : le marché permet à chaque consommateur d'obtenir le maximum de satisfaction et à chaque producteur de fabriquer le maximum de biens à un coût déterminé. Pour Gary Becker, le calcul économique (coûts/avantages) est inhérent au processus décisionnel (mariage, délinquance, investissement en capital humain). Toutefois, s'il existe des différences notables entre les classiques et les néoclassiques (**voir tableau ci-dessous**), il demeure une certaine continuité dans la croyance en la loi des débouchés (à l'exception de l'Ecole de Vienne), la neutralité de la monnaie, les bienfaits de la libre-concurrence et du libre-échange et la nécessité d'un Etat sobre. L'école néoclassique se divise en plusieurs écoles : la **révolution marginaliste** (école de Vienne) qui développe la thèse de la valeur utilité ; **l'école de Lausanne** (Walras, Pareto) qui construit la théorie de l'équilibre général ; **l'école de Cambridge** (Mashall, Pigou) et le **néolibéralisme** (M. Allais, W. Lipmann). Certains renouvellent la critique de l'Etat comme l'Ecole de Chicago (ou monétarisme avec M. Friedman et I. Fisher) ou encore l'école des choix publics (Buchanan et Tullock).

Différences entre l'école classique et néoclassique

	Ecole classique	Ecole néoclassique
Définition de la science économique	Etude de l'origine et de la répartition de la richesse	Mode de raisonnement basé sur la rationalité afin d'optimiser le comportement
D'où provient la valeur ?	Valeur-travail	Utilité du bien (marginalistes)
Vision	Dynamique	Statique à travers l'équilibre (partiel ou général)
Loi de la population	Endogène	Exogène

Initialement, le **socialisme** s'inscrit dans une critique des implications économiques du libéralisme. Il apparaît dans les années 1830 en Grande-Bretagne et en France en opposition au capitalisme. D'ailleurs, P. Leroux emploie en 1832 le terme « *socialisme* » dans la *Revue encyclopédique* pour l'opposer à l'individualisme et l'associer à l'association et à l'organisation. Il veut devenir une alternative à cette « *société individualiste où règnent la concurrence et l'argent* » (G. Owen, *Le Nouveau Monde moral*, 1836). Guépin (*Traité d'économie sociale*, 1832) y ajoute la notion de propriété collective.

Le clivage entre socialistes et communistes n'apparaît véritablement qu'avec la théorie de l'exploitation de Marx : celui-ci définit une stratégie révolutionnaire permettant de sortir du capitalisme. La césure s'affiche lors de la première Internationale des travailleurs où les proudhoniens refusent l'étatisme autoritaire prôné par Marx. En 1847, Marx fait paraître un pamphlet[7], *Misère de la philosophie* contre les thèses proudhoniennes. C'est d'ailleurs sous l'influence de Lénine que ces courants non marxistes sont qualifiés d'utopistes et de « *sociaux-traitres* » comme les partis sociaux-démocrates. A la fin du XIXe et au début du XXe siècle, des mouvements socialistes antimarxistes apparaissent. Ce socialisme débouche sur l'anarchisme, voire l'égotisme. En réalité, il n'existe pas un socialisme mais des formes différentes de socialisme selon la place accordée à l'Etat : le système collectiviste ne s'envisage qu'avec un Etat omnipotent, alors que la doctrine mutualiste ou associative supprime tout simplement l'Etat. La critique du socialisme intervient essentiellement dans le cadre politique : l'absence de démocratie économique, la mise en place de dictatures policières et l'essoufflement interne des régimes qui se revendiquent communistes (URSS, Chine) sonnent le glas à la révolution. On lui préfère la réforme.

7. En réponse à la *Philosophie de misère* de Proudhon publiée en 1846.

J.M. Keynes renouvelle la vision libérale en rajoutant une dose d'interventionnisme pour sortir de la crise économique. L'Etat doit remplir un nouveau rôle en protégeant l'individu dans des domaines précis comme l'emploi et le revenu. Sa *Théorie générale de l'emploi, de l'intérêt et de la monnaie* (1936) relate les conséquences de la crise de 1929 et les moyens à mettre en œuvre pour surmonter une crise économique. La perspective n'est plus structurelle mais conjoncturelle et l'approche se concentre sur la demande. Keynes introduit dans l'économie des concepts empruntés à la psychologie pour insister sur les anticipations et le phénomène de mimétisme pour expliquer, par exemple, les mouvements de panique boursière. Car finalement, pour lui, « *l'économie n'est qu'une affaire de psychologie* ». Keynes ouvre la voie à une nouvelle conception de l'Etat : progressivement, d'Etat-Gendarme, il deviendra Etat-Providence afin de substituer la charité à la solidarité sociale.

La critique du capitalisme

La voie de la réforme	La voie de la révolution
Sismondi : par le garantisme social et la lutte contre la sous-consommation populaire	Par la communauté : le communiste utopiste Cabet, Fourier, Owen
J.S. Mill via le principe de l'association, l'instruction du peuple et une assistance sociale assurant une meilleure redistribution	Par l'individu : l'anarchisme ou l'associationnisme Proudhon, Bakounine, Kropotkine
Saint-Simon est favorable au développement des sciences (mesures pour l'industrie) et milite en faveur des plus démunis	Par la révolution et le plan : Marx, Lénine, Engels

Quoi qu'il en soit, la régulation est au centre du débat entre les différentes écoles : si pour les libéraux et les néoclassiques, le marché est capable de s'autoréguler (spectateur impartial, main invisible, loi des débouchés, principe de la concurrence), les keynésiens insistent sur la nécessité d'un bras séculier (crise de confiance, insuffisance des débouchés, main visible de l'Etat) pour pallier les dysfonctionnements du marché. Les libéraux ont une approche centrée sur l'offre portant sur le long terme alors que les keynésiens privilégient la demande. Les libéraux contemporains dénoncent la faible efficacité des politiques interventionnistes d'inspiration keynésienne (déficit de la balance commerciale, déficit budgétaire, effet « boule de neige » de la dette publique, effet d'éviction).

En somme, le XIXe siècle voit s'épanouir des approches très disparates : le réformisme social, les marginalistes, les ultra-libéraux, **l'école historique** (institutionnalisme), le socialisme et les utopistes. C'est pourquoi, dès 1937, les **keynésiens-classiques** tentent une synthèse. A ce titre, Charles Gide illustre cette volonté de dépasser les querelles et de rechercher l'unité à travers ces *Principes d'économie politique* (1917). Il distingue cinq écoles de pensée : l'école libérale, les socialistes scientifiques et les socialistes d'Etat (sociaux-démocrates), les chrétiens sociaux partisans du paternalisme économique des firmes et le solidarisme qui constitue en quelque sorte une réponse sociale entre le libéralisme et le socialisme.

Aujourd'hui, l'analyse semble moins normative : le libéralisme n'est plus seulement défini comme le modèle politique qui défend les libertés individuelles (approche libérale) ou qui assoit le pouvoir des puissants et des possédants (approche marxiste). Il est aussi une façon de penser le pouvoir dans une société. Le marché n'est pas inné, il résulte d'une construction sociale ; il est une institution à construire par l'Etat (c'est-à-dire un Etat-Gendarme fort). Il est le moindre mal pour organiser les relations libres et consentantes entre les individus : le libéralisme serait une forme sociale structurante (Raynaud, 2007). Pour autant, il n'est pas sûr que le respect des individualités (droits individuels) soit synonyme de l'intérêt général. D'ailleurs ce dernier se confond-il avec l'intérêt collectif ? Et qu'en est-il de l'intérêt national ? Certains libéraux du XIXe siècle (François Guizot, Adolphe Thiers) étaient très réservés quant au référendum ou au suffrage universel : la volonté du peuple peut être arbitraire. Cette tyrannie de la majorité se retrouve dans le paradoxe de l'agrégation des préférences collectives[8].

Certaines questions trouvent un nouvel écho dans la société contemporaine. L'ouverture des frontières a renforcé le mouvement de concentration du capital, au détriment des salariés. Les licenciements boursiers et le retour de la pauvreté salariale réactualisent la question du partage des richesses. Les politiques économiques libre-échangistes ont contribué à renforcer le nouveau rapport de force au bénéfice du capital. Les mouvements altermondialistes, de décroissance et de relocalisation de la production participent à la remise en cause du capitalisme.

Concluons avec J. Robinson (1955) :

« *Marx représente le socialisme révolutionnaire, Marshall, la défense béate du capitalisme. Marx cherche à comprendre le système en vue de hâter sa ruine. Marshall cherche à le rendre acceptable en le montrant sous un éclairage agréable. Keynes cherche à découvrir ce qui ne va pas en vue d'inventer les moyens de le sauver de l'autodestruction... Chaque point de vue porte la marque de la période où il a été conçu. Marx a formé ses idées dans la pauvreté sinistre des années 1840, Marshall dans la période où le capitalisme va fleurir dans la paix et la prospérité des années 1860. Keynes devait trouver une explication de la condition morbide de la pauvreté dans l'abondance dans l'entre-deux-guerres.* [...] *Marx est assez clair sur son dessein. Il est du côté des travailleurs et il charge le capitalisme en vue d'encourager les travailleurs à le faire chuter. Marshall n'était pas ouvertement ou clairement d'un côté ou de l'autre dans le conflit d'intérêt entre les travailleurs et les capitalistes. Il dit plutôt que si chacun accepte le système et ne fait pas d'histoires à son propos, la situation*

8. Ce paradoxe a déjà été présenté dans la première fiche.

sera bénéfique pour tous. [...] *Keynes est contre le gaspillage et la stupidité de la pauvreté non nécessaire. Il ne porte pas beaucoup d'intérêt aux bénéficiaires de la production croissante, mais il s'attache à la question de la garantie de cette croissance. Il considère qu'une plus grande égalité du revenu est désirable mais son attitude est "modérément conservatrice" et maintient que c'est seulement s'il fonctionne de manière efficace que le capitalisme est supérieur à toute autre solution.* » (cité par Baslé et al., 1993, p. 7-8)

3. EXPLICATIONS

La pensée classique[9] s'épanouit dans un contexte de révolution industrielle qui voit le capitalisme se propager. Elle est empreinte des idées de liberté des philosophes des Lumières. Liberté, libéralisme et capitalisme sont alors indissociables. Trois éléments fondateurs caractérisent le libéralisme :

• la souveraineté de l'individu : le postulat implicite repose sur la capacité de l'individu à définir ce qui est le mieux pour lui : l'individu est souverain et meilleur juge concernant la conduite de sa vie. Spinoza (1632-1677) dit : « *quand chaque homme cherche ce qui est utile à lui-même, alors les hommes sont les plus utiles les uns aux autres* », et Kant (1724-1800) d'ajouter que l'individu est rationnel et conscient, autrement dit, la Raison peut l'emporter sur la Passion ;

• l'Etat de droit : l'équilibre des pouvoirs entre le législatif, l'exécutif et le judiciaire protège l'individu de l'arbitraire d'un Prince ou d'un Etat de telle sorte que « *le pouvoir arrête le pouvoir* » (Montesquieu, 1689-1755). L'Etat respecte les principes de liberté et d'égalité des personnes. Le contrat social repose sur l'Etat-Gendarme qui protège les libertés individuelles et les droits naturels. Il est le garant du **respect** de la propriété privée[10], de la liberté du commerce. Ainsi, pour Locke (1632-1704), ce pacte social d'association est accepté librement. Pour Hobbes (1588-1679) au contraire, il ne représente qu'une forme de délégation de souveraineté momentanée et consentie d'une partie des droits de l'homme dont l'Etat a besoin pour assurer la sécurité de tous (protéger la vie, la liberté, la propriété). Ainsi, pour J. Rueff (1896-1978), la violence légale d'un Etat permet de contenir la violence individuelle : « *Que la police ou la justice s'évanouissent, il n'y a plus échange, ni don, ni prêt, ni salariat, mais seulement violence et arbitraire du plus fort .*» (1966) ;

• la liberté des Modernes : la liberté d'expression des individus assure la stabilité sociale. L'ordre social se définit par la pluralité des consciences, par une compensation des passions individuelles. Né en réaction contre l'absolutisme dès le XVIIe siècle, le libéralisme compte parmi ses partisans John Locke (1632-1704), Montesquieu (1689-1755), David Hume (1711-1776), Adam Smith (1723-1790), Turgot (1727-1781), Emmanuel Kant (1724-1804).

9. On dit parfois qu'elle est bornée par deux ouvrages : celui de Cantillon, *Essai sur la nature et du commerce en général* (1755), qui précède l'ouvrage majeur de Smith, *Recherches sur la nature et les causes de la richesse des nations* (1776), et celui de Mill, *Les Principes de l'économie politique* (1848).

10. Bastiat construit une théorie des droits de propriété qui sera reprise par les ultralibéraux du XXe siècle.

Pour P. Raynaud (2007), la principale caractéristique de l'école libérale est la distinction opérée entre Etat et société civile. L'économie diffère du politique : l'économie n'a pas besoin d'Etat pour fonctionner puisque la main invisible assure l'harmonie alors que le politique exige l'existence d'un Etat. Ainsi, Say (1803) relate : « *Mais de tous les moyens qu'ont les gouvernements de favoriser la production, le plus puissant, c'est de pourvoir à la sûreté des personnes et des propriétés, surtout quand ils les garantissent même des atteintes du pouvoir arbitraire. Cette seule protection est plus favorable à la prospérité générale que toutes les entraves inventées jusqu'à ce jour ne lui ont été contraires. Les entraves compriment l'essor de la production ; le défaut de sûreté la supprime tout à fait* ».

Le libéralisme est la philosophie des libertés individuelles (d'expression, de pensée, de conscience). Né en Europe occidentale sous l'Ancien Régime, il défend l'égalité des droits civiques ; ce que Benjamin Constant (1767-1830) appelle « *le triomphe des Modernes* ». En d'autres termes, selon Skornicki, (2010, p. 61) : « *il s'agit du droit des individus à vaquer librement à leurs affaires privées, à juger par eux-mêmes de leur propre conduite, ce qui implique l'autonomie de la société civile et la neutralité de l'Etat dans la conception du bien. La Glorieuse Révolution anglaise (1688), les Lumières, la Révolution française de 1789 et la Déclaration des droits de l'homme et du citoyen qui suit, ainsi que la Déclaration d'indépendance américaine (1776) en marquent les grandes étapes historiques fondatrices* ».

S'il pèche par sa sous-estimation des influences des structures sociales, sa surestimation de la rationalité des individus et de « *la force du caractère pour changer un destin* », le libéralisme est une philosophie optimiste du fait de sa foi dans l'individu et dans l'effort individuel à vouloir vivre ensemble. Ainsi, de la liberté individuelle naît l'harmonie collective : « *chaque individu tâche, le plus qu'il peut, 1) d'employer son capital à faire valoir l'industrie nationale, et 2) de diriger cette industrie de manière à lui faire produire la plus grande valeur possible, chaque individu travaille nécessairement à rendre aussi grand que possible le revenu annuel de la société.* [...] *Il ne pense qu'à son propre gain ; en cela, il est conduit par une main invisible à remplir une fin qui n'entre nullement dans ses intentions.* [...] *Tout en ne cherchant que son intérêt personnel, il y travaille souvent d'une manière plus efficace pour l'intérêt de la société, que s'il avait réellement pour but d'y travailler.* » (Smith, 1776, livre II, chapitre IV)

L'école classique trouve son unité à travers trois principes directeurs.

La loi des débouchés (J.-B. Say, 1803) selon laquelle les produits constituent des débouchés aux produits. La production distribue des revenus (salaire, profit). Il ne peut y avoir de fuite puisque la valeur totale de la production est égale à la somme des revenus distribués qui sont ensuite entièrement dépensés. Il s'agit d'une économie basée sur l'offre car la production assure elle-même ses propres débouchés. Sur le long terme, la crise ne peut exister du fait de l'ajustement par les prix. La croissance est auto-entretenue. Smith (1776) : « *Ce qui est annuellement épargné est aussi régulièrement consommé que ce qui* *est annuellement dépensé, et il l'est aussi presque dans le même temps, mais il est consommé par une autre classe de gens.* »

L'équilibre concurrentiel est stable. Cette loi à laquelle adhère Ricardo ne fait pas l'unanimité chez les Classiques : ainsi, Malthus et Sismondi posent la possibilité d'une crise. Keynes avoue s'être inspiré de cette hypothèse d'une crise de sous-consommation.

La loi des débouchés

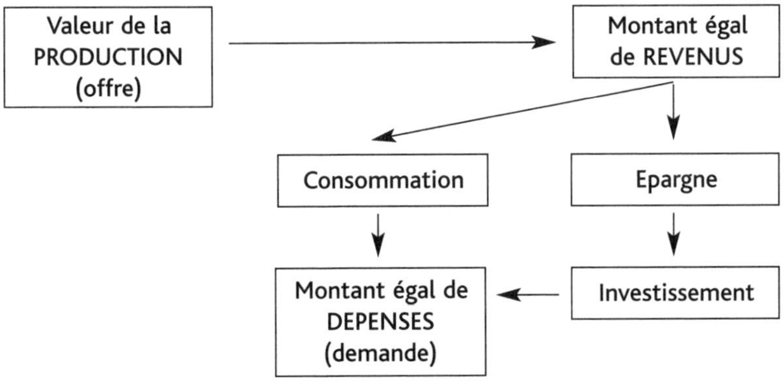

L'accumulation du capital est source de richesses. L'épargne disponible conditionne le niveau d'accumulation du capital. Pour Mill (1806-1873), « *l'industrie est limitée par le capital* ». Il est donc important d'inciter à l'épargne pour permettre aux investisseurs de disposer des moyens financiers nécessaires[11]. Ici, il s'agit de finance directe : l'économie se préfinance avec de l'épargne (et non par l'endettement bancaire). En outre, l'investissement dépend de la profitabilité du projet. Plus le profit est élevé, plus il attire l'épargne disponible. L'approche est centrée sur l'offre et le long terme. En ce sens, la question des interactions entre les agents relève d'une vision microéconomique[12] de la société : comment les revenus sont-ils répartis entre les classes sociales ? Comment se détermine l'investissement ? Quel est le rôle de la productivité sur la croissance ? En somme, la croissance vient de l'accumulation du capital qui appelle une organisation du travail favorable à la multiplication des richesses. La combinaison des facteurs travail et capital est au cœur de cette théorie de la croissance : elle rend possible le progrès technique et la division du travail, qui favorisent la productivité et la spécialisation et donc l'enrichissement de la nation. La croissance est-elle limitée par le capital disponible ? Effectivement, la réalisa-

11. Ainsi, Smith (1776) au sujet des firmes : « *Plaie d'argent est mortelle.* » Malthus aime à rappeler qu'« *Adam Smith a affirmé que la parcimonie développe le capital, qu'un homme économe est un bienfaiteur public et que l'accroissement de la richesse dépend de l'excès de la production sur la consommation* » (*Principes d'économie politique*, 1798) alors qu'il condamne l'excès d'épargne. Pour Mill (1806-1873), « *l'industrie est limitée par le capital* ».

12. Nous verrons ainsi que le débat Ricardo / Malthus préfigure la macroéconomie.

tion de grands projets industriels met en exergue le rôle déterminant que joue le capital dans l'évolution d'une économie. Sans moyen de financement, l'innovation est limitée[13]. De façon générale, ces questions interrogent l'origine de la création de richesse et la répartition des fruits de la croissance.

L'idée de l'existence d'un état stationnaire s'explique par la baisse tendancielle du taux de profit[14] : la croissance est limitée dans le temps. Cette limite conditionne la hausse de la population car la démographie suit la production (plus exactement, elle s'adapte aux moyens de subsistance disponibles). En d'autres termes, l'évolution de la population est endogène[15]. En définitive, l'accumulation[16] crée des conditions permettant d'atteindre un accroissement continu[17] du produit :

La séquence d'accumulation

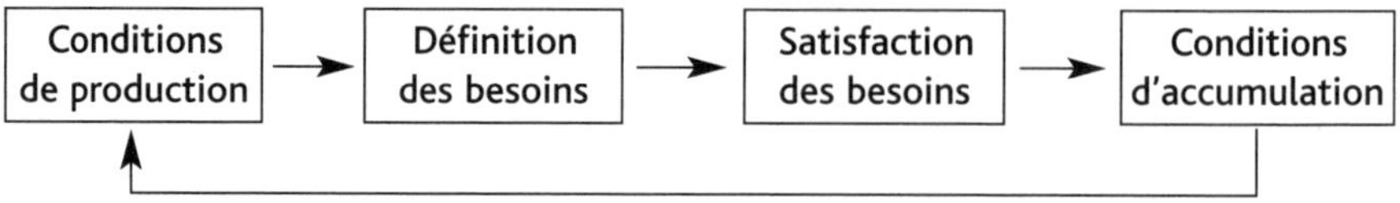

Le libéralisme induit le principe de la libre-concurrence duquel découle l'ouverture des frontières.

La concurrence évite les prix prohibitifs puisqu'elle suscite la compétition entre les firmes. Cette qualité du marché est patente : la régulation par les prix ajuste les quantités. L'intérêt personnel (perspectives de profit) dirige les capitaux vers les activités les plus rémunératrices : l'offre augmente et pousse les prix à la baisse. L'équilibre est induit par la variation des prix. Le principe de la main invisible fait référence à une loi naturelle, spontanée, automatique sans intervention extérieure (divine ou étatique). Smith (1776) dit :

13. Le débat actuel sur le rôle de l'épargne (Solow) ou de la demande globale (Malinvaud) insiste sur les facteurs décisifs de la croissance économique. Mais l'abondance du capital qui dépend autant du bon fonctionnement du marché financier que de sa rémunération n'est qu'une condition nécessaire. L'industrie doit également disposer d'une main-d'œuvre qualifiée et de perspectives de débouchés.

14. Marx se fonde sur cette baisse pour expliquer la faillite inévitable du système capitaliste.

15. Elle deviendra exogène chez les néoclassiques : pour Solow, le taux de croissance équilibrée de la production s'adapte à celui du facteur travail, considéré comme exogène.

16. Dans l'histoire du capitalisme, deux formes d'accumulation peuvent être mises en exergue : l'accumulation extensive (toute hausse de la production entraîne nécessairement une hausse quantitative de travail, en proportion du capital dépensé) et intensive (gains de productivité).

17. Cette séquence est acquise tant chez Smith et Malthus que chez Marx. Ce qui compte, ce n'est pas tant la consommation que la relation qu'elle entretient avec le processus de production (alors que Keynes s'intéresse à la consommation en soi). Ici, la consommation va être analysée à travers les structures sociales (intensité des antagonismes de classes par ex.), autrement dit des conditions sociales de reproduction des rapports de force. En fait, le processus de production crée les besoins nécessaires à la reproduction de la force de travail (donc un niveau de consommation).

« *L'homme a presque continuellement besoin de ses semblables, et c'est en vain s'il se fiait à leur seule bienveillance. Il sera bien plus sûr de réussir, s'il s'adresse à leur intérêt personnel et s'il les persuade que leur propre avantage leur commande de faire ce qu'il souhaite d'eux.* [...] *Donnez-moi ce dont j'ai besoin, et vous aurez de moi ce dont vous avez besoin vous-même.* [...] *Ce n'est pas de la bienveillance du boucher, du marchand de bière et du boulanger, que nous attendons notre dîner, mais bien du soin qu'ils apportent à leurs intérêts. Nous ne nous adressons pas à leur humanité, mais à leur égoïsme ; et à leur avantage. Il n'y a qu'un mendiant qui puisse se résoudre à dépendre de la bienveillance d'autrui.* [...] *Comme c'est ainsi par traité, par troc et par achat que nous obtenons des autres la plupart de ces bons offices qui nous sont mutuellement nécessaires, c'est cette même disposition à échanger qui a dans l'origine donné lieu à la division du travail.* »

Dans ce cadre, l'intervention de l'Etat dans le domaine économique est limitée même si certains (Sismondi, Mill) annoncent un garantisme social et sont favorables à une certaine forme de redistribution. Toutefois, limitée ne signifie pas inexistante. D'ailleurs, la position de Smith (1776) est très claire :

« *Le premier devoir du souverain, est celui de la défense nationale, c'est-à-dire de protéger la société contre la violence et l'injustice des autres nations qui deviennent au cours du temps de plus en plus expansionnistes au fur et à mesure que leur société avance vers la civilisation.* [...] *Le deuxième devoir du souverain, celui de la protection ; autant que possible, chaque membre de la société doit être soustrait à l'injustice ou à l'oppression d'un autre membre de celle-ci ; or, le devoir d'administrer la justice requiert à des degrés divers des dépenses qui dépendent des divers stades du développement des sociétés.* [...] *le troisième et dernier devoir du souverain est celui de développer les biens publics, c'est-à-dire de créer et de maintenir les institutions publiques et les édifices et travaux publics qui, bien qu'ils puissent être au plus haut degré utiles à la société sont cependant d'une telle nature que l'obtention d'un profit ne peut jamais couvrir les dépenses d'un individu ou d'un groupe d'individus qui les créera ou les entretiendra.* » (livre V)

L'ouverture des frontières accroît la taille des marchés et favorise la division du travail. Smith généralise les effets de la spécialisation du travail pour construire la théorie des avantages absolus (naturels ou acquis) puisque la composition des facteurs de production est inégalement répartie selon les pays. Ricardo défend la thèse des avantages comparatifs qui se base non pas sur des productivités absolues mais sur des avantages relatifs (la spécialisation s'opère dans le domaine où le pays est meilleur qu'un autre). Dès lors, l'ouverture des frontières est bénéfique pour tous puisque l'échange enrichit chaque participant. En définitive, elle permet non seulement d'étendre la taille du marché mais également de bénéficier de productions qui ne seraient pas rentables sur le territoire national. Il faut alors lutter contre toute forme d'entrave au libre-échange. Bastiat (1844) se place du côté du consommateur et dénonce les méfaits du protectionnisme : « *Le but immédiat de la protection est de favoriser le producteur.* [...] *La protection aspire à opérer la rareté. C'est sur la disette des choses qu'elle prétend fonder le bien-être des hommes.* [...] *Ainsi, cherté, rareté sont les conséquences nécessaires de la protection.* »

Le commerce international est alors un jeu à somme positif où tous les pays trouvent un intérêt à échanger. Ainsi, l'importation de biens moins coûteux libère du pouvoir d'achat disponible pour d'autres biens (nationaux). La production de ces derniers augmente et favorise l'emploi. Il y a là un effet multiplicateur issu du libre-échange (Bastiat, 1844). Toutefois, dans certains cas, l'Etat peut être amené à défendre l'intérêt national lorsque celui-ci est en danger. Ainsi, pour Smith :

« *Il y a deux cas dans lesquels il est généralement avantageux de donner certaines restrictions aux importations, et ce afin d'encourager l'industrie nationale : le premier cas, est celui de ce type d'industries particulières nécessaires à la défense d'un pays car la défense est bien plus importante que l'opulence.* [...] *Le deuxième cas, dans lequel il est généralement avantageux de faire supporter un droit de douane sur les importations est celui d'un encouragement à l'économie nationale lorsque celle-ci se voit imposer des taxes sur ses exportations* » (livre V).

La pensée classique ou libérale prend son essor en Angleterre au milieu du XVIIIe siècle sur fond de révolution industrielle. C'est en effet au cours de cette période qu'a été inventée la machine à vapeur, qui permettra aux manufactures de s'industrialiser. Dès lors, la pensée théorique promeut la liberté économique comme moteur de la croissance. Ainsi, s'il existe un ordre naturel (le marché), il suffit de laisser libre cours aux initiatives individuelles. L'individu est mieux placé que l'Etat pour décider et arbitrer. Les physiocrates se positionnent, sur le plan économique, comme des libéraux : favorables à la libre circulation des marchandises, ils dénoncent les positions de monopole. L'Etat voit son rôle réduit à celui d'un Etat-Gendarme. Un tel postulat s'inspire de la mécanique physique dont les premières lois sont découvertes à cette époque.

L'école classique

	Ecole anglaise	Ecole française	Ecole physiocrate
Auteurs	Smith ; Ricardo ; Malthus ; Mill	Say ; Bastiat ; Dunoyer	Quesnay
Pensées	Main invisible Libre-échange Division du travail Etat-Gendarme Valeur travail	Loi des débouchés Libre-concurrence Libre-échangiste	Eloge du marché sans intervention publique Seule la terre est productive
A la marge	Ricardo : Etat stationnaire Malthus : théorie de la population Mill : redistribution	Sismondi, hétérodoxe avant l'heure Garantisme social et crise de la sous-consommation Privilégie la demande	Turgot : Soucieux de l'intérêt des plus démunis Favorable à l'industrie

Chapitre 1 LES PHYSIOCRATES

Les physiocrates, avec F. Quesnay, promoteur du tableau économique[18] (1758), considèrent, à l'instar de la circulation sanguine dans le corps humain, que l'économie fonctionne comme un circuit : 1) les dépenses entraînent la production ; 2) la production crée des revenus ; 3) les revenus sont ensuite dépensés. A chaque flux monétaire correspond une classe sociale et la richesse (via les marchandises) circule entre ses classes. Quesnay se réfère à l'organisation rurale de la France du XVIIIe siècle, ceci explique sa position en faveur de l'agriculture : seule la nature (et non le travail comme les libéraux) est source d'accumulation (c'est-à-dire de création d'un produit net). Il divise la société en trois classes sociales : la classe productive (la plus importante et celle qui crée davantage de valeur qu'elle n'en consomme, ce sont les cultivateurs), les propriétaires[19] et la classe stérile (en particulier les artisans qui ne font que transformer une matière première). Pour lui, ces deux dernières classes ne contribuent pas à la richesse du pays : « *Il faut distinguer une addition de richesses réunies, d'avec une production de richesses* » (*Sur les travaux des artisans*, second dialogue, 1767). Ou encore :

« *Que le souverain et la nation ne perdent jamais de vue, que la terre est l'unique source de richesses, et que c'est l'agriculture qui les multiplie.* [...] *la sûreté de la propriété est le fondement essentiel de l'ordre économique de la société.* [...] *Que l'impôt ne soit pas destructif ou disproportionné à la masse du revenu de la nation.* » (*Maximes générales du gouvernement économique d'un royaume agricole*, 1758)

Contrôleur général des finances en 1774 sous Louis XVI, Turgot (1727-1781) supprime les frontières intérieures du Royaume de France, rétablit la libre-entreprise et la liberté de commerce en abolissant les jurandes et les maîtrises. Son idée est un Etat minimum et sobre. Sa rigueur budgétaire, qui oblige les plus aisés à certaines privations, permet de rétablir les finances publiques. Dès 1771, il impose aux propriétaires terriens de secourir les pauvres et, sous le couvert des curés, établit des bureaux de charité et de secours aux infirmes. Avec Jean de Gournay (1712-1759), Mirabeau (1715-1789) et Baudeau (1730-1792), Quesnay popularise les thèses physiocrates et participe tant au salon de la marquise de Pompadour qu'à l'*Encyclopédie* de Diderot en rédigeant un article d'économie intitulé « *médecine sociale* ». Il est d'ailleurs soucieux de justice sociale. Non seulement l'Etat doit encourager la production utile (au détriment de celle de luxe), mais dans sa *Théorie de l'impôt* (1760), il défend un impôt s'appliquant en priorité aux plus aisés. Il se distingue aussi des physiocrates pour le rôle de l'épargne en tant que moyen de financement de l'industrie naissante. En conséquence de quoi, selon lui, trois emplois de l'épargne doivent être différenciés : l'acquisition de nouvelles terres qui procure un revenu stable (la rente), le prêt à intérêt et l'investissement en machines. Ainsi, seul le dernier

18. L'approche inspire la macroéconomie marxiste et keynésienne ; son raisonnement en terme de fonction économique (chaque classe a une fonction principale) et non en terme d'individus est encore utilisé par la comptabilité nationale.
19. Au sens de Quesnay : « *le souverain, les possesseurs de terres et les décimateurs* », ces derniers désignant les collecteurs d'impôts. Cette classe vit du surplus de valeur créé par la classe productive.

emploi est source de croissance future. L'Etat doit alors être sobre pour éviter l'effet d'éviction[20]. Au final, Turgot assure la transition entre les physiocrates et les classiques.

Chapitre 2 LA PENSÉE D'ADAM SMITH (1723-1790)

Adam Smith est souvent considéré comme le père de l'école libérale ; il rencontre Turgot et Benjamin Franklin, se lie d'amitié avec Hume, admire Voltaire, emprunte des idées à Quesnay, Turgot, Petty et Cantillon. Ses nombreux échanges intellectuels contribuent notablement à l'élaboration de la philosophie smithienne. Son objet d'étude est de comprendre la croissance, comme le suggère le titre de son ouvrage majeur : *Recherches sur la nature et les causes de la richesse des nations* (1776), dans lequel il multiplie les références bibliographiques. Aussi, cet ouvrage apparaît davantage comme une synthèse[21]. Smith est donc souvent présenté comme l'instigateur de l'économie politique. Il est toutefois important de se référer à son ouvrage précédent : la *Théorie des sentiments moraux* (1759) dans lequel il s'interroge sur les motivations (à la fois égoïstes et altruistes) d'un individu. Smith est convaincu que l'individu a la faculté de se placer en position de tierce personne – en spectateur impartial – afin de pouvoir porter des jugements moraux et ainsi avoir une idée sympathique (par opposition à égoïste) d'un acte d'un individu. Il a donc foi en la nature humaine : l'Homme, en tant que créature égoïste, peut mettre son intérêt individuel au second plan au profit des intérêts de la collectivité car il est doté d'un sens moral inné, propice à la coopération. C'est pourquoi l'idée de charité, de philanthropie est inhérente à la philosophie du libéralisme. En réalité, « *le regard d'un spectateur impartial* » – la morale induite par la communauté – agit comme un facteur de régulation des intérêts égoïstes[22].

L'homme dispose de six tendances naturelles :

• l'égoïsme, qui préfigure l'individualisme méthodologique que l'on retrouve plus tard chez Aron (en philosophie) et chez Boudon (en sociologie) : l'individu cherche, par ses choix et ses actions, à satisfaire son intérêt individuel. Il est, en ce sens, un agent calculateur mû par l'optimisation de son intérêt privé. Par extension[23], le mécanisme de la main invisible conduit automatiquement (naturellement) à l'harmonie collective, par effet de regroupement de ces égoïsmes individuels. Le paradoxe de Smith – ou de l'individu sympathique –

20. Effet substitution des investissements privés au profit des dépenses publiques. Or, face à une offre de fonds prêtables, par essence limitée, l'augmentation du déficit public entraîne un besoin de financement public accru, pesant sur le taux d'intérêt. Et ce, d'autant plus que ce déficit risque de réduire l'épargne disponible via une hausse future des impôts. Le poids de la dette publique augmente le taux d'intérêt puisqu'elle raréfie l'épargne disponible.

21. Schumpeter dira d'ailleurs que Smith n'a rien inventé, qu'il s'est contenté de compiler des idées déjà existantes.

22. C'est pourquoi le monde des affaires et la vie sociale n'obéissent pas aux mêmes règles.

23. Autrement dit, en poursuivant leurs intérêts personnels, les individus travaillent, sans le savoir et sans le vouloir, au bien commun. L'égoïsme est cette capacité de calculer rationnellement les actions qui maximisent l'intérêt personnel.

nous informe qu'un individu peut être égoïstement bienveillant ou généreux : faire un don ou un cadeau accroît sa propre satisfaction ;

• la sympathie, dont découlent le don et l'acte charitable. L'individu respecte naturellement la propriété privée d'autrui (considérée comme un droit imprescriptible) et le travail d'autrui (ce travail fera l'objet d'échanges). La question de la division technique[24] et économique[25] du travail est implicitement posée. Chaque individu arbitre entre ses propres intérêts égoïstes et son altruisme envers autrui ;

• la soif de liberté. Dès lors, il s'agit de favoriser l'exercice de liberté individuel. Effectivement, l'ordre naturel conduit, via la main invisible, à l'atteinte de l'intérêt général. Le bien-être ne dépend pas d'une décision politique mais s'établit spontanément, pourvu que les conditions permettent l'optimisation des intérêts privés. Smith est donc un fervent défenseur des libertés individuelles. Les principes de l'offre et de la demande se retrouvent dans l'idée de la main invisible, idée selon laquelle les intérêts et les passions individuelles sont guidés dans la direction la plus favorable aux intérêts de la collectivité ;

• la quête de la propriété privée, celle-ci stimulant l'optimisation des intérêts privés. Ainsi, l'entrepreneur sera d'autant plus enclin à faire du profit que l'entreprise lui appartient ;

• la propension naturelle à l'échange : l'échange enrichit l'Homme. Ceci suppose de stimuler l'échange dans la Nation afin de multiplier les richesses. Il faut alors « *laisser passer* » (c'est-à-dire ouvrir les frontières). Dès lors, l'échange diversifie l'offre de biens, stimule la concurrence et l'innovation. En renforçant la division du travail, la production de marchandises augmente, l'écoulement de cette production suppose alors que la taille du marché augmente. L'ouverture des frontières écoule les stocks. *In fine*, la nation s'enrichit ;

24. Chaque ouvrier se spécialise dans une tâche particulière, ce qui a pour effet d'améliorer sa dextérité, mais aussi d'augmenter le niveau de la production. Cette amélioration de la productivité du travail est l'une des causes de l'enrichissement d'une nation. Par ailleurs, du point de vue de la demande de travail, elle est stimulée, intensifiant ainsi l'échange. Toutefois, Smith (1776) est conscient des limites de la division du travail qui ne donne pas à l'individu « *l'occasion d'exercer son intelligence ou son inventivité pour trouver des remèdes aux difficultés qui se produisent. Il perd naturellement par conséquent l'habitude d'un tel exercice et devient généralement aussi stupide et ignorant que cela est possible pour une créature humaine. La torpeur de son esprit le rend incapable, non seulement de savourer ou de jouer un rôle dans une conversation rationnelle, ni de concevoir un quelconque sentiment généreux, noble ou tendre, et, par conséquent, de former un quelconque jugement concernant les événements et les obligations ordinaires de la vie privée* ».
25. Smith soutient que le producteur a intérêt à se spécialiser dans une seule production plutôt que de produire plusieurs catégories de biens car cette spécialisation économique lui assure une situation de monopole et lui permet de faire plus de profit. Cette spécialisation économique est à mettre en parallèle avec la standardisation des produits que l'on retrouvera dans le taylorisme. Concernant la situation de monopole, pour Smith, il ne s'agit que d'une situation temporaire car la perspective de profit attire de nouvelles entreprises et par le jeu de concurrence, les prix vont baisser.

• enfin, l'habitude de travailler. Dans ces conditions, la division du travail devient une nécessité tout en assurant une cohésion sociale[26] puisque chacun dépend du travail d'autrui. Pour Smith, la cohésion sociale tient dans ce type d'échanges. Chacun a besoin d'autrui dans l'échange. Le temps de travail pour fabriquer un bien devient un étalon de comparaison universel.

En définitive, la pensée libérale met en avant l'optimisation des intérêts particuliers car elle conduit nécessairement à l'intérêt général. Le marché agrège spontanément les comportements individuels supposés optimaux. Cette pensée libérale pose les fondements du libéralisme qui se traduira dans sa version économique, par l'avènement du capitalisme.

UNE THÉORIE DE LA VALEUR-TRAVAIL[27]

Puisqu'ils sont échangés, les biens ont une valeur[28]. Smith définit la valeur d'usage comme la capacité d'un bien à satisfaire un besoin. Elle se réfère à l'utilité de ce bien et à la capacité d'un bien à acquérir un autre bien. Cette valeur d'échange ne doit pas être confondue avec le prix du marché (confrontation[29] offre/demande). Ainsi, la richesse serait d'essence réelle et non pas monétaire. Elle consiste à détenir des marchandises pour pouvoir en acquérir d'autres (la marchandise vaut pour le pouvoir d'achat qu'elle renferme). Dès lors, comment comprendre la source et la mesure de la valeur ? Smith distingue deux cas :

• premier cas : dans les sociétés primitives (c'est-à-dire avant le capitalisme) dans lesquelles il n'y a ni accumulation du capital, ni appropriation des terres, la production est uniquement le fait du travail. L'échange se fait par le troc (un produit contre un autre) sur

26. Le travail devient régulateur et facteur d'intégration sociale. Il est le socle de la cohésion sociale. Il permet d'échapper à la pauvreté. Cette approche sera reprise plus tardivement dans certaines théories néoclassiques pour insister sur l'existence de chômeur volontaire.

27. Say n'adhère pas entièrement à l'idée de la valeur-travail (théorie objective puisque basée sur le coût de production) ; il introduit une dimension plus subjective (utilité).

28. Il est important de ne pas confondre les notions de prix et de valeur car donner de la valeur ne signifie pas donner un prix. Prenons l'exemple de la biodiversité ou de la vie humaine, prendre l'option de leur donner une valeur n'est pas synonyme de création d'un marché : ce n'est pas parce qu'une vie humaine a de la valeur qu'elle peut être échangée ou monnayée. Donner de la valeur permet aussi de reconnaître sa non-gratuité et la préserver. Ainsi en est-il pour la biodiversité : il est possible de définir une indemnisation pour le préjudice écologique en cas de dégradation de la nature. De même pour estimer une incapacité de travail – donc une indemnité – suite à la perte d'un bras ou d'une jambe après un accident du travail.

29. Si l'offre est supérieure à la demande, le prix baisse. Le prix du marché (ou prix nominal) obéit aux principes de la rareté. Toutefois, le prix du marché dépend de la structure de marché. Ainsi, deux remarques peuvent être émises : 1) le prix d'un bien ou d'un service est contingent à un lieu ; 2) le prix du bien dépend de la structure même du marché (plus la concurrence est forte et plus le prix tend à baisser ; *a contrario*, plus la position monopolistique d'une firme est forte et plus l'entreprise peut augmenter son prix sans perdre de parts de marché). En conséquence de quoi, pour Smith, il n'y a aucune raison que le prix du marché soit égal au prix naturel. Néanmoins, à long terme, ils s'égalisent lorsque l'inflation est nulle.

la base de « *quantité de travail incorporé* »[30]. Il est égal à la quantité de travail commandé[31] puisque l'individu confectionne entièrement la marchandise. L'échange a lieu à l'égalité des quantités de travail ;

• deuxième cas : dans les sociétés développées, l'accumulation du capital (investissement) rend le processus de production plus complexe ; la valeur se subdivise en trois sources de revenus (rémunération des trois facteurs de production que sont la terre, le capital et le travail). Dans ce cadre, la théorie de la valeur apparaît comme une théorie du coût de production puisque le prix naturel correspond à un minimum (égal à la somme des salaires, de la rente et du profit). L'approche est comptable (notion de coût complet). Cependant, l'échange conduit à différencier la valeur du travail commandé de celle du travail incorporé : « *C'est du travail d'autrui qu'il faut attendre la plus grande partie de toutes ces jouissances ; ainsi, il sera riche ou pauvre selon la quantité de travail qu'il pourra commander ou qu'il lui sera en état d'acheter.* » (Smith, 1776, livre 1, chap. V)

Le prix réel (quantité de travail commandé) diffère du prix naturel (coût ou prix de production chez Marx) et du prix de marché nominal (quantité de monnaie nécessaire pour obtenir un bien). A long terme, les deux prix (réel et nominal) se rejoignent par le jeu de la concurrence.

Cette théorie de la valeur est en même temps une théorie de la répartition puisqu'elle fait état du partage de la richesse[32] entre les trois acteurs concernés que sont le salarié[33], le propriétaire foncier et l'entrepreneur. Pour l'école libérale, le travail apparaît comme le seul étalon[34] pour mesurer la valeur d'échange. En effet, le travail, grâce à sa rémunération, permet d'obtenir d'autres biens. En particulier, le fait de posséder une chose permet à son possesseur non seulement de la proposer à autrui comme objet d'échange, mais également de disposer de temps libre pour fabriquer d'autres choses. C'est ce que Smith

30. Le travail incorporé comprend le travail direct et indirect (via les heures nécessaires à produire les machines qui ont servi à fabriquer le bien final).

31. Le travail commandé correspond à la quantité de travail nécessaire pour acquérir un autre bien.

32. Cette question de la répartition de la richesse sera ensuite reprise par la théorie marxiste pour en exposer les limites et les inégalités en découlant spontanément. En l'espèce, la rémunération du travail ne correspond pas à la valeur du travail incorporé. Marx trouve ici l'origine de la plus-value (l'exploitation de l'ouvrier) car la valeur du travail incorporé ne correspond pas au salaire distribué.

33. Le taux de salaire naturel s'établit au minimum de subsistance (panier de marchandises nécessaires : le panier de la ménagère). En effet, s'il était supérieur, l'entrepreneur s'en séparerait pour employer quelqu'un d'autre. Dans ce modèle, les salaires sont avancés par les entrepreneurs afin d'assurer la production récupérée en fin de période après que la vente ait été faite. Pour Ricardo (1817), « *le prix naturel du travail dépend du prix des subsistances et de celui des choses nécessaires ou utiles à l'entretien de l'ouvrier et de sa famille* » ; « *la valeur de chaque espèce de travail* [...] *dépend beaucoup de la dextérité comparative de l'ouvrier, et de l'activité avec laquelle il a travaillé* ». L'inégalité dans les salaires peut se justifier.

34. Pour faciliter les échanges et être considéré comme un étalon de mesure, le travail retranscrit en unité monétaire doit être stable dans le temps. Ainsi, en créant davantage de monnaie, celle-ci perd de la valeur et modifie la valeur nominale de la marchandise. Smith définit pourtant le prix naturel comme la valeur nominale d'un bien : il s'agit de la somme des salaires, de la rente, et du profit. Il le considère stable à court terme.

appelle la théorie de la valeur travail commandé. Et Jevons[35] (*La Théorie de la politique économique*, 1872) affirme à propos de J.S. Mill :

« *J.S. Mill parle incidemment de choses s'échangeant contre d'autres dans le rapport de leurs coûts de production* [...] *La valeur ou rapport d'échange ou pouvoir d'achat est le rapport de la quantité d'un produit à la quantité de quelque autre produit contre laquelle on l'échange.* »

Smith considère que seul le travail productif donne naissance à des biens tangibles. Par opposition, le travail improductif produit des biens intangibles (services). Pour enrichir la nation, l'idée est de se centrer sur le travail productif. La théorie de la production exclut la production de services, d'ailleurs peu développée au XVIIIe siècle. La théorie de Smith est donc une théorie de la production. On recherche la performance – l'efficacité – via la productivité du travail afin d'être compétitif tant sur le plan national vis-à-vis des concurrents, que sur le plan international vis-à-vis des importations. Pour parfaire l'organisation de la production, l'Etat se concentre sur ses fonctions régaliennes, à savoir la police, la justice, l'armée (Etat-Gendarme). Il doit promouvoir la sécurité intérieure et extérieure de la nation, et adopter des lois favorisant l'initiative privée et protégeant la propriété privée. Cependant, Smith conçoit que certains services publics voient le jour. Il s'agit de tous les services dont la profitabilité n'est pas immédiate ou n'attire pas les capitaux privés. En espèce, l'instruction, l'éclairage public, les infrastructures sont autant de biens produits par la puissance publique. En d'autres termes, Smith n'exclut pas l'intervention économique de l'Etat mais celle-ci n'intervient que lorsque le marché est défaillant. Notons toutefois sa diatribe virulente au sujet de la société bourgeoise qui cherche l'opulence et « *à faire étalage* » : « *Une société ne peut jouir de prospérité et de bonheur si la plus grande partie en est pauvre et malheureuse.* » (1776)

Chapitre 3 D'AUTRES CLASSIQUES

David Ricardo (1772-1823) est un penseur qui prend acte de la réalité et cherche à influencer le politique. Il fait de l'économie politique. Aussi, concernant la valeur de la monnaie nationale, il démontre que la hausse de l'or est liée à un excès de billets en circulation puisque cet excès déprécie la valeur de la monnaie nationale (*Essai sur les hauts prix du lingot*, 1810). Il établit les prémisses de la théorie quantitative de la monnaie en expliquant qu'une trop forte émission de monnaie alimente artificiellement une demande et pousse les prix à la hausse. C'est pourquoi il adhère au principe de circulation de la *Currency School*[36] : la quantité de monnaie émise correspond à la quantité de métaux déte-

35. Jevons est favorable à la théorie de la valeur-utilité et non à la théorie de la valeur-travail.
36. Il s'oppose à la *Banking School* qui insiste sur le rôle du crédit dans la croissance et octroie un rôle primordial des institutions financières (finance indirecte) dans cette distribution de monnaie : la Banque centrale devient la garante de l'émission de monnaie. La *Banking School* est favorable à une économie d'endettement et entrevoit le crédit comme un moyen de préfinancement de la croissance (Gurley et Shaw puis Schumpeter) en autorisant la réalisation de projets innovants (source de croissance endogène) non couverts par une épargne préalable. L'endettement nourrit alors les facteurs de la croissance (consommation, investissement). Sur le long terme, toutes les économies se sont converties au principe de la *Banking School*.

nus par la Banque centrale. La conversion de la monnaie nationale en or s'effectue dans le cadre de changes fixes afin d'assurer la neutralité de la monnaie. Ce principe sera mis en œuvre en 1819 dans le *Peel Act* et en 1844 par le *Bank charter act*. Il prend ensuite part au débat sur l'intérêt d'une législation sur le blé (*corn laws* abolies en 1846) : les taxes douanières sur les importations de blé empêchent les prix de baisser et créent une rente aux propriétaires fonciers. Ricardo dénonce cette rente qu'il qualifie d'inacceptable et se fait critique face au protectionnisme. Selon lui, le libre-échange permet de réduire le prix des biens de première nécessité (en l'espèce le blé).

En 1817, il publie *Principes de l'économie politique et de l'impôt*, ouvrage qui le place directement dans la tradition libérale : défense du libre-échange et plaidoirie pour une fiscalité allégée. Il précise pourtant l'idée de la valeur-travail développée par Smith. Selon lui, la thèse de la valeur travail commandé (salaire) dans les sociétés avancées n'est pas acceptable en tant que telle ; selon lui, le salaire dépend des prix alors que la quantité de travail incorporé est indépendante des prix. Ainsi, il précise que pour les biens reproductibles, la théorie de la valeur-travail s'applique. Mais il n'en est rien pour les biens non reproductibles[37] dont la valeur ne dépend que de la rareté. Pourtant, il admet que « *toutes les marchandises sont le produit du travail et n'auraient aucune valeur sans le travail dépensé à les produire* [...] *Diminuez les frais de fabrication des chapeaux et leur prix finira par tomber à leur prix naturel, quoique la demande puisse doubler, tripler ou quadrupler* ».

A partir de là, Ricardo construit une théorie de la répartition car « *l'enquête au sujet de la division du produit entre les classes qui concourent à sa formation* [...] *constitue l'objet propre de l'Economie politique* ». La dynamique d'accumulation est au cœur de la question de la répartition des revenus : si la production de biens utilise du travail et du capital, la répartition de la richesse conduit à raisonner en valeur relative eu égard à la substitution capital/travail : plus le bien nécessite un investissement important (secteur capitalistique), plus sa valeur augmente en sens contraire des salaires ; au contraire, lorsque le bien utilise une main-d'œuvre importante (secteur peu capitalistique), sa valeur évolue parallèlement aux salaires. Cet effet-Ricardo démontre que les prix sont influencés par le degré d'intensité capitalistique du secteur : l'impact d'une hausse du prix d'une matière première est d'autant plus important dans un secteur peu capitalistique puisque les salaires augmentent davantage que dans les secteurs très capitalistiques. Cette intuition fait référence à une inflation salariale qui atrophie le taux de profit. Aussi, les investissements qui privilégient le capital au détriment du travail fournissent de meilleure garantie en matière de taux de profit. En définitive, la répartition de la richesse conditionne l'évolution des prix des biens. Et Ricardo (1817) de conclure : « *Diminuez les frais de l'entretien des hommes, en diminuant le prix naturel de la nourriture et des vêtements qui soutiennent la vie, et vous verrez les salaires finir par baisser, quoique la demande de bras ait pu s'accroître considérablement.* »

37. Ricardo donne des exemples précis : « *les tableaux précieux, les statues, les livres et les médailles rares* [...] *Cette valeur dépend uniquement de la fortune, des goûts et du caprice de ceux qui ont envie de posséder de tels objets.* » Les biens reproductibles sont ceux « *dont la quantité peut s'accroître par l'industrie de l'homme* ».

La théorie de la répartition fait également référence à sa théorie de la rente[38] différentielle. La rente s'explique par la différence de fertilité entre les sols. Le sol obéit cependant à une loi des rendements décroissants, du fait de la priorité accordée à la culture des terres les plus fertiles. Aussi, lorsque la population augmente, la production agricole conduit à mettre en culture des terres de moins en moins productives. Inexorablement, la rente différentielle[39] augmente : la rente est extensive sur les meilleures terres ; elle est intensive sur les moins fertiles. Parallèlement, la masse salariale augmente pour deux raisons : la première est liée à la hausse de la population concomitante à celle de la production, la seconde provient de la hausse de la demande en biens de subsistance qui pèse sur le prix naturel de ces derniers et conduit à une hausse des salaires. Quoi qu'il en soit, le taux de profit[40] diminue et ce, même si les salariés sont rémunérés au salaire de subsistance. A long terme, le stock de capital et la main-d'œuvre employée sont fixes.

L'économie tend vers un état stationnaire. A ce stade, seul le progrès technique ou le libre-échange introduit de nouvelles perspectives de profit, mais en vain, car l'économie tendra inévitablement à nouveau vers un état stationnaire. La croissance s'interrompt. Ricardo se différencie de Smith sur la croissance à long terme : pour le second, la croissance implique hausse de l'emploi et des revenus, alors que pour Ricardo, la croissance peut se faire sans hausse d'emploi (voire même avec hausse du chômage sous l'effet d'une substitution capital/travail). Il rejoint ici la perspective pessimiste de Malthus quant à l'opportunité de l'évolution démographique d'un pays.

Thomas Robert Malthus (1766-1834) observe la misère sociale. Lorsqu'il officie en tant que pasteur, il milite pour une distribution d'aides aux plus miséreux. La rédaction de *La Crise* (1796) est issue de cette expérience. Il y défend l'idée d'une redistribution sociale en faveur des plus démunis. Progressivement, il développe une conception très pessimiste sur l'évolution de la société et réfute la loi des débouchés de Say. En ce sens, Malthus est un classique hétérodoxe car, selon lui, un excès d'épargne provoque une crise. Cet excès ne peut provenir que des détenteurs de capitaux qui disposent d'une capacité d'épargne. Le risque de surinvestissement par rapport à la demande globale est réel. Aussi, il existe un taux d'épargne optimal. L'hétérodoxie de Malthus le pousse également à renverser l'origine du cycle : ce n'est pas l'offre qui crée sa propre demande, mais la demande qui stimule l'offre. Pour lui, « *la richesse générale et la richesse individuelle naissent toujours de la demande effective* » (*Principes d'économie politique*, 1798).

38. Ce débat est d'une actualité criante même si certaines hypothèses semblent discutables (le salaire n'est plus de subsistance en raison de l'existence d'une épargne salariale et la productivité agricole a fait fi de la fertilité décroissante des terres). Comment néanmoins expliquer le ralentissement de la croissance globale ? L'existence de rentes (immobilière, pétrolière) et du retour des inégalités entre revenus du patrimoine et revenus du travail conditionnent une certaine dynamique d'accumulation.

39. Ce principe de raisonnement (à la marge) sera repris par les marginalistes à la fin du XIXe siècle.

40. Pour Ricardo, le profit est ce qui reste après avoir rémunéré les salariés (salaires) et le propriétaire foncier (rente). Une grande différence par rapport à Smith doit être notée : pour Ricardo, la rente n'est pas un élément constitutif du prix du bien car « *le blé n'est pas cher parce qu'on paie une rente, mais on paie une rente parce que le blé est cher* ».

Toutefois, en 1798, il publie *Essai sur le principe de population et comment il intéresse l'amélioration future de la société*. Il y dénonce l'aide aux pauvres comme étant contre-productive. A ce titre, il met en parallèle l'évolution démographique et celle de la production :

« *Je dis que le pouvoir multiplicateur de la population est infiniment plus grand que le pouvoir qu'a la terre de produire la subsistance de l'homme. La cause que j'ai en vue est la tendance constante qui se manifeste chez tous les êtres vivants à accroître leur espèce plus que ne le comporte la quantité de nourriture qui est à leur portée. Nous pouvons tenir pour certain que lorsque la population n'est arrêtée par aucun obstacle, elle va en doublant tous les 25 ans.* »

Si la production agricole obéit à une loi arithmétique alors que la population augmente de façon géométrique, comment satisfaire la demande globale ? Il demeure très sceptique sur les capacités à juguler « *cette inégalité naturelle entre le pouvoir multiplicateur de la population et le pouvoir de production de la terre* ». Dès lors, la loi de population suppose que la démographie suive une progression similaire à celle de la production. Il note d'ailleurs que l'insuffisance de l'offre de biens aboutit à une augmentation des prix de vente, alors même que la rémunération du travail tend à diminuer du fait d'une trop grande offre du travail. Le pouvoir d'achat et le prix des biens évoluent en sens inverse. De façon générale, Malthus fait figure de libéral pessimiste puisque la société se trouve confrontée et ce, de façon irrémédiable, à un risque de pénurie conduisant à une crise économique puis sociale.

Aujourd'hui le malthusianisme fait référence à toute politique qui tente un rééquilibrage démographique *ex ante* (*via* un contrôle des naissances, des progrès de la morale[41] diffusés dans une école gratuite et obligatoire) ou une suppression de l'aide aux pauvres. Sa position radicale va même jusqu'à affirmer que « *la charité envers les classes laborieuses équivaut à une cruauté en soi* » (1798) car elle n'est ni efficace sur le plan économique (elle entretient la hausse de la natalité) ni juste moralement (elle fait croire en la capacité de satisfaire les besoins). Quoi qu'il en soit, certaines de ces propositions ont été reprises puisque des pays ont introduit le contrôle des naissances (Chine) ou encore l'éducation à la sexualité (Afrique) pour limiter l'évolution démographique, donc les risques de famine. Par ailleurs, dans le débat portant sur une législation protégeant les producteurs nationaux de blé (*corn laws*), il est favorable aux taxes sur les importations car selon lui, la concurrence à bas prix du blé importé a détérioré les revenus des propriétaires fonciers, contribuant ainsi à la récession anglaise de 1815.

41. « *Qu'est-ce que la contrainte morale ? C'est le mariage tardif pour éviter une famille nombreuse et la chasteté jusqu'au mariage.* » (1798)

Chapitre 4 D'AUTRES CLASSIQUES FRANÇAIS[42]

Jean-Baptiste Say (1767-1832) publie en 1803 un ouvrage majeur : *Traité d'économie politique*. Walras (*Traité d'économie politique pure*, 1874) attribue son modèle de l'équilibre général à Say. En fait, Say développe deux idées essentielles de l'école classique : la loi des débouchés (il n'y a aucune limite à « *l'appétit de la consommation* ») et la neutralité de la monnaie. Sur ce dernier point, il considère que la monnaie n'est qu'un voile car « *les produits achètent des produits* », elle n'est pas désirée pour elle-même mais pour ce qu'elle permet d'acheter. Il affirme que « *l'argent n'est que la voiture des produits* [...] *l'argent ne fait qu'un office passager* ». En conséquence, seule compte l'économie réelle[43] puisque l'économie monétaire demeure stable, neutre. Cette question fait appel à la notion d'inflation. L'inflation se définit comme une hausse générale et durable des prix. Plus elle est forte et moins la monnaie est stable. C'est pourquoi il est important, pour l'école classique, d'œuvrer en faveur d'une stabilité des prix et de lutter contre l'inflation. La création monétaire doit donc être conforme au respect de la neutralité de la monnaie. Par ailleurs, la monnaie ne peut être détenue pour elle-même. Cette thèse a deux conséquences sur le plan de la politique monétaire : une stabilité interne via une lutte contre l'inflation et une stabilité externe en évitant de trop fortes fluctuations de la monnaie nationale par rapport aux monnaies étrangères (éviter les dévaluations monétaires).

Concernant l'Etat, il vilipende toute forme d'intervention économique non seulement pour éviter l'effet d'éviction induit par les besoins de financement, mais aussi pour le manque d'efficacité : « *Le gouvernement sait bien qu'il y perd, mais pour la nation toute entière, car elle est pour elle une cause toujours de subsistante perte* [...] *L'Etat qui a trop d'argent à sa disposition, n'est pas intéressé au succès de ses entreprises* ».

Il qualifie même de concurrence « *injuste et inégale* » la production publique (vendue à un prix inférieur à son coût de production). A ce titre, il se révèle plus critique à l'égard de l'Etat que Smith qui considère que la production relevant de la défense nationale doit être du fait de la puissance publique. Chantre de la privatisation, Say réfute cette raison d'Etat même s'il reconnaît que : « *les moyens de communication* [ponts, routes, canaux, ports] *favorisent la production.* [...] *Les académies, les bibliothèques, les écoles publiques, les musées, fondés par les gouvernements éclairés contribuent à la production de richesses* ».

Il adhère à la valeur utilité car, pour lui, « *il n'y a véritablement production de richesse que là où il y a augmentation d'utilité* ». Sur ce point, il se place dans la continuité de Bentham et non des classiques et réfute la thèse agricole des physiocrates. En outre, il rajoute à l'analyse des biens matériels les services (production immatérielle) et propose

42. A la différence des classiques anglais, les classiques français du XIXe siècle sont antisocialistes. Ainsi Bastiat (1850) : « *le Socialisme confond le Gouvernement et la Société.* [...] *ils commencent par supposer que les hommes ne portent en eux-mêmes ni un principe d'action, ni un moyen de discernement ; qu'ils sont dépourvus d'initiative* » ; et « *il plaît à l'Etat de se faire juge des profits, de décider que tel travail n'est pas assez rémunéré, que tel autre l'est trop* ».

43. Marx, Sismondi puis Keynes montrent, au contraire, qu'il existe une dichotomie entre économies réelle et économie monétaire. Keynes insiste sur l'idée que la monnaie peut être désirée pour elle-même.

d'analyser la production comme le résultat d'une combinaison de facteurs (« *fonds productifs* ») que sont la terre, l'industrie (c'est-à-dire le travail) et le capital. Le rôle de l'entrepreneur est déterminant dans le choix de la combinaison la plus efficace, c'est-à-dire celle qui maximise son profit. Dès lors, « *les revenus du travail, des capitaux et des terres représentent la contrepartie de l'apport productif de chacun des trois fonds* » (Boncœur, in Capul, 1997, p. 15).

John Stuart Mill (1806-1876) défend le non-conformisme, le droit des femmes et le droit syndical ; il appartient au parti radical tout en étant un ardent défenseur de l'offre, de la loi des débouchés. Dans *Principes d'économie politique* (1873), il précise : « *L'industrie est limitée par le capital* [...] *tout accroissement de capital donne au travail soit une addition d'emplois, soit une addition de rémunération* [...] *Acheter le produit n'est pas alimenter le travail. La demande de travail est constituée par les salaires qui précèdent la production et non par la demande qui peut exister pour les objets résultant de la production.* »

En d'autres termes, l'épargne permet l'accumulation de capital. Cette dernière détermine le volume d'emplois et conditionne les revenus distribués. L'offre crée sa propre demande. D'ailleurs, entre le facteur capital et travail, seul le premier est limité par la quantité d'épargne disponible. Le profit est nécessaire pour financer la croissance. Le travail suit une loi de population qui n'a de limite que la disponibilité des moyens de subsistance. Il rejoint alors les positions de Ricardo sur l'existence d'un état stationnaire : « *Lorsqu'un pays a porté la production aussi loin qu'elle peut être portée dans l'état actuel de ses connaissances, avec un profit correspondant à la puissance moyenne du désir réel de l'accumulation, ce pays a atteint ce qu'on appelle l'état stationnaire ; cet état dans lequel le capital ne peut augmenter que s'il survient quelque perfectionnement dans les arts productifs ou un accroissement dans la puissance du désir d'accumuler* » (J.S. Mill, *Principes d'économie politique*, 1873)

Il amorce toutefois une étape dans l'évolution des doctrines car son souci social lui fait différencier les lois de production universelles et les lois de répartition relatives qui doivent corriger les premières. Par cela, il introduit la mutation de l'Etat-Gendarme en Etat-Providence. S'il s'affiche libéral, il expose la nécessité d'une intervention sociale de l'Etat pour protéger les plus démunis non pas par l'assistance (il est malthusien), mais par l'instruction. Pour aider les démunis à sortir de la pauvreté, il faut encourager l'initiative personnelle et la libre-entreprise, améliorer le statut des femmes. Il propose que l'Etat prenne en charge l'instruction pour démocratiser les idées du libéralisme : « *Les secours du Gouvernement, lorsqu'ils sont appliqués à défaut d'esprit d'entreprise de la part des particuliers, devraient être accordés de manière à présenter autant que possible un cours d'enseignement dans l'art d'accomplir de grandes choses au moyen de l'énergie individuelle et de l'association volontaire* ».

Il soulève cependant les inégalités de départ en posant la question de l'héritage : à ce titre, il est favorable à un partage entre héritiers de lots égaux plafonnés. Pourtant, s'il est favorable à un impôt sur la rente foncière, il dénonce l'impôt progressif :

« *A chaque individu un sacrifice égal* [...] *Imposer les gros revenus, c'est imposer l'activité et la croissance* [...] *L'éducation qui enseignerait ou les institutions sociales qui exigeraient des individus d'échanger la libre disposition de leurs actes contre une somme quelconque d'aisance ou d'abondance, c'est-à-dire de renoncer à la liberté en vue de l'égalité, dépouilleraient ces individus des caractères les plus élevés de la nature humaine* [...] *Imposer les gros revenus plus que les petits, c'est imposer l'activité et l'économie ; c'est frapper d'une amende ceux qui ont le plus travaillé et plus économisé que leurs voisins. Ce n'est pas aux fortunes gagnées qu'il convient de poser des limites, c'est aux fortunes non gagnées* ». (1873).

Sa définition des salaires va au-delà de la notion de « *salaire de subsistance* » des classiques. Le salaire n'est pas que le simple résultat de la concurrence sur le marché du travail, mais dépend aussi de la « *coutume* ». Mill le place comme un précurseur de l'institutionnalisme américain et ajoute d'ailleurs : « *La cause du profit est que le travail produit plus qu'il n'est nécessaire pour son entretien* [...] *Les profits naissent, non du jeu des échanges, mais de la puissance productive du travail* ». Il est souvent qualifié de dernier des classiques.

4. DÉBAT. ENTRE LE CONTRAT ET LE MARCHÉ, QUI DÉFINIT LE MIEUX L'INTÉRÊT NATIONAL ?

Pour Smith (1759), la sympathie n'est pas la bienveillance car « *quel que soit le degré d'égoïsme que l'on prête à l'être humain, il y a, de toute évidence, dans sa nature, certains principes qui le portent à s'intéresser à la fortune des autres et lui rendent leur bonheur indispensable quoi qu'il n'en retire rien si ce n'est le plaisir d'en être témoin* ».

Smith explique ainsi qu'il existe chez les hommes une disposition naturelle à la compassion, à la bienveillance ou à la pitié. Cette bienveillance innée est une réponse instantanée, instinctive, au spectacle du bonheur ou du malheur de l'autre. Il y a donc une proportion irrésistible à la compassion. La charité est un acte rationnel ; elle affirme le lien que le contributeur cherche à entretenir avec les autres. C'est pourquoi il est favorable à la convention, à l'accord libre entre les parties plutôt qu'à la loi, extérieure à la volonté des parties. En extrapolant et en agrégeant les intérêts individuels (c'est-à-dire la main invisible), le contrat définit l'intérêt national. La société se construit de façon autonome.

Cependant, si le contrat est supérieur à la loi, cela signifie que la somme des intérêts définit ce qui est mieux pour le pays. Il est alors mû par les passions individuelles, les émotions et les sentiments. Hume et Smith soulignent les effets de cette subjectivité et fondent une vision d'un Etat ayant des fonctions minimales. Pour Smith, le *self-love* – l'intérêt porté à sa propre personne – est la plus puissante de toutes les passions. Cette suprématie du *self-love* sur la bienveillance enferme l'individu dans sa sensibilité. Mais l'intérêt porté à autrui le place dans une dimension collective. Autrement dit, l'individu est à la fois acteur et spectateur. Or, cette configuration paradoxale mêle identification et distanciation ; il en découle le principe de la main invisible. Le jugement moral est toujours un jugement d'approbation ou de réprobation. La réciprocité – même subjective – est consensuelle. L'agrégation des préférences individuelles est possible et légitime car la

« *sympathie réciproque* » est contagieuse[44], le processus d'identification et de distanciation conduit à une situation économiquement satisfaisante. Mais est-elle moralement acceptable[45] ? Smith (1756) est conscient des limites de la réciprocité : « *La corruption de nos sentiments moraux résulte notre disposition à admirer les grands et les riches et à mépriser ou négliger les personnes pauvres et misérables.* [...] *L'ordre social repose sur la tendance des hommes à admirer les riches et les puissants : l'homme riche est remarqué, envié, considéré, approuvé et il s'applaudit de ses richesses.* [...] *L'homme pauvre est honteux de lui-même.* »

Malthus ajoute :

« *Une classe supérieure et une classe inférieure sont nécessaires ; bien mieux, elles sont extrêmement utiles. Si les individus n'étaient pas aiguillonnés par l'espérance de s'élever ou la crainte de déchoir, si le travail ne portait pas en lui sa récompense et l'indolence sa punition, on ne verrait nulle part cette ardente activité avec laquelle chacun de nous travaille à améliorer sa condition qui est actuellement le principal moteur de la prospérité publique* » (chap. 1).

La sympathie est régulatrice des intérêts égoïstes. L'intérêt individuel conduit à l'harmonie sociale[46] et la somme des contrats définit le marché. Dès lors, la loi ne sert qu'à protéger les libertés individuelles et le droit de propriété. L'Etat définit l'arbitraire et la subjectivité de ceux qui font les lois (risque d'arbitraire et de tyrannie chez les anarchistes, despotisme chez Tocqueville, anomie chez Durkheim). Cette conception optimiste de la nature humaine à l'encontre de la pensée dominante du XVIIe siècle. Effectivement, à l'instar de Thomas Hobbes (1588-1679) l'individu réagit en fonction de ses désirs et de ses craintes (et non de l'intérêt). Il faut alors aider l'individu à sortir de cet état naturel afin qu'il agisse au nom de la Raison. L'individu peut alors devenir citoyen, acteur de la cité.

44. Smith (1759) : « *Les esprits des Hommes sont des miroirs les uns pour les autres.* » Nous retrouvons ici les bases de la psychologie des foules de Le Bon (1841-1931) ou encore des lois de l'imitation de Tarde (1843-1904). Plus tard, J.S. Duesenberry (1949) introduit une dynamique sociale de la consommation reposant sur cet effet de démonstration et d'imitation.

45. C'est pourquoi son analyse va se concentrer sur l'origine des inégalités : s'il condamne la richesse mobilière, il justifie la richesse industrielle, source d'accumulation.

46. Le principe de la main invisible assure la cohérence entre les intérêts égoïstes et les passions puisque les actions individuelles sont orientées vers le bien commun. Le souci, pour Smith, est que cette action individuelle incorpore sa propre morale donc une certaine subjectivité. Définir le champ économique de l'action aboutit alors à une spécialisation économique de la morale. En 1723, Mandeville résume ce paradoxe dans ce qu'il appelle la « *fable des abeilles* », avec pour sous-titre « *vice privé, bénéfice public* ». On y retrouve cette opposition entre les sentiments moraux fondés sur la sympathie et les activités économiques où il n'y a besoin que d'égoïsme. Les deux ouvrages de Smith (*Théorie des sentiments moraux et Recherches sur la nature et les causes de la richesse des nations*) distinguent un monde moral et social, qui repose sur un principe unique : la sympathie et le monde des affaires avec le principe de la main invisible : « *Ce n'est pas de la bienveillance du boucher, du brasseur ou du boulanger que nous attendons notre dîner, mais de leurs soucis de leur propre intérêt.* » Le *self-love* n'est pas forcément l'opposé de la sympathie, il n'en est qu'une caractéristique. L'intérêt égoïste peut être un remède aux passions qui poussent parfois à la démesure et à la destruction (Hume, Montesquieu). Dans une société de consommation, il peut devenir un substitut au sacré, une voie vers la paix sociale.

Le Souverain assure l'unité nationale par le contrat social : le Droit le rend légitime. Dans ce contexte, comment s'absoudre de cette subjectivité (même agrégée) ? L'intérêt national peut-il se résumer dans la somme des intérêts individuels ? Est-il conforme à l'intérêt général ?

Le principe de la main invisible découle de la théorie des sentiments moraux. Cette théorie de la moralité exalte les bienfaits de la réciprocité. La principale difficulté réside dans la question de l'agrégation de la subjectivité inscrite dans la morale. Le bien commun peut-il être subjectif ? Ces questions sont d'une grande actualité car elles portent sur la définition de l'intérêt national et de la place accordée au suffrage universel et au poids du Souverain (Etat). Dès lors que l'on reconnaît l'existence possible d'un universel (objectif et obligatoire), est-il préférable de sommer les individualités ou de dépasser les passions en optant pour une décision souveraine ? La loi d'airain de l'oligarchie (Pareto) s'oppose à la philosophie de la main invisible puisqu'elle dénonce l'illusion démocratique[47]. L'influence des individus les uns sur les autres (principe d'imitation et de contagion) engendre une somme collective. Peut-on alors définir cette dernière comme représentative de l'intérêt collectif ? Autrement dit, faut-il recourir à un référendum pour décider de la légalisation des mères porteuses, de l'autorisation d'OGM, de la privatisation de la Poste ou encore de la sortie de la zone euro ? Comment définir et surtout qui définit le bien commun ? Et Rousseau d'arguer : « *La volonté de la majorité naît par elle-même, rien de plus que la volonté des plus nombreux, c'est donc une forme particulière de la loi des plus forts. Le principe majoritaire n'est légitime qu'à condition d'être accepté par tous les sociétaires.* »

Dans cet esprit, si l'on considère que le contrat n'est pas représentatif du bien commun, c'est que l'on différencie l'intérêt général de l'intérêt collectif. L'intérêt collectif est le résultat de la somme des intérêts individuels. Il est un résultat naturel de la confrontation des intérêts individuels. L'intérêt général fait intervenir l'Etat donc la loi. L'Etat est celui qui décide de l'ordre social. Il est supposé dépasser les passions et reposer sur la Raison. Ainsi, pour Rousseau, « *c'est par la volonté générale que le citoyen cesse d'être un animal stupide et borné pour devenir un être intelligent* ».

En tant qu'organe extérieur, l'Etat est garant des intérêts de la nation. En définitive, la loi n'est valable que si elle est acceptée par tous ; il y a donc une différence entre la volonté de tous et la volonté générale. La volonté de tous est la somme des volontés individuelles, elle se réfère à la main invisible de Smith. La volonté générale résulte de la loi. Il n'y a contrat social que si les individus acceptent de faire société les uns avec les autres. C'est la condition pour que la volonté générale soit compatible avec la volonté de tous.

47. Ces aspects font également référence à la première fiche avec le paradoxe lié à l'agrégation des préférences.

FICHE 6 | LES PENSEURS DU SOCIALISME

1. RÉFÉRENCES

BASLÉ M., BENHAMOU F., CHAVANCE B., GÉLÉDAN A., LÉOBAL J., LIPIETZ A., *Dictionnaire des pensées économiques*, tome 1, *Les Fondateurs*, et tome 2, *Les Contemporains*, Sirey, 1988 et 1993.

BURDEAU G., *L'Etat*, Seuil 1970.

CAPUL J.-Y. dir., *Découverte de l'économie. 2. Histoire de la pensée économique*, *Cahiers français*, Documentation française, 1997, n° 280.

KROPOTKINE P., *L'Entraide* (1902), Ecosociété, 2001.

LATOUCHE S., *L'Invention de l'économie*, Albin Michel, 2005.

MARX K., *Le Capital* (1867), tome 1, Quadrige, PUF.

POLANYI K., *La Grande Transformation*, Gallimard, 1983.

WOLFF J., *Histoire de la pensée économiques : des origines à nos jours*, Montchrestien, collection « Domat Economie », 1991.

2. REPÈRES

Les expériences associatives

Les idées associatives ont donné naissance à plusieurs expériences. Ainsi, Robert Owen (1771-1858), père du mot « socialisme », se concentre sur la nécessité d'améliorer les conditions de vie de la classe laborieuse en créant un magasin avec des prix coûtants, une maison de santé ou encore l'école primaire en Angleterre, l'objectif étant l'apprentissage des notions d'ordre, de propreté et de prévoyance. J. Bentham et W. Allen s'associent à ce philanthropisme. Owen lance le slogan de la première internationale : « *8 heures de travail, 8 heures de loisirs, 8 heures de sommeil* ». Son utopie coopérative s'inscrit autour d'un groupe vivant dans un même immeuble avec les commodités sanitaires communes. Au cœur du dispositif, l'instruction des enfants est confiée à la communauté dès l'âge de trois ans. Plusieurs expériences ont été menées (1825 à Orbiston en Angleterre avec A. Comte ; 1826 New Harmony avec W. Allen en Indiana aux Etats-Unis) ; toutes ont échoué. A ce titre, W. Allen, promoteur de l'anarchisme individualiste (B. Tucker, V. Yarros, S. Pearl Andrews, L. Spooner, D. Nolan) aux Etats-Unis, note au sujet de l'expérience New Harmony: « *Les lois naturelles de la diversité ont repris le dessus* [...] *L'intérêt unitaire était en opposition avec les individualités, les circonstances et l'instinct de conservation de chacun...* » (*Periodical Letter*, 1856).

Plusieurs expériences peuvent être relatées : le phalanstère du pharmacien (1866-1886) A. Jouanne[1] à Ry, en Normandie, dont l'objectif est d'accueillir de jeunes enfants pour leur donner le goût du travail et de la culture. On retrouve cette idée que « *le progrès va changer l'humanité* ». La création de mutuelles ou associations, de société coopérative

1. Il avait déjà fondé l'Unité fraternelle, une société de secours mutuels en 1855, ainsi qu'une coopérative de consommation en 1861. L'ironie est que lorsque le phalanstère ferme, en 1886, les murs accueillent la première gendarmerie de Ry.

ouvrière de production (SCOP), obéissent à cette philosophie qui trouve aujourd'hui un nouvel écho dans notre société à la recherche d'un mode de production plus équitable socialement et durable écologiquement. Ces utopies relèvent d'une expérimentation de la nature humaine et de sa capacité à vivre en commun. Elles inspirent encore avec l'histoire récente des montres Lip (grève générale en 1973 avec séquestration de cadres pendant une nuit et passage à un système d'autogestion temporaire en juin 1973, création de coopératives en 1977). La fondation Habitat et Humanisme propose également des logements aux personnes les plus fragiles, la Scop Ardelaine[2] (1982) est une réussite ou encore les écovillages de Findhorn (1962) en Ecosse ou de Torri Superiore (1990) en Italie.

3. EXPLICATIONS

Il nous sera impossible de présenter la totalité des penseurs du socialisme tant la diversité est patente. L'objectif est de relater les principales mouvances et les points de discorde dans l'organisation alternative au capitalisme car le socialisme se construit à travers les crises du capitalisme : qu'il s'agisse du chartisme[3] (1819) et du luddisme[4] (1811-1812) en Angleterre ou de la révolte des Canuts en France (1831), le socialisme apparaît comme une réaction « naturelle » au développement du capitalisme. Des modes de production alternatifs sont imaginés. Car, faut-il le rappeler, le XIXe siècle est celui des soulèvements populaires émanant essentiellement au départ d'ouvriers de métiers et d'artisans (émeutes de la faim en 1816-1817, complots de la Charbonnerie en 1820-1822, grèves en 1834) et de luttes sociales (1830, 1848, 1871). La décennie 1864-1873 est particulièrement difficile car la détérioration du contexte international renforce les récessions nationales. Ainsi, la récession française de 1867 est encore plus rude que celle de 1857. A ce marasme s'ajoute l'année 1873 qui touche de plein fouet tous les pays industriels : crise dans l'agriculture (1873-1892) puis dans l'industrie (1873-1895).

Dès lors, il n'est pas étonnant que le socialisme naisse durant la révolution industrielle qui transforme radicalement le paysage social des pays. Elle modifie les rapports entre l'Homme et la production puisqu'en introduisant la division du travail, elle crée des liens de subordination d'autant plus forts que l'intensité de l'exploitation s'élève. Pour autant, le XIXe siècle est aussi celui de l'intervention de l'Etat, qui s'étend parfois au social, souvent suite à des manifestations et à des revendications syndicales. Il n'est pas anodin de noter que les premières lois sociales sont votées dans le premier pays ayant connu la révolution industrielle, l'Angleterre (1815 pour une limite du travail des enfants, en 1847 de celui des femmes). Les réformes les plus épanouies sont votées en Prusse, par Bismarck, afin d'éviter la diffusion des idées révolutionnaires (1883 l'assurance maladie, 1884 l'assurance accident du travail, 1889 l'assurance vieillesse).

2. Son chiffre d'affaires est passé de 126 000 euros à près de 2 millions d'euros en 2009. La polyvalence est toujours de rigueur puisqu'un tondeur de mouton devient guide du musée le lendemain. La grille des salaires est limitée à 1,2 et les bénéfices sont mis en réserve à 45 %, distribués aux salariés à 45 % et le reste sous forme de dividendes.

3. Mouvement politique militant pour le suffrage universel masculin et le secret des votes.

4. Mouvement d'ouvriers qui manifestent par la destruction de leur outil de travail.

L'évolution du socialisme est inhérente à la pensée de Marx. Pourtant, avant lui, E. Cabet (1788-1856) présente une société fondée sur un communisme total, fondé sur une égalité parfaite des droits et des devoirs. Ceci est possible grâce à une omniprésence et omnipotence de l'Etat, lequel établit un plan impératif : « *La nourriture, le vêtement, le logement et l'ameublement sont, autant que possible, les mêmes pour tous, préparés par la Communauté et fournis pour elle à chacun.* »

Les divergences portent sur le rôle de l'Etat. L'Etat joue parfois un rôle d'initiateur voire de mécène. En l'espèce, Louis Blanc (1811-1882) rejette le poids excessif de la puissance publique au profit d'ateliers sociaux pris en charge par les ouvriers eux-mêmes (*L'Organisation du travail*, 1839). L'apport du capital initial se fait par l'Etat ; ensuite ces coopératives de production sont gérées par des associations d'ouvriers. Il en est de même pour Philippe J.B. Buchez (1796-1865), saint-simonien puis socialiste chrétien et fondateur de la revue *L'Atelier* (1840) : la société ne se rénovera qu'à travers la multiplication de coopératives ouvrières de production financées par un capital inaliénable et indissoluble. L'associationnisme constitue la voie du changement.

Le syndicalisme révolutionnaire de George Sorel (1857-1922) est favorable à la grève générale. L'Etat rechignant à voter des lois sociales, la révolution ne peut être que le fruit de l'action syndicale. Il est, à ce titre, très critique sur la démocratie et les institutions parlementaires. Car le développement des syndicats n'est pas anodin dans la diffusion des idées socialistes en particulier dans la société industrielle qui pratique la division du travail et la concentration du capital : autorisation du droit de grève (1864 en France et 1875 en Angleterre) et des syndicats (loi Waldeck-Rousseau en 1884 en France). Ainsi, en 1874, le *Trade Union Congress* (TUC) est légalisé en Angleterre ; l'*American Federation of Labor* (AFL) en 1886 et la Confédération générale du travail (CGT) en 1895. Les grandes mobilisations sociales, notamment lors des crises de 1873-1896, sont aussi le reflet d'une volonté collective d'établir un monde moins concurrentiel, de fonder une nouvelle organisation de la société. Et Marx d'arguer : « *Les philosophes n'ont fait qu'interpréter le monde de diverses manières ; ce qui importe, c'est de le transformer.* » (*Thèses sur Feuerbach*, 1845)

Le socialisme démocratique de Jean Jaurès (1858-1914) diffère du marxisme car il a foi dans les institutions publiques : la réforme du capitalisme est possible à travers la législation sociale, elle permet d'éviter la paupérisation du prolétariat. Jaurès ne croit pas en l'utilité d'une révolution – ni syndicale, ni générale– mais en la possibilité de transformer le capitalisme afin de le rendre plus supportable. Il fonde *L'Humanité* en 1904. Cette social-démocratie transforme le paysage socialiste : les marxistes-révolutionnaires se retrouvent chez Lénine dans la IIIe Internationale alors que le terme de social-démocratie reste dans la IIe Internationale. Aujourd'hui, elle caractérise à la fois la transition démocratique du capitalisme au socialisme (Kautsky, 1912) et le socialisme réformateur (Bernstein, 1912).

En définitive, le socialisme doit être conjugué au pluriel car il n'existe pas de modèle unique. En fait, la grande scission s'opère dans la place octroyée à l'Etat : le système collectiviste envisage un rôle renforcé de la puissance publique qui serait dépositaire des moyens de production et/ou de la doctrine politique ; le système mutualiste ou associatif supprime tout simplement l'Etat au profit d'une philosophie fondée sur l'entraide et la solidarité supposées naturelles lorsque l'individu n'est plus soumis au joug de la propriété privée. Dans ce contexte, l'anarchisme peut-il être une mutation du libéralisme ? En un sens oui, car il repose sur une liberté totale des individus sans délégation de pouvoir, même temporaire. Il rend le gouvernement inutile au profit d'une gestion associative ou mutualiste. L'Etat est synonyme de tyrannie même lorsqu'il repose sur le suffrage universel ou la souveraineté populaire : le pouvoir est délégué au profit de l'élu. Dès lors, l'anarchisme peut être assimilé à une société sans ordre décrété, chaque commune se gère selon son gré, au plus proche de l'individu. Il y a des points communs avec l'ultralibéralisme.

Il n'en demeure pas moins que la société socialiste – collectiviste, communautaire, associative ou non– tente de mettre en avant une nouvelle organisation du travail. Elle se construit autour de la production, de l'ardeur au travail. En l'espèce, Lénine décrit la société socialiste au travers de l'usine : « *la société tout entière ne sera plus qu'un seul bureau et une seule usine avec égalité de travail et de salaire* ». Il est à noter que la volonté d'instruire le peuple se conjugue avec l'incitation au travail. La société socialiste n'est pas une société du loisir. Proudhon ne s'exclame-t-il pas ainsi : « *Quel est ton nom, révolution de 1848 ? Je m'appelle droit du travail*[5] » ?

Les marxistes contemporains se sont surtout engagés dans la discussion autour du marxisme et de sa traduction politique comme « *une histoire de l'économie politique du socialisme* ». Elle va remplacer la notion de Marx de « *critique de l'économie politique* ». Elle donnera lieu à la rédaction d'un *Manuel d'économie politique* (1954) dans lequel le mode de production socialiste est largement développé. Le marxisme contemporain se construit aussi autour de la mondialisation et dans les thèses colonialistes liées au sous-développement. Nous trouvons alors des concepts tels que le « *pouvoir financier* » (Hilferding) ou le pouvoir d'exploitation d'un « *peuple par un autre peuple* » (Luxemburg). L'approche est mondialiste et préfigure la réalité des multinationales et des licenciements boursiers que l'on connaît depuis les années 1980.

5. Le gouvernement provisoire est composé notamment de deux socialistes : Alexandre Martin (« *l'ouvrier Albert* ») et Louis Blanc. Ce dernier obtient le 25 février 1848 la proclamation du droit au travail : « *le gouvernement provisoire s'engage à garantir l'existence de l'ouvrier par le travail. Il s'engage à garantir le travail à tous les citoyens. Il reconnaît que les ouvriers doivent s'associer entre eux pour jouir du bénéfice de leur travail* ». La création des ateliers nationaux a lieu le lendemain. Bien qu'ils soient d'inspiration socialiste, il ne faut toutefois pas les associer aux ateliers sociaux tels que Louis Blanc les présentent théoriquement. Ils sont un compromis politique entre Lamartine, les républicains modérés (Marie) et les socialistes (Blanc). Les ateliers nationaux étaient parfois de simples ateliers de charité. Certains ont fonctionné comme les ateliers sociaux mais encadrés de manière militaire et hiérarchique. Il faut avouer que certains (atelier de tailleurs, place de Clichy) s'étaient transformés en lieu de discussion politique mettant au second plan les objectifs de production. Par ailleurs, l'afflux de travailleurs a fait baisser les salaires (de 2 francs par jour à 1 franc), et l'idée que l'Etat subventionne ainsi des grévistes potentiels amène l'Assemblée constituante à voter la fin des ateliers nationaux.

La nébuleuse marxiste[6]

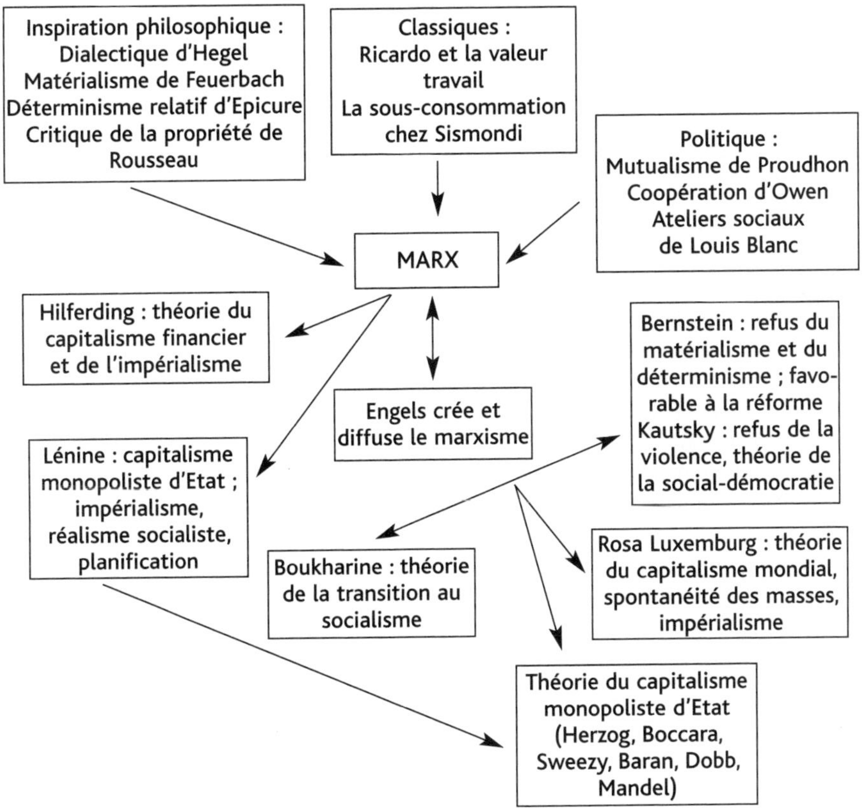

Chapitre 1 *KARL MARX (1818-1883)*

Auteur de nombreux ouvrages, tels *L'Idéologie allemande* (1845), *Le Manifeste du parti communiste*[7] (1848) en collaboration avec Friedrich Engels, *La Critique de l'économie politique* (1859) ou encore *Le Capital* (tome 1 en 1867, tome 2 en 1885 et tome 3 en 1894), Marx est imprégné de la logique hégélienne. Effectivement, il emprunte à Hegel (1770-1831) sa dialectique : l'Esprit se manifeste par l'Histoire, qui obéit elle-même à des règles précises (formant la dialectique) et le matérialisme à L. Feuerbach (1804-1872). L'Histoire évolue par accumulations et oppositions : le matérialisme dialectique est né. Son matérialisme historique insiste sur l'ancrage d'un système dans un contexte historique donné.

6. Schéma inspiré de Balsé et al. (1993, p. 286).
7. Qui paraît la même année que les *Principes d'économie politique* de J.S. Mill.

L'existence de plusieurs modes de production économiques – tribalisme, féodalisme, sociétés marchandes – s'explique par les mutations sociales qu'engendre le développement d'une société. Autrement dit, l'infrastructure[8] détermine, voire conditionne, la superstructure. Cette superstructure capitaliste devra être renversée et remplacée par des rapports de production collectivistes. Ainsi le développement d'une société passe par plusieurs stades (d'une société primaire à une société industrielle) et conduit à des transformations sociales profondes (urbanisation, salariat, libéralisme). En l'espèce, chez Marx, ces stades[9] successifs vont de l'esclavagisme au féodalisme puis au capitalisme.

Le matérialisme dialectique considère que les rapports sociaux définissent à la fois les liens entre les conditions et la conscience de chaque individu. Ainsi, la dynamique matérialiste de l'histoire construit l'histoire autour de l'analyse des faits économiques et spécifiquement du capitalisme : l'histoire reflète l'histoire des conditions de la reproduction matérielle. Mais cette évolution n'est pas irrémédiable car l'histoire n'est pas déterministe ; elle est le fruit de l'action des hommes. En d'autres termes, le capitalisme n'est pas la seule structure possible. Il suffit d'infléchir les circonstances pour faire émerger une nouvelle structure. Dans une société capitaliste, la société bourgeoise attise cette aliénation dans le but de maîtriser sa propre activité à travers « *l'asservissante subordination de l'individu à la division du travail* ». Il faut donc mettre un terme à cette division du travail qui pousse à la spécialisation, car elle empêche l'individu de prendre pleinement conscience de sa production, elle le rend « *étranger à sa création* ». Les travailleurs sont dépossédés et subordonnés à la machine. Pour Lénine, « *la production est devenue un acte social* » qui exprime les contradictions entre les capitalistes et le prolétariat.

La dynamique historique met en exergue l'opposition entre les modes de production et les rapports de production (propriété) : la lutte des classes est inévitable. En conséquence de quoi, l'Histoire révèle la lutte permanente entre différentes classes sociales car la bourgeoisie exploite le prolétariat pour conforter ses pouvoirs économique et politique. Marx divise la société en plusieurs classes (*Le Dix-Huit Brumaire de Louis-Bonaparte*, 1857) : l'aristocratie financière, la bourgeoisie industrielle, la petite bourgeoisie, la classe ouvrière, le prolétariat en haillons (*lumpenprolétariat*) et la paysannerie parcellaire ; mais il ne retiendra dans son analyse (*Le Capital*, 1867) que les deux suivantes : les capitalistes et les prolétaires qu'il assimile à « *une armée industrielle de réserve* ».

En outre, c'est par la révolution – par la force – que le prolétariat pourra confisquer le pouvoir aux classes bourgeoises. Après cette phase révolutionnaire, une phase transitoire nécessite une suprématie politique – diktat du prolétariat où le prolétariat s'organise en

8. L'infrastructure correspond à l'organisation de la production (ressources naturelles disponibles, intensité capitalistique de la production, rapports de production). La superstructure définit l'organisation de la société (choix des institutions politiques, place de la morale et de la religion, type de lois).
9. Ce qui n'est pas sans rappeler Hegel : sauvagerie, barbarie, civilisation. Déjà Saint-Simon (1760-1825), dans *L'Organisateur* (1819-20), oppose l'âge industriel au féodalisme.

classe dominante – durant laquelle l'Etat centralise les instruments de production. Marx et Engels en précisent les modalités : appropriation collective des moyens de production et d'échange par l'expropriation, impôt progressif, abolition de l'héritage, centralisation du crédit et des moyens de transport, travail obligatoire pour tous. Lorsque la classe bourgeoise disparaît, la lutte des classes n'a plus de sens et l'Etat devient inutile. Ce n'est qu'à ce moment qu'une « *association où le libre développement de chacun est la condition du libre développement de tous* ». D'où la formule : « *Prolétaires de tous les pays, unissez-vous !* » En l'espèce, Marx exalte la Commune de Paris (1871) par l'éligibilité et la révocabilité des responsables des pouvoirs judiciaire, exécutif et législatif. Pour lui, la société communiste suppose une harmonie naturelle entre les individus puisque le conflit naît de la propriété privée. Il suffit de supprimer la propriété privée par l'expropriation et de nationaliser l'outil de production pour annihiler les sources de conflit. Ceci justifie, en octobre 1917, l'abolition – sans aucune indemnité – de la propriété privée foncière en URSS.

Dans la *Critique de la philosophie du droit de Hegel* (1843), Marx combat la vision hégélienne de l'Etat : pour lui, il n'est pas le lieu de réconciliation et de dépassement des intérêts particuliers. L'Etat n'est ni arbitre ni neutre. Au contraire, il exprime les intérêts de la classe dirigeante, donc les rapports de classe. Effectivement, l'action gouvernementale[10] retarde la fin du capitalisme en gérant les contradictions du système. Pour Marx, l'Etat doit disparaître. Marx réfute d'ailleurs l'idée classique de l'existence de lois naturelles régissant l'économie. Il refuse la réforme et propose la révolution pour passer à un mode de production communiste qu'il décrit comme un état où l'on peut être « *le matin pêcheur, l'après-midi chasseur, et le soir critique littéraire* ». Et Baslé (1993, p. 292) précise : « *Pour Marx, "le communisme est le mouvement réel qui abolit l'état des choses existant". Il ne peut être défini que comme une tendance au renversement des causes qui engendrent l'aliénation : aliénation devant l'échange marchand, aliénation devant une machine étrangère, l'usine despotique, l'Etat* ».

Marx réfute les principes de liberté et d'égalité qui fondent le libéralisme. Il n'existe pas d'individu abstrait tel qu'il est défini dans la Déclaration des droits de l'homme : l'égalité des droits entre les hommes est théorique et la liberté fictive puisque l'ouvrier n'a que sa simple force de travail à vendre. L'injustice est inhérente aux rapports de domination qui structurent la société capitaliste. Ces rapports sont des rapports de classes et renvoient inévitablement aux rapports de production (à la division du travail). Pourtant, il reconnaît : « *N'importe quel enfant sait que toute nation crèverait qui cesserait le travail* [...] *il va de soi que cette nécessité de la répartition du travail social en proportions déterminées n'est nullement supprimée par la forme déterminée de la production sociale : c'est la façon dont elle se manifeste qui peut seule être modifiée.* » (1868)

Le marxisme est donc une critique radicale de l'évolution du système capitaliste. Ce système repose sur la constitution d'une plus-value. A ce titre, il reprend l'idée de la valeur-travail introduite par William Petty (1623-1687) à laquelle l'école classique adhère :

10. Il refuse, par exemple, l'enseignement public.

toute marchandise a de la valeur parce qu'elle incorpore du temps de travail (c'est-à-dire le travail abstrait[11]). La plus-value découle de la non-restitution des gains de productivité aux salariés, autrement dit, de la différence entre la valeur créée par l'ouvrier – le temps de travail socialement nécessaire à la production des marchandises– et le salaire qu'il perçoit. Le capitaliste s'approprie cette survaleur appelée plus-value. Cette plus-value est directement liée à la productivité du salarié. Plus la productivité s'élève, plus la plus-value accaparée par le capitaliste est forte. L'inégalité apparaît dans la non-restitution aux ouvriers de ces gains de productivité, dans ce que les saint-simoniens appellent « *l'exploitation de l'homme par l'homme* ». Marx désigne par taux d'exploitation le rapport entre cette plus-value et la valeur du salaire[12].

La plus-value chez Marx

Valeur de la force de travail	Valeur produite par la force de travail	
Travail mort	Travail mort	Dépense du capitaliste
Travail vivant	Rémunération de la force de travail	
	Plus-value	

La plus-value est à la source de l'accumulation du capital ; elle est donc recherchée pour elle-même et pour l'accumulation de richesses qu'elle permet d'obtenir. Cette recherche de profit est inhérente au système capitaliste et directement liée à la propriété privée. Marx y voit l'essence de « *l'esprit bourgeois* ». Son analyse des sociétés de capitaux qui permettent à un actionnaire de percevoir un dividende sans participer à la production réelle conforte son hypothèse : « *l'argent sert à produire de l'argent* ». Mais pour lui, l'argent n'est pas neutre ; « *c'est une institution* » qui transforme le produit (la valeur du travail incorporé) en valeur d'échange (prix) ; la crise est induite par cette transformation de la marchandise en argent car l'échange confère une valeur à la production. Ce schéma « *argent-marchandise-argent* » élimine le créateur de la marchandise de la séquence ; « *Cette scission du produit du travail en objet utile et en objet de valeur s'élargit dans la pratique dès que l'échange a acquis assez d'étendue et d'importance* » (*Le Capital*, livre 1).

11. Le travail abstrait correspond au temps de travail déjà incorporé dans le capital transformé en moyen de production auquel s'ajoute la valeur ajoutée par le travail vivant (force de travail).
12. En fait, Marx précise que lorsque le rapport salarial s'établit, le salarié vend une force de travail en contrepartie d'un salaire ; le capitaliste s'attend à une capacité de travail (c'est-à-dire un niveau de productivité) qu'il va chercher à augmenter par le biais de l'efficacité de l'organisation du travail. La plus-value fait référence à ce « *surtravail* », un travail non rémunéré.

Toutefois, ce système ne peut perdurer car il contient en son sein les éléments qui le conduisent à sa propre destruction. Les échanges sont marqués par les inégalités induites et renforcées[13] dans le rapport de production. Pour Marx (1852), « *la lutte des classes mène nécessairement à la dictature du prolétariat ;* [...] *cette dictature elle-même ne représente qu'une transition vers l'abolition de toutes les classes et vers une société sans classes* ».

L'accumulation du capital conduit à la plus-value. Accentuée par la libre-concurrence, la substitution du capital au travail – composition organique du capital – réduit la valeur de la marchandise (puisqu'elle incorpore moins de temps de travail), donc la masse salariale. La baisse tendancielle des taux de profit est une caractéristique de l'évolution du capitalisme (l'état stationnaire, chez Ricardo). Ces baisses concomitantes des salaires et des profits rendent l'écoulement de la production réalisée malaisé. Aussi, la crise de surproduction est inévitable car le prix ne joue pas son rôle comme dans la pensée classique : Marx raisonne « *à prix fixés* » en rejetant le tâtonnement walrasien. Il conteste ici la loi des débouchés : il ne suffit pas de produire pour créer les revenus. L'économie entre dans une crise de la demande. D'un déséquilibre partiel, l'économie aboutit à un déséquilibre général. En d'autres termes, de la crise d'offre (baisse tendancielle du taux de profit qui n'invite pas à accumuler du capital, donc à produire de la richesse) découle une crise de la demande (insuffisance de débouchés).

Dans une perspective dynamique, la concurrence oblige le capitaliste à innover afin d'obtenir un avantage concurrentiel. Le progrès technique modifie les rapports de production au détriment du salarié (substitution du capital au travail via le machinisme et la mécanisation) et contribue généralement à une baisse des prix. Dès lors, la valeur des marchandises diminue, ce qui tend à réduire les taux de profit. Les capitalistes réagissent en abaissant les salaires. La crise de surproduction est inévitable puisque la production supplémentaire ne trouve pas de débouché solvable. Cette crise de surproduction est accentuée par la concurrence capitalistique. La crise de l'offre est inhérente au capitalisme : elle conduit à une baisse du taux de profit qui freine ensuite l'investissement. L'augmentation des salaires est inférieure à l'augmentation de la productivité (création de la plus-value), en conséquence de quoi, la crise de l'offre aboutit à une crise de la demande. Le schéma se répète.

En définitive, le matérialisme historique peut être décrit en quatre étapes :

• première étape : l'appropriation privée entraîne une opposition croissante entre les capitalistes et les prolétaires qui n'ont que la force de travail à vendre pour obtenir des revenus ;

13. Marx est en accord avec Rousseau quant à l'existence d'inégalités naturelles (physiques ou morales comme l'âge, la santé, l'esprit, la force) et d'inégalités morales ou politiques (richesse, pouvoir, honneur). Mais le système capitaliste approfondit ces inégalités qui se transforment alors en inégalités secondaires. Ces dernières ne sont que le produit de l'exploitation.

• deuxième étape : par le biais de la division du travail, les capitalistes augmentent la productivité du travail sans restituer les gains de productivité. La concurrence pousse les firmes à innover et à perfectionner les techniques de production au détriment du salarié. Cette opposition est renforcée par la pression concurrentielle qui pousse les prix à la baisse ; les entreprises se concentrent par le biais de fusions-acquisitions pour tenter de contrer la baisse tendancielle du taux de profit. En vain ;

• troisième étape : ces contradictions (hausse de l'intensité capitalistique et crise de rentabilité, exploitation des salariés renforcée) conduisent inexorablement à une production stockée qui ne trouve pas de débouchés du fait de l'insuffisance des salaires. Cette concentration entre le capital industriel et le capital financier accélère la constitution de monopoles privés : le capitalisme est monopolistique ;

• quatrième étape : les faillites se multiplient et accentuent la concentration du capital ; de grandes firmes se constituent. Le taux de profit peut être restauré par l'acquisition de firmes à faibles prix. Mais cette dynamique tend à un rétablissement de plus en plus faible de ce taux de profit. L'impérialisme économique règne, ce que Lénine appelle le stade suprême du capitalisme car l'accumulation du capital implique la mondialisation du marché. L'état stationnaire est inévitable. Viendra un jour la crise où les prolétaires n'auront d'autre solution que de devenir révolutionnaires et de provoquer la faillite du système capitaliste. Les tensions sur le partage de la valeur ajoutée auront été trop fortes.

Chapitre 2 FRIEDRICH ENGELS

Engels est indissociable de Marx. Compagnon et ami fidèle, il est souvent dit de lui qu'il est « *le théoricien au service de Marx, le prophète* ». Il construit, avec Marx, le marxisme. Selon lui, dans la reproduction du système capitaliste, l'ordre social n'est plus basé sur la famille mais dominé par le régime de la propriété. Dans ce cadre, l'Etat a un rôle à jouer car il évolue au milieu du conflit des classes même s'il n'est pas neutre puisqu'il représente les intérêts de la classe dominante. Il dénonce la république démocratique comme étant une « *alliance entre le gouvernement et la bourse* » et entrevoit le droit de vote comme « *un moyen de duperie* » (1895). La critique de l'Etat est donc tout aussi radicale que celle du capitalisme car « *l'Etat est né du besoin de refréner des oppositions de classes* » (*L'Origine de la famille, de la propriété privée et de l'Etat*, 1884). Dans la phase socialiste intermédiaire, les classes sociales disparaissent et avec elles, la lutte des classes. L'Etat n'a plus de place dans la société sans classe (c'est-à-dire communiste). Le passage au socialisme s'effectue donc sous la forme d'une dictature du prolétariat, mais il imagine une transition pacifique via le droit de vote dès lors que celui-ci se transforme en « *un instrument d'émancipation* » des ouvriers : « *Avec l'agitation électorale, il* [le droit de vote] *nous a fourni un moyen qui n'a pas son égal pour entrer en contact avec les masses populaires là où elles sont encore loin de nous* [...] *C'est ainsi que la bourgeoisie et le gouvernement en arrivèrent à avoir plus peur de l'action légale que de l'action illégale du parti ouvrier, des succès des élections que de ceux de la rébellion* » (1895).

Chapitre 3 LES SOCIALISTES MARXISTES

La révolution bolchevique d'octobre 1917 modifie la doctrine marxiste. Le régime transitoire fondé par la révolution de février 1917 est renversé. **Vladimir Ilitch Oulianov dit Lénine** (1870-1924) est le bâtisseur du communisme. Il modifie la doctrine marxiste en deux points :

• le rôle du parti communiste : composé de révolutionnaires « professionnels », il incarne la main agissante du peuple et réalise la révolution. Parti unique au pouvoir, il dirige l'Etat et la gestion des entreprises. Pour Lénine : « *Croyez-vous qu'on puisse administrer sans compétence, sans connaissances approfondies, sans science administrative ? Ce serait ridicule.* » Il est donc clair que le parti n'est pas le résultat de la lutte des classes, mais l'instigateur. Par contre, rien n'est dit de ce qu'il advient du parti, une fois la société communiste réalisée ;

• la place de l'Etat : *Que faire* (1902) et *L'Etat et la Révolution* (1917) confirment une position analogue sur l'Etat bourgeois et oppresseur. Mais l'Etat est indispensable dans la société socialiste pour supprimer toute tentative réactionnaire des bourgeois ; il veut susciter une conscience de classe en même temps qu'il forge les instruments d'une régulation planifiée. Ainsi, en quelque sorte, la société communiste – celle imaginée sans Etat– n'a jamais vu le jour. Au contraire, tous les pays qui se revendiquent du socialisme ont renforcé le pouvoir de l'Etat. Joseph Vissaerionovitch Djougachvili, dit Staline (1879-1953), transforme l'URSS en « *forteresse assiégée* » qui va plus loin dans la lutte des classes : pour éliminer la classe bourgeoise, il faut d'abord supprimer « *l'esprit bourgeois* », ce qui prend davantage de temps. Cette rééducation modifie la durée de la phase transitoire socialiste, donc de vie de l'Etat. Par ailleurs, pour Staline, la société communiste ne peut se réaliser que si tout danger intérieur mais aussi extérieur a été annihilé ; elle ne peut se réaliser tant que l'URSS sera entourée de pays capitalistes. Le maoïsme élargit le concept de révolution prolétarienne à celui de guerre révolutionnaire (de libération) : Mao Tsé-Tong (1893-1976) insiste sur la « *révolution permanente* » pour s'assurer de la mobilisation générale et permettre « *le grand bond en avant* » (1958-1962) qui prend forme à travers la « *Révolution culturelle prolétarienne* » (1965-1968) sous le contrôle des gardes rouges.

S'il reconnaît des vertus au capitalisme (contrôle social de la production, incitation au travail et à la rationalité), Lénine n'en définit pas moins comme insupportable le stade ultime du capitalisme : à savoir l'impérialisme économique (*L'Impérialisme, stade ultime du capitalisme*, 1916). Après la phase de communisme de guerre, qui est un échec et aboutit à une révolte, Lénine instaure la NEP (nouvelle politique économique) – un capitalisme d'Etat– pour créer les conditions de passage du capitalisme au communisme. En réalité, il s'agit d'un retour au capitalisme : les réquisitions agricoles sont arrêtées, la création de coopératives agricoles (*Kolkhoze*) est encouragée même si certaines sont gérées par l'Etat (*Sovkhoze*) ; dans le secteur industriel et commercial, la hiérarchie des salaires est rétablie (via des primes au rendement). La NEP prend fin avec Staline en 1928 : les expropriations recommencent et en 1936, le mouvement de collectivisation est pratiquement achevé. Dans ce cadre, le matérialisme historique se définit à partir du postulat suivant : si le communisme n'a pas encore remplacé le capitalisme, c'est que le capitalisme a encore une raison d'être, « *il n'a pas fait historiquement son temps* ». En d'autres termes, la crise n'est finalement qu'une crise de croissance au sens de Schumpeter.

N. I. Boukharine (1888-1938) défend l'interprétation de la NEP comme un facteur de transition vers le socialisme, à côté de Staline et contre Trotski. Il porte ainsi un regard critique sur le communisme de guerre. Il dirige la *Pravda* et se positionne contre R. Luxemburg concernant l'analyse de l'impérialisme capitaliste. Dans sa dynamique, le capitalisme suscite des mouvements de concentration par le biais de fusions et acquisitions : de grandes firmes centralisées se créent au niveau national et tendent vers « *des trusts capitalistes d'Etat* ». Ce phénomène intervient dans tous les pays industrialisés et forme ce que Hilferding nomme « *le cartel général* ». Mais l'interdépendance des pays dans un contexte de libre circulation des capitaux accentue la concurrence internationale : de la compétition entre firmes découle une compétition entre nations ; la concurrence invite à la création de monopoles d'Etats (à la suppression de la concurrence interne) dont l'objectif est la conquête de marchés extérieurs. De cette contradiction, naît le socialisme. Hostile à une conception stalinienne de l'Etat, Boukharine réhabilite le marché comme condition préliminaire pour le passage à une société socialiste. Il y a donc, selon lui, une opportunité à saisir dans l'impérialisme : « *Ainsi, l'avenir appartient (dans la mesure où le capitalisme se maintiendra) à des formes économiques voisines du capitalisme d'Etat* » (*L'Economie mondiale et l'impérialisme*, 1915) ; « *Il ne doit pas y avoir de contrainte de masse* [...] *dans la construction du socialisme* » (*Le Chemin du socialisme et le bloc ouvrier paysan*, 1925).

Chapitre 4 LES SOCIALISTES UTOPISTES[14] (LES ANARCHISTES)

SECTION 1 - CHARLES FOURIER (1772-1837)

Le phalanstère de **Charles Fourier** découle de sa vision optimiste de la nature humaine. Dans ses *Théories de l'unité universelle* (1822) et son *Nouveau Monde industriel et sociétaire* (1829), Fourier fait reposer la cohérence de la société sur les activités économiques. Il est à l'origine de l'école sociétaire également appelée « *harmonieuse* » ou « *garantiste* ». Il est sensible à l'architecture « *harmonienne* » autour de « *pièces hautes, bien ventilées par de nombreuses fenêtres, de larges paliers, un chauffage collectif* ». Nul besoin de structure politique puisque l'harmonie découle de ces échanges. La production doit être réalisée en « *phalanges* » respectant la propriété individuelle et les douze passions humaines[15] et créant « *une attraction industrielle* » : « *On y verra nos oisifs* [...] *être sur pieds dès les quatre heures du matin* [...] *pour se livrer avec ardeur aux travaux utiles, qui inspirent le dégoût de toute la classe riche.* » (1829)

14. La critique de Marx est virulente puisqu'il les qualifie lui-même de « *socialistes utopistes* », d'« *hommes de cabinet* » ne vivant que de spéculations politiques. Marx se veut scientifique.
15. Que sont le goût, le toucher, la vue, l'ouïe, l'odorat, l'amitié, l'amour, l'ambition, le familisme, la papillonne, la composite, la cabaliste. Ces douze caractères peuvent donner 810 caractères d'où sa composition de la phalange en 810 hommes et 810 femmes.

Le phalanstère est la base sociale pour réaliser les activités de chacun : groupe de 400 familles d'en principe quatre personnes, l'organisation permet à chacun de participer à tour de rôle, en fonction de ses goûts et de ses compétences, au bien commun. Il assure l'autosubsistance du groupe. Chaque membre est propriétaire d'une ou plusieurs actions du phalanstère qui a la forme juridique d'une société par actions. L'association est le moteur de l'échange. Prosper Victor Considérant (1808-1893), partisan de la Commune (1871) et fondateur du journal *Le Phalanstère* (1832) tente l'expérience[16] en créant avec J.B. Godin et A. Bureau, une colonie sociétaire à Dallas aux Etats-Unis : ce phalanstère appelé « La Réunion » (1855-1860) avait pour objectif de « *produire et distribuer en commun au profit de tous* ».

SECTION 2 – PIERRE-JOSEPH PROUDHON (1809-1865)

A la question « *Qu'est-ce que la propriété ?* » Proudhon (1840) répond : « *C'est le vol !* » Pour lui, la propriété est le fait du propriétaire qui réalise des bénéfices en ne rémunérant pas à sa juste valeur le salarié. Et ce vol prend la forme de loyer, fermage, profit. En outre, elle favorise les dépenses somptuaires. La propriété ne peut être légitime du simple fait de son occupation ou du travail. Le travail ne crée des droits que sur la production et non sur les outils de production.

Dans *Qu'est-ce que la propriété ? Ou recherches sur le principe du droit et du gouvernement* (1840), il imagine la société future comme une société sans Etat, sans propriété privée et sans héritage : tous les biens sont mis en commun et le principe de solidarité et d'entraide régit les relations entre individus. L'unité de base est la famille. Le regroupement de plusieurs familles constitue un village autonome, la société n'est alors rien d'autre que le résultat de l'association de plusieurs villages. Proudhon ne s'oppose toutefois pas entièrement à la propriété privée puisqu'il considère que chacun doit pouvoir posséder « *une portion de matière en toute souveraineté* ». L'approche est fédéraliste : chaque village se lie avec d'autres sans perte de souveraineté. La discussion opère pour mettre en avant l'intérêt de tous, la volonté de tous. Proudhon s'oppose à la notion de volonté générale de Rousseau.

La critique envers l'Etat est radicale : d'une part, l'Etat est l'organe de répression qui aliène l'homme et, d'autre part, il maintient le système de propriété. Sa *Philosophie de la misère* (1846) est une critique acerbe du système collectiviste. Par ailleurs, il est favorable au crédit gratuit qui serait distribué par une banque d'échange : l'émission de monnaie métallique est supprimée au profit de billets reposant sur la confiance mutuelle entre tous. La société proudhonienne pose les jalons du mutualisme. Pour lui « *la concurrence tue la concurrence* » (1846). Il propose l'autogestion comme alternative où la division du travail

16. La *Reunion Tour* à Dallas a été édifiée en souvenir de cette expérience. En réalité, à la même époque, plus d'une quarantaine de colonies sociétaires ont été créées par des colons européens. L'échec de La Réunion s'explique par les piètres compétences en matière de cultures des colons qui n'ont pas pu créer la production agricole nécessaire à leurs besoins.

est réalisée par les salariés eux-mêmes. A ce titre, il ne croit pas en la révolution violente ; l'auto-organisation est un moyen de réforme sociale suffisant. De l'autogestion découle la mutualité où les échanges s'effectuent hors du domaine marchand et sans but lucratif. Ainsi, le contrat social est avant tout « *l'accord de l'homme avec l'homme* », accord duquel doit résulter la société. Son *Principe fédératif* (1862) préconise une société décentralisée avec un Etat fédérateur assurant l'équilibre et le respect des libertés des cellules sociales. Proudhon est donc anarchiste par le fait qu'il dénonce la tutelle excessive de l'Etat et défend un « *système social sans autorité centrale* ».

SECTION 3 - PIERRE A. KROPOTKINE (1842-1921)

Kropotkine, anarchiste et prince russe, illustre parfaitement cette économie libertaire qui refuse l'Etat au nom du slogan « *ni dieu, ni maître* ». La société qu'il envisage se construit autour de la coopération ou l'association. Refusant la violence et condamnant la vision darwinienne de la société, née à son époque, Kropotkine est favorable à une révolution fondée sur l'entraide (*L'Entraide*, 1902). Ses nombreux voyages d'exploration lui ont permis de constater que les individus sont naturellement sociables – « *l'homme sauvage* » est pour lui une fiction – et peuvent vivre sans l'aide de l'Etat ou des lois. La lutte pour la survie n'est donc pas un facteur d'évolution des sociétés. Il encourage la relocalisation de la production sur le lieu de consommation. Chantre de la décentralisation, il n'est pas favorable à la spécialisation des pays, mais à l'autosuffisance. Il préfère la création de petites unités de production, « *compatibles avec le bonheur humain, dans une société plus juste et libre* ». Il n'est d'ailleurs pas plus conciliant avec la division du travail qui « *détruit l'amour du travail et l'inventivité qui a créé la machine dont nous sommes si fiers* [...] *Les gens contrairement aux machines ont besoin d'être heureux pour bien travailler* ». Il ne voyait que des avantages dans ces « *paysans-artisans* » pour réconcilier le travail manuel et intellectuel. Il se réfère notamment aux cités libres et aux confréries du Moyen Age.

L'égotisme amène l'anarchisme à un point ultime de négation de toute structure. Représenté par **Kaspar Schmidt dit Stirner** (1806-1856), il base l'individu sur un Moi extérieur qui ne recherche que la satisfaction de ses besoins. Dans *L'Unique et sa propriété* (1844), Stirner précise que les relations entre individus s'organisent autour de rencontres ponctuelles et brèves de plusieurs Moi. Lorsque la satisfaction est obtenue, la relation est rompue.

Chapitre 5 LE RENOUVEAU DE LA PENSÉE MARXISTE

Rosa Luxemburg (1871-1919), spartakiste, dénonce la mondialisation inhérente au capitalisme et qui se traduit par un impérialisme économique. Elle développe l'internationalisme, convaincue que le socialisme ne peut se faire que dans un seul pays ; la crise de surproduction peut trouver une solution à travers les échanges internationaux. Pour cela, il suffit d'exporter dans des pays n'ayant pas atteint le même stade de développement que le pays exportateur afin d'écouler le surplus de production. En ce sens, elle étend la doctrine marxiste de « *l'exploitation de l'homme par l'homme* » à celle d'un « *peuple par un autre peuple* ». Son soutien mitigé à la révolution russe confère à une approche de la révolution une position opposée à la violence et au pouvoir du parti : « *la ligue spartakiste ne prendra jamais le pouvoir que par la volonté claire et sans équivoque de la grande majorité du prolétariat*[17] ». En conséquence, elle n'envisage les révolutionnaires que comme « *des fauteurs de trouble* », « *des diviseurs* ». Elle défend pourtant le parti bolchevique, même si elle argue que le « *droit de la nation de disposer d'elle-même* » est contre-révolutionnaire et va à l'encontre de l'avènement du socialisme. Elle considère plutôt qu'il s'agit d'un argument nationaliste. Elle définit le socialisme sous l'aspect des réformes. Pour elle, la conscience ouvrière n'est pas révolutionnaire, mais réformiste. Toutefois, elle ajoute : « *Nous avons heureusement passé le temps où on parlait de donner au prolétariat une formation socialiste* [...] *Ce qui signifiait lui faire des exposés et diffuser tracts et brochures* [...] *Les prolétaires s'éduquent en agissant*[18]. » Il faut alors multiplier les grèves et les luttes spontanées pour apprendre le socialisme aux ouvriers. R. Luxemburg condamne l'opportunisme de Kautsky ou Bernstein.

Karl Klautsky (1854-1938) refuse la violence de la révolution et condamne le régime soviétique. Il propose la réforme pour favoriser le passage du capitalisme au socialisme. La réforme permet la progressivité de la transition. Membre du SPD allemand, il défend une conception du socialisme qui s'inscrit dans la philosophie de la IIe Internationale à savoir la social-démocratie. Ici, le socialisme ne résulte pas d'une dictature quelconque mais d'un processus naturel issu de la dynamique capitaliste s'apparentant davantage à une économie mixte qu'à une société communiste. Klautsky reprend la thèse marxiste concernant l'opposition entre les rapports de propriété et les forces de production qui conduit à une crise des débouchés en raison d'une sous-consommation des classes populaires non compensée par la surconsommation des capitalistes. Cette idée rejoint celle de Luxemburg concernant l'inévitable extension du capitalisme au niveau mondial à travers l'exportation de la crise de surproduction nationale dans d'autres pays. Mais, inévitablement, la crise de surproduction interviendra au niveau international. Le malaise social de la classe populaire la pousse à privilégier le socialisme. La dispersion de la propriété privée laisse place à une « *propriété associée* » (1892) où toutes les entreprises n'en forment plus qu'une seule organisée par l'Etat : « *De même qu'aujourd'hui dans une grande entreprise industrielle, la production et le paiement des salaires sont réglés selon un plan précisément établi à l'avance, il en sera de même dans une société socialiste, qui n'est rien d'autre qu'une énorme entreprise individuelle.* » (1892)

17. Rosa LUXEMBURG, « Que veut la Ligue spartakiste ? » in Rosa LUXEMBURG, *Textes*, Editions sociales, 1969, p .238.
18. R. LUXEMBURG, « Discours sur le programme », cité par G. BADIA (1969), in Rosa LUXEMBURG, *Textes*, Editions sociales, 1969, p. 37.

R. Hilferding (1877-1941) appartient à l'école austromarxiste[19] et fut membre du SPD allemand. Tout en s'opposant à Luxemburg et à la IIIe Internationale, il se concentre sur les aspects financiers du « *grand* » capitalisme (*Le Capital financier*, 1910) : la société anonyme caractérise le système capitaliste. Selon lui, l'éparpillement du capital ne participe pas à la démocratisation du pouvoir économique en une multitude d'actionnaires, au contraire, il renforce le pouvoir de certains qui détiennent une part importante du capital. De ce fait, le capital se transforme en capital financier : ce « *pouvoir capitaliste* » illustre la concentration du capital. Dans un contexte mondialisé, cette concentration du capital financier (capital bancaire c'est-à-dire sous forme d'argent) se transforme en capital industriel. En conséquence de quoi, Hilferding pense la mondialisation dans une dimension nouvelle où le pouvoir financier, détenu par une minorité, contrôle les firmes et conditionne les stratégies industrielles de ces firmes. L'impérialisme est donc un impérialisme financier sur le pouvoir industriel : « *l'impérialisme est la politique économique du pouvoir financier* ». L'Etat est au service de ce pouvoir financier qui va à la conquête internationale des marchés en menant « *la lutte pour le territoire économique* ». Il écrit :

« *La lutte du salariat contre le capital est d'abord une lutte pour la participation à la plus-value du produit annuel créée par la classe ouvrière* [...] *l'intérêt des ouvriers exige avant tout l'élargissement du marché intérieur. Plus le salaire est élevé, plus est importante la part de la plus-value qui constitue directement une demande de marchandises, et notamment de biens de consommation. Mais extension des industries* [...] *signifie extension des secteurs à basse composition organique, c'est-à-dire des industries employant un personnel nombreux. Cela entraîne un accroissement rapide de la demande de main-d'œuvre et, par-là, une position plus favorable des ouvriers sur le marché du travail, renforcement de l'organisation syndicale, d'où perspectives de victoire pour de nouvelles luttes de salaires. Tout autre est l'intérêt des employeurs.* [...] *C'est pourquoi la politique commerciale des entrepreneurs a avant tout en vue le marché extérieur, celle des ouvriers le marché intérieur, et aboutit ainsi à une politique des salaires* » (1910, livre 5).

Le marxisme contemporain réhabilite parfois la production marchande voire la rationalisation concurrentielle. Ainsi **l'école hongroise** (J. Kornaï, Balaszy, G. Peter, W. Brus) abandonne la notion de *gosplan* au profit d'une planification indicative. Né dans les années 1960, le kadarisme (Jonas Kadar) – compromis hongrois également appelée « *socialisme du goulash* » – assouplit la planification, libéralise certaines secteurs (agriculture) et entreprises. Cette expérience introduira la société de consommation dans les pays de l'Est. Le Printemps de Prague y mettra un terme. J. Kornaï construit la thèse de l'éco-

19. Ecole marxiste qui développe les idées du parti ouvrier social-démocrate d'Autriche. Elle regroupe des penseurs de diverses disciplines (Victor et Max Adler, Karl Renner, Otto Bauer). Elle défend un principe « *d'autonomie nationale-culturelle* » contre une approche assimilationniste. Ainsi, par exemple, Max Adler (1873-1937) n'entrevoit pas la lutte des classes dans un système de type léniniste ou stalinien, qu'il réfute d'ailleurs. Selon lui, le marxisme doit être envisagé comme une doctrine « *émancipatrice* » et non comme une *weltanschauung* (« *vision du monde* »). Le projet qu'il défend s'inscrit davantage dans une démocratie directe fondée sur le modèle des conseils ouvriers où les ouvriers désignent des conseillers d'assemblées autonomes qui ne sont contrôlées ni par un syndicat ni par un parti ou un Etat. Il ne croit pas en la démocratie parlementaire.

nomie de la pénurie (succion) qui caractérise les sociétés socialistes (limitées par les ressources disponibles et non par la solvabilité des débouchés) et la thèse de l'économie du sous-emploi (pression) représentative des sociétés capitalistes (limitée par la demande et la contrainte de solvabilité de cette dernière). La grande différence entre le socialisme et le capitalisme réside dans la contrainte budgétaire, « *plus lâche* » dans le socialisme, dans lequel « *la fringale d'investissement* » s'explique par les tensions entre les directeurs d'entreprise et les planificateurs centraux (T. Bauer) : si une entreprise socialiste « *travaille à perte, cela ne conduit pas à une véritable banqueroute, c'est-à-dire à la cessation des activités. L'entreprise, d'une manière ou d'une autre, est aidée ; elle obtient un crédit supplémentaire* » (Kornaï, *Socialisme et économie de pénurie*, 1984).

La crise du modèle fordiste conforte les marxistes contemporains dans l'évolution du système capitaliste : les thèses de l'état stationnaire et de la stagnation se retrouvent chez des auteurs plus contemporains comme M. Kalecki (1889-1970), P.M. Sweezy (1910-2004). Par ailleurs, la transformation de l'Etat-Gendarme en Etat-Providence conforte la thèse du capitalisme monopoliste d'Etat ; l'argument se retrouve dans la composition même de la rémunération du salarié (le salaire direct (perçu) et de la part indirecte (prestations sociales) ; la hausse de la seconde apaise les tensions sociales et réduit les revendications salariales. La mondialisation de la production obéit à une concentration et une centralisation du pouvoir économique et financier. L'Etat ralentit la baisse tendancielle du taux de profit par le biais de subventions, de commandes publiques et de nationalisations des firmes en difficulté. Il prend en charge une part croissante des dépenses : instruction, culture, infrastructure, rémunération indirecte (prestations sociales), recherche et développement. L'Etat est le « *valet du capital* » (Lénine, *L'Etat et la révolution*, 1917) ; il participe alors à l'exploitation du salariat et représente « *les béquilles du capital* » (Anicet Le Pors[20]). Autrement dit, dans le capitalisme monopoliste d'Etat, l'Etat compense les effets sociaux du capitalisme et joue le rôle de stabilisateur en temps de crise. En continuité avec Marx et Engels, les nouvelles thèses illustrent la pensée avec cette accumulation du capital contre le travail qui dépasse les frontières.

Paul Baran (1926-2011) et Paul M. Sweezy (1910-2004) représentent le néo-marxisme. Pour Baran et Sweezy, les firmes en position monopolistique ont un pouvoir économique plus important que les firmes en situation concurrentielle : non seulement elles ne subissent pas les prix, mais en plus, elles obtiennent des taux de profit plus élevés. Il y a alors une contradiction entre ces derniers et la nécessité d'accroître les salaires pour écouler les stocks. Les mécanismes compensateurs de l'Etat – principalement à travers la protection sociale– permettent alors d'alimenter une demande de biens inutiles. Toutefois, ces auteurs dénoncent également la hausse des dépenses improductives de l'Etat pour écouler les surplus : le capitalisme se transforme en « *militarisme de l'impérialisme* ».

20. Ministre communiste de la Fonction publique du gouvernement Mauroy (1981-1984).

En définitive, la réactualisation de la pensée marxiste intervient à trois niveaux : la notion de surplus est préférée à celle de plus-value ; le sous-développement est analysé comme une conséquence de la mondialisation du capitalisme à travers les notions d'échange inégal et de dépendance (les pays sous-développés deviennent des pays satellites des pays industrialisés) ; et le socialisme est une société à venir[21].

21. Ainsi, dans son ouvrage au titre évocateur, *Le communisme n'a pas encore commencé* (Spartacus, 1995), Bitot indique : « *l'ex-URSS avait-elle démontré qu'elle était communiste, c'est-à-dire – si un tel mot a un sens – sans classe, sans Etat, sans salariat, réalisant à la place une communauté humaine où le libre développement de chacun est la condition du libre développement de tous ?* [...] *Cette mort annoncée du communisme ne repose donc sur rien : ce qui n'existe pas ne mérite pas de périr.* » (p. 9)

FICHE 7 | LES HÉTÉRODOXES PLAIDENT EN FAVEUR D'UNE NOUVELLE FORME D'INTERVENTION DE L'ÉTAT

1. RÉFÉRENCES

BASLÉ M., BENHAMOU F., CHAVANCE B., GÉLÉDAN A., LÉOBAL J., LIPIETZ A., *Dictionnaire des pensées économiques*, tome 1, *Les Fondateurs*, et tome 2, *Les Contemporains*, Sirey, 1988 et 1993.

BURDEAU G., *L'Etat*, Seuil 1970.

CAPUL J.-Y. dir., *Découverte de l'économie. 2. Histoire de la pensée économique*, *Cahiers français*, Documentation française, 1997, n° 280.

HEILBRONER R.L., *Les Grands Economistes*, Points, collection « Economie », 1971.

KEYNES J.M., *Théorie générale de l'emploi, de l'intérêt et de la monnaie*, Payot, 1936.

RAWLS J., *La Théorie de la justice*, Points, collection Essais, 1971.

WOLFF J., *Histoire de la pensée économique : des origines à nos jours*, Montchrestien, collection « Domat Economie », 1991.

2. REPÈRES

Schéma de la demande effective

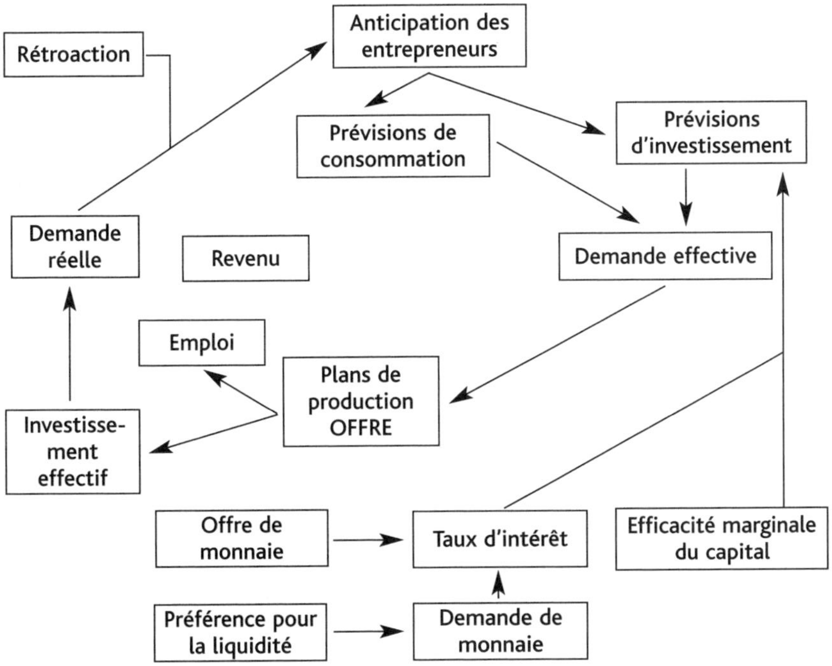

Les écoles de Keynes

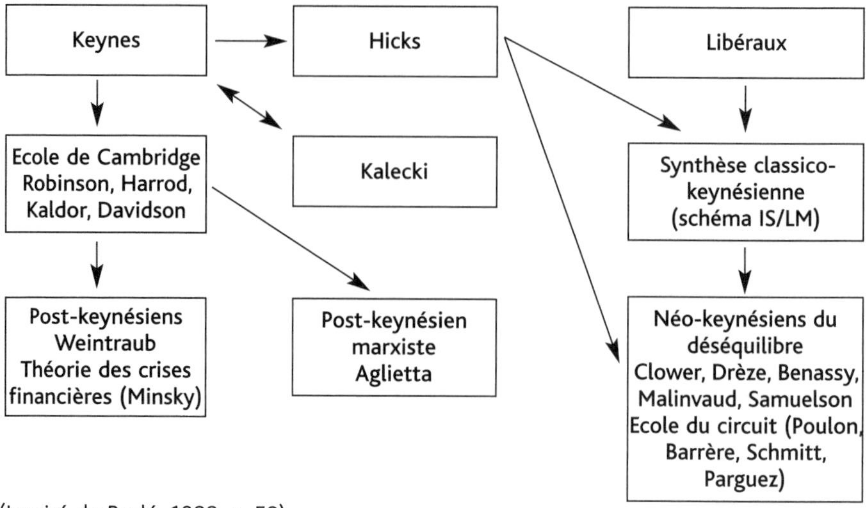

(Inspiré de Baslé, 1988, p. 58).

3. EXPLICATIONS

Face à une situation de sous-emploi, les keynésiens proposent une extension des fonctions régaliennes de l'Etat de manière à assurer le plein emploi. En d'autres termes, l'Etat se substitue aux individus et à l'insuffisante régulation naturelle émanant du marché (de la main invisible, on passe à une main visible). Ce processus de socialisation de l'investissement permet de recouvrer l'équilibre macroéconomique. Il précise d'ailleurs le processus : « *L'Etat n'a pas intérêt à se charger de la propriété des moyens de production. S'il est capable de déterminer le volume global des ressources consacrées à l'augmentation de ces moyens et le taux de base de la rémunération allouée à leurs détenteurs, il aura accompli tout le nécessaire.* » (Keynes, 1936)

Cette intervention, temporaire, apparaît comme « *le seul moyen d'éviter une complète destruction des institutions économiques actuelles et comme la condition d'un heureux exercice de l'initiative individuelle* » (1936). En l'occurrence, l'intervention économique de l'Etat va plus loin que celle suggérée par les économistes du bien-être[1] puisqu'il ne s'agit pas simplement de corriger des imperfections ou des défaillances du marché. L'action est régulatrice et se place sur le plan macroéconomique. En réalité, le point de départ est la contestation de la loi des débouchés de Say : une production n'assure pas nécessairement les débouchés équivalents. En conséquence de quoi, la crise (surproduction, sous-emploi) est possible.

1. Voir fiche sur les néoclassiques.

La contestation de la loi des débouchés

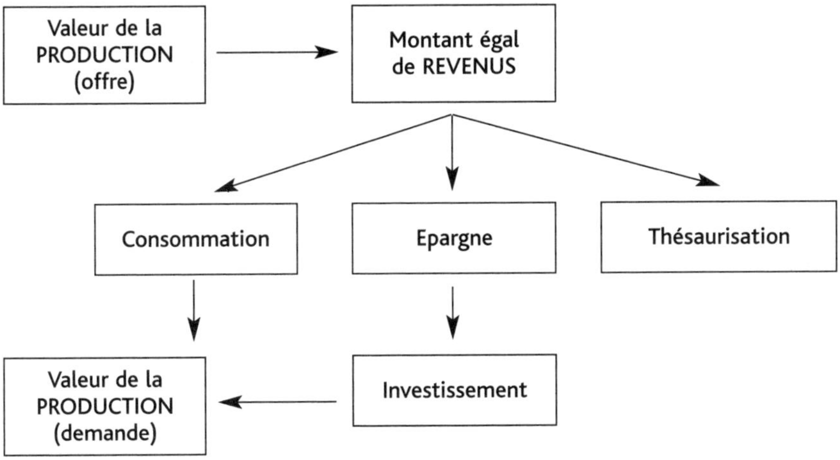

Aussi, le retour à l'équilibre (au plein emploi) n'est pas spontané, comme le suggèrent les thèses classiques. Il faut impulser une nouvelle dynamique pour agir sur les anticipations des agents : en étant plus optimistes, les ménages consomment davantage et les entreprises produisent plus. L'Etat a un rôle à jouer. En fait, c'est non seulement la question de la régulation qui est posée, mais aussi celle de l'amortissement des crises : l'Etat devient aussi un acteur social. En 1973 (*Public finance in Theory and Practice*), **Richard Abel Musgrave** (1910-2007) définit trois fonctions de l'Etat :

• la fonction d'allocation des ressources : la politique budgétaire assure les ajustements nécessaires pour permettre l'allocation optimale dans une économie de marché. L'Etat ne s'occupe que de la production à rendements croissants (biens publics) avec une tarification au coût marginal. Il doit mener une politique fiscale qui favorise les externalités positives et évite les externalités négatives ;

• la fonction de redistribution des richesses et des patrimoines : l'Etat doit réduire les inégalités dans un objectif de justice sociale. La principale difficulté résidera ici dans le sens à donner à la justice sociale (être juste, est-ce, par ex., distribuer une bourse sous conditions de ressources ou sous conditions de réussite ou encore octroyer une prestation uniforme à tous les étudiants ?) ;

• la fonction de stabilisation de la conjoncture : dans une tradition keynésienne, l'Etat a une fonction de régulation économique. Par le biais des politiques budgétaire et monétaire, il influence et agit sur la croissance. Il doit mener une politique contracyclique.

A ce titre, **Adolph Wagner** (1835-1917), institutionnaliste de l'école historique allemande, conclut que la place de l'Etat est positivement corrélée au revenu par habitant. Ainsi, plus un Etat s'enrichit et plus la présence de l'Etat se renforce, c'est-à-dire « *plus la* *société se civilise, plus l'Etat est dispendieux* » (1872). En d'autres termes, l'augmentation des dépenses publiques est une caractéristique inhérente aux pays développés. Ceci s'explique par les fonctions évolutives de l'Etat : d'Etat-Gendarme, il devient Etat-Providence en assurant une redistribution sociale. Cette hausse est due à l'apparition de nouveaux besoins : d'une part, le support des échanges et de la libre-circulation des hommes et des marchandises à savoir les infrastructures et les productions à rendements croissants ; et, d'autre part, la consommation de biens dits supérieurs[2] (culture, santé) qui relève, du fait de leur spécificité, du domaine public.

Quoi qu'il en soit, un compromis se construit progressivement entre le marché et le socialisme : des économies mixtes se développent dans les pays industrialisés après la seconde guerre mondiale. Elles prennent la forme du travaillisme[3] en Grande-Bretagne, de la planification indicative en France, de la social-démocratie en Allemagne ou des pays nordiques (Suède, Finlande, Pays-Bas) primés depuis les années 1980. Elles se traduisent toutes par un approfondissement du rôle de l'Etat dans les domaines économique et social. L'Etat-Gendarme devient Etat-Providence. En somme, le *Welfare State* se définit comme un nouvel idéal social. Plus tard, la question de l'existence de cet idéal dans une société libérale sera posée. Les rapports britanniques de Beveridge (sur les services sociaux en 1942 et sur la nécessité d'un plein emploi dans une société de liberté en 1944) ont fortement influencé la conception de la solidarité nationale. Ils proposent de lutter contre les cinq principaux maux de la société : la maladie, l'ignorance, le besoin, la misère et l'oisiveté. Ils plaident en faveur d'un modèle universel et égalitaire pour protéger l'individu « *du berceau à la tombe* ». Sa justification est à la fois politique, économique et sociale : concilier les libertés individuelles avec l'efficacité économique dans un souci de justice sociale. Et, malgré les réformes liées aux difficultés de financement du système, la notion de minimum social pour chaque citoyen en est l'un des aboutissements.

Chapitre 1 *À L'ORIGINE, LE COURANT RÉFORMISTE*

Jean-Charles Léonard Sismondi (1773-1842) est généralement classé parmi les Classiques car il adhère à certaines lois classiques comme la propriété privée et la néces-

2. Le statisticien allemand du XIXe siècle Engel a démontré cela à travers une loi. Lorsque le revenu augmente, le panier de biens se modifie : la consommation de biens inférieurs dits de première nécessité ou biens prioritaires (nourriture, logement) diminue, alors que celle de biens supérieurs dits de luxe (santé, vacances, loisirs) augmente. La consommation d'un bien diminue lorsque le prix de ce bien augmente, sauf pour les biens inférieurs (paradoxe de Giffen). En termes d'élasticité (variation de la consommation qui résulte d'un changement de revenu ou de prix), nous obtenons la relation suivante : l'élasticité-revenu est inférieur à zéro (supérieure à 1) pour les biens inférieurs (supérieurs). Entre zéro et 1, il s'agit d'un bien normal.
3. La période s'étend de 1945 à 1951 : nationalisations massives (le poids du secteur public est alors le plus important au niveau européen), lois sur les assurances sociales avec l'apogée du *National Health System* (1946-48), décentralisation, politique nationale du logement. Tous ces éléments ont souvent été résumés par les historiens dans l'idée de la « *révolution silencieuse* » britannique : de 1941 à 1951, les dépenses sociales passent de 6 % à 11 % du PNB. Ce modèle ne sera remis en cause qu'avec l'arrivée de Mme Thatcher en 1979.

sité du marché. Il plaide toutefois en faveur d'une intervention gouvernementale pour compenser les méfaits de la main invisible : l'intérêt particulier ne coïncide pas toujours avec l'intérêt collectif. En outre, il réfute la loi des débouchés : « *il ne suffit point de créer des moyens d'échange* » pour assurer des débouchés. Ainsi, la crise trouve sa source soit dans l'excès d'épargne, soit dans l'insuffisance de la demande des plus démunis. Sa vision est marquée par l'idée du déséquilibre induit par la possibilité d'une crise de surproduction. Cette crise est surmontable – évitable – par la recherche du plein emploi. La distribution de revenus assure alors les débouchés nécessaires à l'écoulement des stocks. Il se place du côté de la demande, comme un hétérodoxe :

« *Lorsque la demande de travail n'est pas précédée et déterminée par la production, le marché s'encombre, et alors une production nouvelle devient une cause de ruine, non de jouissance.* [...] *La richesse nationale continue à s'accroître, et l'Etat à prospérer, si une consommation prompte et entière détermine toujours une reproduction supérieure, et, si les autres parties de la richesse, qui sont en rapport les unes avec les autres, suivent ce mouvement d'un pas égal, et continuent à s'accroître d'une manière graduelle ; mais, dès que la proportion entre elles est rompue, l'Etat dépérit.* » (*Nouveaux Principes d'économie politique ou de la richesse dans ses rapports avec la population,* 1819).

Sismondi ne remet cependant pas en cause le capitalisme en tant que tel mais propose des réformes sociales : « *La jouissance est le seul but de cette accumulation, et qu'il n'y a accroissement de la richesse nationale que quand il y a aussi accroissement des jouissances nationales* [...] *L'accroissement des richesses n'est pas le but de l'économie politique, mais le moyen dont elle dispose pour procurer le bonheur de tous.* » (1819)

Contemporain de la Révolution française, il observe l'industrialisme triomphant en Angleterre. Si, dans un premier temps, il conclut à la supériorité de l'économie de marché pour créer de la richesse, il n'en demeure pas moins sévère sur les inégalités qu'elle induit. C'est pourquoi il est favorable au garantisme social et milite en faveur d'une justice sociale pour tous. Selon lui, le bonheur social prime sur la seule efficacité matérielle. A ce titre, il considère que la première source d'inégalité trouve son origine dans l'héritage ; la richesse doit dépendre du mérite des individus et ne doit pas être liée à leurs origines. Précurseur de l'Etat-Providence, Sismondi considère que l'action politique doit tempérer les effets du marché. Il dénonce la conception libérale de la justice qui repose sur une vision commutative selon laquelle chacun est rétribué selon son effort. Il y oppose une justice redistributive basée sur l'idée que chacun reçoit en fonction de ses besoins. La fonction de redistribution des richesses est alors une fonction étatique qui vient pallier aux inégalités induites par la répartition primaire des revenus. Cette inégalité primaire provient du fait que le salarié n'est pas en position de force pour négocier son salaire puisqu'il ne dispose que de sa force de travail pour trouver des revenus. Aussi, l'Etat doit « *être le protecteur du faible contre le fort, le défenseur de celui qui ne peut point se défendre par lui-même, et le représentant de l'intérêt permanent, mais calme, de tous, contre l'intérêt temporaire, mais passionné de chacun* » (1819).

Une répartition inégalitaire ne permet pas la croissance. De plus, selon lui, produire des richesses ne suffit pas à réduire les inégalités car l'accumulation peut se faire au détriment de l'emploi. Keynes rendra hommage à Sismondi dans le sens où Sismondi définit le salaire comme un revenu potentiel à dépenser et non comme un coût pour le producteur. Dans cette perspective, réduire les salaires ne permet pas d'atteindre le plein emploi : « *L'opposition d'intérêt entre les producteurs qui concourent au même ouvrage, entre les maîtres et les manouvriers, cause seule l'encombrement des marchés.* » (1819)

Chapitre 2 *LES INDUSTRIALISTES FAVORABLE À UN ETAT MÉCÈNE ET PÉDAGOGUE*

L'industrialisme fait l'apologie du travail manuel et intellectuel, de la libre-entreprise et de la créativité. Aussi, c'est en s'appuyant sur ces éléments que le système économique devient plus juste et plus efficace. On attribue aux industriels (« *les cultivateurs, les fabricants et les négociants* » (Saint-Simon, *Le Catéchisme des industriels*, 1823-24) la possibilité d'améliorer la richesse de tous. Soucieux de la situation des plus démunis, ce courant propose à l'Etat un rôle de mécène. Par ailleurs, l'action de l'Etat doit également se réaliser dans la formation, laquelle assure une productivité du travail et un potentiel de croissance future plus élevés. Effectivement, pour améliorer la situation des plus pauvres, il faut, non pas distribuer des richesses, mais augmenter la production, la première solution n'ayant que des effets temporaires : la redistribution se fonde sur un niveau de richesses donné alors que l'augmentation des richesses est potentiellement infinie. Pour encourager l'égalité des chances, l'Etat – à travers les industriels, les savants, les intellectuels – doit instruire la population afin que les plus pauvres puissent également participer à la création de richesses. Il faut leur faciliter l'accès à la production car « *l'homme le plus heureux est celui qui travaille et la famille la plus heureuse est celle dont tous les membres emploient utilement leur temps* » (Saint-Simon, *L'Industrie*, 1816).

Historiquement, le **Comte de Saint-Simon**[4] (1760-1825) divise la société en deux : les producteurs et les oisifs ; seuls les premiers sont utiles à la société – ils sont producteurs de richesse et « *de choses utiles* » –, c'est donc à eux qu'il revient de gérer les affaires : « *étant les seuls qui payent réellement l'impôt, ils sont les seuls qui aient le droit de le voter* » (*L'Industrie*, 1816). Saint-Simon attribue aux scientifiques et aux artistes un rôle majeur dans le développement d'une société. Dans une parabole (1810), devenue célèbre, il imagine ainsi : « *La France perd subitement ses cinquante premiers physiciens, ses cinquante premiers chimistes,* [...] *ses cinquante premiers poètes* [...] *ses cinquante premiers banquiers* [...] *ses cinquante premiers cultivateurs* [...] *ces hommes sont les Français les plus essentiellement producteurs* [...] *ils sont réellement la fleur de la société française ; ils sont de tous les Français les plus utiles à leur pays, ceux qui procurent le plus de gloire, qui hâtent le plus sa civilisation et sa prospérité : la nation deviendrait un corps sans âme à l'instant où elle les perdrait ; elle tomberait immédiatement dans un état d'infériorité vis-à-vis des nations dont*

4. De son vrai nom Claude Henri de Rouvray, auteur de *Système industriel* (1821-1822).

elle est aujourd'hui la rivale [...] *La prospérité de la France ne peut avoir lieu que par l'effet et en résultat des progrès des sciences et des beaux-arts et des arts et métiers* ».

Il faut dire que cet industrialisme se développe à l'époque d'une industrie naissante. C'est pourquoi il conçoit le développement de l'industrie, des arts et de l'agriculture comme source de progrès. Il dénonce la classe oisive et les privilèges de la noblesse qui, selon lui, appartiennent à une société du passé (la société féodale). Saint-Simon est à l'origine du saint-simonisme (Arlès-Dufour, P. Enfantin, S. Bazard, Talabo, Chevalier) qui relate la nécessité d'une politique industrielle menée par l'Etat, recherche l'égalité parfaite entre les individus et le principe associatif entre les individus. Certains (dont S. Bazard et M. Chevalier) rejoindront la doctrine collectiviste en dénonçant la division du travail. C'est pourquoi le saint-simonisme est parfois classé dans les doctrines socialistes. Certaines banques de dépôts (Crédit lyonnais en 1863, Société générale en 1864) se sont inspirées de cette doctrine : collecter de l'épargne pour faciliter le financement de l'industrie. De même, la première ligne de chemin de fer française a été dirigée par un saint-simonien (E. Pereire).

John Maynard Keynes (1883-1946) naît l'année même où meurt Marx. Mais alors que ce dernier annonce la fin du capitalisme, Keynes est celui qui cherche à le sortir de la crise. Sur ce point, il n'est pas opposé à la propriété privée et au profit :

« *On peut justifier par des raisons sociales et psychologiques de notables inégalités dans les revenus et les fortunes, mais non des disproportions* [...] *La possibilité de gagner de l'argent et de constituer une fortune peut canaliser certains penchants dangereux de la nature humaine* [...] *ces penchants pourraient trouver une issue dans la cruauté* [...] *Il vaut mieux que l'homme exerce son despotisme sur son compte en banque que sur ses concitoyens* [...] *La transformation de la nature humaine et le gouvernement de cette nature sont deux tâches qu'il importe de ne pas confondre* [...] *La sagesse et la prudence commanderont sans doute aux hommes d'Etat d'autoriser la pratique du jeu sous certaines règles et dans certaines limites* » (1936, p. 367-368).

« *Aucune argumentation convaincante n'a été développée qui justifierait un socialisme d'Etat embrassant la majeure partie de la vie économique de la communauté. Ce n'est pas la propriété des moyens de production dont il importe que l'Etat se charge. S'il est en mesure de déterminer le volume global des ressources consacrées à l'augmentation de ces moyens et le taux de base de la rémunération allouée à leurs possesseurs, il aura accompli tout le nécessaire.* [...] *Il n'y a rien à objecter à l'analyse de cette école [classique] concernant la manière dont l'intérêt individuel détermine le choix des richesses produites, les proportions dans lesquelles les facteurs de production sont associés pour les produire et la répartition entre ces facteurs de la valeur de la production obtenue.* [...] *Hors la nécessité d'un contrôle central pour maintenir en équilibre la propension à consommer et l'incitation à investir, il n'y a pas plus de raison qu'auparavant de socialiser la vie économique* » (1936, p. 371-372).

Keynes se concentre sur les données globales, qui obéissent à des règles propres. Il opère ainsi une différence entre la micro et la macroéconomie : il ne suffit pas d'agréger la somme des intérêts individuels pour aboutir à un équilibre macroéconomique. En 1923, il publie un *Traité sur la réforme monétaire* dans lequel il dénonce la renonciation des gouvernements au contrôle de leurs monnaies au profit de l'étalon-or international. En 1930, dans son *Traité sur la monnaie*, il réfute la loi des débouchés de Say : si les choix d'investissement se révèlent plus faibles que le montant de l'épargne disponible, l'économie capitaliste – où les décisions sont libres – se trouve irrémédiablement en crise. Il y décrit l'épargne comme un état où « *des individus ont renoncé volontairement à la jouissance de la consommation* ». De ce fait, Keynes insiste et contredit la vision classique[5] de l'investissement : « *Si l'esprit d'entreprise est vaillant, la richesse s'accumule quelle que soit la tendance à l'épargne ; si l'esprit d'entreprise s'assoupit, la richesse décline quoi que fasse l'épargne.* » (Heilbroner, 1971, p. 253)

Il ne suffit pas d'épargner pour susciter un investissement équivalent. De ce fait, la crise s'explique par un surplus d'épargne, donc par une insuffisance de consommation. C'est en cela qu'en 1936, *La Théorie générale de l'emploi, de l'intérêt et de la monnaie* révolutionne l'économie : non seulement la crise est possible, mais elle peut être durable. Pour Keynes, la baisse des revenus provoque la crise. Elle réduit non seulement les débouchés solvables, mais aussi l'épargne. Sur le marché monétaire, le taux d'intérêt s'arrête de décliner et empêche l'investissement de repartir à la hausse. Or l'investissement détermine le niveau de la croissance. La crise se caractérise alors par une insuffisance d'investissement. Or, il y a insuffisance d'investissement parce que les entrepreneurs anticipent une faible demande. Concernant les marchés financiers, Keynes observe : « *la scission entre la propriété et la gestion du capital qui prévaut à l'heure actuelle, et l'extension prise par les marchés financiers... qui facilite parfois l'investissement, mais qui parfois aussi contribue à aggraver l'instabilité du système.* » (1936, p. 163)

Il est à ce titre très critique envers les marchés boursiers et les spéculateurs qui privilégient le court terme. Selon lui, ces derniers sont « *myopes* » alors que les consommateurs restent la meilleure base pour l'anticipation des profits futurs. Keynes met en exergue l'importance « *de la prévision en tant qu'elle détermine le volume de la production et de l'emploi* » (1936, p. 67). Il distingue ainsi deux types d'anticipations : celles à court terme, liées au prix et celles à long terme ayant « *trait aux sommes que l'entrepreneur peut espérer gagner sous forme de revenus futurs s'il achète des produits finis pour les adjoindre à son équipement en capital* [...] *Les prévisions à court terme de l'entrepreneur dépendent en grande partie des prévisions à long terme faites par d'autres personnes. Ce sont ces diverses prévisions qui déterminent le volume de l'emploi offert par les entreprises. Les résultats de la production et de la vente effectivement obtenus n'intéresseront l'emploi que pour autant qu'ils contribueront à modifier les prévisions ultérieures* [...] *Il est donc légitime de dire que l'emploi d'aujourd'hui est gouverné par les prévisions d'aujourd'hui associées à l'équipement en capital d'aujourd'hui* » (p. 68-71).

5. D'ailleurs, dans la *Théorie générale*, il précise immédiatement : « *Nous tenons à souligner le mot général. Nous avons choisi ce titre pour faire ressortir l'opposition de nature existant entre nos arguments et conclusions et ceux de la théorie classique.* [...] *Nous démontrerons que les postulats de la théorie classique ne s'appliquent qu'à un cas spécial et non au cas général.* [...] *Son enseignement ne peut donc être que trompeur et néfaste.* » (1936, p. 29)

Keynes considère pourtant que « *l'état de confiance* » a une « *influence considérable* » : « *Il n'y a pas beaucoup à dire a priori sur l'état de la confiance* [...] *On doit avouer que, pour estimer dix ans ou même cinq ans à l'avance le rendement* [...] *les données dont on dispose se réduisent à bien peu de choses, parfois à rien.* [...] *Les hommes d'affaires jouent un jeu mixte d'adresse et de hasard* [...] *Si la nature humaine n'avait pas le goût du risque, si elle n'éprouvait aucune satisfaction (autre que pécuniaire) à construire* [...] *les seuls investissements suscités par un calcul froidement établi ne prendraient sans doute pas une grande extension* » (1936, p. 161-163).

Keynes ne remet pas en cause le libéralisme mais insiste sur la nécessité d'intervenir en cas de crise économique. Le système économique n'est pas toujours à même de s'autoréguler. L'analyse se concentre sur le rôle économique de l'Etat, qui devient « *le chef d'orchestre de l'économie* ». Selon lui, le capitalisme libéral conduit naturellement au sous-emploi : lorsqu'une entreprise éprouve des difficultés, elle réduit les revenus qu'elle distribue (salaires, dividendes, impôts) et atrophie, de ce fait, les débouchés des autres entreprises. Apparaît un cercle vicieux puisque les autres firmes, face à une baisse de leurs propres débouchés, réduisent à leur tour la distribution de leurs revenus. En définitive, un capitalisme libéral livré à lui-même engendre des phénomènes déflationnistes et de sous-emploi. Dès lors, l'Etat a la capacité d'amener l'économie à une situation de plein emploi. Au moyen d'une politique budgétaire expansionniste et d'une politique monétaire adaptée, la relance de la consommation est assurée. L'effet multiplicateur joue pleinement, certes au détriment de l'épargne[6], mais en augmentant les débouchés des firmes qui revoient à la hausse leurs plans d'embauche. A ce titre, les anticipations des entrepreneurs jouent un rôle fondamental : les plans de production sont fonction de la demande effective (anticipée). Selon Keynes, « *lorsque l'on examine les perspectives de l'investissement, il faut donc tenir compte des nerfs et des humeurs, des digestions même et des réactions au climat des personnes dont l'activité spontanée les gouverne en partie* » (1936).

L'Etat se substitue au secteur privé en agissant sur les anticipations : celles-ci deviennent auto-réalisatrices : les perspectives de débouchés futurs créent de la croissance. Il est alors l'apôtre de la politique du déficit budgétaire car toute injection dans le circuit (distribution de revenus) alimente la demande. Ainsi, la politique de grands travaux et la politique de revenus favorisent le retour du plein emploi. Keynes se place du côté de la demande : il cherche à relancer la consommation globale des ménages.

La théorie de Keynes[7] repose sur trois lois psychologiques (la psychologie des agents est déterminante dans les comportements : « *en économie, tout est affaire de psychologie* ») :

6. L'épargne se définit comme la part du revenu disponible non consommée, synonyme de consommation future. L'arbitrage consommation/épargne peut se révéler déstabilisant pour l'activité économique en raison, d'une part, d'un effet de richesse (théorie du cycle de vie de Modigliani et du revenu permanent de Friedman) et, d'autre part, des anticipations rationnelles des agents (équivalence ricardienne, effet d'éviction) qui neutralisent l'efficacité des politiques budgétaires conjoncturelles.
7. Keynes, est, selon M. Albert (1982), « *le Freud de l'économie* ».

• lorsque le revenu augmente, la consommation augmente, mais relativement moins[8]. Par conséquent, lorsque l'agent anticipe une hausse des revenus, il augmente sa consommation actuelle. Les anticipations optimistes ont donc un effet d'entraînement. Au contraire, des anticipations pessimistes motivent à l'épargne stérile (la thésaurisation), au non-investissement : le cycle est récessif ;

• les agents préfèrent détenir de la liquidité plutôt que des titres financiers. Keynes définit ainsi trois motifs à la demande de monnaie : une demande pour effectuer des transactions (achats courants), une demande de précaution (pour faire face aux aléas) et une demande de spéculation (pour profiter éventuellement d'opportunités de placements financiers). Les deux premiers motifs sont directement liés au revenu. Ainsi, plus le revenu est élevé, plus la monnaie de transaction détenue est forte. Par contre, le motif de spéculation dépend du taux d'intérêt. En somme, si l'épargne dépend du revenu, la répartition de cette épargne est fonction du taux d'intérêt. Ainsi, si le taux d'intérêt est faible, l'épargne sera liquide car il est peu rentable d'immobiliser de la monnaie. Au contraire, si le taux d'intérêt est élevé, la demande de monnaie de spéculation (achat de titres financiers) sera forte ;

• Keynes ne sépare pas économie réelle et économie monétaire : la monnaie n'est pas un voile, elle agit sur l'économie. C'est pourquoi il théorise une économie monétaire de production, c'est-à-dire une économie où les entrepreneurs, grâce aux crédits, transforment de la monnaie en marchandise par le biais de l'accumulation du capital. Ce processus de production permet donc de récupérer davantage de monnaie. Si la monnaie est dépréciée, les taux d'intérêt sont faibles : l'efficacité marginale du capital augmente car un investissement sera d'autant plus rentable que les flux futurs encaissés sont supérieurs à l'investissement initial. Autrement dit, un investissement est rentable lorsque l'efficacité marginale du capital est supérieure au taux d'intérêt (c'est le coût du capital). Or, l'investissement est fonction des anticipations. Toutefois, pour Keynes, il ne suffit pas de réduire le taux d'intérêt pour inciter les entrepreneurs à investir ; il existe une incertitude irréductible qui permet de différencier plusieurs types d'entrepreneurs. La rémunération du capital (le profit) est alors la rémunération de la prise de risque.

En fait, Keynes plaide pour le déficit budgétaire, pour une socialisation d'une partie de l'investissement et une hausse des salaires : « *Peu importe à quoi on emploie les gens, l'essentiel est qu'ils soient mieux payés et que la masse salariale augmente.* » (1936)

Il rend la dépense publique légitime. L'investissement public sera déterminé par l'écart entre le volume d'investissement privé et l'épargne qui serait disponible à un niveau de production conduisant au plein emploi. Ici, l'investissement public est utilisé à des fins contracycliques[9]. C'est la politique des grands travaux. Il est cependant précis sur la définition

8. Nous retrouvons la propension marginale à consommer : elle est toujours inférieure à 1. Keynes reprend la loi d'Engel qui observe que les dépenses de consommation diminuent lorsque le revenu augmente. L'accumulation est alors possible. De cette hypothèse, fondamentale, Keynes conclut à la meilleure efficacité de la politique de redistribution des revenus en faveur des plus démunis qui ont une plus forte propension marginale à consommer.

9. Une politique contracyclique est une politique conjoncturelle de stabilisation. L'Etat augmente les dépenses publiques pour relancer la croissance. Si la croissance est forte, la politique budgétaire sera rigoureuse afin d'assainir les finances publiques.

du déficit budgétaire. Selon lui, un déficit budgétaire qui résulte d'une collecte d'impôts inférieure aux dépenses publiques, n'est pas favorable à la croissance. Selon lui, le déficit public est la conséquence, à un instant donné, d'une politique de relance par les grands travaux. Dans ce cadre, il développe l'idée de la propension à épargner. Celle-ci est déterminante pour la croissance, car plus la propension à épargner est forte, plus les individus hésitent à consommer. Or, cette variable a des composantes psychologiques et un rôle macroéconomique qui en fait la clef de voûte de la théorie de l'emploi. Le volume de l'emploi découle alors de ces prévisions de la demande. Bref, le volume de l'emploi ne dépend pas directement du montant des salaires. Au contraire, il dénonce le cercle vicieux de la déflation qui découle de la baisse des salaires. Celle-ci entraîne une réduction de la demande, donc une baisse de la production avec des pertes d'emploi. Le chômage peut donc être involontaire car, lorsque les salaires baissent au même titre que lorsque les taux d'intérêt s'élèvent, l'embauche ne sera pas réalisée par les entrepreneurs. Et Heilbroner (1971) insiste : « *D'où le paradoxe de la pauvreté au milieu de l'abondance et l'anomalie de chômeurs à côté de machines qui ne tournaient pas* » (p. 257).

L'Etat a un rôle d'entraînement qui se traduit par un effet multiplicateur : la dépense commande l'expansion. Keynes affirme : « *En ce qui concerne la propension à consommer, l'Etat sera conduit à exercer sur elle une influence directrice par sa politique fiscale, par la détermination du taux d'intérêt, et peut-être aussi par d'autres moyens* [...] *une assez large socialisation de l'investissement s'avérera le seul moyen d'assurer approximativement le plein emploi, ce qui ne veut pas dire qu'il faille exclure tous les genres d'arrangements et de compromis permettant à l'Etat de coopérer avec l'initiative privée.* » (1936, p. 371)

Il insiste sur le multiplicateur d'investissement : les travaux publics ont des effets directs sur le pouvoir d'achat global, mais également des effets indirects puisque ce pouvoir d'achat est forcément dépensé. Cette socialisation de l'investissement aboutit alors à une situation de plein emploi. Par le jeu du multiplicateur de nouveaux revenus distribués découlent de ces dépenses additionnelles. Mais la force du multiplicateur dépend de la propension marginale à consommer : si la variation de la consommation est inférieure à la variation du revenu, un phénomène récessif s'installe. Ainsi : « *Une augmentation (ou une diminution) du flux d'investissement s'accompagne nécessairement d'une augmentation (ou d'une diminution) du flux de consommation, car le comportement du public est en général d'une nature telle qu'il ne consent à élargir (ou à rétrécir) l'écart entre son revenu et sa consommation que si son revenu est lui-même accru (ou diminué)* [...] *Si nous supposons que le multiplicateur d'emploi est égal au multiplicateur d'investissement, nous pouvons, en appliquant ce multiplicateur à l'augmentation (ou à la diminution) engendrée dans le flux d'investissement par les facteurs antérieurement décrits, en déduire l'augmentation (ou la diminution) de l'emploi.* » (1936, p. 254)

Dans un contexte pessimiste, la crainte du futur pousse à la thésaurisation. La monnaie est conservée pour elle-même. Ce cycle pose alors la question de la politique monétaire. La théorie de l'emploi de Keynes passe par une analyse monétaire car la monnaie est une arme économique. A ce titre, il propose une nouvelle[10] analyse du taux d'intérêt. Selon lui, le taux d'intérêt dépend des anticipations des individus, et plus précisément de la préférence pour la liquidité. Il est donc fonction de l'offre ou de la quantité de monnaie disponible.

C'est pourquoi un déficit budgétaire implique que la politique monétaire[11] soit assouplie :

• soit directement par le biais d'une quantité supplémentaire de monnaie, ce qui entraîne une baisse de la valeur de la monnaie. Or, une monnaie dépréciée est favorable aux exportations, ce qui augmente les débouchées des firmes nationales ;

• soit indirectement par le biais du taux d'intérêt, car une baisse du taux d'intérêt facilite la distribution de crédits et augmente l'efficacité marginale du capital. Par ailleurs, cette baisse défavorise l'épargne et encourage la consommation.

Se plaçant aux antipodes de l'école libérale qui plaide en faveur de la neutralité monétaire, Keynes (*Tract on Monetary Reform*, 1923) affirme : « *A long terme, nous serons tous morts. Les économistes se fixent une tâche trop aisée et trop inutile si, dans les temps difficiles, ils ne peuvent nous dire que longtemps après la tempête, l'océan redevient plat.* »

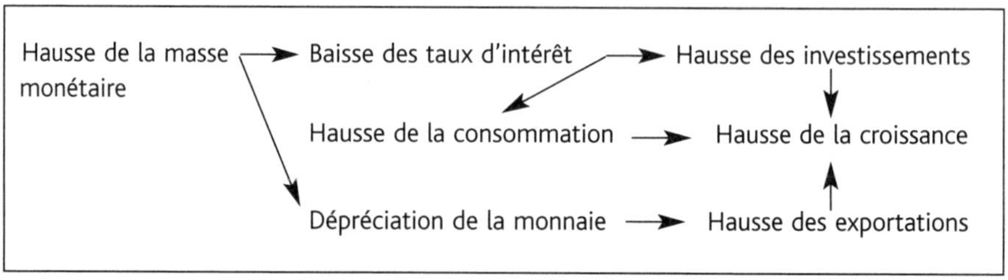

Les ajustements keynésiens sont des ajustements de quantité[12]. Sur la question du financement des investissements (pénurie d'épargne), il est favorable à une politique monétaire expansionniste. De ce fait, une politique budgétaire discrétionnaire nécessite une politique monétaire souple (création monétaire, baisse du taux d'intérêt). A défaut, il y a incompatibilité dans les objectifs : si le gouvernement augmente les dépenses publiques afin de relancer la consommation, la Banque centrale doit abaisser son taux directeur afin de rendre l'épargne moins rentable. Il plaide alors en faveur d'une coordination des politiques économiques qui accroît l'efficacité des mesures mises en œuvre.

Dès le retour de croissance, les suppléments d'impôt permettent de résorber le déficit initial. L'investissement public est ainsi socialisé (du fait de l'Etat), il doit s'ajouter – et non

10. Il conteste l'idée classique que le taux d'intérêt soit une simple variable qui ajuste l'offre d'épargne et la demande de capitaux par les investisseurs.
11. La politique monétaire désigne l'ensemble des actions de la Banque centrale sur le marché monétaire (action sur la masse monétaire, sur le niveau des taux d'intérêt, sur la stabilité des taux de change). Elle s'inscrit dans la poursuite des objectifs finaux du carré magique. Elle fut souvent l'instrument de stimulation de la croissance et d'arbitrage entre inflation et chômage.
12. L'économie se trouve dans une situation où les capacités de production sont excédentaires ; les firmes disposent donc d'un outil de production sous-employé, rapidement mobilisable, qui permet de satisfaire la demande : il n'y a pas inflation. Le raisonnement s'effectue dans un contexte à court terme (pas d'investissement supplémentaire) et à prix fixes (ce sont les quantités qui augmentent).

pas se substituer – aux investissements privés. A défaut, un effet d'éviction serait observé. D'ailleurs, cet effet d'éviction pose la question du financement de l'investissement total. Si les entreprises ont recours au marché financier, donc à l'épargne disponible pour financer leurs investissements, elles risquent d'entrer en concurrence avec les bons du Trésor public (obligations émises par l'Etat pour se financer). Toutefois, pour Keynes, l'utilisation des dépenses publiques à des fins contracycliques ne signifie pas un déficit constant, au contraire, en période de croissance, l'Etat doit mener « *une gestion saine* » en équilibrant les dépenses et les recettes, afin de disposer de marges de manœuvre en cas de crise. La dette publique est considérée comme productive ou active.

Les politiques de *stop and go* des années 1970 ont été d'inspiration keynésienne. L'idée est de relancer la croissance en cas de sous-emploi et de réduire les dépenses publiques en cas d'inflation. Les interventions de l'Etat influencent la demande effective. Le postulat de Keynes est que l'économie est en situation de sous-emploi des facteurs de production. Il est alors aisé de mettre en exergue les facteurs déterminants qui conditionnent l'efficacité d'une politique keynésienne (avec un effet d'autant plus important sur le volume d'emploi) :

• une faible propension à épargner[13] c'est-à-dire une forte propension à la consommation[14] afin que tout le surplus de revenu soit dépensé ;

• une faible propension à importer[15] afin de maximiser les effets sur l'économie nationale ;

• face à de nouvelles commandes, les entreprises ajustent leur niveau de production à la hausse et non pas leur prix ;

• ce surcroît de production incite les firmes à embaucher davantage plutôt qu'à multiplier les gains de productivité.

13. A ce propos, on constate un changement dans le comportement des ménages français à partir des années 1990. Jusqu'alors, l'épargne des ménages jouait un rôle contra-cyclique puisque lorsque l'activité se ralentissait et que les revenus avaient tendance à diminuer les ménages puisaient dans leur épargne pour maintenir leur niveau de consommation (effet mémoire, effet cliquet). A partir des années 1990, l'épargne joue un rôle pro-cyclique : en période de récession, les ménages constituent une épargne de précaution pour se couvrir contre le risque lié au chômage ou pour faire face aux difficultés de l'assurance vieillesse.

14. La propension moyenne à consommer se mesure à travers le rapport consommation / revenu ; elle représente donc la fraction de revenu consacrée à la consommation. Si la propension est supérieure à 1, l'individu consomme plus que son revenu (il s'endette). Si elle est inférieure à 1, il épargne. L'épargne est donc la partie non consommée du revenu. La propension marginale à consommer se mesure à travers le rapport accroissement de la consommation / accroissement du revenu. Pour Keynes, la propension marginale à consommer est en revanche toujours inférieure à 1 : c'est pour lui une loi psychologique fondamentale. En réalité, J.S. Duesenberry (1949) montre que cette propension marginale dépend du groupe social : par un effet d'imitation et de démonstration, les classes inférieures et moyennes ont une propension à consommer supérieure à celle des classes les plus favorisées.

15. Dans le schéma keynésien, les importations sont assimilées à des fuites. Plus la propension à importer est forte, plus une partie du supplément de revenu généré par la stimulation budgétaire profite aux autres pays. Or, le gonflement des importations contribue à dégrader la balance commerciale. Par conséquent, 1) la relance budgétaire n'a pas généré les revenus supplémentaires permettant de combler le déficit budgétaire initial (il y a dégradation des finances publiques) ; 2) la dégradation de la balance commerciale entraîne une dépréciation de la monnaie nationale. Si la Banque centrale décide de soutenir sa monnaie, elle peut être incitée à réduire la quantité de monnaie disponible, ce qui entraîne à son tour, certes, une monnaie nationale plus rare (donc plus chère), mais aussi une hausse des taux d'intérêt qui va limiter l'investissement.

La consommation stimule une dynamique de croissance par l'effet de démonstration et d'imitation (Duesenberry, 1949) qu'elle permet ; elle est un facteur de réduction des inégalités. Sur ce point, Keynes considère que « *les deux vices marquants du monde économique où nous vivons sont le premier que le plein emploi n'y est pas assuré, le second que la répartition de la fortune et du revenu y est arbitraire et manque d'équité* » (1936, p. 366). Et il indique également par ailleurs : « *Il n'en impliquerait pas moins l'euthanasie du rentier et par suite la disparition progressive du pouvoir oppressif additionnel qu'a le capitaliste d'exploiter la valeur conférée au capital par sa rareté.* » (1936, p. 369)

En d'autres termes, la rente est, selon Keynes, liée à la rareté du capital. Il faut alors supprimer cette rareté, par l'Etat par exemple : « *l'Etat aurait encore la ressource d'entretenir une épargne publique assez importante pour permettre au capital de se développer jusqu'à ce qu'il cessât d'être rare* » (1936, p. 369), « *d'augmenter le volume de l'équipement jusqu'à ce qu'il cessât d'être rare, de manière à supprimer la prime attribuée au capitaliste oisif ; d'autre part d'aménager les impôts directs de manière à affecter au service de la communauté sur la base d'émoluments raisonnables, l'intelligence, le dynamisme et la capacité administrative des financiers, entrepreneurs et* tutti quanti. » (1936, p. 370).

La disparition de la rente s'opère donc naturellement, elle est une « *phase de transition du capitalisme* ». D'ailleurs, « *l'euthanasie du rentier et du capitalisme oisif n'aura rien de soudain, elle n'exigera aucun bouleversement, étant simplement la continuation par étapes, mais longuement poursuivie* » (1936, p. 370).

Ipso facto, Keynes explique que la politique fiscale n'est pas neutre ; elle doit augmenter la propension à consommer pour obtenir une croissance de plein emploi :

« *Si la politique fiscale est délibérément utilisée comme un moyen de répartir plus également les revenus, elle contribue d'autant plus à accroître la propension à consommer.* » (1936, p. 112)

« *Si le gouvernement affecte le produit de ces droits* [de succession] *à la couverture de ses dépenses ordinaires de manière à alléger ou à ne pas alourdir les impôts qui frappent le revenu et la consommation, il est incontestable qu'une politique fiscale imposant sévèrement les successions a pour effet d'accroître la propension de la communauté à consommer.* » (1936, p. 367)

C'est la raison pour laquelle on a coutume de caractériser l'équilibre keynésien « *sur le fil d'un rasoir* » car cet équilibre (maintenir l'économie sur un sentier de croissance de plein emploi) est instable. Pour Keynes, cependant, l'Etat est compatible avec la liberté : « *L'élargissement des fonctions d'Etat nous apparaît comme le seul moyen d'éviter une complète destruction des institutions économiques actuelles et comme la condition d'un heureux exercice de l'initiative individuelle.* » (1936)

A ce titre, Keynes peut être envisagé comme un institutionnaliste (favorable aux institutions), qui se refuse à un étatisme généralisé.

Chapitre 3 *LES ÉCOLES KEYNÉSIENNES*

Les **néo-keynésiens** se concentrent essentiellement sur le chômage involontaire. La politique économique (monétaire et budgétaire) est un outil permettant de rétablir l'équilibre. Les **classico-keynésiens** (ou **keynésiens de la synthèse**) intègrent le schéma keynésien (équilibre sous-emploi) dans le schéma global libéral : les hypothèses de Keynes représentent un cas particulier de déséquilibre. Cette grande synthèse se retrouve dans les schémas de Hicks-Hansen ou modèle IS-LM, lequel représente l'équilibre macro-économique. Elle fait référence à un équilibre simultané sur les marchés des biens (IS) et de la monnaie (LM).

Le taux d'intérêt est une variable d'ajustement[16]. Le revenu est fonction de la demande de monnaie de transaction et l'investissement s'ajuste au taux intérêt. Dans ce cadre, la définition d'une politique économique de stabilisation est aisée. Tout accroissement de la masse monétaire se traduit par un déplacement vers la droite : une baisse du taux d'intérêt permet d'obtenir un revenu national (Y) plus important. De la même manière, un déficit budgétaire se traduit par un déplacement de la courbe IS vers la droite : la relance affecte positivement la croissance (Y se déplace vers la droite même si le taux d'intérêt est plus élevé). Pour amortir la hausse du taux d'intérêt, il est donc nécessaire de coordonner politique monétaire et budgétaire (Y se déplace d'autant plus vers la droite).

Le schéma d'équilibre macro-économique IS-LM

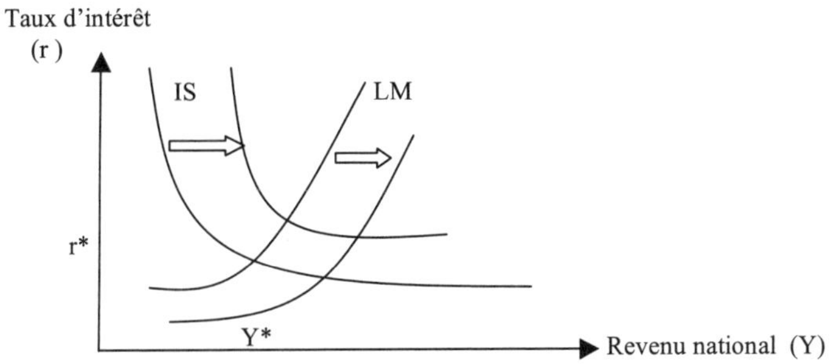

I : l'investissement — S : l'épargne
L : liquidité (encaisse monétaire) — M : offre de monnaie (masse monétaire)

Le point de rencontre entre les deux courbes désigne un état du monde dans lequel les marchés des biens et des services (IS) et monétaire (LM) sont en équilibre.

16. Mais pour Balsé et al. (1989, p. 27), « *Hansen transforme le taux d'intérêt en une variable endogène au même titre que le revenu. Ils sont tous les deux déterminés simultanément par le jeu des forces perpétuellement agissantes sur les marchés. Hansen introduit une modification qui n'est pas sans conséquences : l'indépendance de l'investissement par rapport à l'épargne que l'on trouvait chez Keynes est rompue.* »

Samuelson (*L'Economique,* 1948) différencie deux cas :

• le cas classique : la courbe LM est verticale (du fait de la neutralité de la monnaie : pas de politique monétaire expansive) ; toute relance budgétaire (déplacement de la courbe IS) devient inutile ; elle ne se traduit que par une hausse du taux d'intérêt ;

• le cas keynésien (trappe à liquidités) : la courbe LM est horizontale (le taux d'intérêt n'a aucun effet sur l'investissement), la relance budgétaire est efficace puisqu'elle aboutit à un niveau de richesses (Y) plus élevé.

Le modèle de R. Mundell et J.M. Fleming (1962) élargit le modèle IS-LM en économie ouverte. En régime de changes fixes, la relance budgétaire aboutit à une hausse des taux d'intérêt. Cette dernière provoque une sortie des capitaux et contribue ainsi à une dégradation du solde extérieur. Comme le taux de change est fixe, cette sortie contracte la masse monétaire et réduit *de facto* l'efficacité du multiplicateur. En fait, la relance budgétaire est efficace à condition que les capitaux soient parfaitement mobiles. Dans ce cas, la hausse des taux d'intérêt permet d'attirer des capitaux dont l'afflux entraîne un réajustement à la baisse de la parité de la monnaie nationale. Celle-ci améliore la compétitivité-prix des exportations nationales et accentue l'effet multiplicateur. La relance est alors financée par l'entrée de devises. Une stratégie de dépréciation monétaire s'analyse donc comme une expansion monétaire ayant des effets bénéfiques sur la croissance. Ces deux exemples illustrent parfaitement le cas de la France qui se trouve dans une situation de fixité de la monnaie (zone euro) et celui des Etats-Unis dont la dépendance vis-à-vis des pays étrangers est de plus en plus forte.

En définitive, les objectifs et les instruments de la politique économique peuvent être résumés comme suit :

Politique	Objectifs	Instruments
Budgétaire	Arbitrage inflation / chômage Investissement public	Commandes publiques Nombre de fonctionnaires
Monétaire	Stabilité des prix Arbitrage inflation / chômage Stabilité des taux de change	Masse monétaire Taux d'intérêt Taux de réserve obligatoire
Fiscale	Redistribution des richesses Financement des biens collectifs	Transferts sociaux Impôts directs

Les **post-keynésiens** s'opposent radicalement aux néo-keynésiens, lesquels sont accusés de faire des compromis avec les hypothèses des libéraux. Ils refusent toute tentative de synthèse et réfutent l'hypothèse de concurrence pure et parfaite au profit de celle de concurrence imparfaite (Chamberlin, Robinson, Kalecki). Ils insistent sur le rôle des anticipations (théoriciens du chapitre XII de la *Théorie générale*), de la demande effective (théoriciens du chapitre III comme Weintraub) et sur le rôle des institutions. Ainsi, dans la lignée de Keynes : « *La demande effective réalise la combinaison de trois éléments fondamentaux de l'économie monétaire de production : l'incertitude par le jeu des anticipations, la monnaie par les dépenses de salaires et d'investissement ; le produit par la détermination du volume de la production et de l'emploi qui maximise le profit sans que le plein emploi de la main-d'œuvre soit nécessairement atteint.* » (Barrère A., 1985, *Keynes et Schumpeter ou l'hétérodoxie dans ses fondements analytiques*)

Ainsi, pour Weintraub, ce n'est pas tant la politique économique qu'il faut utiliser pour relancer la demande mais la politique de revenus. Les entrepreneurs adaptent leurs volumes d'emploi en fonction des débouchés potentiels ; il faut donc agir sur cette variable car le salaire monétaire[17] est stable à court terme (il est « *une convention sociale* »). Au sujet de l'efficacité de la politique de relance dans un contexte mondialisé, l'approche différencie les « *petits pays*[18] » et les « *grands pays* ». Les premiers sont « *contraints* » de tenir compte du solde de la balance commerciale, alors que les seconds ne sont pas liés par celui-ci. Autrement dit, la politique de relance ne peut être uniforme. L'idée est de favoriser la coopération économique entre les pays en s'accordant sur les taux de change et les taux d'intérêt ; les « *grands pays* » dits « *pays locomotives* » doivent s'ouvrir aux importations extérieures et relancer leur croissance de telle manière à avoir un effet d'entraînement sur les autres pays.

Concernant le rôle des anticipations, les post-keynésiens soulignent la « *myopie* » des acteurs économiques ; ils ne sont pas aussi rationnels que le suggèrent les néoclassiques (théorie des anticipations rationnelles). De ce fait, l'économie se caractérise par cette instabilité induite par l'incertitude. L'emploi est fonction de la demande anticipée, laquelle dépend de l'investissement ; or cet investissement est conditionné par l'opinion – subjective– qu'a l'entrepreneur sur le futur.

Par ailleurs, la théorie post-keynésienne reste une théorie monétaire de la production : la monnaie agit sur l'économie. La critique monétariste concernant la manipulation de la politique monétaire à des fins conjoncturelles ne s'inscrit que dans un cas particulier : lorsque l'économie se trouve dans une trappe à liquidités. En d'autres termes, toute variation du taux d'intérêt n'entraîne pas de modification dans les plans d'investissement. Dans ce cas précis, il y a relation entre monnaie et inflation. A ce titre, Kaldor souligne les liens entre salaires et prix, plus exactement entre répartition et inflation : une hausse du coût des matières premières pèse sur les coûts de production.

17. L'embauche ne dépend pas de la productivité marginale du travail (comme dans le schéma néoclassique) mais du salaire monétaire conventionnel.
18. En fait, dans la réalité, les petits pays sont généralement très ouverts sur le reste du monde et dépendent moins de la demande intérieure. En menant une politique de modération salariale, ils bénéficient plus rapidement d'avantages concurrentiels sans atrophier la consommation nationale. Au contraire d'un grand pays. Le taux d'ouverture (rapport entre les exportations et les importations au PIB) est plus important en Suède (proche de 42 %), en Finlande et en Allemagne (35 %) qu'en France ou au Royaume-Uni (25 %).

Afin de maintenir le taux de profit, la firme augmente le prix de vente, entraînant par ce biais une baisse du salaire réel. Les salariés, par le biais des syndicats, revendiquent une hausse des salaires afin de préserver leur pouvoir d'achat. Ces hausses de salaire augmentent à leur tour les coûts de production. La boucle prix-salaires est ainsi présentée. Aussi, la perspective de relance s'inscrit généralement dans un arbitrage entre inflation et lutte contre le chômage. La position de Meade permettra de sortir de ce conflit économique en insistant sur les revenus comme variable d'ajustement en faveur d'une croissance de plein emploi, mais sans inflation. Selon lui, il suffit de se référer à un indicateur strictement national de la hausse de prix qui déduise l'inflation importée et les impôts indirects. En stabilisant cet indicateur, les pouvoirs publics[19] stabilisent l'inflation.

En extrapolant la théorie générale de Keynes sur la longue période, Domar (1939) présente une équation qui caractérise une croissance équilibrée : le taux de croissance de l'investissement doit être égal au produit entre le taux d'épargne et le ratio de coefficient du capital. Il doit y avoir stricte concordance entre les comportements des épargnants et des investisseurs. Or, pour Harrod (1948), la probabilité d'obtenir une telle concordance est très faible. Car l'investissement est à la fois une demande (effet-revenu du fait d'un effet multiplicateur) et une offre (capacité de production supplémentaire). Ainsi, si le taux de croissance effectif est supérieur (inférieur) au taux de croissance d'équilibre – croissance théorique –, l'économie est en situation d'expansion cumulative (dépression). De ce fait, la croissance se fait « *sur le fil du rasoir* » (Harrod, 1948).

De plus, pour que la croissance équilibrée soit une croissance de plein emploi, une condition supplémentaire se rajoute : il faut que le taux de croissance naturelle (c'est-à-dire de la population active) soit égal au taux de croissance d'équilibre[20]. De ce fait, si le taux de croissance naturel est supérieur (inférieur) au taux de croissance d'équilibre, il y a chômage (pénurie de main-d'œuvre). Par conséquent, 1) il n'y a donc aucune raison que la croissance équilibrée ne s'accompagne pas d'un taux de chômage massif et 2) la croissance est naturellement instable. De plus, si l'épargne est insuffisante (en excès) pour financer les investissements, l'économie entre dans une spirale inflationniste (déflationniste).

Ce pessimisme sera quelque peu atténué par Kaldor (1908-1986) qui fait de l'épargne la variable d'ajustement. Pour lui, l'épargne est flexible et permet aux capitalistes et aux entrepreneurs d'ajuster le niveau de l'épargne à celui compatible avec la croissance équilibrée. Dès lors que l'épargne évolue en proportion avec la répartition des revenus entre profits et salaires, la croissance peut être stable. Dans le cas où le taux de croissance naturel est supérieur au taux de croissance d'équilibre, il y a chômage. Le salaire va diminuer, ce qui se traduit par une hausse des profits ; il y a hausse de l'épargne, donc hausse de la croissance. La stabilité est recouvrée.

19. En réalité, Meade plaide en faveur d'un « *comité des Sages* » indépendant dans lequel siègerait le directeur de la Banque centrale.
20. Donc à la situation où le taux de croissance de l'investissement doit être égal au produit entre le taux d'épargne et le ratio de coefficient du capital.

En somme, Robinson envisage trois cas :

• « *l'âge d'or contraint* » : le taux de croissance naturelle (démographique) est inférieur au taux d'accumulation. Pour sortir de ce déséquilibre, il faut réduire l'investissement ou multiplier les gains de productivité afin de réduire le volume d'emploi nécessaire. Le surplus du capital peut également trouver une issue dans la délocalisation des processus de production ;

• « *l'âge d'or bâtard* » : l'excès de demande d'investissement conduit à une inflation (« *l'escalator inflationniste* ») ; or, la répartition des revenus est conventionnellement admise. Le déséquilibre est de type « *classico-marxiste* » avec un chômage structurel (classique). Pour lutter contre cette stagflation, la baisse des revenus réels s'impose afin d'augmenter l'épargne des capitalistes ;

• « *l'âge de plomb* » : l'insuffisance de la demande effective entraîne une crise de sous-consommation. Pour lutter contre ce chômage de type keynésien, la relance de la dépense se fait par le biais soit d'une baisse du taux d'épargne, soit d'une stimulation de l'investissement. Toutefois, comme le taux de croissance naturel est supérieur au taux de croissance d'équilibre, il est aussi possible de réduire la population active (baisse de l'âge de la retraite, hausse du taux de scolarisation, baisse des naissances, réduction du temps de travail).

Kaldor envisage un carré magique regroupant les quatre objectifs de la politique économique de stabilisation . 1) la croissance que l'on cherche à maximiser, 2) le taux de chômage à minimiser, 3) l'équilibre de la balance commerciale à défendre et 4) la stabilité des prix à assurer. A partir de cette représentation, il est possible de définir des incompatibilités[21] dans les objectifs comme le dilemme entre inflation et chômage ou entre maîtrise de l'inflation et excédent de la balance commerciale.

Le carré magique de Kaldor

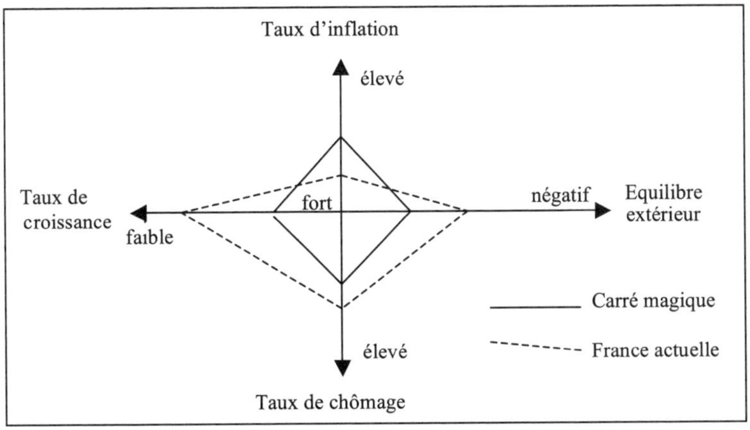

21. Ces aspects seront développés dans la troisième partie de cet ouvrage.

FICHE 8 | LE PROLONGEMENT DE L'ÉCOLE CLASSIQUE : LES NÉOCLASSIQUES

1. RÉFÉRENCES

ARROW K.J., « The Economic Implications of Learning by Doing », *Review of Economic Studies*, 1962, 29, p. 155-173.

BOURGUINAT H., *Finance internationale*, PUF, collection « Thémis », 1999.

DEATON A., *Understanding Consumption*, Clarendon Press, Oxford, 1992.

DELALANDE P., « Déficits américains, excédents chinois », *Futuribles*, décembre 2006, n° 325.

GRANRUT C. (DU), « Etats-Unis : une dette extérieure insoutenable ? », *Futuribles*, décembre 2006, n° 325.

LAFAY G., « Une théorie du change réel dans une économie mondialisée », *Revue d'économie politique*, novembre-décembre 2006, n° 6.

LAROCHE J., *Politique internationale*, LGDJ, 2e édition, 2000.

ROMER P., « Endogenous Technological Change », *Journal of Political Economy*, 1990, 98, p. 71-102.

SCHUMPETER J., *Capitalisme, socialisme et démocratie*, 1951.

SOLOW R.M., « A Contribution to the Theory of Economic Growth », *Quartely Journal of Economics*, 1956, 70, p. 75-94.

VOISIN M., « Crises et fluctuations », *Cahiers Français, La Documentation française*, n° 315, juillet-août 2003, p. 75-79.

2. REPÈRES

Liste des Prix Nobel d'économie

Date	Nom	Idées principales
1969	Ragnar FRISH (1875-1973) Jan TINBERGEN (1903-1994)	Spécialistes de l'économie du développement
1970	Paul-Anthony SAMUELSON (1915-2009)	Pour sa théorie dynamique et statique
1971	Simon KUZNETS (1901-1985)	Approche empirique de la croissance
1972	John HICKS (1904-1989) John Kenneth ARROW (1921-)	Contribution à la théorie du bien-être
1973	Wassily LÉONTIEFF (1906-1913)	Développement des matrices input-output
1974	Friedrich August VON HAYEK (1899-1992) Gunnar MYRDAL (1898-1987)	Travaux sur les fluctuations économiques et monétaires et sur les interdépendances sociales, économiques et institutionnelles
1975	Leonid KANTOROVITCH (1912-1986) Tjalling KOOPMANS (1910-1986)	Analyse mathématique du problème de l'allocation optimale des ressources
1976	Milton FRIEDMAN (1912-2006)	Travaux sur l'histoire et la théorie monétaires

Date	Nom	Idées principales
1977	James MEADE (1907-1995) Bertil OHLIN (1899-1979)	Contributions aux théories du commerce international et des mouvements internationaux de capitaux
1978	Herbert Alexander SIMON (1916-2001)	Pionnier en matière de processus de prise de décision à l'intérieur des organisations économiques
1979	Arthur LEWIS (1915-1991) Theodor SCHULTZ (1902-1998)	Travaux sur les problèmes des pays en développement
1980	Lawrence R. KLEIN (1920-)	Création de modèles économétriques portant sur l'analyse des fluctuations et des politiques économiques
1981	James TOBIN (1918-2002)	Analyse des marchés financiers et particulièrement sa théorie du portefeuille
1982	George J. STIGLER (1911-1991)	Travaux sur les causes et les effets de la réglementation publique
1983	Gérard DEBREU (1921-2004)	Reformulation rigoureuse de l'équilibre général
1984	Richard STONE (1913-1991)	Formulation des systèmes de comptabilité nationale
1985	Franco MODIGLIANI (1918-2003)	Pionnier en matière de l'analyse de l'épargne et des marchés financiers
1986	James McGill BUCHANAN (1919-)	Etude des fondements contractuels et constitutionnels appliqués à la théorie des prises de décision
1987	Robert SOLOW (1924-)	Contribution à la théorie de la croissance
1988	Maurice ALLAIS (1911-2010)	Pionnier de la théorie des marchés et de l'utilisation efficiente des ressources
1989	Trygve HAAVELMO (1911-1999)	Fondements de la théorie des probabilités en économie
1990	Harry MARKOWITZ (1927-) Merton MILLER (1923-2000) William SHARPE (1934)	Travaux sur la théorie financière et le financement des entreprises
1991	Ronald H. COASE (1910-)	Découverte et mise en lumière des coûts de transaction et des droits économiques
1992	Gary S. BECKER (1930-)	Analyse microéconomique de comportements et interactions humains hors marché
1993	Robert FOGEL (1926-) Douglas NORTH (1920-)	Introduction au sein de la recherche historique de la science économique
1994	John HARSANYI (1920-2000) John NASH (1928-) Reinhard SELTEN (1930-)	Théorie des jeux non coopératifs

Date	Nom	Idées principales
1995	Robert E. LUCAS (1937-)	Hypothèse des anticipations rationnelles
1996	William VICKREY (1914-1996) James MIRLESS (1936-)	Théorie économique des incitations sous information asymétrique
1997	Robert C. MERTON (1944-) Myron S. SCHOLES (1941-)	Nouvelle méthode permettant de déterminer la valeur des titres dérivés
1998	Amartya SEN (1933-)	Analyse du bien-être économique sous l'angle de l'éthique
1999	Robert MUNDELL (1932-)	Représentant de l'école de Chicago
2000	James HECKMAN (1944-) Daniel MCFADDEN (1937-)	Pour leurs découvertes en microéconomie
2001	George AKERLOF (1940-) Michael SPENCE (1943) Joseph STIGLITZ (1943-)	Pour leurs travaux sur les marchés avec asymétrie d'information
2002	Daniel KAHNEMAN (1934-) Vernon L. SMITH (1927-)	Travaux précurseurs en matière d'économie psychologique et expérimentale.
2003	Robert ENGEL (1942-) Olive GRANGER (1934-2003)	Amélioration de la fiabilité des prévisions
2004	Finn KYDLAND (1943-) Edward PRESCOTT (1940-)	Cohérence temporelle des politiques économiques
2005	Robert AUMANN (1930-) Thomas SCHELLING (1921-)	Théorie des jeux
2006	Edmund PHELPS (1933-)	Echanges intertemporels
2007	Leonid HURWICZ 1917-2008) Eric MASKIN (1950-) Roger MYERSON (1951-)	Mécanismes d'incitation en théorie des jeux
2008	Paul KRUGMAN (1953-)	Commerce international et géographie économique
2009	Elinor OSTROM (1933-) Oliver WILLIAMSON (1932-)	Gouvernance économique
2010	Peter DIAMOND (1940-) Dale MORTENSEN (1939-) Christopher PISSARIDES (1948-)	Analyse des marchés

3. CROISSANCE ET CYCLE

La survenance d'une crise pose la question de la continuité dans la croissance. Est-elle perdue, ou au contraire une période de crise correspond à toute période de croissance, de façon inéluctable ? Dans le cas de la France, la période des Trente Glorieuses peut correspondre à une période de prospérité, marquée par une forte croissance annuelle du PIB. Toutefois, depuis les années 1970, une longue période de ralentissement semble constituer la règle. Dès lors, il existerait des cycles de durée plus ou moins longue. En fait, on dit qu'une économie est soumise à des cycles lorsqu'elle se caractérise périodiquement par l'alternance de phases d'activité et de phases de ralentissement. Plusieurs catégories de cycles peuvent être distinguées.

Les **cycles longs de Kondratiev**[1] (durée moyenne entre trente et soixante ans : 1792-1850 ; 1850-1896 ; 1896-1940) : chaque cycle se caractérise par une phase d'expansion avec une forte croissance et une multiplication de petites firmes (durée de vingt années), une phase de récession (d'une dizaine d'années) et une phase de dépression durant laquelle le chômage augmente et le capital se concentre (une vingtaine d'années). Le principal indicateur de retournement de la conjoncture est l'évolution des prix. Ainsi, dans la phase d'expansion, les prix augmentent en raison du décalage entre l'offre et la demande : la poussée inflationniste s'explique par une volonté de consommer et une incapacité des entreprises à faire face à ce surplus de demande (en courte période). Les taux d'intérêt sont généralement faibles et alimentent à ce titre à une forte consommation. En période de ralentissement, au contraire, les prix diminuent (afin de liquider les stocks), et les taux d'intérêt deviennent élevés. L'épargne augmente et procure aux nouveaux projets d'investissement les moyens de financement suffisants. Un nouveau cycle s'enclenche.

Selon **Juglar** (1862), les cycles d'affaires sont plus courts puisqu'ils s'étalent en moyenne sur huit à dix ans. Un cycle d'affaire comprend quatre phases :

- une phase d'expansion, marquée par la hausse de la production en volume, l'inflation et le développement du crédit ;
- une phase de crise qui correspond au retournement du mouvement de croissance ; c'est une période généralement assez courte durant laquelle se manifestent des faillites, une crise boursière ou une crise bancaire ;
- une phase de dépression qui se caractérise par une baisse de la production et par une déflation (baisse des prix) ;
- la dernière phase, qui correspond à une phase de reprise liée à l'essor de nouveaux produits, ou par un nouveau secteur d'activité.

Juglar insiste sur le risque de propagation d'une crise du fait de l'ouverture des frontières.

1. Economiste (1892-1938) qui croit en une expansion infinie du capitalisme puisque chaque phase d'expansion est suivie d'une phase de dépression et ensuite, à nouveau, d'une phase d'expansion.

Selon **Kitchin** (1923), il existe des cycles courts (qui s'étalent sur trois à quatre ans) et qui trouvent leur principale justification dans les variations de stock. Effectivement, en période de croissance, les entreprises ont tendance à se constituer des stocks pour faire face à toute pénurie. Les anticipations sur les débouchés futurs sont donc optimistes. En phase de récession, les entreprises réduisent non seulement leur production et procèdent au déstockage, mais diminuent également leurs investissements. L'impact sur l'évolution du PIB est négatif.

Approche	Marxiste	Néoclassique	Keynésienne	Régulation-niste	Par les cycles
Nature de la crise	Inhérente au capitalisme	Impossible en concurrence pure et parfaite	Contingente	Liée aux mutations des formes institutionnelles	Fonctionnelle
Origines de la crise	Surproduction Suraccumulation Baisse du taux de profit	Marchés imparfaits Interventions de l'Etat	Anticipations pessimistes Situation de sous-emploi	Crise du mode de régulation (1929) Crise de suraccumulation (Trente Glorieuses)	Causes exogènes (climat, politique...), ou endogène (progrès technique...)
Solutions	Nouveau système de production	Restaurer un marché concurrentiel	Intervention de l'Etat et coordination des politiques économiques	Contingente car fonction des formes institutionnelles	Automatique

D'un point de vue théorique, il est possible de différencier deux approches.

• **Une approche qualifiée d'hétérodoxe** : le cycle est appréhendé comme une régularité du système économique. Les fluctuations sont liées au fondement même du système capitaliste, par le biais de la création d'une offre, de la saturation d'une demande et de la création d'une nouvelle offre. Les différents cycles correspondent alors à un processus d'accumulation ou d'investissement en capital, puis, à une phase de dévalorisation ou de désinvestissement des entreprises.

Pour Marx, cette phase se manifeste par une baisse tendancielle des taux de profit des entreprises. Pour Schumpeter, le principal facteur explicatif des crises est le progrès technique. Chaque phase d'expansion correspond à une phase de découverte et de diffusion d'une innovation. Ce cycle d'expansion sera d'autant plus long que l'innovation affecte l'ensemble de la sphère économique et sociale. Le progrès technique modifie les conditions de production et les modalités de répartition du PIB.

Selon **Minsky** (post-keynésien), les cycles s'expliquent également par les variations de crédit. Ainsi, en période de croissance, les agents (entreprises, ménages, Etat) ont confiance dans l'avenir et n'hésitent pas à s'endetter. Lorsque le niveau d'endettement devient insoutenable, une dépression se déclenche ; l'investissement chute. Ce n'est que lorsque les conditions de rentabilité sont restaurées que s'amorce une nouvelle phase de croissance. Dès lors, il y a une dynamique salvatrice dans toute crise.

• **Une approche plus orthodoxe (néoclassique)** : les fluctuations cycliques résultent de chocs exogènes. Selon Lucas (néoclassique), lorsqu'une banque centrale, contre toute attente, décide d'augmenter la masse monétaire, deux conséquences peuvent apparaître :

- soit les entreprises disposent des capacités de production disponibles pour accroître la production et de la main-d'œuvre nécessaire ; il y a une phase d'expansion ;

- soit au contraire, les entreprises privilégient le déstockage et ne répercutent pas la baisse des taux d'intérêt sur leur décision d'investissement. Il y a une phase de ralentissement.

Selon l'école des **cycles réels** (post-keynésienne), la répartition des gains de productivité n'est pas neutre sur le niveau d'activité. Soit les gains de productivité proviennent d'une hausse de la production, une baisse des prix de vente ou d'une baisse du temps de travail, l'impact sur la croissance est positif. La demande augmente, les entreprises sont incitées à investir. *A contrario*, si les gains de productivité ne donnent pas lieu à une baisse des prix, l'entreprise cherche à réinvestir ces nouveaux profits via un processus d'autofinancement. Sur le long terme, les firmes nationales tentent de retrouver des gains de productivité, *via* une réduction des coûts salariaux et/ou des investissements de productivité.

En somme, la notion de crise dépend largement du comportement et des anticipations des agents économiques. On dit que les prophéties sont « *auto-réalisatrices* », dans la mesure où les anticipations pessimistes entraînent des comportements d'épargne et de faible investissement. Sans l'intervention d'un agent extérieur (par exemple l'Etat), le cycle est dépressif.

3. EXPLICATIONS

L'école classique trouve son prolongement[2] dans l'école néoclassique. Aussi l'école libérale regroupe à la fois les classiques et les néoclassiques puisqu'ils fondent leur approche sur la croyance dans le libéralisme et à la primauté des libertés individuelles, la libre concurrence et la loi des débouchés (sauf l'école de Vienne), et la nécessaire neutralité de la monnaie qui en découle.

2. Nous invitons le lecteur à relire l'introduction de cette seconde partie où les principales différences avaient été mises en exergue. Concernant les différences, il serait plus approprié d'évoquer le renouvellement et non le prolongement de la pensée classique.

Quelques différences apparaissent de façon significative :

• le refus de la valeur objective au profit d'une valeur plus subjective basée sur l'utilité/rareté : la valeur de la marchandise n'est pas liée à la quantité de travail qu'elle incorpore, mais à l'utilité que procure sa consommation. Cette théorie de l'utilité est simultanément développée par trois écoles néoclassiques (Jevons en Angleterre, Walras en France et Menger en Autriche). L'approche n'est pas fondée sur les facteurs d'offre (coût de production), mais sur la demande (intensité de la satisfaction d'où l'idée d'utilité marginale). En conséquence de quoi, la valeur du bien correspond à la satisfaction ou utilité marginale qu'il procure à son consommateur. Le raisonnement est dit marginaliste puisqu'il se construit à la marge. Le consommateur ne se réfère pas à l'utilité totale qu'il retire de la consommation d'un bien, mais à l'utilité de la quantité supplémentaire consommée appelée utilité marginale. On dit que le raisonnement se fait à la marge : c'est l'avènement du marginalisme. En vertu de quoi, la valeur est décroissante puisque l'utilité marginale est décroissante du fait d'un effet de rareté et de satiété. Walras relate l'idée d'une valeur utilité-rareté[3]. Menger affirme à propos de la valeur : « *C'est un jugement que les sujets économiques portent sur l'importance des biens dont ils peuvent disposer pour maintenir leur vie et leur bien-être. Il en résulte que la valeur n'existe pas hors de la conscience des hommes.* » Et Marshall (1890) conclut qu'à court terme, la demande commande la valeur de la marchandise alors qu'à long terme, l'offre est déterminante car les conditions de production peuvent être modifiées ;

• dans la perception de l'économie : l'économie politique doit s'abstraire de toute considération politique ; elle ne va plus s'attacher à son objet en tant que tel (plus précisément à la question des origines et de la répartition de la croissance), mais se concentrer sur son mode de raisonnement – l'outil mathématique est alors indispensable – qui repose sur la maximisation d'un objectif sous contraintes : théorie du consommateur tout d'abord avec la théorie de l'utilité/rareté, théorie du producteur ensuite. L'économie se recentre sur la micro-économie où l'individualisme méthodologique triomphe via l'*homo-œconomicus*, être rationnel ;

• l'approche devient statique et s'articule autour de l'existence d'un équilibre (partiel ou général) et les caractéristiques de celui-ci. La crise n'est qu'un accident que la flexibilité des prix permet d'éviter ou de résoudre. Elle apparaît comme un événement exogène (sauf pour Schumpeter).

3. A ce titre, Marshall est explicite et trouve le débat entre la valeur objective et subjective complémentaire et non exclusif ; c'est comme si on cherchait à « *savoir si c'est la lame supérieure ou la lame inférieure d'une paire de ciseaux qui coupe un morceau de papier* » (*Principes d'économie politique*, 1890).

L'école néoclassique se révèle toutefois très disparate : elle renouvelle certains fondamentaux classiques (le marginalisme, par exemple), mais est aussi une réaction au marxisme et au keynésianisme. Ceci explique qu'une frange de l'école néoclassique exprime une opinion sur l'Etat extrêmement proche des anarchistes (dits « *de gauche* »). En l'espèce, les libertariens, plus radicaux, revendiquent, au mieux, un Etat minimal – « *le veilleur de nuit* » de Robert Nozick (1938-2002) – voire sa suppression (courant anarcholibéral de Murray Rothbard (1926-1995) et David Friedman (1945-). Il est faux d'assimiler les néoclassiques aux classiques et de les présenter comme un tout homogène. Certains sont d'ailleurs favorables à une certaine forme d'intervention de l'Etat (école du bien-être).

Mais, à côté de ces ultralibéraux, d'autres développeront des critiques plus ou moins acerbes du keynésianisme. Ainsi l'école monétariste (ou école de Chicago) dénonce les effets d'une politique budgétaire expansionniste : le poids excessif de la dette publique qui découle de l'inefficacité des mesures de relance conduit à augmenter l'inflation. Elle met en cause la relation de Phillips qui suppose l'existence d'un arbitrage entre inflation et chômage. La nouvelle économie classique (Gilder, Laffer) dénonce les prélèvements obligatoires. L'approche du *Public choice* ira encore plus loin dans la critique en dénonçant la captation du vote démocratique dans le sens d'intérêts partisans, contraire à l'intérêt collectif.

L'individualisme méthodologique sera également réaffirmé dans des domaines traditionnellement plus sociologiques (famille, mariage, études) par le biais de la théorie du capital humain (Becker).

La nébuleuse néoclassique

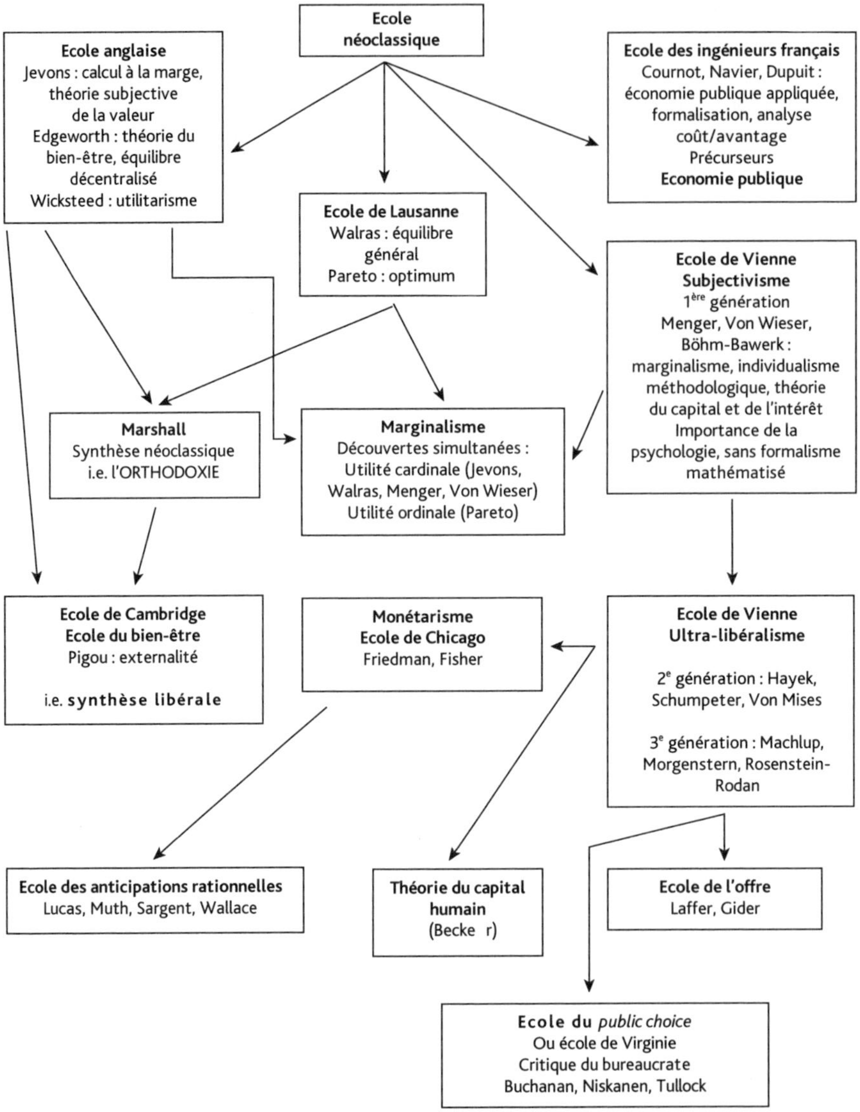

Chapitre 1 L'ÉCOLE DES INGÉNIEURS FRANÇAIS

Cette école prépare les outils à la modélisation et à la formalisation des théories microéconomiques : graphiques, calculs à la marge, diagrammes géométriques, statistiques. Soucieux d'une construction efficace des infrastructures, les ingénieurs de cette école, souvent au service de l'Etat, établissent des règles pouvant guider l'arbitrage entre plusieurs projets à travers la question suivante : quelle est l'utilité sociale des travaux effectués par l'Etat ? Précurseurs de l'économie publique (du bien-être), ils tentent de rationaliser le processus décisionnel public. **Henri Navier** (1785-1836) propose une analyse coûts/avantages basée sur l'utilité d'un projet. Le projet retenu sera celui qui présente la plus grande utilité à la collectivité. La règle Navier consiste à comparer « *les dépenses d'intérêt du capital investi et d'entretien aux coûts des marchandises transportées* ». Ensuite, **Joseph Minard** (1781-1870) propose une tarification en fonction de l'usure *via* l'usage qui en est fait (en l'occurrence, une taxe basée sur la tonne du camion). **Jules Dupuit** (1804-1866) est favorable à une production publique afin d'éviter la captation d'un surplus par le monopole privé ; ce dernier pourrait être incité à pratiquer des prix élevés au détriment du consommateur. Selon Dupuit, l'optimum privé ne correspond pas, dans le cas de production à rendements croissants, à l'optimum social. Le monopole public satisfait l'intérêt social.

Augustin Cournot (1801-1877) est, selon Walras, « *le père de l'économie mathématique* », le fondateur de l'économétrie. Pour lui, « *la chrématogénie*[4] *étudie la génération des richesses. La dianémétique s'intéresse au partage et à la distribution des richesses* ». Economiste libéral, il considère que le processus concurrentiel aboutit au prix le plus faible ; le marché est favorable au consommateur. Il reconnaît cependant que la stratégie du prix le plus faible peut être contraire aux intérêts des salariés (par le salaire faible qu'elle induit). Il interprète les mouvements sociaux et des regroupements syndicaux comme la réponse légitime au processus concurrentiel. Il établit l'origine de la richesse dans la valeur d'échange, la valeur que le consommateur est prêt à débourser pour obtenir l'usage d'une marchandise. L'offre se détermine en fonction de cette demande. Or cette dernière dépend de la démographie, de la répartition de la richesse et des habitudes de consommation. C'est la loi de la demande (ou loi du débit) de Cournot.

Chapitre 2 L'ÉCOLE DE LAUSANNE : LA FORMALISATION DE L'ÉQUILIBRE GÉNÉRAL

Cette école se place volontairement dans le cadre d'une concurrence pure et parfaite et développe l'idée de l'équilibre général (Walras) et de l'optimum (Pareto). Elle renouvelle la pensée classique par la modélisation qu'elle introduit.

4. Ou comment la science économique emprunte des notions à la physique. Pour davantage de précisions : http://www.unil.ch/webdav/site/walras/shared/Ceras/5/2.Diemer-guillemin.pdf.

Léon Walras[5] (1834-1910) précise la situation d'équilibre entre une offre et une demande en sachant que chacun dispose, au départ, d'un panier initial et de dispositions à l'échange propres : l'ajustement se fait par tâtonnements successifs de la quantité après observation du prix (*Eléments d'économie pure*, 1874). Il se base sur l'*homo-œconomicus* et opte volontairement pour l'analyse de la concurrence, le monopole étant, pour lui, un cas particulier : « *L'économie politique pure est essentiellement la théorie de la détermination des prix sous un régime hypothétique de libre concurrence absolue. L'ensemble de toutes les choses matérielles ou immatérielles, qui sont susceptibles d'avoir un prix parce qu'elles sont rares, c'est-à-dire à la fois utiles et limitées en quantité, forme la richesse sociale. C'est pourquoi l'économie politique pure est aussi la théorie de la richesse sociale.* » (1874)

A l'équilibre, le rapport des utilités marginales est égal au rapport des prix et le profit est nul. L'équilibre induit par la libre-concurrence est optimal. L'agent qui permet aux différents marchés de trouver l'équilibre est l'entrepreneur : pour produire des marchandises destinées à la consommation (marché des biens et des services), il s'adresse au marché des facteurs de production (travail, terre) et au marché des capitaux pour obtenir les financements. L'entrepreneur est envisagé comme un intermédiaire.

Toutefois, le processus par tâtonnements n'est possible et stable que dans un cadre centralisé ; si les acteurs du marché sont preneurs de prix, cela suppose qu'ils puissent observer ce dernier. Le prix initial est alors annoncé, avant les échanges, par le commissaire-priseur qui effectue les échanges d'enchères avant l'échange final. Mais qui est ce commissaire-priseur extérieur au marché ? Par ailleurs, Walras démontre que l'équilibre général d'une économie découle de l'équilibre sur les n-1 marchés (équilibre partiel) car ce dernier implique nécessairement l'équilibre sur le nième marché. Par conséquent, il définit la totalité de l'économie comme l'ensemble des marchés ; il s'agit d'un modèle d'interdépendance générale. L'annonce du prix conditionne les quantités offertes et achetées : la flexibilité du prix ordonne les ajustements quantitatifs. Sur le plan social, Walras est favorable à un impôt sur la propriété (voire à sa nationalisation dans certains cas de rentes), celle-ci étant à l'origine des inégalités de naissance, qu'il condamne. Une école publique et gratuite pour tous permet de rétablir l'égalité des chances. Il a ainsi parfois été qualifié de socialiste car il défend également la participation des salariés au capital des firmes et les coopératives. D'ailleurs, selon lui, l'Etat doit intervenir dans le domaine économique en cas de défaillance du marché.

Deux **économistes néowalrassiens** sont connus : Debreu et Arrow, qui ont ont reçu le prix Nobel. **Gérard Debreu** (1921-2004) démontre mathématiquement l'existence de plusieurs équilibres et confirme ainsi la conclusion de Walras, que ce dernier n'avait pas réussi à démontrer formellement. Il pose les conditions d'un équilibre stable : « *à l'équilibre, la consommation nette des producteurs et consommateurs est égale au montant des ressources disponibles* ». Il établit le lien entre la notion d'équilibre et celle d'optimum qu'il définit comme un état où « *on ne peut mieux satisfaire les préférences d'un consom-*

5. Certains de ces aspects ont déjà fait l'objet d'un développement dans la fiche 1.

mateur sans satisfaire moins celles d'un autre. [...] *Aucun consommateur ne peut mieux satisfaire ses préférences sans accroître sa dépense et si aucun producteur ne peut augmenter son profit.* [...] *Si un état réalisable d'une économie est un équilibre par rapport à un système de prix, c'est un optimum.* [...] *Si un état réalisable d'une économie est un optimum, il existe un système de prix par rapport auquel cet état est un équilibre.* »

Son œuvre majeure – abstraite et axiomatique – est sa *Théorie de la valeur* (1956). Il a également précisé les hypothèses (propriétés) du modèle néoclassique : « *Dans l'étude de la production, quand on fait abstraction des formes légales d'organisation (sociétés anonymes, sociétés en nom collectif, entreprises individuelles,* [...] *et des genres d'activités (agriculteur, mines, bâtiments, manufacture, transport, services,* [...] *on obtient le concept de producteur, c'est-à-dire d'un agent économique dont le rôle est de choisir (et d'exécuter) un plan de production.* »

Parmi toutes les hypothèses[6], les plus contestées sont celles des rendements constants (pas d'économies d'échelle ou de gains de productivité) et de la convexité des préférences (qui présuppose que l'agent préfère toujours un panier composé plutôt qu'un panier avec exclusivement un seul bien, ce qui n'est pas toujours le cas). Dès lors, il établit deux théorèmes : 1) la concurrence pure et parfaite maximise l'utilité et 2) le libéralisme est le meilleur système car l'échange libre et mutuel permet de maximiser les satisfactions.

Les questionnements de **Kenneth Joseph Arrow** (1921-) portent sur les choix collectifs (*Social choice and individual values*, 1951). Dans son théorème d'impossibilité[7], il démontre que la procédure de vote aboutit à une situation sous-optimale du fait de la manipulation dans la présentation de l'ordre des alternatives par exemple. En réalité, selon lui, la procédure de choix obéit à différentes règles : la coutume, l'autorité, le consensus (soit par le marché soit par le vote). De plus, il introduit la dynamique de l'apprentissage par la pratique[8] – *learning by doing* – dans le processus de croissance. La productivité est croissante de l'expérience : « *C'est l'activité de production qui fait émerger les problèmes pour lesquels des réponses adéquates peuvent être sélectionnées au cours du temps* [...] *Chaque nouvelle machine produite et mise en action dans la production est capable de modifier l'environnement dans lequel elle prend place par des stimulations nouvelles continues.* » (1962)

Vilfredo Frederico Pareto (1848-1923) s'interroge sur la difficulté à agréger des préférences individuelles : comment peut-on sommer des utilités individuelles ? Pareto privilégie l'utilité ordinale à l'utilité cardinale : il est préférable de hiérarchiser plutôt que de chiffrer différents paniers de biens. Il précise la notion d'équilibre à travers celle d'optimum et introduit le concept d'acceptation de l'état du monde car rien ne permet d'affirmer qu'il n'existe qu'un seul optimum. Plus précisément, une situation est acceptable

6. Elles ont déjà été présentées dans la fiche 1.
7. Ou paradoxe de Condorcet, déjà présenté dans la fiche 1.
8. Il ne faut pas interpréter cet apprentissage dans le sens du capital humain, mais comme celui qui découle des machines et de la technique utilisée. Romer réutilise cette dynamique pour caractériser le cumulatif de la croissance endogène.

dès lors qu'elle retient l'accord de la majorité des individus. Aussi, un optimum se caractérise par un état du monde dans lequel un changement n'introduit pas une amélioration de la situation d'un individu supérieure à la dégradation d'un autre. Cette règle sera celle de l'économie de bien-être (*Social Welfare*). Cependant, il argue[9] (*Manuel d'économie politique*, 1906) : « *L'économie pure ne nous donne pas de critérium vraiment décisif pour choisir entre une organisation de la société basée sur la propriété privée et une organisation socialiste.* » (chap. 6)

En conséquence de quoi, pour Pareto, l'efficacité de l'allocation des ressources relève des économistes, mais celle de l'équité (fonction de bien-être social) fait appel à des jugements de valeur[10] que seul le politique est à même de trancher car « *le maximum d'utilité pour la collectivité n'est pas le maximum d'utilité de la collectivité* ».

Il refuse de comparer les utilités individuelles. Pareto est aussi sociologue (*Traité de sociologie générale*, 1916) puisqu'il s'interroge sur l'*homo-œconomicus*, qui pour lui, n'est pas représentatif de « *l'homme réel* ». A ce titre, il s'interroge sur la rationalité des actes (les actions sont-elles objectivement et subjectivement logiques ?) et argue que « *les actions non logiques ont une grande part dans le phénomène social* » ; elles obéissent à la passion (« *sentiments et instincts* »). En d'autres termes, le rationalisme n'est qu'une chimère. D'ailleurs, il observe que les distributions sont inégalement réparties dans la société : la règle des 20/80 (diagramme ou loi ou courbe de revenus de Pareto) indique que la société est hiérarchisée où « *les pauvres forment la base, les riches le sommet* » (*Cours d'économie politique*, 1896-97) : 20 % de la population détient 80 % des richesses.

De ce fait, il a une conception de la société très inégalitaire puisqu'il part du constat que, quelle que soit l'époque considérée, il existe une certaine stabilité dans la distribution des richesses (et du pouvoir) : c'est la loi d'airain de l'inégalité. Sa théorie de l'élite gouvernementale et de l'élite non gouvernementale fait référence à une division de la société en classes supérieure et inférieure (« *les élites et la masse* »). Cette division ne change que peu même si « *l'histoire est un cimetière d'aristocraties* » et fait état d'une toute relative circulation des élites (renouvellement accepté ou forcé) qui conduit toutefois à un équilibre social de longue période. Il atteste que la faiblesse des élites actuelles mène le pays à sa perte : « *Toute élite qui n'est pas prête à livrer bataille, pour défendre ses positions, est en pleine décadence, il ne lui reste plus qu'à laisser sa place à une autre élite ayant les qualités viriles qui lui manquent. C'est pure rêverie, si elle s'imagine que les principes humanitaires qu'elle a proclamés lui seront appliqués : les vainqueurs feront résonner à ses oreilles l'implacable* Vae Victis. » (*Les Systèmes socialistes*, 1920)

9. Dans la continuité de sa pensée, il est favorable à un système autoritaire et développe une théorie des élites, la loi d'airain de l'oligarchie, déjà présentée dans la première fiche. Pourtant, lorsqu'il passe de l'utilité cardinale à l'utilité ordinale, il insiste sur sa volonté de ne pas « *faire intervenir un être suprême (Dieu ou le grand planificateur)* ». A propos du scepticisme de Pareto, Aron dit : « *Il n'allume aucune lueur d'espoir.* »

10. « *Redistribuer, c'est éventuellement habiller un pauvre en déshabillant un riche.* »

Chapitre 3 L'ÉCOLE DE CAMBRIDGE : L'ÉCONOMIE DU BIEN-ÊTRE

L'école de Cambridge fait figure de synthèse de l'école libérale. Les notions d'équilibre partiel et d'externalités sont précisées. En réalité, elle est favorable à une intervention de l'Etat dès lors que l'action d'un individu a des conséquences sur le bien-être d'un autre. Cette école s'inscrit dans la tradition libérale car elle définit le bien-être social comme la somme des bien-être individuels.

Arthur Cecil Pigou (1877-1959) met en avant la notion d'imperfections, de défaillances du marché qui prennent la forme soit d'externalités soit d'un bien collectif. Elles nécessitent une présence de l'Etat soit pour la favoriser (externalité positive, bien collectif) soit pour y remédier et l'éviter (externalité négative). Cette externalité provient d'une imperfection dans la répartition des droits de propriété. Ainsi, l'action d'un individu peut avoir des conséquences indésirables et/ou non prévues sur l'utilité d'un autre agent. Cet effet est dit externe car il ne transite pas par le marché. Il peut être positif (innovation, formation) ou négatif (pollution). Dans son *Economie du bien-être* (1920), Pigou en appelle alors à l'Etat pour rectifier le marché car l'externalité positive invite à un sous-investissement alors que l'externalité négative conduit à une surproduction ou un gaspillage des ressources. Il propose d'internaliser – par un système de prix – ces effets externes.

Ainsi, la taxe Pigou fait référence au principe du pollueur/payeur ; en d'autres termes, il suffit d'attribuer un prix[11] à l'externalité pour l'intégrer dans le marché : la victime est indemnisée par le pollueur, le brevet protège l'innovateur par le versement de droits. Concernant les biens collectifs, l'usage n'est pas exclusif et empêche l'exclusion de ceux qui ne payent pas le prix. Ce phénomène que l'on retrouve dans le paradoxe d'Hardin et de passager clandestin conduit inexorablement à une situation sous-optimale. Dans le premier cas, l'inexistence de droits de propriété invite à la surexploitation de la ressource libre (exemple pour la pêche) alors que, dans le second cas, la multiplication de comportements opportunistes n'incite pas le producteur privé à produire des biens pourtant utiles à la collectivité. De ce fait, les biens collectifs doivent être pris en charge par l'Etat. L'impôt est justifié au nom de l'intérêt général. L'Etat est donc un peu plus qu'un simple Etat-Gendarme. **Henry Sidgwick** (1838-1900) illustre le bien collectif à travers l'exemple du phare, bien indivisible dont il est impossible d'interdire l'usage puisqu'il est visible de tous.

11. L'approche sera par la suite discutée en raison de la difficulté à évaluer ces éléments hors marché : quelle est la valeur d'un paysage détérioré ? Celle d'une nappe phréatique polluée ? Par ailleurs, cette évaluation suppose que l'indemnisation rend possible la compensation. Mais qu'en est-il lorsque les dégâts se révèlent irréversibles ?

Définition d'un bien public

Bien	Non-rival	Rival
Non exclusif	Bien collectif Ex. : le climat	Bien collectif intermédiaire Ex. : pêcherie en accès libre
Exclusif	Bien collectif intermédiaire Ex. : paiement d'un droit d'accès	Bien privatif Ex. : tous les biens privés

Toutefois, Pigou reste néoclassique à travers l'analyse du marché du travail (*La Théorie du chômage*, 1931) : l'existence d'un salaire minimum et d'une législation sociale restreint la flexibilité des salaires. Le chômage s'explique par un excédent de main-d'œuvre attirée par un salaire réel supérieur au salaire d'équilibre. Ainsi, une baisse des salaires réduit les coûts de production qui sera répercutée sur le prix de vente. La demande est relancée et contribue à la reprise des embauches. Le bien-être social augmente avec la production nationale. Si celle-ci est mal répartie, Pigou accepte l'idée d'une intervention de l'Etat : « *Tant que le revenu dans son ensemble ne diminue pas, toute augmentation* [...] *du revenu réel dont jouissent les classes les plus pauvres, aux dépens d'une réduction égale du revenu possédé par les classes les plus riches entraîne, à coup sûr, un accroissement de bien être.* » (1920)

William Stanley Jevons (1835-1882) se positionne contre la théorie de la valeur-travail au bénéfice de celle de « *degré final d'utilité dont la dimension est U* »[12] ; la valeur mesure « *l'intensité de la valeur* » (*La Théorie de la politique économique*, 1872). L'échange s'interprète comme un échange de quantité d'utilité : il s'effectue à l'égalité des utilités marginales. **P.H. Wicksteed** (1844-1927) précise que l'utilité marginale (c'est-à-dire l'utilité de l'utilité supplémentaire consommée) est décroissante du fait d'un effet de satiété. A l'équilibre, les revenus des facteurs égalisent les productivités marginales respectives. Toutefois, cette utilité – subjective – se quantifie puisque l'individu lui attribue une certaine note. De ce fait, il construit une théorie de l'utilité cardinale. Il est utilitariste et conçoit un diagramme d'équilibre entre des peines et des plaisirs : « *L'objet de l'économie est de maximiser le bonheur en achetant le plaisir, pour ainsi dire, pour le coût de l'effort le plus faible.* » (1872)

Il reste cependant dans la tradition libérale concernant l'intervention économique de l'Etat sans nier une éventuelle protection des plus pauvres (logement social, nationalisation de la poste, musées publics et parcs nationaux). Fondateur de l'école philosophique anglaise, il a publié de nombreux ouvrages de philosophie avant de se consacrer à sa passion, le calcul statistique. Il est partisan de la transformation de l'économie politique en « *économique* ». Dans *Les Crises commerciales et les taches solaires* (1878-79) et en se

12. C'est-à-dire l'utilité marginale de Von Wieser ou de la rareté de Walras.

basant sur la production agricole, il argue que la périodicité des taches solaires (environ tous les dix ans) correspond à la durée moyenne d'un cycle d'affaires. Ceci restera dans les annales comme l'exemple d'une « *erreur méthodologique*[13] ».

Francis Isidoro Edgeworth (1845-1926) introduit les outils mathématiques nécessaires à la formalisation de l'économie du bien-être (courbes d'indifférence[14] et des contrats, équilibre partiel du consommateur). Il construit la célèbre boîte (ou diagramme) d'Edgeworth qui représente l'échange entre deux consommateurs : l'échange cesse lorsqu'il n'est plus possible d'accroître l'utilité de chacun. Il existe alors plusieurs points d'équilibre (la courbe de contrats) qui représentent autant de situations de partage, de répartition de la richesse. « *Là où Jevons indique que "la solution finale dépend des dispositions et de la force de caractère des différentes parties", Edgeworth introduit le calcul hédoniste comme principe de l'arbitrage final. Les échangeurs s'orientent progressivement vers le "contrat tendant vers l'utilité totale la plus grande"* » (Baslé et al., 1993, p. 144).

Keynes disait d'**Alfred Marshall** (1842-1924) : « *nous sommes tous les élèves d'A. Marshall* », il est « *l'archevêque cambridgien* ». Il a construit une synthèse de la pensée libérale (*Principes d'économie politique*, 1890) pour « *contribuer à la résolution des problèmes sociaux* ». Pour Baslé et al. (1993, p. 148), « *il est le trait d'union entre la pensée des classiques (Ricardo, Mill, Smith) et celle des marginalistes (Cournot, Dupuit, Walras, Menger). C'est par sa méthode qu'il devient le pilier central de la "cathédrale néoclassique" anglo-saxonne* ». Il définit la notion d'équilibre partiel (le prix d'équilibre est le point de rencontre entre une offre et une demande ; l'oscillation du prix par rapport au prix d'équilibre se fait automatiquement par ajustements successifs). Cependant, il qualifie cet équilibre d'instable car les caractéristiques de l'offre et de la demande sont sans cesse changeantes. Pour lui, à court terme, « *c'est la demande qui détermine le prix de marché* » alors qu'à long terme, « *l'action normale des forces économiques a tout le temps de s'exercer de manière plus complète* [...] *La technologie détermine le prix de marché* ». Dans la tradition de l'école de Cambridge, Marshall n'est pas opposé à une intervention économique de l'Etat via des aides aux productions à rendements croissants financées par un impôt sur celles à rendements décroissants. Autrement dit, la question qu'il pose, à travers l'exemple du gaz, est de savoir s'il est préférable de laisser une firme disposer d'un monopole ou de satisfaire la demande par une production publique. Par contre, il n'apporte pas de réponse tranchée.

Chapitre 4 *L'ÉCOLE DE VIENNE (LE MARGINALISME PHILOSOPHIQUE) : LE SUBJECTIVISME AUTRICHIEN*

Associée à l'individualisme méthodologique, l'école de Vienne apparaît un peu en marge de la pensée néoclassique par la méthodologie qu'elle adopte : elle refuse la formalisation des comportements économiques et adhère à une explication psychologique des

13. Cette relation sera infirmée plus tardivement et provoquera la réponse, célèbre, des économètres : « *Corrélation n'est pas raison et encore moins causalité.* »
14. La courbe d'indifférence est une fonction d'utilité totale liée à la consommation d'un panier de biens.

comportements. La primauté de l'individu sur le collectif s'explique par le contexte politique dans lequel elle naît (fin XIXe-début XXe siècle) ; à ce titre, elle s'inscrit contre le marxisme, contre le socialisme et toute forme d'intervention dictatoriale via la planification. Elle critique vivement l'école historique allemande (Schmoller, List). Elle se divise en trois générations.

SECTION 1 - LES ÉCONOMISTES DE LA PREMIÈRE GÉNÉRATION

Les économistes de la première génération ont une vision microéconomique.

Carl Menger (1840-1921) développe la théorie subjective de la valeur qui repose sur le nominalisme (la valeur n'est pas liée aux qualités intrinsèques du bien, l'individu est libre d'attribuer ou non de la valeur à un bien). Autrement dit, la valeur est un jugement sur son besoin. L'utilité – intensité de satisfaction mesurée par une valeur numérique – exprime une valeur d'échange ; l'utilité du bien décroît avec la rareté. Il établit une hiérarchie des besoins (1. Alimentation, 2. Logement, 3. Vêtement, 4. Soins médicaux, 5. Parure, 6. Distractions, etc.). Le capital est considéré comme un « *bien supérieur* » alors que les biens consommables sont des « *biens de premier rang* » qui procurent une utilité immédiate. La valeur des biens dépend aussi de la quantité de biens secondaires qu'ils ont nécessités pour leur fabrication[15]. C'est la théorie de l'imputation de la valeur. Friedrich Von Wieser (1851-1926) crée la notion d'utilité marginale ; il reste circonspect sur la définition à donner à l'intérêt social (conscient de la difficulté à sommer des utilités cardinales). D'ailleurs, le prix payé n'est pas le prix d'équilibre théorique car ce dernier dépend de la courbe de demande individuelle : les plus aisés bénéficient ainsi d'un surplus du consommateur puisqu'ils paient certains biens au même prix que les plus démunis. « *C'est par conséquent la distribution de la richesse qui décide de ce qui sera produit.* » (*De la valeur naturelle*, 1889) Concernant l'Etat, il écrit : « *L'Etat doit garder en tête ses devoirs d'intérêt général.* » (1913)

Eugen Von Böhm-Bawerk (1851-1914) expose une théorie sur le capital et du taux d'intérêt dans sa *Théorie positive du capital* (1888) : l'intérêt se justifie car l'épargne est une non-consommation immédiate qui permet l'investissement, créateur d'un « *détour de production*[16] » propice aux gains de productivité. Or, les individus ont une préférence marquée pour le présent[17] : il explique ainsi le profit et l'intérêt par la perte initiale de temps et de valeur pour un gain futur. Par ce biais, il introduit la notion d'actualisation.

15. Il prend l'exemple du blé, qui nécessite un cultivateur et un meunier et respectivement leurs outils de production. « *La valeur se calcule par soustractions successives en partant du bien de consommation finale pour arriver aux facteurs de production.* » (Baslé et al., 1993, p. 218)
16. Il est parfois nécessaire de faire un détour de production (une production intermédiaire par ex.) pour produire davantage et mieux par la suite.
17. Hypothèse reprise par Keynes.

SECTION 2 - LES ÉCONOMISTES DE LA SECONDE GÉNÉRATION

Ils représentent la branche **ultralibérale**, qui refuse tout compromis entre un système socialiste et le capitalisme. **Friedrich August Von Hayek** (1899-1992) est un libertarien analysant les cycles sous l'angle de la monnaie. Farouche opposant à Keynes, il condamne la politique monétaire expansive car elle fausse l'information et pousse à de mauvais choix d'investissements. Selon lui, la production est flexible : elle est à la fois le résultat d'un processus historique (« *le détour de production* » de Von Böhm-Bawerk) et conditionnée par les anticipations de profit des entrepreneurs. Le cycle est alors fonction des investissements. Ce cycle dépend de perturbations endogènes (état de la demande, taux de profit, irréversibilité des investissements passés) et exogènes (masse monétaire). Les investissements s'adaptent aux effets endogènes (ils sont flexibles) : c'est l'effet-accordéon d'Hayek. Aussi, les éléments exogènes (excès de crédits) troublent le cycle et provoquent une crise. L'explication est donc monétaire car une création monétaire *ex nihilo* modifie le rapport des prix ; le taux d'intérêt ne reflète plus le niveau d'épargne réel. La crise de surinvestissement est inévitable. De ce fait, la monnaie doit rester « *un voile* ». Pour éviter ces effets, il propose que les banques de second rang soient mises en concurrence avec des banques privées. De manière similaire, une politique budgétaire expansionniste conduit à l'inflation et au chômage. Ses positions libertariennes sont exposées dans *Les Routes de la servitude* (1944), *La Constitution de la liberté* (1960) et *Droit, législation et liberté* (1980) : l'étatisme – l'ordre décrété, la taxis – détruit la liberté du plus grand nombre par un nombre réduit d'individus (qui définit le plan) car, au final, il faudra bien faire respecter l'ordre social défini. Aussi, s'il reconnaît que la démocratie est « *précieuse* », il est méfiant dans sa réalisation : la « *démocratie de marchandage* » découle de l'égoïsme de groupes de pression, de coalition qui font valoir des intérêts particuliers au détriment des intérêts de tous. De ce fait, pour lui, la notion de justice sociale n'a pas de sens ; elle est foncièrement subjective et impossible à mettre en œuvre : « *Pour tendre à une égalité réelle des chances, il faudrait que le gouvernement ait entièrement le contrôle de tout ce qui constitue le milieu matériel et humain de tous.* » (1980).

L'ordre spontané – le *Kosmos* – est à favoriser. Il le justifie par la capacité des individus à vivre ensemble (le spectateur impartial de Smith n'est pas loin) et par l'incapacité humaine de comprendre pourquoi le collectif (vivre ensemble) découle de la somme des individualités : « *La plupart des règles de conduite qui gouvernent nos actions et la plupart des institutions qui se dégagent de cette régularité sont autant d'adaptations à l'impossibilité pour quiconque de prendre consciemment en compte tous les faits distincts qui composent l'ordre de la société.* » (1980)

Ludwig Von Mises (1881-1973) est le co-fondateur (avec Hayek) de la Société du Mont-Pellerin[18] (1947). Il définit la praxéologie : l'économie est la science des choix, « *de l'action et de la décision* » et l'individu se trouve à l'origine de ce choix. A ce titre,

18. Société qui regroupe des intellectuels et des hommes politiques favorables au marché et au libéralisme. Elle s'inscrit d'abord contre le collectivisme puis contre le keynésianisme.

sa conception de l'*homo-œconomicus* diffère quelque peu de la définition générale : il est un être actif, « *l'homme qui agit choisit, se fixe un but et s'efforce de l'atteindre* » (*L'Action humaine*, 1949). Il se concentre sur l'action mise en œuvre et non sur l'objectif. En conséquence de quoi, les actions révèlent des préférences. Il va même plus loin dans la théorie de la valeur en alléguant que « *l'acteur ne mesure pas l'utilité ou la valeur ; il choisit entre des alternatives* » (1949). C'est pourquoi il a tendance à préférer le présent (impossible d'avoir une information complète sur le futur ; ces coûts de l'information limitent la rationalité). Sur le plan macroéconomique, il est farouchement opposé à toute intervention monétaire, il défend le marché, la démocratie et le vote majoritaire[19] : la manipulation des taux d'intérêt déstabilise les comportements et provoque des crises (Théorie monétaire et théorie conjoncturelle, 1929). Supprimer la libre-concurrence, donc la détermination des prix par l'offre et la demande, engendre « *le désordre* ». D'ailleurs, le socialisme détruit l'esprit d'initiative, la planification étatique nuit à l'investissement. C'est une société sans progrès qui brime l'individu.

SECTION 3 - LES ÉCONOMISTES DE LA TROISIÈME GÉNÉRATION

Ce sont essentiellement O. Morgenstern (1902-1977), Machlup (1928-) et Rosenstein-Rodan (1902-) Haberler (1900-). Ils se concentrent sur l'analyse économique du comportement humain. Avec John Von Neuman, Morgenstern fonde la théorie des jeux qui met en exergue les stratégies et tactiques des individus.

Chapitre 5 *L'ÉCOLE DE CHICAGO OU LE MONÉTARISME*

L'Ecole de Chicago est une réaction au keynésianisme des années 1950. Elle place la monnaie (et non le budget public) au cœur des phénomènes économiques. La monnaie explique les fluctuations de l'emploi, de la production et des prix. Une création monétaire augmente la demande, l'offre n'ayant pas anticipé cette demande « *artificielle* », la hausse des prix est fatale. Dès lors, l'inflation est un phénomène purement monétaire et, de ce fait, un mal à combattre. Les autorités monétaires sont responsables des crises. Les solutions apportées sont patentes : la politique monétaire ne doit pas obéir aux vicissitudes conjoncturelles ; elle doit être un élément structurel de la politique économique. Seule la stabilité de la politique monétaire conduit à des anticipations conformes au réel. Pour y parvenir, la Banque centrale doit être indépendante (sous-entendu du pouvoir politique). Il existe plusieurs écoles monétaristes : le **monétarisme standard** (le seul que nous présenterons), le **monétarisme métalliste** de J. Rueff qui prévoit le retour à un étalon-or et le **monétarisme budgétaire** (Brunner, Meltzer) qui différencie l'offre de crédit et l'offre de monnaie. Il ne suffit pas de contrôler la masse monétaire pour que la politique monétaire soit efficace : les banques disposent d'autres moyens (réserves, dépôts) pour accorder des crédits. Dans ce cadre, politiques budgétaire et monétaire doivent être menées de concert pour être efficace.

19. Concernant ces aspects, il est proche de Pareto puisqu'il pose la condition que les gouvernants soient « *les plus aptes à cette tâche* ».

Milton Friedman (1912-2006) reprend la théorie quantitative de la monnaie d'**Irving Fisher** (1911) : Mv = pY (avec M, la masse monétaire supposée exogène ; v, la vitesse de circulation de la monnaie supposée stable en courte période ; p, le niveau général des prix et Y, le volume global des transactions qui ne dépend pas de considérations monétaires). Cette équation suggère que toute hausse de la masse monétaire – à vitesse de la circulation de la monnaie constante et Y fixé– aboutit inévitablement à une inflation. En d'autres termes, la politique monétaire expansionniste est inflationniste et n'agit pas sur les variables réelles (hausse de la production). Pigou renforce cette idée pour le biais de l'effet d'encaisse réelle : l'individu dispose d'une encaisse monétaire supplémentaire (non désirée) qui le pousse à l'achat. Or, le niveau de production étant défini sur un niveau d'encaisses réelles, il n'existe pas d'offre suffisante pour satisfaire ce surplus de demande : les prix augmentent.

Friedman précise que la vitesse de circulation de la monnaie est historiquement décroissante[20], mais stable sur le court terme. Ceci s'explique par le revenu que les individus cherchent à préserver en cas de crise : ce revenu permanent rend la demande plus stable qu'il n'y paraît. Il définit le revenu permanent comme étant celui sur lequel l'individu fait reposer ses prévisions (il existe un revenu transitoire comme un héritage ou une recette inattendue pouvant influencer ce revenu). Aussi, une politique des revenus qui augmente à court terme les revenus des ménages n'a pas d'effet sur la consommation effective. En définitive, dans *Capitalisme et liberté* (1962), il prend parti pour le libéralisme, contre l'Etat-Providence. Ces thématiques liées à la crédibilité de la Banque centrale et à la neutralité de la monnaie plaident en faveur d'une politique monétaire rigoureuse. Elles ont fortement influencé depuis les années 1970. Elles justifient les positions des banques centrales américaines sous Reagan et sous Thatcher ainsi que celles de l'actuelle Banque centrale européenne. Elles se traduisent par une politique de monnaie forte et la lutte contre l'inflation.

Concernant la question de l'arbitrage entre inflation et chômage, Friedman dément : une politique budgétaire ou monétaire expansive peut avoir, à court terme, des effets d'entraînement (et faire baisser le chômage). Mais, inévitablement, elle conduit à une hausse de l'inflation. Sur le long terme, les individus ajustent leurs prétentions salariales à la hausse (ils prennent conscience de l'inflation et de la perte de pouvoir d'achat). En conséquence de quoi, les firmes révisent à la baisse leurs embauches. Au final, l'économie se retrouve avec un taux de chômage identique à la situation initiale, mais avec une inflation plus forte. L'économie est inexorablement ramenée au taux de chômage naturel (Nairu).

La **nouvelle économie classique** (Sargent, Wallace, Kydland, Muth ou Lucas) va plus loin dans la diatribe : les interventions monétaires constituent des chocs, lesquels provoquent des cycles. Autrement dit, toute intervention publique est déstabilisatrice ; elle est

20. Le montant des encaisses détenues par les agents économiques augmente proportionnellement avec son niveau de développement.

alors à proscrire. Le théorème d'équivalence ricardienne (ou effet Ricardo-Barro, Barro, 1974) énonce que tout creusement du déficit budgétaire (financé par émission de bons du Trésor) suscite une hausse de l'épargne des ménages. Cet ajustement repose sur des anticipations rationnelles quant à une future hausse des impôts. Autrement dit, il y a équivalence entre le fait d'augmenter la dette publique aujourd'hui (par le biais des bons du Trésor) et celui d'accroître les impôts futurs. Les agents augmentent leur épargne, rendant ainsi toute politique de relance de la consommation inefficace.

La relance budgétaire est inefficace en longue période

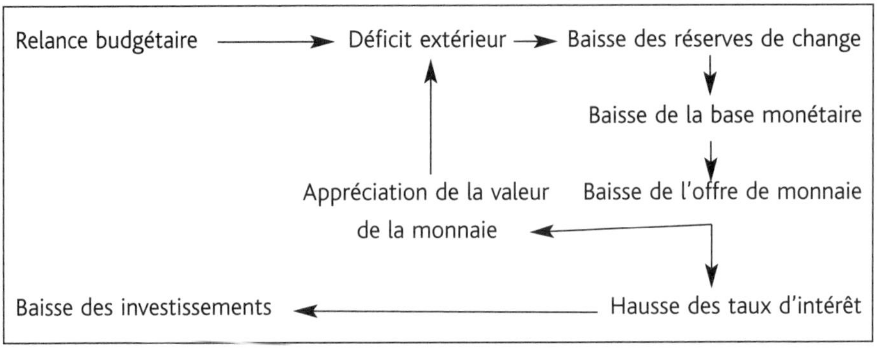

En outre, toute politique budgétaire expansive se traduit par un effet d'éviction : pour financer le déficit public, l'Etat mobilise soit des nouveaux impôts soit des nouveaux bons du Trésor. Dans tous les cas, l'épargne privée est captée par le secteur public. Cette raréfaction de l'épargne sur le marché des capitaux se traduit par une hausse du taux d'intérêt. Or celle-ci provoque de nouveaux besoins de financement (le poids des intérêts étant accru). L'Etat s'endette à nouveau. Le seuil de soutenabilité de la dette publique est ainsi vite atteint. L'effet d'éviction est total dans le cas d'anticipations adaptatives : les individus réduisent leurs dépenses de consommation pour faire face aux hausses futures d'impôts.

En somme, plus la dette augmente, plus elle évince une partie de l'épargne au détriment du secteur privé et plus elle nécessite des arbitrages dans l'affectation des recettes publiques au détriment d'une politique de relance. La politique budgétaire est inefficace sur le long terme.

L'école des anticipations rationnelles (monétarisme des anticipations rationnelles ou nouvelle économie classique) réfute l'idée d'illusion monétaire : les anticipations ne sont pas adaptatives mais rationnelles[21] car « *l'autorité monétaire ne dispose d'aucun moyen à*

21. L'opposition avec Keynes est patente puisque cette dernière pose l'hypothèse de myopie. Les individus sont victimes d'une illusion monétaire. Progressivement, les keynésiens précisent ce concept voire pour les néo-keynésiens réconcilient l'*homo-œconomicus* avec cette myopie en introduisant le concept d'anticipations adaptatives. La nouvelle économie classique va montrer que cet être reste rationnel dans le sens où il n'est pas naïf et qu'il est capable de prévoir lui-même le futur.

effet rétroactif qui lui permette d'espérer duper systématiquement le public » (Sargent et Wallace, 1976).

L'effet boule de neige désigne l'accumulation des déficits publics et l'incapacité des pouvoirs publics de les juguler : lorsque le taux d'intérêt devient supérieur au taux de croissance, la stabilisation du ratio dette/PIB exige un excédent primaire. Cet effet pose la question de la soutenabilité de la dette et de la générosité intergénérationnelle (égoïsme des générations actuelles vis-à-vis des générations futures).

L'effet boule de neige

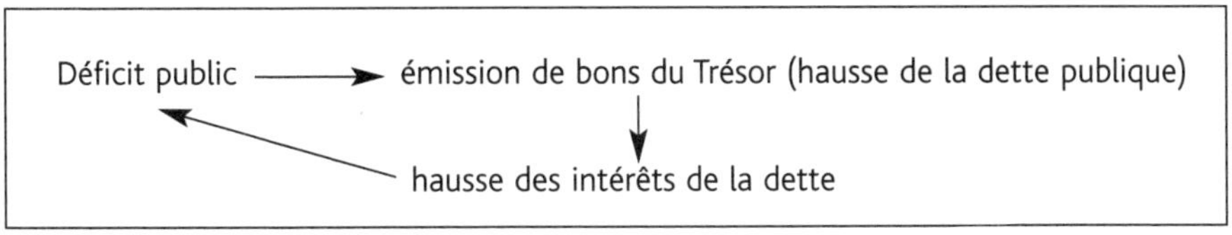

Chapitre 6 *L'ÉCONOMIE DE L'OFFRE (GILDER, LAFFER)*

Ces économistes contestent l'efficacité du multiplicateur keynésien et, par là même celle d'une politique budgétaire expansionniste. La contestation de l'Etat-Providence est radicale : l'Etat-Providence modifie le comportement des agents, lesquels vont préférer les loisirs au travail et la consommation à l'épargne. A ce titre, **George Gilder** (1980) pose la question du chômage volontaire en mettant en parallèle la générosité des aides sociales et l'effet désincitatif sur la recherche d'un emploi. Il adopte des positions très malthusiennes en dénonçant l'aide aux plus démunis. En d'autres termes, « *plus l'Etat intervient pour remédier à la pauvreté, plus cette pauvreté augmente* » :

« *Dans le système d'Etat-Providence, l'argent n'est pas le fruit du travail de l'homme mais un droit que l'Etat accorde à la femme. Protestation et revendication remplacent diligence et discipline comme sources de revenus. Les garçons sont enclins à se faire entretenir par des femmes ; ils trouvent leur virilité dans le cadre macho de la rue et des bars ou en engendrant de façon irresponsable une progéniture de hasard* [...] *Les plus fautifs ne sont pas les assistés mais les créateurs de ce monde clos de l'assistance sociale qui dissimulent aux pauvres, adultes et enfants les réalités les plus fondamentales de leur vie : pour vivre bien et échapper à la pauvreté, il faut tout faire pour conserver une famille unie et travailler davantage encore que les moins défavorisés. L'aiguillon de la pauvreté est la chose la plus nécessaire aux pauvres.* » (*Richesse et Pauvreté*, 1981)

Arthur Laffer (1979) dénonce les prélèvements obligatoires : au-delà d'un certain seuil, toute hausse de l'impôt se traduit par une baisse de la collecte totale. Autrement dit, l'impôt devient contre-productif : « *L'impôt tue l'impôt.* » Il faut alors réduire l'impôt afin d'accroître l'activité économique car « *les hauts taux tuent les totaux* ».

La courbe de Laffer (1979)

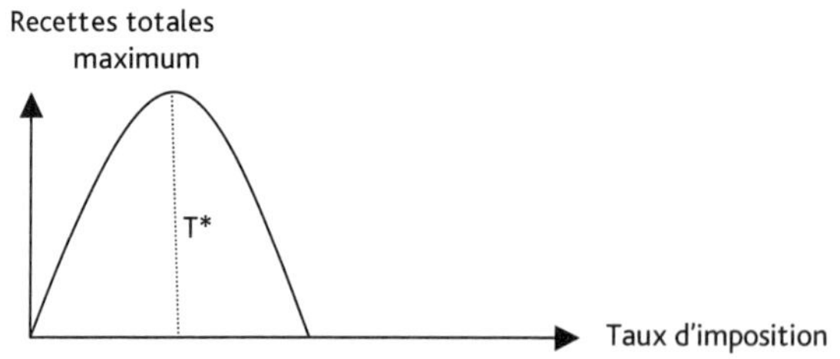

T* correspond au taux d'imposition optimal. Deux cas :
- la zone acceptable : (T<T*), toute hausse des impôts augmente les recettes publiques ;
- la zone d'imposition inacceptable : (T>T*), il y a baisse des recettes totales du fait de la fraude, de l'économie souterraine (travail au noir), fuite des capitaux et des cerveaux...

Chapitre 7 *L'ÉCOLE DU CHOIX PUBLIC (*PUBLIC CHOICE*) OU ÉCOLE DE VIRGINIE*

Le fonctionnaire, le bureaucrate et l'homme politique utilisent les fonds publics à des fins privées (pouvoir, gains financiers, prestige...). L'Etat est un agent partial car l'économie ne peut être dissociée du politique ; « *il y a unité d'action* » pour **James Buchanan** (1919-). Le principal argument découle de la théorie du marché politique. La démocratie repose sur un système de réélection, le citoyen est un consommateur-électeur ; de ce fait, la démocratie n'est qu'un marché d'idées (de programmes électoraux) où le vote est utilisé non pas à des fins de bien-être social mais pour assurer la réélection d'un individu. Le vote est assimilé à une demande de programme. Ce programme se construit de façon à maximiser le nombre de votes obtenus. Par ailleurs, les dépenses annoncées seront financées sur des fonds publics, il n'y a aucune raison de plaider en faveur d'une rigueur budgétaire puisque les mesures que celle-ci implique sont impopulaires. Il y a surenchère dans les propositions des candidats. Cette question du financement fait intervenir la notion de passager clandestin (ou cavalier libre ou *free rider*) puisque la particularité d'un bien collectif est d'être non exclusif : chacun a tout intérêt à voter en faveur d'une production publique sans participer à son financement effectif (le coût est mutualisé). La dérive des finances publiques est inévitable. Pour **Gordon Tullock** (1922-) il faut introduire de la concurrence aux bureaucraties. Tullock dénonce les lobbies qui détournent l'intérêt collectif au profit de leurs propres intérêts. Sur la question du choix collectif, Buchanan et Tullock sont catégoriques : l'unanimité devrait être la règle, à défaut la majorité absolue car la majorité relative conduit inexorablement à une situation où le nombre d'insatisfaits dépasse celui des partisans. Il présente alors une majorité optimale qui se situe entre l'unanimité et la majorité absolue (électeur-médian c'est-à-dire au « *point de mécontentement total le plus faible* »). Mais, au final, Buchanan s'interroge : le marchandage politique, les groupes de pression, la minorité bruyante ne permettent pas d'améliorer le bien-être social ; le politique répond d'abord à des intérêts particuliers avant d'entrevoir l'intérêt social. William Niskanen conclut à la supériorité de la production marchande sur la production publique car cette dernière ne subit qu'un faible contrôle.

Principaux éléments divergents entre Keynes et les libéraux

	Keynes	Libéraux
Courant	Hétérodoxe	Orthodoxe
Dichotomie	Economie réelle et économie monétaire sont liées	Distinction entre l'économie réelle et l'économie monétaire
Place de la monnaie	La monnaie n'est pas neutre	La monnaie est un voile
Taux d'intérêt	Lié à la préférence de la liquidité des ménages et à l'offre de monnaie disponible	Résulte de la confrontation entre une offre et une demande de fonds
Stimulant de la croissance **Profil de l'agent**	Consommation (l'épargne est une fuite) Cigale	Investissement d'où la nécessité de l'épargne Fourmi
Mode de financement de l'économie	Economie d'endettement : rôle du crédit et des banques	Economie financière : rencontre directe des épargnants des investisseurs
Salaires	Susceptible de relancer la consommation	Permet de restaurer le plein emploi
Ajustement	Par les quantités	Par les prix
Raisonnement	Conjoncturel	Structurel
Horizon temporel	Court terme	Long terme
Privilégie	La demande	L'offre

4. DÉBAT

Joseph Alois Schumpeter (1883-1950) est un théoricien difficile à classer (il sera ministre des Finances d'un gouvernement socialiste en 1919). Il appartient aux économistes de la seconde génération de l'Ecole de Vienne pour ses explications psychologiques[22] de la personnalité de l'entrepreneur et sa défense de l'économie de marché. Pour certains aspects, il est hétérodoxe dans son explication de la crise. Ainsi, dans *Capitalisme, socialisme et démocratie* (1942), Schumpeter présente une thèse très marxiste dans son

22. Et particulièrement à l'école historique allemande avec Max Weber et Werner Sombart.

fondement : la crise est endogène au système capitaliste auquel une société socialiste succèdera. Sa théorie sur la croissance (*Théorie de l'évolution économique* en 1912 puis *Business Cycles* en 1939) est une vision dynamique de l'économique. On parle ainsi souvent de la dynamique schumpetérienne qui met en avant une dynamique d'offre autour de l'innovation, du progrès technique. L'innovation crée une rupture avec le passé, elle contraint les acteurs à abandonner les « *comportements routiniers* » (les habitudes et les traditions). Par extension, l'innovation ne peut être le fait que d'un acteur qui refuse la tradition et les habitudes, qui « *a une fonction propre dans le processus social* » (1939). Cet acteur marginal dans la société « *nageant à contre-courant* » – l'entrepreneur – a une personnalité particulière : *risk-lover*, « *homme des combinaisons nouvelles* », il recherche le pouvoir et le profit, il a une « *volonté de vainqueur* » (1939).

Mais l'entrepreneur ne pourrait mettre en application ses idées nouvelles s'il ne disposait pas du financement du banquier. Le banquier est un partenaire indispensable. L'innovation prend plusieurs formes : nouveau produit, nouveau procédé, nouvelle matière première, nouveau marché ou encore nouvelle organisation du travail. Pour Schumpeter, elle n'est jamais isolée ; elle apparaît sous forme de grappes liées entre elles par une innovation plus fondamentale ou une invention scientifique. Cette innovation offre une situation de monopole avec des perspectives de profit élevé. Elle attire de nouveaux capitaux. Progressivement, l'innovation primaire est copiée « *par des entreprises malsaines ou frauduleuses* [...] *les seconds couteaux* » et se diffuse à des prix de plus en plus faibles. La demande sature, le secteur se caractérise par une baisse des taux de profit. Les faillites se multiplient. L'état stationnaire est inévitable. Pour Schumpeter, toute introduction d'innovation se traduit par une période de croissance, d'inflation et de baisse du chômage. Il argue : « *C'est le changement dans les perspectives des affaires* [...] *qui les sort de la dépression.* » (*Business Cycles*, 1939, chap. 4)

Ce cycle introduit à la fois des changements quantitatifs (hausse de la production) et qualitatifs (amélioration des niveaux de vie). Puis la concurrence augmente par un effet d'imitation. A cette période de croissance succède une période de crise, marquée par la surproduction, la déflation et la dépression, que Schumpeter définit comme « *le processus normal de résorption et de liquidation de l'économie* ». Pour sortir de la crise, une nouvelle innovation est nécessaire afin de rendre l'innovation précédente obsolète : c'est le processus de « *destruction créatrice* ». La croissance est relancée. Ainsi naît le cycle (expansion - retournement du cycle (crise) - dépression - reprise). La crise est endogène et pousse le capitalisme à une autodestruction progressive : la démocratisation du progrès technique tend à uniformiser les modes de consommation ; en outre, la baisse tendancielle du profit[23] rend le banquier plus frileux à accorder des crédits ; de plus, la société tend à se bureaucratiser : ces aspects détruisent l'esprit d'initiative de l'entreprise. L'avènement de la société socialiste apparaît quasi naturel dans la dynamique capitaliste

23. Pour Schumpeter, cet état se caractérise par « *la loi du coût règne strictement ici* » (*Théorie de l'évolution économique*, 1935).

puisque la croissance tend vers zéro (état stationnaire de Ricardo, reproduction simple chez Marx, équilibre général de Walras). Pour sortir de la crise, il faut redynamiser l'esprit d'initiative pour permettre à des entrepreneurs de s'épanouir et non recourir à une intervention publique au sens de Keynes. Schumpeter (*Capitalisme, socialisme et démocratie*, 1942) écrit :

« *Marx s'est trompé dans son pronostic des modalités d'effondrement de la société capitaliste, mais il n'a pas eu tort de prédire qu'elle s'effondrerait finalement. Les stagnationnistes se trompent dans leur diagnostic des motifs en vertu desquels le progrès capitaliste doit faire face à la stagnation (excès d'épargne en particulier), mais il est parfaitement possible que l'expérience confirme leur pronostic de stagnation* [...] *si le secteur public leur prête suffisamment main forte.* [...] *Les véritables pionniers du socialisme n'ont pas été les intellectuels ou les agitateurs qui ont prêché cette doctrine, mais bien les Vanderbilt, les Carnegie, les Rockefeller.* »

Cette pensée schumpétérienne connaît un nouvel élan depuis la crise des années 1970. A ce titre, C. Freeman et C. Perez caractérisent la période d'après-1970 comme une phase de diffusion des innovations des Trente Glorieuses.

PARTIE III

ORGANISER LES ÉCHANGES ENTRE LES ACTEURS ÉCONOMIQUES

FICHE 9 | RECHERCHER LA CROISSANCE D'UN PAYS ?

1. RÉFÉRENCES

ALBOUY V., ROTH N., « Les aides publiques en direction des familles : ampleur et incidences sur les niveaux de vie », Haut conseil de la population et de la famille, Paris, 2003.

BARRO R.-J., *La Macroéconomie*, Armand Colin, 1987.

B. LOMBORG, *L'Ecologiste sceptique*, Le Cherche Midi, 2004.

BOYER R., DURAND J.-P., *L'Après-Fordisme, Alternatives économiques*, Syros, 1994.

CARONE G., COSTELLO D., « L'Europe peut-elle se permettre de vieillir ? », *Finances et Développement*, septembre 2006, volume 43, n° 3.

CERC, *Les Enfants pauvres en France, Rapport du Conseil Emploi revenus cohésion sociale*, 2005.

CHARRAUD A., « Les ressources des familles types de salariés », *Economie et Statistiques*, vol. 89, n° 1, 1977, p. 3-20.

CHASTAND A., « 10 ans d'aide à la famille », *Economie et Statistiques*, vol. 125, n° 1, 1980, p. 45-55.

DURANCE P., GODET M., MARTINEZ M., « Démographie, activité et croissance : comment expliquer les écarts de croissance entre les Etats-Unis et les pays européens ? », *Futuribles*, février 2006, n° 316.

ERNÉ-HEINTZ V., « La décroissance économique », *Journal des accidents et des catastrophes*, n° 52, mars 2005, www.jac.cerdacc.uha.fr

FRANCOEUR L.-G., « Il faudrait deux planètes Terre pour nourrir l'humanité en 2050 », http://www.infos-delaplanete.org/article.php?ID=1214, *Le Devoir* (publié sur Internet le 25 oct. 2006).

KALDOR N., *Conflict in Policy Objectives*, Basil Blackwell, Oxford, 1971.

KOK W., *Relever le défi. La stratégie de Lisbonne pour la croissance et l'emploi.*

LEBEAU A., « Changement climatique : imposture ? », *Futuribles*, juillet-août 2004, n° 321.

MASSON A., « Famille et héritage : quelle liberté de tester ? », *Revue française d'économie*, octobre 2006, volume XXI, n° 2.

RAHNEMA M., *Quand la misère chasse la pauvreté*, Fayard, collection Actes Sud, 2003.

ROMER P.-M., « Progrès technique endogène », *Annales d'économie et statistique*, 22, avril-juin 1991, p. 1-32.

TURNER A., « Le problème des retraites dans un monde vieillissant », *Finances et développement*, septembre 2006, volume 43, n° 3.

VIEL D., *Ecologie de l'apocalypse. L'homme peut-il être sauvé ?*, Ellipses, Paris, 2006.

2. REPÈRES

Taux de croissance des principaux pays industrialisés

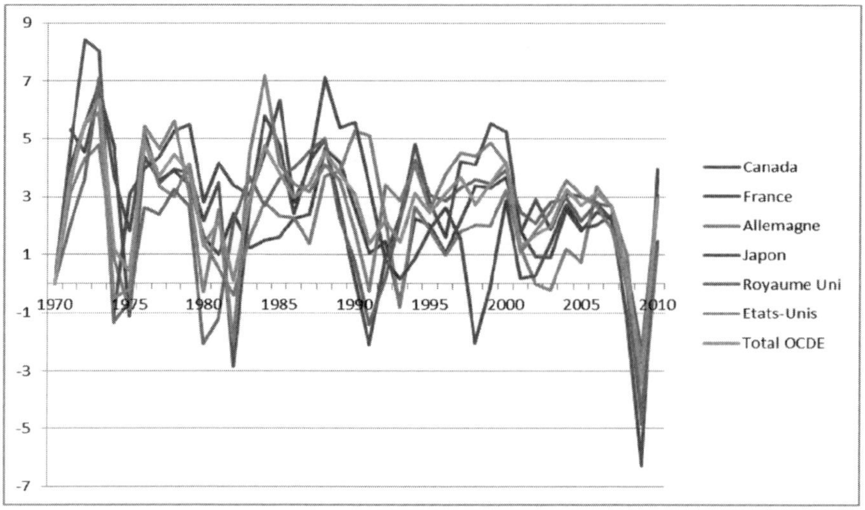

Source : OCDE.

3. EXPLICATIONS

Le PIB – produit intérieur brut – se définit comme l'instrument de mesure de la croissance. Il enregistre tous les éléments qui contribuent positivement à l'accroissement de la richesse produite au sein d'un pays. Il somme l'ensemble des valeurs ajoutées des activités générant des flux monétaires quels que soient leur nature et leur impact sur les individus. Il est l'indicateur utilisé pour mettre en parallèle les performances économiques des différents pays. La croissance désigne la variation du PIB par un pays. Lorsque le PIB augmente, il y a croissance : le pays s'enrichit puisque la richesse produite sur le territoire national est plus élevée que celle de l'an passé. *A contrario*, lorsque le PIB diminue (plus exactement trois trimestres consécutifs), il y a récession économique.

Le PIB représente la création de richesses sur un territoire donné. Celle-ci se répartit ensuite entre ses différents contributeurs par le biais d'une répartition primaire : les salariés (salaires et primes), l'entreprise (part des bénéfices non distribués), les actionnaires (dividendes), l'Etat (impôts et taxes), les organismes sociaux (cotisations sociales), les institutions financières (intérêts sur les prêts) et le reste du monde. Ce premier partage des richesses peut faire l'objet de conflits d'intérêt dans la mesure où il résulte d'un premier rapport de forces entre les différentes parties en présence (salariés/actionnaires, Etat/entreprise, salariés/organismes sociaux, etc.). Aussi donne-t-il lieu à une nouvelle répartition dite secondaire[1] : la redistribution sociale. Celle-ci s'articule autour de la distribution de revenus de transfert (ou prestations sociales) dont la philosophie est soit horizontale (des actifs vers les inactifs) soit verticale (réduction des inégalités entre ménages via la progressivité de l'impôt sur le revenu). C'est le rôle de l'Etat-Providence.

La croissance est un phénomène relativement récent. Elle apparaît en Europe au XVIIIe siècle avec la première révolution industrielle. A la suite des travaux de Maddison, on distingue traditionnellement cinq grandes phases : la première correspond à la révolution industrielle (1820-1870) durant laquelle l'Europe et les « *pays neufs* » (Australie, Canada, Etats-Unis, Nouvelle Zélande) réalisent plus de la moitié de la croissance mondiale ; une phase plus diffuse (1870-1913) ; une période de ralentissement (1913-1945) ; les Trente Glorieuses (1945-1873) qui restent « *l'âge d'or de la croissance* » pour les pays occidentaux ; enfin, une nouvelle phase de ralentissement (années 1980) pour les anciens pays industrialisés.

Sur le long terme, la croissance revêt une dimension quantitative (+5 % en moyenne entre 1945 et 1975) et qualitative (hausse du pouvoir d'achat, allongement de la durée de vie). Aussi, le ralentissement économique est à relativiser : maintenir un taux de croissance élevé pour une économie développée est plus difficile que pour une économie en phase de rattrapage. Le différentiel de croissance observable entre différents pays trouve aussi son origine dans la thèse du rattrapage. C'est la raison pour laquelle, d'un point de vue théorique, la croissance est souvent assimilée à du bonheur économique : elle est source d'emplois et d'élévation du niveau de vie. Le progrès économique aboutit à un progrès social.

Chapitre 1 LA CROISSANCE, FACTEUR D'AMÉLIORATION DU NIVEAU DE VIE

Au XIXe siècle, le progrès place l'Homme et le spirituel au même niveau que la Nature. Le progrès signifie transformer la Nature. Le progrès s'affirme à travers la consommation. Produire et consommer définissent des actes civilisés par excellence. L'Homme devient maître et possesseur de la Nature. Aujourd'hui, il constate qu'il est l'une des causes des catastrophes ou des menaces écologiques (nucléaire, effet de serre, vache folle). Dès lors, comment définir et mesurer le progrès ? De quoi est-il fait ? Qui en bénéficie ? Le bonheur se mesure-t-il en euros ? Cette question apparaît quelque peu provocatrice ; pour autant, il existe une « *économie du bonheur* » (L. Bruni et P.L. Porta) au sein des économistes.

Il semblerait que tous les maux de notre société seraient résolus avec le retour de la croissance. A dire vrai, il semble plutôt que les taux de croissance des Trente Glorieuses soient exceptionnels. Le contexte de reconstruction d'après-guerre entraîne d'immenses besoins à satisfaire. Par ailleurs, le phénomène de rattrapage par rapport aux Etats-Unis

1. Le revenu disponible (pouvoir d'achat) des ménages se définit alors comme la somme des revenus primaires (issus du travail et du patrimoine) de laquelle les prélèvements obligatoires (fiscaux et sociaux) sont déduits et à laquelle se rajoutent les revenus de transfert (ou prestations sociales).

multiplie les sources de croissance. Et la faible productivité française contribue aux créations d'emplois. Le compromis fordiste participe à l'intégration de salariés peu ou pas qualifiés. L'indexation des salaires sur les gains de productivité crée les conditions d'une croissance régulière par la création de débouchés solvables.

SECTION 1 - LA CROISSANCE : DU BONHEUR ÉCONOMIQUE !

Les sources de la croissance sont généralement résumées dans le carré magique de Kaldor (1971) : création d'emploi, faible inflation, croissance forte et balance commerciale équilibrée. En d'autres termes, les ressorts de la croissance se déterminent, entre autres, autour du degré d'ouverture d'un pays, du choix des ménages entre consommation et épargne. Dès lors, est-il encore possible de maximiser la croissance à long terme ? Comment réaliser une croissance soutenable ?

AUGMENTER LE PIB POUR AMÉLIORER LE NIVEAU DE VIE

D'un point de vue théorique, la croissance est souvent assimilée à du bonheur économique. Elle est source d'emplois et d'amélioration du niveau de vie dans la mesure où la nouvelle richesse créée (entendons « *valeur ajoutée* ») se concrétise dans un pays par une hausse de la production. Naturellement, la question de la redistribution de cette nouvelle richesse pose l'inexorable débat sur la répartition des « *fruits de la croissance* », c'est-à-dire des éléments produits par des facteurs de production tels que le capital, le travail ou encore la Nature. Par conséquent, la croissance économique suppose de puiser davantage dans les ressources disponibles, qu'il s'agisse du travail, du capital ou encore des biens environnementaux afin de favoriser la croissance. Elle suscite les créations d'emplois. Nous retrouvons l'équation annonçant que toute croissance réduit le chômage et la pauvreté. Maximiser la croissance permet de vaincre les déséquilibres structurels et d'élever les revenus donc le bien-être des individus.

Certains chiffres illustrent ce phénomène : en cinquante ans, les revenus moyens ont triplé au niveau mondial et la pauvreté a reculé. Le pourcentage d'enfants mal nourris a baissé de 10 % ces quinze dernières années et le ratio en calories a augmenté de 38 % dans les pays du Sud. La population mondiale – à l'exception de la population subsaharienne– se nourrit plus abondamment que dans les années 1960 alors même que la population mondiale a doublé. La proportion d'individus en situation de famine est passée de 35 % en 1970 à 18 %. Par ailleurs, en cent ans, l'espérance de vie a doublé dans le monde. Dans les pays en voie de développement, la mortalité infantile a chuté de 1 sur 4 en 1950, à 1 sur 18 aujourd'hui. Même le Conseil mondial de l'eau ne considère plus que la menace de pénurie d'eau demeure un problème alarmant, mais au contraire plutôt sa distribution. Nous sommes loin des présomptions alarmistes de la famine mondiale annoncées dans les années 1970 et théorisées par Thomas Malthus en 1798.

Le développement (dimension qualitative) est alors le résultat d'une croissance (dimension quantitative). Cette dernière rend possible la démocratisation du progrès technique. Elle est un facteur décisif dans l'évolution d'une société. Au sens de Rostow, elle permet le décollage, en d'autres termes le passage[2] d'une société traditionnelle à une société industrialisée (c'est-à-dire moderne). Pour Simon Kuznets (1960), cette croissance provient des transformations dans les rapports de production : une industrialisation modifie l'organisation sociale (urbanisme, productivité, les institutions se substituent aux structures traditionnelles comme la famille). De ce fait, l'Etat doit susciter cette croissance créant les conditions favorables à la réalisation de gains de productivité (un système de santé et d'instruction efficace). Les investissements sociaux accompagnent le décollage. Dès lors que le produit par tête (PIB par habitant) augmente, la répartition du revenu entre consommation et épargne change : il existe un effet d'entraînement sur les autres secteurs (nouveaux besoins donc nouveaux produits). Pour lui, le libre-échange est un facteur contributif à la croissance, donc au développement des nations.

Si Smith accorde au progrès technique un rôle primordial dans les perspectives de croissance, d'autres auteurs libéraux relativisent cet enthousiasme. Ainsi, du fait de la pression démographique (Malthus), de la baisse du rendement des terres cultivées (Ricardo), la croissance atteindrait inévitablement un état stationnaire. D'ailleurs, pour Marx, la dynamique du capitalisme elle-même limite la croissance. Par conséquent, selon les théories traditionnelles, la croissance dépend de plusieurs facteurs : le capital, le travail et un résidu. Ce dernier revêt plusieurs aspects : le progrès technique (innovation, nouvelle organisation de la production), les ressources naturelles, le commerce international, l'évolution démographique... L'importance de ce résidu est telle que pour certains (Malinvaud, Dubois, Carré), il représente la moitié de la croissance enregistrée au cours des Trente Glorieuses. Mais d'où provient ce résidu ? De facteurs exogènes ou endogènes ?

Les nouvelles théories de la croissance endogène (Barro, Lucas, Romer) mettent en exergue les externalités positives de l'intervention publique via l'investissement public dans la recherche (accroissement des connaissances et progrès technique, dépôt de brevets) ou encore les infrastructures. Le développement d'une zone peut ainsi être limité du fait de l'insuffisante offre de services publics. R. Lucas (1988) met l'accent sur le capital humain accumulé lors du passage par le système éducatif. Des opportunités de développement nécessitent également, pour être mises en œuvre, une offre de formation et d'enseignement compatibles. Une production publique axée sur une stratégie d'employabilité et d'identification des besoins du secteur privé contribue à mettre en place un environnement économique favorable et à améliorer la compétitivité des firmes nationales.

2. Cette idée est réfutée par certains théoriciens du développement : ainsi, l'école structuraliste (Prebisch, Perroux) ou les hétérodoxes du développement (néo-marxisme de Baran ou Sweezy ; l'école de la dépendance ; le modèle de l'échange inégal de Wallerstein ou encore l'approche des besoins essentiels) dénoncent cette vision mécanique qui ne prend pas en compte les spécificités culturelles et nationales de chaque pays. La « structure » d'un pays peut expliquer certaines inerties dans le développement (et en l'espèce, en Afrique).

Pour R.M. Solow (1957), le taux d'épargne détermine la quantité disponible de capital ; il est donc l'un des déterminants de la croissance potentielle. C'est la raison pour laquelle la recherche d'un fonctionnement plus souple du marché financier contribue à une meilleure allocation du facteur capital. La déréglementation et la dérégulation financière ont ainsi favorisé la désintermédiation au profit d'une rencontre directe entre offreurs et demandeurs de fonds prêtables. Le capital financier se transforme en capital productif. Pour autant, cet investissement peut revêtir deux formes différentes : soit en investissement de capacité en augmentant le potentiel productif, soit en investissement de productivité en améliorant la productivité globale des facteurs.

PLUS DE CROISSANCE, UN OBJECTIF SOUTENABLE ?

La controverse entre croissance et protection de l'environnement connaît aujourd'hui un nouveau souffle. Il semble en effet que de nombreux éléments plaident à nouveau en faveur d'une telle option quant à l'avenir de notre planète. Ainsi, la forte croissance chinoise exerce des pressions sur les matières premières et suppose des ressources énergétiques conséquentes. Mais l'Inde, le Brésil et la Russie pèsent également sur l'offre, laquelle reste limitée par les capacités naturelles. Faut-il alors se réjouir des faibles performances économiques actuelles de l'Europe ? Le ralentissement de la croissance contribue-t-il à la préservation de l'environnement ? En réalité, cette thématique de la décroissance symbolisée par le sombre audit du Club de Rome (intitulé *Halte à la croissance !* et datant de 1971) interroge le type de lien qu'entretiennent la croissance et la protection de l'environnement.

Dès lors, les liens entre environnement et croissance, sont-ils complémentaires ou substituables ?

Une première thèse évoque l'existence d'un lien de complémentarité : toute variation de croissance entraînerait inévitablement une baisse des émissions polluantes dans le sens où la croissance s'accompagne toujours de gains de productivité. Cette thèse, très schumpétérienne dans l'âme, permet d'avoir confiance en l'avenir et dans les progrès de la Science. De plus, ces gains de la croissance permettront à l'Etat d'obtenir les moyens financiers nécessaires pour développer une politique de l'environnement. Telle est l'approche privilégiée par la Commission européenne dans son *Livre blanc* intitulé *Croissance, compétitivité et emploi* (1993), indiquant qu'une croissance de 3 % permettra « *de créer les ressources nécessaires pour réduire les niveaux de pollution actuelle. En outre, l'investissement aura également des effets positifs sur l'environnement, en accélérant l'introduction de techniques nouvelles moins polluantes* ». La hausse du prix du pétrole invite par conséquent à investir de nouveaux secteurs comme les énergies alternatives qui voient leur compétitivité améliorée. En outre, ces nouveaux secteurs (économie verte) ont un effet d'entraînement en créant de nouveaux besoins et de nouveaux emplois. De la même manière, B. Lomborg (2004) tente de démontrer la nécessité d'œuvrer dans le sens des nouvelles technologies tout en dénonçant la nouvelle paranoïa écologiste. Ici, le principe de précaution s'analyse alors comme une apostille.

En somme, le progrès technique intervient directement dans les relations entre croissance et environnement. Si celui-ci est facteur de croissance par le biais des investissements, il participe également à l'élévation de la productivité globale des facteurs de production. Par ailleurs, dans la recherche d'une maximisation de la croissance, il n'est nullement question de la répartition des fruits de la croissance. Cette question qui interroge les différentes configurations optimales au sens de Pareto traite évidemment de la répartition et de la redistribution des richesses.

Dans une seconde approche, il existe un lien de substitution entre la croissance et la protection de l'environnement : toute variation de croissance entraîne inévitablement une hausse des émissions polluantes. *De facto*, il suffit de réduire la croissance économique pour faire baisser les atteintes à l'environnement. D'où la théorie de la décroissance. Le domaine agricole constitue généralement une vindicte traditionnelle. Les fortes productions sont souvent synonymes de consommations importantes de pesticides avec les dégâts environnementaux que l'on connaît (pollution des nappes phréatiques et par là même du sol et des eaux). L'environnement reste alors un frein à la croissance du fait de l'existence de ressources naturelles épuisables. De manière similaire, la dégradation de l'environnement serait le sous-produit de la croissance économique. *A contrario*, toute hausse de la croissance permettrait certes la baisse du chômage, mais nécessiterait inexorablement une hausse de la consommation de matières énergétiques entraînant ainsi une hausse des rejets polluants : effluents des stations d'épuration, déchets ménagers, déchets issus d'une consommation accrue de matières énergétiques, etc. Le chômage serait alors peut-être une bonne chose pour les économies d'énergie !

Dès lors, comment rendre compatible la croissance économique (allocation optimale des ressources disponibles) et la préservation de l'environnement ? Existe-t-il un autre mode de croissance ? Faut-il prôner la croissance zéro de façon à juguler la dégradation de la qualité des biens environnementaux ? La rationalité environnementale est-elle compatible avec une croissance économique ? L'article 2 du traité de Maastricht n'énonce-t-il pas le devoir pour les Etats de promouvoir une croissance durable et non inflationniste respectant l'environnement ? La charte environnementale n'inscrit-elle pas dans notre Constitution le droit de bénéficier d'un environnement sain ? Loin d'être d'une aporie, les relations entre croissance et environnement demeurent ambiguës. Il semble indéniable qu'à l'heure actuelle, nous privilégions encore des visions curatives de l'environnement. Il suffit de citer l'absence de réglementation contraignante en matière de transport maritime, de prévention des catastrophes naturelles... Inexorablement, nous transférons ainsi aux générations suivantes nos espoirs de régénération environnementale. Cette conception demeure dominante dans la mesure où, depuis les Trente Glorieuses, la croissance ne s'est pas accompagnée d'une hausse significative des budgets alloués à la protection de l'environnement même si de nombreux programmes ont été annoncés. Il est évident qu'une analyse de type coûts/avantages permettrait de résoudre en partie cet antagonisme conceptuel. Néanmoins, il reste de nombreuses difficultés à mettre en place une évaluation monétaire des bénéfices attendus d'une politique soucieuse de l'environnement. Celle-ci est toujours sujette à contestation dans la mesure où elle repose sur certaines hypothèses (révélation *a priori* ou *a posteriori*) de comportements des agents économiques.

Croissance et préservation de l'environnement sont-elles incompatibles ? Ces questions posent inévitablement la question de la répartition optimale de la croissance. L'Homme peut-il encore continuer à se développer sans faire référence à l'empreinte écologique ? Faut-il changer d'indicateur de croissance ? Les fortes perspectives de développement en Chine et en Inde font apparaître le besoin de nouvelles ressources, non seulement énergétiques mais aussi alimentaires. Si le règne de la productivité agricole via l'industrie chimique semble avoir vécu en Europe de l'Ouest, qu'en est-il dans ces pays ? Par ailleurs, la voie du développement éthique, du commerce équitable est loin d'être une solution pour tous puisque cette solidarité internationale risque, à terme, de limiter les emplois sur le territoire national. L'exemple du secteur du textile demeure éloquent. Au contraire, la voie du développement local par la diminution des sous-traitants et des frais de transport apparaît comme une véritable source de croissance soutenable.

SECTION 2 - AUGMENTER LE PIB NE DIT RIEN DES MODALITÉS DE SA RÉPARTITION

La croissance ne signifie pas forcément l'amélioration du bien-être puisqu'elle peut s'accompagner d'un creusement des inégalités. Par ailleurs, il ne faut pas confondre PIB et croissance soutenable qui renvoie aux contraintes environnementales et à la prise en considération du bien-être des générations futures.

LA MESURE DE LA CROISSANCE N'EST PAS SOUTENABLE

La croissance est dite soutenable dès lors que l'utilisation des ressources disponibles (eau, air, sol) n'hypothèque pas la croissance future. Cet altruisme intergénérationnel prend alors en compte les externalités négatives (pollution, inégalités, suicides, pauvreté). Le PIB ne tient compte ni des activités domestiques et bénévoles ni des activités polluantes ou néfastes à la santé ou à l'environnement. Ces divers éléments échappent à la sphère marchande et ne sont pas comptabilisés en tant que tels : le PIB ignore les effets réels sur le bien-être des individus. En l'espèce, des catastrophes naturelles telles que des éboulements de boue ou des inondations, ou encore des accidents écologiques comme des marées noires ont un effet d'entraînement sur l'économie. D'un point de vue statistique, leurs impacts sur le PIB se révèlent positifs. C'est précisément ce que résume l'effet Kobe (du nom du tremblement de terre japonais à Kobe) : les travaux de réparation effectués par les agents économiques dans le cadre d'activités marchandes contribuent positivement à l'élévation du PIB. Lorsqu'ils sont le fait de bénévoles voire de personnes qui, délibérément, quittent ou limitent leurs activités marchandes (déplacement de productivité), ils ne sont pas évalués. En conséquence de quoi, les catastrophes sont bénéfiques à la croissance. Entre les travaux de déblaiement, de remise en état, la relance est assurée. Le financement de toutes ces mesures est assuré soit par le biais des couvertures d'assurance (indemnités) soit par le biais du système financier (crédits bancaires par exemple). Si les travaux de remise en état sont financés par une hausse de l'endettement global de l'économie, ils s'assimilent à une relance monétaire.

D'ailleurs, la constatation des dommages a également pour effet de mettre en cause le système de production antérieur et de susciter de nouvelles formes de production ou/et de consommation. A titre d'exemple, l'observation de pollutions environnementales et sanitaires (risques de cancer, infertilité) du fait d'une utilisation intensive de produits phytosanitaires a fait surgir un débat sur les progrès à accomplir en matière d'agriculture raisonnée. Il en est de même dans le cas de l'amiante ou du distilbène. Au-delà de l'aspect scandaleux de ces éléments de catastrophe, ceux-ci mettent l'accent sur la nécessité de transformer en profondeur la gestion d'un risque environnemental ou sanitaire.

En septembre 2009, la commission nationale des performances économiques et du progrès social – instaurée en 2008 et présidée par Joseph Stiglitz et Amartya Sen – rend ses conclusions : les limites du PIB comme indicateur de progrès sont mises en exergue et plusieurs propositions invitent les pouvoirs publics à intégrer de nouveaux indicateurs de bien être dans une perspective de développement durable. L'idée est donc relativement aisée : prendre en compte les impacts sanitaires, sociaux et environnementaux de nos activités traditionnelles afin de supprimer la gratuité apparente des externalités. Cette perspective pose des questions fondamentales : la croissance n'aboutit pas forcément à un progrès social. Force est de constater que le PIB est alors un indicateur imparfait de la mesure du bien-être de la société. Il est important de noter que cette remise en cause de l'indicateur de création de richesses correspond également à une remise en cause de la relation entre « *croissance* » et « *développement* » : ainsi, si l'augmentation du PIB permet un développement social du pays, elle doit être un objectif de politique économique. Mais si cette logique quantitative (hausse du PIB) n'aboutit pas à un réel progrès social (dimension qualitative), alors elle ne peut être une priorité en soi.

A quoi sert alors la croissance ?

Cette interrogation se pose surtout dans les pays industrialisés où certains indicateurs évoluent de façon antagoniste : si le bonheur se mesure en termes de PIB, comment expliquer que l'indice de santé sociale (qui prend en compte la mortalité et la pauvreté infantiles, l'usage de drogues, le suicide des jeunes, les inégalités sociales, l'abandon des études) évolue en sens inverse par rapport au PIB ? De façon similaire, dans un pays industrialisé, l'urgence de la croissance peut apparaître moins forte puisqu'il ne s'agit plus de satisfaire des besoins primaires (sécurité alimentaire, accès à un logement) mais des besoins plus subjectifs (nouvelle option sur un téléphone portable ou brosse à dent électrique). Des aspects similaires avaient déjà été présentés par des auteurs tels que J. Baudrillard ou J.K. Galbraith dans les années 1970 qui s'interrogeaient sur la nature de la consommation (rôle de la publicité et du processus imitation/différenciation des consommateurs pour des biens très éloignés d'un objectif de développement humain). L'économie ne fonctionne pas pour satisfaire une demande mais produit des biens pour satisfaire des besoins illimités.

COMMENT INTÉGRER DES ÉLÉMENTS NON MARCHANDS DANS UN INDICATEUR MONÉTAIRE ?

Une solution serait de donner une valeur à ces externalités négatives ou positives – non prises en compte actuellement – afin de les intégrer dans le PIB : évaluer les services rendus par la biodiversité corrige le PIB. En l'espèce, la dégradation des services écologiques liés à la biodiversité est estimée à 7 % du PIB mondial en 2050 (B. Chevassus-au-Louis, 2003). Le rapport Stern évalue l'effet de serre à - 5 % de PIB. En mai 2007, une étude publiée dans *Nature* affiche la valeur de la terre à 33 000 milliards de dollars (R. Costanza et al.). Parfois, on évoque la notion de PIB vert ou de « *PI net ajusté* » : les dépenses défensives pour réparer les dégâts et la perte des aménités environnementales sont déduites du PIB traditionnel. L'indicateur de progrès véritable (IPG ou *Genuine Progress Indicator*, GPI) se concentre sur les effets non marchands et va plus loin que le simple aspect environnemental : le PIB traditionnel est corrigé positivement (activités bénévoles, travail domestique, services rendus par l'environnement – aménités) et négativement (destruction de ressources non renouvelables, coût social du chômage, de la délinquance ou des accidents de la route, etc.).

Mais la valorisation monétaire n'est pas tout car elle ignore l'irréversibilité des dégâts en faisant abstraction d'un effet de seuil. Aussi, sans passer par une évaluation monétaire de ces éléments non marchands, l'empreinte écologique accompagne le PIB puisque celui-ci raisonne en termes de stocks de ressources naturelles disponibles et prend en considération les droits des générations futures. C'est de cette approche que résulte l'affirmation que si l'ensemble de la planète consommait comme le monde occidental, l'équivalent de trois planètes serait nécessaire pour subvenir à ces besoins. L'empreinte écologique soutenable est souvent fixée à un maximum d'1,9 hectare global par habitant. Certaines expériences radicales méritent d'être soulignées : le Bhoutan a officiellement présenté la maximisation du bonheur national brut comme objectif national, l'Etat du Minnesota publie chaque année un rapport sur le progrès réel en matière économique, sociétal et environnemental. En conséquence de quoi, la valorisation monétaire satisfait une hypothèse de soutenabilité faible alors que l'empreinte écologique relève bien davantage de la soutenabilité forte. Cette dernière met l'accent sur l'épuisement irréversible et les limites effectives de la croissance.

Dans le même esprit, l'indicateur de développement humain (IDH) – élaboré par A. Sen pour le PNUD prend en considération des éléments de progrès social comme mener une vie longue et saine, acquérir des connaissances et avoir accès aux ressources nécessaires pour disposer d'un niveau de vie décent. L'IDH est la moyenne de l'espérance de vie à la naissance, du niveau d'instruction (pour deux tiers le taux d'alphabétisation et pour un tiers le taux de scolarisation) et le niveau de vie (PIB par habitant exprimé en parité de pouvoir d'achat). Trois niveaux sont mis en avant : un développement humain élevé (entre 1 et 0,8), moyen (compris entre 0,5 et 0,799) et faible (inférieur à 0,5). L'écart entre le maximum et l'IDH mesure le déficit de développement humain (c'est-à-dire les efforts qui restent à fournir) : avec un IDH de 0,956, la Norvège se situe en tête des classements ; elle a un déficit de près de 4 % (1-0,956).

Layard[3] note que le « *bonheur n'est pas une construction sociale, mais une dimension capitale de l'activité humaine, plus ou moins favorisée par notre environnement* [...] *Et suivant l'utilitarisme d'un Jeremy Bentham, ce que nous devons collectivement rechercher et atteindre, c'est une société où le bonheur est maximisé* » (J. Damon, 2009, p. 217). D'ailleurs, Layard propose de taxer ceux qui désirent travailler toujours davantage comme on taxerait des pollueurs... Pour conclure, nous pourrions citer Sen : « *Le développement, au fond, est un processus de responsabilisation, et ce pouvoir peut être utilisé pour préserver et enrichir l'environnement, au lieu de le décimer.* »

Chapitre 2 LA DÉMOGRAPHIE : MOTEUR OU FREIN DE LA CROISSANCE ?

Depuis plus d'un siècle, l'évolution démographique met en exergue une baisse des taux de mortalité et de natalité dans les pays développés. Le *baby-boom* d'après-guerre n'est qu'une parenthèse dans cette diminution notable. En somme, la pyramide des âges s'inverse, la population européenne vieillit. Ces changements ont des conséquences sur le développement économique. La démographie est souvent présentée comme une limite à la croissance. A ce titre, la position de Malthus (1736-1834) demeure sans équivoque : pour favoriser l'expansion économique – et lutter contre les famines -, une politique nataliste de rigueur est du devoir de l'Etat. Mais il n'est pas le seul à avoir cette vision pessimiste de l'évolution démographique. Ainsi, Ricardo (1772-1823) y voit la possibilité d'un frein au développement économique. Au demeurant, au cœur de l'accroissement de la production, deux facteurs sont souvent mis en avant : les gains de productivité via le progrès technique et la croissance de la population. Nous tenterons donc d'analyser les liens entre croissance démographique et essor économique.

SECTION 1 - LE DÉFI DÉMOGRAPHIQUE

Traditionnellement, la croissance se définit comme une source d'élévation du niveau de vie dans la mesure où elle donne lieu à un accroissement des richesses créées. Mais si cette progression du PIB fait l'objet d'une contestation grandissante, elle ne dit rien sur les modalités du partage de la valeur ajoutée et sur l'importance du facteur « PIB par habitant ». Le différentiel structurel de croissance entre les Etats-Unis et l'Europe s'explique-t-il par le différentiel démographique ? Le dynamisme de la natalité permet les économies d'échelle et favorise le développement de nouvelles innovations. Pour Smith (1723-1790), l'accroissement démographique est synonyme de nouveaux débouchés (la demande augmente). Il est favorable à la croissance. Par ailleurs, elle réduit le risque d'une surproduction. En effet, la division du travail sous-tend une production à grande échelle tout en favorisent les gains de productivité. Elle a pour conséquence une concentration urbaine et le développement des transports. Elle est le moteur d'un développement économique.

3. En d'autres termes, pour lui, à la question « *qu'est-ce qu'être heureux* » ; il faudrait répondre « *être bien et apprécier la vie* ». Si la hausse générale des revenus ne permet pas de satisfaire ce besoin, il importe de modifier les objectifs de politique économique.

Ainsi, selon Durance, Godet et Martinez (2006), le différentiel de croissance entre les Etats-Unis et l'Europe s'explique en grande partie par la plus forte vitalité[4] démographique des Etats-Unis. Le creusement de l'écart de l'évolution de la population (28 % aux Etats-Unis contre 10 % en Europe entre 1980 et 2003) a pour conséquence une croissance plus faible dans les pays européens.

Cet optimisme est néanmoins contré par d'autres libéraux tels Ricardo et Malthus. Précisément, ces derniers assistent à la considérable augmentation de la population de l'Angleterre (de 7 à 21 millions de personnes de 1750 à 1850) et à l'explosion de la misère sociale. La distribution d'aides sociales aux plus démunis – les *Poor Laws* – s'inscrit dans une volonté politique de lutter contre le développement de cette pauvreté. Mais pour R. Malthus, ces lois en faveur des pauvres sont néfastes au développement économique. *A fortiori*, elles contribuent à alimenter l'accroissement démographique ; elles désincitent au travail et participent à l'augmentation du chômage volontaire. Elles appauvrissent la nation. En d'autres termes, en l'absence de politiques interventionnistes en faveur des plus démunis, les évolutions démographiques s'autorégulent. L'appauvrissement d'un foyer entraîne spontanément un comportement nataliste à la baisse afin de préserver le revenu – donc le niveau de vie – du ménage. L'enfant est aussi un enjeu économique car il représente un coût et un investissement plus ou moins important en fonction de la durée des études. Or le niveau de vie décroît avec le nombre d'enfants (CERC, 2005). Les principes du quotient familial et des prestations familiales agissent dans le sens d'une redistribution des revenus mais la politique familiale ne compense pas les pertes de niveaux de vie qui résultent de la naissance d'un enfant supplémentaire, et ce quelle que soit la catégorie socio-professionnelle[5]. Pour Albouy et Roth (2003), l'incidence des prestations et des allégements d'impôts[6] liés aux enfants est globalement favorable aux ménages modestes (mais dans une moindre mesure que les seules prestations).

4. Ils affirment : « *Pour les quatre cinquièmes par le différentiel de croissance démographique, ensuite par la moindre durée de travail des actifs occupés (un actif américain travaille 25 % de plus qu'un Français), enfin par le faible taux d'emploi des Européens* ». Pour ces auteurs, « *l'activité crée la richesse* » et les écarts de niveaux de vie (richesses produites) par habitant ne s'expliquent pas par des niveaux de productivité (horaires ou par actif) différents, mais tout simplement par la quantité de travail fournie par les habitants de chaque pays. D'ailleurs, le rapport Kok (2004) concernant la stratégie de Lisbonne énonce que le vieillissement démographique dans les pays européens pourrait « *faire baisser le potentiel de croissance de l'Union d'un point d'ici 2040* ». Nonobstant, il ne suffit pas simplement de relancer la natalité pour relancer la croissance, encore faut-il assurer un taux d'emploi élevé pour permettre un cercle vertueux de la croissance car même si l'évolution démographique est plus dynamique en France que dans d'autres pays européens, elle détient aussi le record du plus faible nombre d'heures travaillées par habitant, sans pour autant obtenir des taux de chômage réduits.

5. Pour A. Chastand (1980), « *la part des prestations dans l'ensemble des ressources des familles de cadres est en très sensible régression. Ainsi, en 1979, les prestations familiales auxquelles donnent droit trois enfants constituent 5,1 % du salaire d'un cadre supérieur et 17,8 % de celui d'un cadre moyen.* »

6. Le principe de quotient familial dans le calcul de l'impôt sur le revenu constitue un mécanisme de redistribution efficace des familles sans enfant vers les familles avec enfants.

Malthus explique que les rendements dans l'agriculture obéissent à une loi arithmétique alors que l'accroissement démographique suit une progression géométrique. Il existerait donc une loi naturelle liant augmentation de la pauvreté et de la démographie. Ricardo s'inscrit dans cette perspective. La loi sur les rendements décroissants introduit l'idée que la production va décroissant. Tout accroissement de la population contraint à exploiter des terres peu fertiles nécessitant une quantité de facteur travail plus importante. Cette production se révèle peu rentable. Or, la valeur d'un produit s'établit en fonction des conditions de production les plus défavorables : le prix s'élève et participe à la création d'une rente foncière. En conséquence de quoi, les salaires suivent la même évolution que les prix. Cette spirale inflationniste ne bénéficie en définitive qu'aux propriétaires terriens. Quant aux salaires réels, ils diminuent du fait de l'inflation. L'économie tend alors vers un état stationnaire, une croissance « zéro ». Cette évolution semble inéluctable du fait de la rareté des ressources naturelles. Néanmoins, par le biais d'une amélioration des gains de productivité dans l'agriculture et/ou d'un recours aux importations, il est possible d'empêcher cette loi naturelle. C'est dans cet esprit que Ricardo s'insurge contre les *Poor Laws* et les *Corn Laws* (limitant les importations de blé). Il est favorable à l'ouverture des frontières et à une limitation des aides sociales dans la mesure où les individus ne devraient avoir « *d'autres ressources que celle de leur travail* » (chap. 5).

Cette question réapparaît aujourd'hui eu égard à l'évolution de la population mondiale : si les pays en développement adoptent le mode de vie[7] des pays développés, Cela risque de modifier leurs habitudes de consommation. Or les ressources naturelles disponibles ne permettent pas de satisfaire cette nouvelle demande. En conséquence, seul le progrès technique (OGM, clonage, produits et engrais chimiques, additifs alimentaires) permettra de retrouver un équilibre. Mais à quel coût environnemental et sanitaire ?

SECTION 2 - LE DÉFI DU VIEILLISSEMENT

Toutes les hypothèses d'efficacité d'une politique de relance keynésienne ne sont plus réunies : l'anticipation des agents concernant leur avenir se concentre autour de la constitution d'une épargne individuelle de précaution. Or, notre système de redistribution et de retraite – l'Etat-Providence – a vu le jour dans ce contexte. Il s'est épanoui à travers une volonté de justice sociale sous couvert de solidarité des âges. A défaut de financement, il est inexorablement remis en cause.

7. Selon le bilan bisannuel du Fonds mondial de la nature (WWF, 2006), les Emirats arabes unis, les Etats-Unis, la Finlande et le Canada sont les quatre pays les plus voraces en ressources vivantes de la planète. Par ailleurs, ce même rapport établit que « *l'empreinte écologique a dépassé la biocapacité de la Terre en 2003 de 25 %. Dans la réalité, la capacité de régénération de la Terre ne peut plus désormais suffire à la demande des humains, qui transforment en déchets les ressources plus vite que la nature peut les régénérer. L'humanité ne vit plus des intérêts produits par la nature mais entame son capital. Cette pression croissante sur les écosystèmes engendre la destruction d'habitats productifs, la détérioration ou la perte permanente de leur productivité, menaçant à la fois la biodiversité et le bien-être des humains.* » L'Asie du Sud-Est et ses forêts tropicales ont accusé les déclins les plus prononcés.

LE FINANCEMENT DES RETRAITES

L'évolution démographique dans les pays industrialisés intervient dans l'équilibre budgétaire dans la mesure où elle pose la question du financement des retraites. En France, on estime ces dépenses à un peu moins de 13 % du PIB (200 milliards d'euros) ; elles pourraient atteindre, selon le conseil d'orientation des retraites, 570 milliards d'euros en 2050. Dans un système reposant sur la contribution financière des actifs, il apparaît indéniable que le vieillissement de la population constitue un réel défi. Mais justifie-t-il la mise en place de profondes réformes ?

Le mode de financement intervient directement dans la croissance. Pour autant, deux systèmes différents existent et chacun d'eux a des conséquences économiques spécifiques. Lorsque les retraites reposent sur les actifs, un éventuel déséquilibre entre le nombre de retraités et le nombre d'actifs occupés pèse sur le coût du travail. L'objectif des réformes vise alors à limiter cet effet négatif en allégeant le poids financier par le biais d'une modération des pensions redistribuées. Mais elles alourdissent les cotisations[8], donc le coût du travail. Les décisions d'embauche sont freinées. En d'autres termes, face une population vieillissante et à une évolution du taux de fécondité, la pyramide des âges est de plus en plus déséquilibrée au bénéfice des populations âgées. Les populations dites du 4e âge (plus de 80 ans) vont augmenter. Le choix d'introduire de la capitalisation dans le dispositif n'est pourtant pas la panacée. Certes, elle fournit une épargne disponible pour financer les investissements dans une économie déréglementée et un marché financier décloisonné. Elle n'est toutefois pas insensible aux vicissitudes de la croissance. Plus la croissance est forte, plus les taux d'intérêt sont élevés du fait de l'efficacité marginale du capital et des perspectives de croissance optimistes. Par ailleurs, une population vieillissante exige des pensions plus longues, donc une épargne plus forte. L'augmentation de l'espérance de vie risque alors de compromettre les débouchés actuels puisqu'elle incite à davantage d'épargne, donc à moins de consommation. Cette contradiction inhérente au problème du financement des retraites suggère ainsi la nécessité d'entrevoir la question dans une dimension intergénérationnelle.

8. Selon le Conseil d'orientation des retraites a émis la nécessité d'accroître de plus de 35 % le prélèvement retraite pour assurer l'équilibre d'ici 2040. D'où l'idée de plus en plus répandue de déconnecter le prélèvement de la base du travail et de le fonder, par exemple, sur la valeur ajoutée des firmes. Cette perspective permet d'imposer directement les entreprises en modifiant leur rapport au travail : celui-ci ne serait plus uniquement une charge fixe. Par ailleurs, cette solution aurait un autre avantage potentiel : en ne concentrant pas toute la pression sur le facteur travail, les firmes sont incitées à embaucher plus facilement. *De facto*, l'embauche serait encouragée. Ainsi, la hausse du taux d'activité demeure une clé notable dans la survie du dispositif actuel. De plus, la volonté de travailler plus longtemps, certes en raison de l'allongement des études et de la durée de vie, apparaît comme une évolution « *normale* » face à des perspectives aussi pessimistes. Elle a aussi pour effet immédiat de stabiliser le rapport durée d'activité sur durée de la retraite. Naturellement, cela sous-entend une modification des politiques d'emplois des entreprises car au-delà de 50 ans, les individus sont loin d'être « vieux ».

UNE SOLIDARITÉ INTERGÉNÉRATIONNELLE ?

Le développement de pensions de retraite généreuses a contribué à l'amélioration du niveau de vie des retraités. Ce rattrapage économique par rapport aux actifs a permis à ces jeunes retraités de se constituer un patrimoine. Toute la problématique interroge alors l'utilisation de ce patrimoine : sera-t-il immédiatement consommé ou, au contraire, épargné pour être ensuite transmis aux nouvelles générations ?

La volonté de préserver les générations futures contre d'éventuelles pertes de pouvoir d'achat ou de niveau de vie peut motiver les nouveaux retraités de constituer un patrimoine important. Cette solidarité intergénérationnelle s'explique alors par la crainte de temps futurs incertains induits par le remboursement d'une dette publique, une précarisation des emplois ou encore une incapacité des pouvoirs publics à faire face à certaines contraintes de la mondialisation. Cette épargne de prévoyance se réfère donc à une forme de générosité intergénérationnelle. L'altruisme intergénérationnel intervient dans la décision d'épargne. Pour Friedman (1957), le comportement d'épargne se justifie aussi par la volonté des parents de transmettre un patrimoine positif à leur descendance. Le théorème de l'équivalence ricardienne explique ce phénomène.

Toutefois, les nouveaux retraités ont été habitués à un certain confort : développement des congés payés, généralisation des loisirs et autres biens de consommation. De plus, l'apparition et l'approfondissement d'un Etat-Providence dont ils ont bénéficié militent en faveur d'une conviction de certains acquis. D'un point de vue économique, la recherche de la préservation d'un certain niveau de vie ainsi que la volonté de « profiter » de leur nouvelle vie provoquent un mouvement de désépargne. Cet effet cliquet désigne le maintien d'un niveau de consommation en puisant dans leur épargne disponible. Mais ce comportement[9] peut parfois être incité par des mesures gouvernementales. Ce modèle comportemental se retrouve chez Modigliani (1954) dans sa théorie du cycle de vie : en début de vie, l'individu désépargne ; ce n'est qu'avec l'entrée dans la vie active qu'il accumule de l'épargne. Lors du passage à la retraite, il consomme la totalité de son patrimoine. En définitive, il rejoint Friedman (1957) sur l'hypothèse du revenu permanent : l'épargne dépend moins du revenu courant que du revenu futur anticipé.

CONCLUSIONS

L'allongement de l'espérance de vie modifie les comportements au cours du cycle de vie et les choix des individus en matière de consommation, d'éducation, d'épargne. Il modifie aussi le rapport actifs/dépendants et impose de repenser le système de protection

9. Ainsi, en Allemagne, le système est caractérisé par le choix d'une assurance sociale financée par cotisations et accompagnée, pour les personnes dont le revenu se situe au-delà d'un certain seuil d'assujettissement, d'une obligation d'assurance auprès de compagnies privées. Il en est de même au Japon où toutes les réformes ont abouti à la même conséquence : une baisse du pouvoir d'achat des nouveaux retraités. Ceux-ci sont donc contraints de réduire leur épargne, au détriment de la transmission d'un patrimoine.

sociale. Aussi, il serait erroné d'attendre de l'évolution démographique les solutions à notre faible croissance. Dans les pays industrialisés, les fortes recettes publiques attendues en période de croissance devront être utilisées pour assainir les finances publiques. D'ailleurs, à toute période de croissance forte succède à une période plus ralentie.

Selon un nouveau rapport des Nations unies, le développement des mégalopoles favorise les économies d'échelle mais pose ensuite inexorablement de nouvelles questions liées au transport, au logement ou encore à la pollution (de l'air, des déchets). A ce titre, Rahnema (2003) se fonde sur deux expériences, l'une parmi les Amérindiens du Canada et l'autre parmi les habitants de Calcutta, pour dénoncer le modèle « *marxisant* » du développement économique imposé à des populations fonctionnant encore selon des modèles culturels traditionnels. Il décrit « *l'horreur de la misère imposée à des millions d'hommes et de femmes arrachés à leur économie de subsistance au nom du développement économique* ». L'urbanisation et l'intrusion de nouvelles technologies dans leur cadre naturel contribuent à accélérer leur perte d'identité. La croissance à tout prix ?

FICHE 10 | QUELLE JUSTICE POUR DEMAIN ?

1. RÉFÉRENCES

ALBOUY V., ROTH N., « Les aides publiques en direction des familles : ampleur et incidences sur les niveaux de vie », *Haut conseil de la population et de la famille*, Paris, 2003.

BAUDELOT C., ESTABLET R., *Avoir 30 ans en 1968 et 1998*, Seuil, 2000.

BERMOND M., *Produire et se reproduire dans la crise. Agriculture, familles, exploitations en Normandie au début du xxie siècle*, thèse de doctorat en géographie, Université de Caen, 2004.

CALVÈS G., « Renouvellement démographique de la fonction publique de l'Etat : vers une intégration prioritaire des Français issus de l'immigration », *Rapport à la direction générale de l'administration et de la fonction publique*, La Documentation française, 2005.

CETTE G., « Le partage des fruits de la croissance », *Futuribles*, juillet-août 2006, n° 321.

Charte de la diversité, 2004, www.institutmontaigne.org/pdf/cdld.pdf

CHAUVEL L., *Le Destin des générations. Structure sociale et cohortes en France au XXe siècle*, PUF, 1998.

CREMER H., LOZACHMEUR J.-M., PESTIEAU P., « Départ à la retraite et taxation optimale », *Revue d'économie politique*, mars-avril 2005, n° 2.

CREMER H., PESTIEAU P., « Assurance privée et protection sociale », *Revue d'économie politique*, septembre-octobre 2004, n° 5.

DUCLOS L., MÉRIAUX O., « Autonomie contractuelle et démocratie sociale : les implicites de la refondation », *Regards sur l'actualité*, n° 267, janvier 2001.

DURILLE-FEER E., « Le Japon, laboratoire mondial du vieillissement », *Futuribles*, juillet-août 2006, n° 321.

FRIOT B., « Salaire ou propriété : les principes politiques des systèmes de retraite, *Gérontologie et société*, juin 1998, n° 85.

GUÉRIN J.-L., LEGROS F., « L'âge de la retraite : choix politique, économique ou individuel ? », *Revue d'économie politique*, mars-avril 2005, n° 2.

GRANRUT C. (DU), « Le système de retraite aux Etats-Unis : l'heure de vérité ? », *Futuribles*, février 2006, n° 316.

HAIRAULT J.-O., LANGOT F., SOPRASEUTH T., « Inciter à différer le départ en retraite : une analyse en termes de courbe de Laffer », *Revue d'économie politique*, mars-avril 2005, n° 2.

HAYEK F.A., *Droit, législation et liberté*, tome 3, *L'Ordre politique d'un peuple libre*, Quadrige, PUF, 1995.

HENRIET D., « Assurance maladie : intervention publique et rôle de la concurrence », *Revue d'économie politique*, septembre-octobre 2004, n° 5.

HIRSCH M., « Au possible nous sommes tenus », *Rapport de la Commission familles, vulnérabilité, pauvreté*, 2005, ministère des Solidarités, de la Santé et de la Famille.

GORZ A., *Critique de la division du travail*, Seuil, 1988.

LANQUETIN M.-T., « Individualisation versus « familialisation » des droits sociaux et des droits fondamentaux », *Problèmes économiques*, n° 2.809, 14 mai 2003.

LEMARCHANT C., « La famille dans la société. Famille et inégalités sociales », *Cahiers français, La Documentation française*, septembre 1997, n° 322, p. 39-45.

MARTIN C., *L'Après-Divorce, lien familial et vulnérabilité*, Presses universitaires de Rennes, 1997.

MAGUAIN D., « Discrimination positive : un bilan des expériences américaines et européennes », *Revue française d'économie*, octobre 2006, volume XXI, n° 2.

MERLLIÉ L., PRÉVOT J., *La Mobilité sociale*, La Découverte, coll. « Repères », Paris, 1997.

Moisan C., Simon J., *Les Déterminants de la réussite scolaire en zone d'éducation prioritaire,* Inspection générale de l'administration de l'éducation nationale, Paris, ministère de l'Education nationale, de l'Enseignement supérieur et de la Recherche, 1997.

Pestieau P., « Contrevérités sur le départ à la retraite », *Revue d'économie politique*, mars-avril 2005, n° 2.

Périvier H., « Quel sort pour les allocataires de minima sociaux ? », *Problèmes économiques*, n° 2908, octobre 2006 (Lettre de l'OFCE, n° 273, 14 mars 2006, p. 44-48, 11 octobre 2006).

Piketty T., *L'Economie des inégalités*, La Découverte, collection « repères », 2001.

Piketty T., Saez E., « L'évolution des hauts revenus : une perspective historique et internationale », *Problèmes économiques*, n° 2.911, 22 novembre 2006.

Rawls J., *Théorie de la justice*, Traduction de D. Audard, Seuil, coll. « Essais », 1987.

Rosanvallon P., Fitoussi J.-P., *Le Nouvel Age des inégalités,* 1996.

Rousseau J.-J., *Du contrat social* (1762), Nouveaux Classiques Larousse, 1973.

Rousseau J.-J., *Discours sur l'origine et les fondements de l'inégalité parmi les hommes* (1754), GF-Flammarion, 1971.

Sabbagh D., *L'Egalité par le droit. Les paradoxes de la discrimination positive aux Etats-Unis,* Economica, 2003.

Sen A., *Repenser l'inégalité*, Seuil, 2000.

Smith A., *Théorie des sentiments moraux* (1759), traduction de M. Biziou et C. Gautier, PUF, 1999.

Sauviat C., « Etats-Unis : les régimes de retraite par capitalisation en difficulté », *Problèmes économiques*, 2003, n° 2828.

Viriot Durandal J.-P., *Le Pouvoir gris. Sociologie des groupes de pression de retraités*, PUF, 2003.

2. REPÈRES

Famille

Dans une société déstructurée et désocialisée, la structure familiale apparaît à la fois comme un rempart et un amplificateur des chocs. L'identité des enfants est conditionnée par les relations intra et intergénérationnelles car la vie familiale illustre une forme de vie en société. Or l'affirmation de l'individu, le développement des familles monoparentales, le recours à la procréation médicalement assistée, le déclin de l'autorité[1] et du *paterfamilias* modifient la vision traditionnelle du groupe familial. L'importance du lien familial est parfois un facteur de reproduction des inégalités. Des liens forts empêchent l'ascension sociale et maintiennent des enfants dans leur condition sociale : en l'occurrence, « *les enfants de cadres quittent plus tôt leurs parents que ceux d'ouvriers ou d'agriculteurs, mais pour faire des études* » (Lemarchand, 2004). A titre d'illustration, la pauvreté est intégrée dans les pays du sud de l'Europe en raison de liens familiaux forts où les notions de

1. Avec à son paroxysme le développement des crèches parentales, des écoles libres ou des *Kinderlaeden*... qui prônent une éducation « antiautoritaire ». Ces expériences relativisent considérablement la théorie de l'attachement à la mère et la fonction symbolique du père puisque l'enfant peut librement s'attacher à d'autres adultes.1. Avec à son paroxysme le développement des crèches parentales, des écoles libres ou des *Kinderlaeden*... qui prônent une éducation « antiautoritaire ». Ces expériences relativisent considérablement la théorie de l'attachement à la mère et la fonction symbolique du père puisque l'enfant peut librement s'attacher à d'autres adultes.

solidarité familiale et d'entraide sont encore profondément ancrées dans les comportements et ce, au contraire de pays comme la Grande-Bretagne ou la France dans lesquels la pauvreté disqualifiante (Paugam, 1993) se développe. En outre, la divortialité est un facteur d'accroissement de la pauvreté : les femmes seules avec enfant(s) ont les revenus les plus modestes. De fait, divorce et séparation sont les premières causes de pauvreté chez les femmes. Ainsi, un quart des ménages percevant le RMI est une famille monoparentale, 25 % des personnes ayant un emploi à temps partiel et vivant seules sont considérées comme pauvres. Le risque de pauvreté est trois fois plus élevé pour les couples mono-actifs que pour les bi-actifs.

Le processus de désaffiliation sociale (Castel, 1995) et d'exclusion apparaît alors inévitable car la séparation entraîne une baisse des revenus que les aides sociales et la pension alimentaire ne parviennent pas forcément à combler. Le mode de vie s'en trouve notablement transformé et ce, de façon d'autant plus importante que la situation professionnelle de la mère (car c'est elle qui, généralement, bénéficie de la garde de l'enfant) est fragile ou précaire. Concernant la pension alimentaire, « *les mères seules et sans emploi la reçoivent le moins souvent (près de 4 sur 10) et les mères qui travaillent et qui ont un nouveau compagnon, la perçoivent le plus souvent (près de 7 sur 10)* » (Lecomte, 1999). A ce titre, l'objectif de réduire d'un million le nombre d'enfants pauvres en France, soit d'avoir zéro enfant pauvre en 2020 (Hirsch, 2005), tente d'aller en ce sens. L'homogamie constitue également un facteur déterminant dans la reproduction des inégalités : ainsi, les deux tiers des employés ont une conjointe qui est employée ou ouvrière et plus de la moitié des cadres ont une épouse cadre supérieur ou profession intermédiaire. Ces unions entre individus de même niveau culturel ou d'un milieu social similaire regroupent les types de revenus et les capitaux culturels. Cette non-mixité naturelle, recherchée dans le cadre des unions, correspond à un choix économique et rationnel. Elle correspond également à une réalité sociale : on se rencontre à l'université, dans certaines fêtes ou au travail, on est animé par des goûts et la recherche d'un mode de vie similaires.

Pour Albouy et Roth (2003), l'incidence des prestations et des allégements d'impôts[2] liés aux enfants est globalement favorable aux ménages modestes (mais dans une moindre mesure que les seules prestations). Il n'en reste pas moins que la pauvreté est statistiquement localisée : familles monoparentales ou nombreuses, personnes isolées. Par ailleurs, les diverses réformes des conditions d'octroi des allocations familiales – en faveur des familles monoparentales et sous conditions de ressources – ont évidemment un effet loin d'être neutre. Elles incitent parfois les femmes à se retirer du marché du travail comme pour le congé parental d'éducation (non rémunéré) ou l'allocation personnalisée d'éducation (avec une allocation forfaitaire et la garantie d'un retour à l'emploi). Ce type de dispositif a eu un très grand succès auprès des femmes peu qualifiées. Le chèque emploi-service complète ces dispositifs mais ne s'adresse pas aux mêmes profils socio-économiques. Force est de constater que le développement de l'activité féminine a également externa-

2. Le principe de quotient familial dans le calcul de l'impôt sur le revenu constitue un mécanisme de redistribution efficace des familles sans enfant vers les familles avec enfants.

lisé certaines fonctions éducatives : « *les trois quarts des mères cadres ou professions intermédiaires ont recours à des services payant pour faire garder leur jeune enfant non scolarisé, c'est le cas de 41 % des ouvrières*[3]. »

Les relations entre individus d'une même famille s'appréhendent comme des liens sociaux obéissant à la fois à des principes de réciprocité (don/contre-don) et d'altruisme (don). La logique de la réciprocité – typiquement contractuelle – positionne l'individu en tant que créancier ou débiteur. La logique du don, au contraire, entretient des échanges gratuits. La perspective des inégalités rejoint ces logiques dans la mesure où le sacrifice des parents (par exemple financier) ressenti par l'enfant devient une composante de leur identité. Ainsi, la nécessité de réussir ses études pour répondre à l'attente des parents et, en quelque sorte « *mériter* » leur sacrifice, influence le comportement des enfants. *A contrario*, l'obtention d'une bourse – *via* une relation extérieure qu'est la puissance publique – atrophie cette nécessité. A ce titre, le mode d'accueil (collectif ou individuel) des enfants souligne le degré d'implication des grands-parents (à qui l'enfant est-il confié ?) : la prise en charge de certaines activités liées à la garde des enfants assouplit l'articulation des temps professionnels[4] et sociaux des parents. L'entraide intergénérationnelle est présente dans tous les milieux sociaux mais le contenu des échanges au sein du réseau familial accentue les inégalités : « *les enfants de cadres sont deux fois plus souvent aidés que ceux d'ouvriers* »[5]. *Ita est* l'expérience de la solidarité et de l'entraide apparaît ainsi à des niveaux et à des stades différents selon les enfants. Toutefois, ce fonctionnement peut à la fois s'inscrire dans une dimension altruiste (inhérente au lien familial supposé inconditionnel) que dans une perspective réciproque : « *Je t'aide aujourd'hui dans l'espoir que tu m'aideras demain.* » C'est le propre d'une relation contractuelle avec des droits et des devoirs pour chacune des parties. Cet aspect contractuel est d'autant plus notable pour les nouvelles générations qui subissent le ralentissement de la mobilité sociale car le diplôme ne garantit pas expressément une mobilité sociale. Entre la dévalorisation des diplômes, la précarité du premier emploi, la cohabitation plus ou moins contrainte, le « pacte générationnel »[6] semble renversé : les aïeux sont mobilisés pour aider les jeunes.

3. Guillot, 2002, cité par J. Fagnani, *op. cit.*
4. Même si « *le nombre moyen d'heures de travail* [des femmes] *diminue régulièrement lorsque le nombre d'enfants augmente alors que l'on observe le phénomène inverse chez les hommes* » en raison de « *l'essor des horaires de travail variables, irréguliers ou imprévisibles, donc peu compatibles avec les horaires d'ouverture des équipements collectifs ou les exigences des assistantes maternelles, la difficulté de respecter les rythmes biologiques de l'enfant tout en ayant des horaires de travail diversifiés et atypiques, l'allongement des temps de transport quotidiens* », comme le souligne J. Fagnani, « La famille dans la société. Responsabilités familiales et vie professionnelle », *Cahiers français*, La Documentation française, septembre, 2004, n° 322, p. 34-38.
5. C. Lemarchant, *op. cit.*
6. L. Chauvel, *Le Destin des générations*, PUF, Paris, 2002.

3. EXPLICATIONS

Longtemps, le débat sur les inégalités s'est limité à une analyse à travers le prisme des classes sociales. Cette lecture marxiste entre dominés et dominants est aujourd'hui obsolète. L'apparition de nouveaux métiers, les transformations économiques et sociales de ces dernières décennies font apparaître une « *nouvelle condition sociale* ». *Jure et facto*, la démocratisation de l'enseignement, l'accroissement général des niveaux de vie ont réduit les inégalités. Cependant, le sentiment d'injustice n'a pas perdu de sa force. Pour preuve, en 1968, un cadre gagnait quatre fois plus qu'un ouvrier. Aujourd'hui cet écart s'est réduit à 2,5.

Pour Durkheim, la solidarité organique se substitue à la solidarité mécanique (familiale, traditionnelle) : la première fait du travail un facteur essentiel du lien social qui évolue avec l'industrialisation et l'urbanisation.

De nombreux travaux de sociologues étayent l'idée que la société française s'est « *moyennisée* » par l'apparition d'une classe moyenne lors des Trente Glorieuses. Selon Kuznets (1955), la réduction des inégalités s'effectue selon un processus spontané et naturel avec la croissance économique. Cette classe moyenne a bénéficié d'un contexte macroéconomique favorable : non seulement par le biais d'une large diffusion des progrès (sanitaires individuels, téléphone, automobiles, loisirs grâce aux congés payés ...), mais aussi avec un accès à la propriété par l'endettement en période d'inflation pendant les années 1970 avec une dévalorisation de leur dette réelle et revalorisation de leur patrimoine en période de désinflation après les années 1980. Autant d'indices d'une égalitarisation des individus, d'une démocratisation de l'accès aux biens et aux services. Les inégalités d'aujourd'hui ne seraient-alors que résiduelles ? Effectivement, le paradoxe d'A. Tocqueville n'énonce-t-il pas que « *l'amour de l'égalité croît sans cesse avec l'égalité elle-même* ». La justice a-t-elle pour objectif, comme le suggèrent les partisans de l'égalité face au hasard (*luck egalitarians*) de neutraliser les différences liées au hasard ? La justice sociale n'est-elle qu'une « *expression creuse, une corruption intellectuelle* » (Hayek, 1976) ?

Chapitre 1 DE LA NÉCESSITÉ D'UNE REDISTRIBUTION DES REVENUS PRIMAIRES

La pauvreté prend plusieurs visages. Elle s'analyse naturellement en termes de revenus, mais également en termes de conditions de vie en s'attachant au bien-être matériel standard. Les personnes seules et familles monoparentales – souvent des femmes, avec une sur-représentation pour les urbains dans les régions du Nord et de la Méditerranée – représentent ainsi près de 60 % des pauvres. La protection sociale demeure néanmoins une incroyable « *machine à redistribuer* » dans la mesure où elle assure désormais plus d'un tiers du revenu des Français. Pourtant, les débats sur l'épargne-retraite, le revenu minimum d'insertion, le chômage volontaire, les trappes à inactivité et à pauvreté, le malaise endémique dans les hôpitaux, etc., multiplient les interrogations sur l'avenir de notre système de redistribution. Ou, plus exactement, sur son efficacité. L'Etat-Providence semble peiner à se placer au cœur du compromis social. Dans le cadre de la répartition des fruits de la croissance, son intervention semble à la fois trop bureaucratique pour certains et trop libérale pour d'autres. *De facto*, ce débat organise la dé-solidarité nationale puisqu'un nombre croissant de Français perçoit son intervention comme à la fois injuste et inefficace.

SECTION 1 - IL EXISTE PLUSIEURS DISPOSITIFS DE REDISTRIBUTION

Dès la moitié du XVIIIe siècle, l'Etat français verse des pensions de retraite à ses vieux soldats. Et si, dès 1910, les premières lois sur les retraites paysannes et ouvrières sont votées, ce n'est qu'après la seconde guerre mondiale que se développe un système généralisé par répartition à tous les salariés. Rapidement des régimes complémentaires professionnels complètent la diversité initiale de régimes[7] (dits spéciaux, pour les artisans-commerçants, professions libérales...) dont l'harmonisation est loin d'être aboutie. Néanmoins, au-delà de cette diversité, deux grands principes se distinguent : la tradition bismarckienne et la tradition beveridgienne.

ENTRE BISMARCK ET BEVERIDGE

Le modèle continental date de 1889 lorsque Bismarck décide de mettre en place un système de protection contre les risques invalidité et vieillesse. Ce système dit par répartition est assurantiel, ce qui signifie qu'il est contributif : à chaque contribution (cotisation) correspond un droit à prestation. Cette contribution est réciproque ; il obéit au principe du don/contre-don de Marcel Mauss (1925). Le montant de la pension est lié à l'accumulation des droits tant en durée qu'en montant. Le système est socialement solidaire : les cotisations sont prélevées sur les actifs et redistribuées aux retraités actuels ; il garantit un taux de remplacement élevé. Il n'en reste pas moins que ce système demeure un mode obligatoire de cotisation individuelle (le versement de cotisations permet l'accumulation de droits futurs). Toute personne n'ayant pas cotisé ou n'ayant pas accumulé suffisamment de points est exclue de ce système de redistribution. Autre point notable : il est un élément indissociable du contrat de travail. *Ita est* il s'appréhende comme un avantage en nature directement lié au travail. Il est largement répandu en Europe (Allemagne, Autriche, Belgique, Espagne, France, Grèce, Italie, Luxembourg, Portugal).

7. En réalité, le système de retraite se caractérise par piliers : le premier (appelé régime de base) est généralement par répartition et obligatoire, le second est complémentaire et parfois facultatif, le dernier équivaut à une épargne personnelle capitalisée.

Tableau comparatif entre les deux systèmes de redistribution

Références	Bismarck (fin XIXe siècle)	Beveridge (1942)
Solidarité	Professionnelle	Nationale
Objectif : assurer un	Revenu de remplacement	Minimum vital
Nature du risque	Perte de revenu	Pauvreté
Financement	Cotisations liées au salaire	Prélèvements indépendants du revenu
Nature des prestations	Contributives (la cotisation confère un droit) Principe de l'assurance	Non contributives 3 « U » : unité, universalité, uniformité Principe de l'assistance
Montant des prestations	Contributions importantes	A minima
Modalités de gestion	Partenaires sociaux	Parlement
Organisation	Caisses privées avec mission de service public	Service public unique
Exemples de pays	Allemagne, France, Japon, Etats-Unis	Grande-Bretagne, Suède, Norvège

La tradition beveridgienne dite anglo-scandinave repose généralement sur deux piliers distincts. Le premier, assuré par les pouvoirs publics, garantit une pension forfaitaire et proportionnelle généralement financée par la fiscalité. A ce premier niveau, la dimension redistributive se révèle incontestable dans la mesure où il ne se base pas sur l'accumulation préalable de droits. Le financement repose sur l'impôt. En somme, il n'est ni contributif ni réciproque. Il se caractérise souvent par les trois « U » : uniformité des prestations (prestation identique), universalité (tout le monde y a droit) et unité de gestion (uniquement géré par l'Etat). Il prend la forme d'une pension forfaitaire minimale dont le montant rend plus ou moins contrainte la signature de régimes complémentaires. Ce système est né au Royaume-Uni[8] avec le rapport *Social insurance and allied service* de Lord W. Beveridge (1942) et caractérise souvent le modèle nordique (Pays-Bas, Danemark, Finlande et Suède) avec néanmoins, dans ce dernier cas, des prestations sociales plus généreuses. Le second pilier repose sur une épargne d'activité constituée dans le cadre de régimes professionnels.

8. La réforme de la protection sociale de 1991 a introduit des mécanismes de marché dans le système de santé britannique : les médecins généralistes disposent d'un budget pour acheter des soins hospitaliers et des actes de spécialistes. Les hôpitaux sont financièrement responsables et sont devenus des « *acheteurs de soins* ». Néanmoins, cette nouvelle structuration du paysage sanitaire n'a pas résolu les handicaps : sous-investissements et bureaucratie ont détérioré la qualité et développé les files d'attente.

Des différences apparaissent dans les modalités pratiques de la mise en application d'un tel système. Ainsi, au Royaume-Uni, la fiscalité est progressive et le montant distribué approche le RMI, complété par diverses prestations d'assistance sous conditions de ressources. Depuis 1979, ce dispositif s'accompagne d'un complément obligatoire (et auquel les entreprises du second pilier peuvent se substituer). La grande différence par rapport aux pays scandinaves réside dans l'importance de ces fonds complémentaires, rendant ainsi les prestations plus généreuses dans ces pays. La part spécifiquement liée à l'assistance s'en trouve donc réduite. De la même manière, chez les Anglais, le second pilier recouvre essentiellement des régimes d'employeurs facultatifs alors que dans le modèle nordique, les dispositifs résultent d'accords de branche ou interprofessionnels. La proportion de la population active occupée couverte est donc plus large et ne concerne pas uniquement les grandes entreprises.

UNE COMPOSANTE COMMUNE : LA DIFFICULTÉ DE FINANCER LES RÉGIMES

Le vieillissement démographique des pays développés résulte de deux facteurs déterminants dans le système des retraites : d'une part, une baisse de la fécondité, donc à terme, de la population active cotisante et d'autre part un allongement de la durée de vie. *De facto*, ce vieillissement se manifeste par une élévation de l'espérance de vie pour les hommes (femmes) qui est passée de 63,4 (69,2) en 1950 à 76,7 (83,8) ans en 2004. Mais il se manifeste aussi par l'importance numérique des personnes âgées et surtout par l'écart entre les populations jeunes et les populations âgées. Cette espérance de vie plus longue (la part de la population ayant plus de 60 ans avoisine les 20 % et l'Insee prévoit – *ceteris paribus* – 35 % de la population en 2050) pèse sur la durée de versement des pensions et des soins médicaux. Dès lors se pose la question de l'avenir de nos systèmes de retraite et de leur mode de financement.

L'Etat-Providence est entré dans une triple crise : crise de financement, crise d'efficacité car il n'a pu éviter le chômage de masse et le retour de la pauvreté salariale, et enfin, crise de légitimité laquelle fait référence à la rupture du contrat social. Les individus dénoncent les prélèvements obligatoires. Les déficits de la Sécurité sociale et de l'assurance chômage apparaissent surtout à partir des années 1990. L'accumulation d'un solde négatif pousse ainsi à multiplier les réformes. En l'espèce, la réalisation d'économies s'articule le plus souvent autour des mêmes mesures : diminution des remboursements et accroissement du ticket modérateur, développement des génériques, hausse du forfait hospitalier... Côté recettes, les principaux pourvoyeurs sont la contribution sociale généralisée, les droits sur le tabac, les prélèvements sociaux sur les plans d'épargne ou encore la hausse des cotisations. Mais cet effet ciseau n'est pas sans conséquence sur le revenu disponible des ménages : en 2005, les prélèvements sur les revenus d'activité progressent plus vite (3,6 %) que la masse salariale (3,2 %). En d'autres termes, le pouvoir d'achat diminue, déprimant encore davantage les débouchés potentiels des entreprises.

Les controverses[9] au sujet de l'Etat-Providence se réfèrent à l'incapacité à enrayer le chômage durable et le développement des emplois précaires. Force est de constater que ce sont les ménages ouvriers suivis des ménages employés qui bénéficient proportionnellement le plus des revenus de la redistribution : aides familiales, aide sociale au logement, etc. Hors retraite, les revenus de transfert représentent 16 % des ressources d'un ménage ouvrier, 12,5 % pour un ménage employé et 5 % pour les cadres. Au demeurant, les ménages ouvriers sont également ceux qui connaissent les situations économiques les plus instables (taux de chômage plus élevé). Néanmoins, la pauvreté subjective se réfère au sentiment du ménage face à sa situation matérielle. Car si les inégalités ont été nettement réduites, elles l'ont été essentiellement par le biais des prestations sociales de la Sécurité sociale (retraite, santé, maladie). *A contrario*, tous les postes dévolus à l'Etat (logement, famille) restent en retrait. En l'espèce, la construction d'un parc social est désormais dévolue au secteur privé par le biais des exonérations fiscales (le plan Besson par exemple). La multiplication des contrats aidés exonérés[10] de cotisations sociales, l'apparition de la contribution sociale généralisée ont notablement modifié la structure initiale : le poids financier est croissant.

L'évolution de la situation économique fragilise essentiellement les modèles fondés sur l'assurance dans la mesure où le financement repose sur les cotisations des actifs. Effectivement, dès lors que le financement des retraites provient de l'impôt, les retraités sont à la fois contributeurs et bénéficiaires. Il n'en est rien dans le système par répartition. Cet effet ciseau remet en cause le principe de l'assurance et justifie la mise en place de nombreuses réformes qui visent toutes à réduire le montant des pensions, à augmenter

9. Paradoxalement, l'expression de besoins de protection par le corps social est renforcée : la demande d'intervention publique s'affiche nettement. Ainsi en est-il aussi, par exemple, du refus de la Constitution européenne prononcé par référendum lors de la dernière consultation populaire. L'ouverture des économies nationales tant du fait de la mondialisation que de la construction européenne n'a de cesse d'accroître la pression sur le modèle social. L'exigence de compétitivité dans un contexte de politique monétaire exogène (fixée par la Banque centrale européenne) et de politique budgétaire limitée a des conséquences directes sur le fonctionnement du marché du travail. Par ailleurs, il semble indéniable que l'entrée de dix nouveaux pays au sein de l'Union européenne modifie sensiblement la perception d'un éventuel modèle social européen. Les différences en termes de niveaux de vie et de système fiscal exerceront une certaine pression sur l'emploi et sur les rémunérations des moins qualifiés dans les anciens pays membres et ce, en raison des délocalisations possibles. D'ailleurs, les futures directives européennes portent sur une libéralisation plus poussée des services en se fondant sur une mutuelle reconnaissance des normes sociales. Rappelons-nous le débat sur la directive *Bolkestein* qui, malgré tout, a été amendée puis adoptée au Parlement européen en novembre 2005. De plus, l'apparition d'un « *tourisme médical* » n'est pas sans conséquence. Et la stratégie de Lisbonne rappelle la nécessité de la généralisation de l'emploi marchand au sein de l'Union via l'accélération des réformes structurelles pour renforcer la compétitivité de l'Union.

10. Cette refondation sociale intervient dans un contexte macroéconomique de sous-emploi. Le chômage massif et aujourd'hui une balance commerciale déficitaire interroge la perte de compétitivité des entreprises françaises. Aussi, le coût du travail intervient comme un facteur négatif dans l'équation. Il s'agit alors de réduire ce coût en diminuant les cotisations qui pèsent sur le travail. Ces réformes ont donc été favorables sinon à une fiscalisation de la Sécurité sociale du moins à une transformation de notre protection sociale. Effectivement, si les recettes de la Sécurité sociale diminuent, une alternative s'impose : soit la réduction des prestations versées, soit une nouvelle ressource financière pour combler le manque à gagner.

la durée de la vie active et à accroître la contribution. Celle-ci tend à élargir l'assiette de calcul en prenant en compte des revenus à la fois du travail et du patrimoine (CSG et CRDS). Par ailleurs, la part prise en charge par les régimes complémentaires est grandissante : les pouvoirs publics incitent fortement, parfois au moyen d'exonérations fiscales, à la constitution d'une épargne individuelle.

Mais l'allongement de l'âge de départ à la retraite pose une nouvelle question : la retraite correspond-elle à la vieillesse ? Les nouvelles réformes incitent les retraités potentiels à garder leur emploi par le biais de bonus lors de la liquidation future des pensions : bénéficiant d'une bonne qualité de vie et d'une certaine expérience, l'augmentation du taux d'activité des plus de 60 ans permet au système par répartition de réaliser de nombreuses économies. Effectivement, ne liquidant pas leurs droits, ces salariés seniors participent financièrement à la retraite de leurs co-sexagénaires. Quoi qu'il en soit, le vieillissement démographique dans un pays à faible taux d'emploi implique nécessairement un rationnement des soins et une refonte globale du système de protection sociale. Au risque d'un conflit[11] entre générations...

SECTION 2 - EN FRANCE, UN SYSTÈME QUI SE CARACTÉRISE PAR SA DIVERSITÉ

La protection sociale française repose majoritairement sur la Sécurité sociale, autrement dit sur un système basé sur l'assurance. Elle s'est construite après la seconde guerre mondiale et se définit souvent comme une des caractéristiques du compromis fordiste. Liée au contrat de travail, elle fournit des revenus compensatoires en cas de réalisation de risques non professionnels (maladie, invalidité, maternité, décès, veuvage) et de risques professionnels (accident du travail, maladie professionnelle, retraite). Son financement repose sur une participation à la fois patronale et salariale. Pour en bénéficier, la seule contrainte est d'avoir cumulé suffisamment de points (octroyés par les cotisations prélevées sur salaire) et d'être affilié audit régime. Quant au fonctionnement institutionnel, il reposait initialement sur le paritarisme[12] c'est-à-dire la négociation entre les partenaires sociaux des différents objectifs.

11. D'ailleurs, la théorie bureaucratique du vote politique insiste sur cette nouvelle génération dotée d'un pouvoir électoral croissant appelé le « *pouvoir gris* » par certains sociologues (Viriot-Durandal, 2003). Ce groupe d'individus est sensible à certaines thématiques liées à l'ordre, la sécurité, l'autorité, à la défense des retraites et des services de santé. Cette réaffirmation du rôle de l'Etat pourrait alors se traduire dans l'offre de programmes politiques et réorienter les politiques économiques.

12. En 1958, la convention Unedic inscrit le risque chômage dans la même perspective. Les ordonnances de 1967 mettent en exergue un droit objectif de chaque citoyen, une cotisation dédiée, une gestion particulière. Ce système d'assurance bilatéral reposait sur la création de tables de négociations propices à la stabilité sociale. Mais, dans le contexte économique actuel, ce système ne pouvait perdurer : les seules contributions des salariés et des entreprises ne peuvent supporter le poids financier de l'Etat-Providence.

UN SYSTÈME QUI S'ÉRODE

La France ne brille guère pour son principe d'unité car, loin d'être uniforme, elle laisse place à une mosaïque[13] de dispositifs disparates. Certes les ordonnances de 1945 substituent à de multiples organismes un réseau coordonné de caisses de Sécurité sociale, mais les professions agricoles, les salariés des régimes spéciaux (fonctionnaires, marins, cheminots, mineurs...) conservent leurs régimes spécifiques. Toutefois, la loi du 22 août 1946 étend les allocations familiales à toute la population. Et les ordonnances de 1967 éclatent la Sécurité sociale en quatre branches – maladie, famille, vieillesse, accidents du travail – en observant une définition commune : un droit de chaque citoyen, une cotisation dédiée, une gestion particulière. La trésorerie est commune même si chaque branche dispose d'une comptabilité séparée. Cette autonomie des branches sera réaffirmée en 1994.

Force est de constater que l'apparition de nouveaux besoins comme la dépendance des personnes âgées et l'aide médicale aux non-cotisants a montré les limites d'un principe fondé sur l'échange réciproque. Aussi, des mécanismes de solidarité ont progressivement complétés la redistribution issue de l'assurance. Cette aide sociale présente le caractère supplétif et subsidiaire à la Sécurité sociale. Elle prend naissance dans le code civil au travers de la notion de droit alimentaire. Un besoin donne droit à l'aide sociale. On passe alors d'une logique d'assurance se fondant sur la solidarité professionnelle à une logique d'assistance relevant de la solidarité nationale. Peu à peu, l'Etat s'est vu contraint d'intervenir. D'ailleurs, cette étatisation de la question sociale correspond *stricto sensu* à son désengagement dans la sphère économique.

En réalité les risques sur lesquels se fonde la Sécurité sociale se sont modifiés. En l'espèce, déjà en 1984, la mise en place d'un volet complémentaire d'indemnisation du chômage constitue un palliatif à tous les chômeurs de fin de droits, exclus du régime général. Ce régime dit de solidarité repose sur le financement de l'Etat, au contraire de l'Unedic. Puis en 1988 avec la création du revenu minimum d'insertion, la question de la réapparition de la pauvreté inaugura le besoin d'Etat. Le législateur prit conscience de la nécessité de lutter contre l'exclusion. Il faut bien avouer que l'objectif de garantir pour tous une protection sociale est loin d'être atteint. La loi du 27 juillet 1999 instituant la couverture maladie universelle a insisté sur un droit universel à un accès à la santé. Cette résurgence de l'aide sociale par le fait de l'Etat constitue une caractéristique importante dans la

13. Entre le régime général, les spécificités des professions indépendantes, la multitude des régimes publics et le particularisme du monde agricole, la complexité est le principal trait du système français. Son organisation, son champ d'application, les droits et les bénéficiaires sont aussi disparates que le système en lui-même. Notre système est donc loin d'avoir été universel, uniforme et unitaire. Par ailleurs, l'existence de dispositifs complémentaires – très souvent obligatoires– venant compléter les garanties légales semble plaider en faveur d'une volonté d'en combler les lacunes. Ainsi en est-il des régimes complémentaires de retraite pour les cadres (Agirc) en 1947 et les non-cadres (Arrco). La protection contre le risque de perte d'emploi fut couverte à partir de 1958 avec la création de l'Union nationale pour l'emploi dans l'industrie et le commerce (Unedic).

refondation sociale. Elle insiste sur les limites de la Sécurité sociale. Par ailleurs, les nombreux rapports et mesures sensibilisant les bénéficiaires du régime général sur la nécessité de contracter des protections complémentaires (mutuelles ou assurances voire fonds de pension) présentent dans un certain sens le même besoin. Cette aide sociale s'adresse aux personnes en grande difficulté par le biais de prestations non contributives. Ce dispositif fondé sur l'assistance fait donc fi des règles de l'assurance. Cependant, le critère d'attribution tient à l'appréciation de l'insuffisance des ressources de l'intéressé. Celle-ci peut introduire de réelles injustices dans la mesure où l'apparition de travailleurs pauvres fragilise la frontière entre les droits de l'assistance et ceux de l'assurance. L'arbitrage loisir/travail peut ainsi modifier le schéma rationnel de l'individu en l'incitant à ne pas accepter un nouvel emploi. Ce chômage volontaire perçu par une proportion de plus en plus importante de la population pose encore une fois la question du lien social.

L'aide sociale trouve son fondement dans la prise en charge collective d'une partie de la population, supposée incapable de subvenir à ses propres besoins. Elle repose sur le principe de la solidarité nationale, donc l'impôt. En guise d'exemples, nous pouvons citer le minimum vieillesse, le revenu minimum d'insertion (1988) ou la couverture maladie universelle (1999). Héritière des mesures d'assistance longtemps assurée sur le principe de la charité et orchestrée par les ordres religieux, son institutionnalisation par l'Etat est relativement récente. Effectivement, le décret du 29 novembre 1953 substitue à la notion d'assistance celle d'aide sociale relevant du domaine de l'assistance. Les lois de décentralisation de 1983 renforcent le rôle de l'Etat par le biais des collectivités territoriales dans la localisation des réponses aux besoins sociaux liés à la dépendance des plus démunis. Néanmoins, en matière de santé, la compétence reste du niveau de l'Etat. Ce renforcement de la taxis au détriment de l'ordre spontané (Hayek, 1995) transforme profondément les traditions de la protection sociale.

LA FISCALISATION DE LA SÉCURITÉ SOCIALE

En ce qui concerne le financement de la Sécurité sociale, les risques d'une nationalisation (étatisation ou fiscalisation) sont bien réels. Cette méfiance vis-à-vis de l'Etat révèle ainsi la dimension privative de la solidarité. En fait, les insuffisances du système de Sécurité sociale tel qu'il a été instauré après 1945 ont naturellement introduit certaines prérogatives pour l'Etat. Il est vrai que cette place demeure relativement restreinte : elle concerne exclusivement la lutte contre la pauvreté et l'exclusion sociale (1,4 % des dépenses de la protection sociale). De la même manière, si les ressources de la protection sociale représentent environ 21 % du PIB, sa structure s'est profondément métamorphosée depuis 1990. En effet, si la part des cotisations sociales s'élève à moins de 60 % en 2003, ceci s'explique par la part croissante des impôts et taxes affectés, au sein desquels la contribution sociale généralisée tient une place prépondérante, qui passe de 3 % à 19 %. Certes la prépondérance des cotisations dans le financement de la protection sociale française préserve sa philosophie originelle puisque les cotisations employeurs et salariés demeurent le premier contributeur financier. Néanmoins, les contributions publiques ont connu une très forte hausse ces dix dernières années puisqu'elles représentent plus du tiers des ressources de la protection sociale. Il y a à la fois une fiscalisation de la protection sociale avec une part croissante financée par les contributions non liées au travail (plus du tiers) et une privatisation des prestations (avec une part croissance du résidu qui reste à la charge des individus ou des mutuelles).

Prestations sociales selon leur nature

Prestations	En millions d'euros et en %	En %
Santé (maladie, invalidité, accident du travail) Dont sous condition de ressources	164 215 4,8 %	35 %
Vieillesse - Survie Dont sous condition de ressources	199 625 4.2 %	43 %
Maternité - Famille Dont sous condition de ressources	43 949 31.7 %	9 %
Emploi Dont sous condition de ressources	36 877 6.9 %	8 %
Logement Dont sous condition de ressources	13 832 100 %	3 %
Pauvreté - Exclusion sociale Dont sous condition de ressources	6 501 100 %	1 %
Total Dont sous condition de ressources	464 999 11,4 %	100

Source : Drees, *Les Comptes de la protection sociale.*

Nonobstant, cette profonde mutation laisse tout de même apparaître une fiscalisation[14] rampante de notre protection sociale. Nous glissons ainsi d'un système de type Bismarck vers un système de type Beveridge. Les difficultés datent en réalité du milieu de

14. L'organisation administrative, par ailleurs, n'est pas en reste. A l'instar des ordonnances de 1945 et 1967, c'est par la voie d'ordonnances que les réformes de la Sécurité sociale ont été mises en œuvre à partir de 1996. Effectivement, le rôle du parlement a été redéfini afin qu'il puisse occuper la première place dans la chaîne des décisions prises en matière de protection sociale. La révision constitutionnelle du 22 février 1996 affirme donc clairement la prépondérance de la loi, donc de l'Etat dans le financement des régimes et la gestion des organismes. En d'autres termes, les pouvoirs de l'exécutif dans la gestion de la Sécurité sociale apparaissent confirmés. Cette délégation consentie par le Parlement au gouvernement laisse apparaître un nouveau mode de gestion : notre système tend à fonctionner comme un modèle de type Beveridge. Cette nouvelle organisation fait apparaître un nouveau mode de négociation. La détermination des conventions d'objectifs et de gestion s'effectue au niveau national avec les caisses d'assurance maladie. Par ailleurs, dans le cadre de la loi de financement, un avenant aux précédentes conventions fixe les limites d'évolution. Le processus conventionnel est donc subordonné à la loi. Le principe du paritarisme est lui aussi mis à mal puisque le financement est dorénavant encadré par le Parlement depuis la loi de 1996. La politique de la « *chaise vide* » menée par les organisations syndicales patronales depuis 1993 et leur retrait de tous les organismes paritaires en 2001 entérinent cette refondation sociale. Le paritarisme aurait donc vécu.

la décennie 1970-80. Effectivement, de 1945 à 1975, une Sécurité sociale généreuse se met en place par l'amélioration continue des prestations et de ses bénéficiaires. Les considérations démographiques (vieillissement de la population) et économiques (alimenter la croissance par le biais d'un revenu de substitution) ont favorisé cet essor. Mais depuis, la nécessité de la maîtrise des dépenses et l'accroissement des cotisations ont motivé la recherche de l'équilibre budgétaire. En définitive, notre Sécurité sociale se trouve largement ébranlée dans ses fondements. Effectivement, le déplacement des frontières entre la Sécurité sociale et les complémentaires joue en faveur des mutuelles. Et l'idée d'ouvrir le paritarisme aux représentants des malades et des mutuelles obéit à cette évolution.

Ces difficultés de financement ont confirmé l'intervention financière de l'Etat dans les comptes de la Sécurité sociale. En réalité, cette fiscalisation s'explique essentiellement par deux facteurs : le premier tient à l'élargissement des bénéficiaires qui trouve son aboutissement dans les années 1970 et rompt avec le lien direct entre cotisant et prestataire. Le second est lié à son mode de financement : basé uniquement sur le facteur travail, il est naturellement fragilisé en période de faible croissance et de chômage massif et durable. Par ailleurs, le choix d'axer la politique d'emplois sur la réduction des charges sociales liées au facteur travail a accru les transferts de recettes fiscales entre l'Etat et la Sécurité sociale. Cette généralisation a donc modifié le type de solidarité existant dans le système : on passe d'une solidarité professionnelle impliquant les syndicats à une solidarité nationale. Il en découle irrémédiablement un élargissement du prélèvement à l'ensemble des revenus du ménage : revenus d'activités, de remplacement et du patrimoine. La réforme du financement intervenue en 1990 se poursuit en 1993 avec la réforme des pensions de vieillesse par le biais de deux nouvelles recettes fiscales dont l'une dote le fonds de solidarité vieillesse.

Ce dernier vise l'apurement de la dette du régime général envers l'Etat mais il a aussi pour mission de prendre à sa charge les dépenses non contributives de vieillesse (minimum vieillesse, majoration pour charge de famille, etc.). Nous retrouvons donc ici les deux volets de la nouvelle protection sociale à la française : privatisation par la part croissante prise en charge par les ménages (*via* les complémentaires) et nationalisation en recentrant les prestations sur certains champs. Il semble bien que la fiscalisation rampante de la Sécurité sociale et le renforcement des pouvoirs de l'exécutif dans son organisation dessinent une nouvelle protection sociale. Aujourd'hui, la démocratie politique (le Parlement) a pris le pas sur la démocratie sociale (les syndicats) dans l'administration et la gestion de la Sécurité sociale. Cependant, ce retour de l'aide sociale[15] ne signifie pas forcément généra-

15. Le rapport Chadelat (2003) présente un système de remboursement des soins se déclinant en trois étages : une couverture maladie généralisée assurée par la Sécurité sociale et une assurance complémentaire. Le second étage serait alors financé par un chèque santé dégressif en fonction des revenus, mais le caractère obligatoire ou facultatif demeure en discussion. Cette couverture maladie généralisée serait négociée de telle manière que la collectivité fixerait le niveau de dépenses qu'elle considère comme nécessaires et accessoires (comme l'optique). Ces dernières seraient prises en charge par une couverture mutuelle facultative.

lisation de l'accès à la protection et à la redistribution sociale. Il semblerait au contraire, qu'à défaut de réaffirmer sa place dans le domaine économique, l'Etat serait en quête d'une assise sociale.

Chapitre 2 *TOUTES LES INÉGALITÉS SONT-ELLES INJUSTES ?*

Les pays anglo-saxons (Etats-Unis : 17 % ; Canada : 11,4 % ; Irlande : 16,5 % ; Royaume-Uni : 12,4 %) affichent à la fois des taux de pauvreté relative[16] plus élevés et des inégalités plus prononcées. Les petits pays (Finlande, Suède) ont des taux de pauvreté plus faibles (5 à 6 %). Dans tous les pays, le taux de pauvreté absolue se réduit avec la croissance. Il n'en est pas toujours le cas pour la pauvreté relative. Les Etats-Unis sont le pays qui consacre le plus faible budget à la pauvreté (moins de 3 %), soit deux fois moins qu'au Canada, en Irlande ou au Royaume-Uni. L'Autriche, l'Allemagne, les Pays-Bas ou la Belgique consacrent un budget trois plus important ; la Suède et la Finlande, quatre fois plus. Le niveau de vie d'un Français a quasiment doublé entre 1970 et 2006. La pauvreté relative est proche de 12 % en France[17].

La dégradation de la situation salariale et l'impossibilité de trouver des solutions pour les salariés touchés de plein fouet par la concurrence internationale sont autant de facteurs qui décrédibilisent l'intervention de l'Etat. Le bras séculier et salvateur de l'Etat semble être en panne. Pour Rosanvallon et Fitoussi (1996) « *décrire les inégalités, c'est décrire le changement social* ». Quoi qu'il en soit, la pauvreté est redevenue un sujet d'actualité. Certes les pauvres des années 2000 ne ressemblent plus à ceux des années 1960. Mais il apparaît nettement que le pouvoir régalien n'a pas su éviter l'apparition de ces nouveaux pauvres.

SECTION 1 - RETOUR SUR LA NOTION D'INÉGALITÉ

L'accent n'est plus tant mis sur les inégalités de revenu que sur celles liées au sexe, à l'accès aux soins ou aux territoires. Ainsi, il existerait toujours une fracture sociale. Ceci nous amène forcément à nous interroger sur la recherche de l'égalité à tout prix. La refondation sociale se construit autour d'un nouveau paradigme. Alors que le modèle républicain – le citoyen à la française – s'articulait autour du collectif en renvoyant l'individuel à la sphère privé, la demande sociale exige aujourd'hui une reconnaissance individuelle : demande d'identité, appartenance à un groupe et affirmation des particularismes. Le droit à la différence est revendiqué en tant que tel au détriment du collectif. L'agir collectif ne s'analyse plus au niveau global, mais au niveau local de l'intergroupe. Par ailleurs, ces identités se forgent de plus en plus en dehors du monde du travail et fragilisent l'entité

16. Pourcentage de la population ayant des revenus inférieurs à la moitié du revenu médian. Le seuil de pauvreté est égal à la moitié du revenu net disponible médian.
17. 12 % si le référent est 60 % du revenu médian. Si le seuil de pauvreté est fixé à 50 % du revenu médian, le taux de pauvreté chute à 6 %.

« société ». La protection sociale liée au contrat de travail semble avoir vécu. En quoi consiste alors cette refondation sociale ? Quel est le contenu de cette réforme structurelle sous-jacente ?

UNE PASSION POUR L'ÉGALITÉ

Tocqueville (1840) insiste sur la différence entre les Américains et les Français.

Au nom de l'égalité (dont découle la concurrence égalitaire entre les individus), les Américains acceptent la rivalité et l'esprit concurrentiel en cherchant « *par soi-même et en soi seul la raison des choses* » avec un rejet de toute extériorité transcendante (c'est-à-dire de l'autorité) puisque l'égalité est le postulat de départ. D'où provient alors l'autorité ? De la communauté : elle est le résultat[18] d'une « *production endogène* [...] *le cas présent, il s'agit de l'opinion publique* » (Dupuy, 1992, p. 18). Tocqueville insiste : « *à mesure que les citoyens deviennent plus égaux et plus semblables, le penchant de chacun à croire aveuglément un certain homme ou une certaine classe diminue. La disposition à en croire la masse augmente, et c'est de plus en plus l'opinion qui mène le monde* ». Il affirme que « *cette pression immense de l'esprit de tous sur l'intelligence de chacun* », cette opinion commune devient alors une nouvelle forme de despotisme.

Les Français refusent la concurrence égalitaire en préférant la concentration des pouvoirs en l'Etat qui est « *au-dessus de tous les citoyens et n'excite l'envie d'aucun d'eux* ». Ils optent pour une centralisation administrative en raison de cette prédisposition psychologique qu'est l'envie : « *l'envieux préfère détruire ce qu'il possède plutôt que de prendre le risque que son voisin s'en empare* » (Dupuy, 1992, p. 17).

Dupuy (1992) souligne « *les paradoxes de l'individualisme démocratique* » : la démocratie rend possible l'égalité des conditions, laquelle ne correspond pas à l'égalité réelle ou juridique entre les citoyens, mais « *c'est le sentiment que chacun éprouve d'être fondamentalement semblable aux autres, par-delà, ou plutôt en deçà des inégalités et des différences visibles* ». Dans une société où prévaut l'égalité des conditions, les hommes ne se commandent pas, ils n'exercent en principe pas d'influence les uns sur les autres. Conséquence : « *Les hommes qui habitent les pays démocratiques* [...] *se replient volontiers sur eux-mêmes et se considèrent isolément.* » C'est le règne de l'individualisme, défini comme ce « *sentiment réfléchi et paisible qui dispose chaque citoyen à s'isoler de la masse de ses semblables et à se retirer à l'écart avec sa famille et ses amis* [...] *La démocratie pose les individus les uns à côté des autres, indépendants, séparés.* [...] *Il faut donc revenir sur le diagnostic d'absence d'influence mutuelle : l'indifférence apparente, conforme à l'égalité déclarée, cache une véritable obsession vis à vis d'autrui* » (Tocqueville, 1840).

18. Nous invitons le lecteur à relire la fiche sur Adam Smith et sa théorie des sentiments moraux où il exposait également l'importance du spectateur impartial dans le comportement de l'individu.

En définitive, Tocqueville souligne l'incapacité à établir l'égalité des conditions (si ce n'est en raison de « *l'inégalité des intelligences qui échappe aux lois* »). Et Dupuy (1992) ajoute : « *Quand l'inégalité est la loi commune d'une société, les plus fortes inégalités ne frappent point l'œil ; quand tout est à peu près de niveau, les moindres le blessent. C'est pour cela que le désir d'égalité devient toujours plus insatiable à mesure que l'égalité est plus grande.* » Cette « *passion pour l'égalité* » (Tocqueville) se retrouvera dans la recherche absolue de l'égalité de laquelle découle l'égalitarisme. Il la définit de la manière suivante : « *Les passions démocratiques s'enflamment davantage dans le temps même où elles trouvent le moins d'aliments* [...] *l'amour de l'égalité (croît) sans cesse avec l'égalité elle-même ; en le satisfaisant, on le développe.* » (1840)

Les inégalités se définissent autour de divers critères (monétaire, sexe, âge, etc.). La courbe de Lorenz constitue un indicateur de mesure de l'inégalité dans la répartition des revenus. Sur le schéma, 80 % de la population détiennent 20 % des revenus : plus la concentration des revenus est forte et plus la courbe s'éloigne de la diagonale (répartition égalitaire).

La courbe de Lorenz

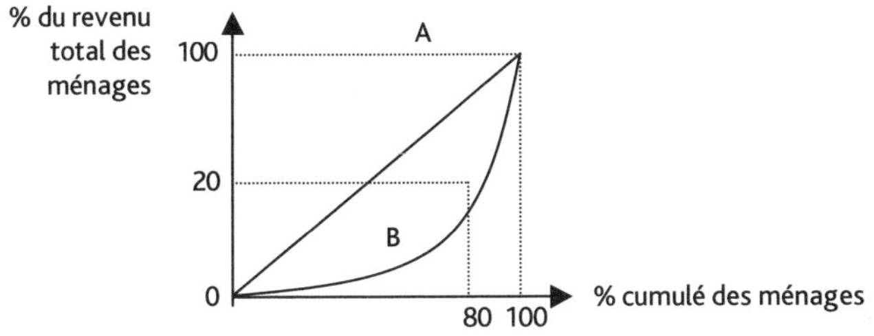

Le coefficient de Gini se détermine au travers du rapport entre la surface comprise entre la courbe de Lorenz et la diagonale et le triangle AOB.

Les politiques de lutte contre les inégalités de revenu peuvent agir à deux niveaux : au moment de leur formation (les inégalités dites « *primaires* ») ou par la redistribution d'une partie des revenus perçus. Ce second aspect est le plus souvent mis avant. En matière de réduction des inégalités, la structure des systèmes fiscaux compte au moins autant que le niveau des prélèvements. On peut prélever beaucoup, mais peu redistribuer. L'impôt qui contribue le plus à réduire les inégalités est l'impôt dit « *progressif* », parce que ses taux augmentent avec le niveau de l'assiette. La France se situe parmi les pays où cette forme d'imposition est la plus faible.

Piketty (2001) démontre que la société française est bien plus égalitaire que celle du début du XXe siècle. En cause l'impôt progressif, la crise de 1929 et les deux guerres réduisant à néant certaines grandes fortunes. Il reste que la question d'un impôt « *juste* » demeure : entre contribution progressive (à l'aune de l'impôt sur le revenu) ou proportionnelle (TVA), laquelle faut-il privilégier ? Le prélèvement forfaitaire est souvent perçu comme injuste puisqu'il ne se réfère pas aux revenus des individus. Il s'agit d'une somme égale pour tous. Cette forme de taxation pèse donc plus fortement sur les faibles revenus. Néanmoins, si l'impôt proportionnel réduit les inégalités absolues, il ne modifie en rien les inégalités relatives. Ainsi, un ménage disposant d'un revenu deux fois plus élevé qu'un autre paie deux fois plus de TVA (à consommation égale), mais dispose d'un revenu deux fois plus élevé. Aussi, le choix d'introduire non plus de la proportionnalité mais de la progressivité dans le processus d'imposition cherche à modifier la répartition relative des revenus. Tel est l'objectif de l'impôt sur le revenu puisque son taux augmente avec les revenus imposables.

Aujourd'hui, les hauts revenus proviennent essentiellement du travail : les 10 % des salariés les mieux payés (dernier décile) s'approprient environ un quart de la masse salariale totale ; le premier décile perçoit environ la moitié du salaire moyen. Les rentiers[19] ont quasiment disparu avec la forte inflation survenue entre 1914 et 1950. Pour Piketty (2001), l'impôt sur le revenu progressif favorise l'émergence d'une génération d'entrepreneurs. Aujourd'hui, les cadres dirigeants (*working rich*) ont progressivement remplacé les rentiers de l'entre-deux-guerres au sommet de la hiérarchie des revenus au XXe siècle. Une décote de la « *valeur jeune* » (Baudelot et Establet, 2000 ; Chauvel, 1998) accentue ce phénomène puisque les jeunes sont les premiers touchés par la précarité et par le chômage. En 1995, le niveau de vie des ménages de 50-59 ans est supérieur de 40 % par rapport à celui des moins de 30 ans. Cette dévalorisation des salaires d'embauche et des diplômes a fait apparaître la notion de « *génération sacrifiée* ». Et en effet si, dans les Trente Glorieuses, la pauvreté touchait surtout les personnes âgées (27 % en 1970 contre 4 % des retraités à la fin des années 1990), aujourd'hui, le risque concerne essentiellement les jeunes. Et du statut de travailleurs pauvres, l'individu se retrouve avec un système de redistribution basé sur la contribution (le salaire), lequel reproduit les inégalités lors de la retraite.

ÉGALITÉ DES CONDITIONS ET ÉGALITÉ DES CHANCES

Les inégalités – ou plus précisément la perception de ces dernières par le corps social – ont changé. L'idée de l'égalité des chances s'est concrétisée dans le cadre de l'enseignement et de sa démocratisation. Pour autant cette égalité des chances est une égalité dans les modalités de sélection : une chance égale après une juste compétition, selon son mérite. Elle valorise la méritocratie. Les inégalités sont alors nécessaires pour alimenter la croissance économique. Ainsi, au même titre que les compétitions sportives, l'émulation et le dynamisme des individus proviennent des différences entre les individus. L'égalité des conditions mène inévitablement les individus à la concurrence (Tocqueville). L'égalité se

19. En référence à « *l'euthanasie des rentiers* » de Keynes.

perçoit dans son rapport à l'Autre, à la société. La comparaison avec autrui devient alors le critère, le vecteur de l'aspiration égalitaire. Nous retrouvons ici les racines de la pensée d'A. Smith pour qui l'individu était déchiré entre ses intérêts égoïstes et sa sympathie pour l'Autre. Au final, sens de la justice et conscience du mérite déterminent la perception de l'égalité.

L'affirmation de l'idéal égalitaire repose sur l'égalité des chances d'un accès aux différentes positions sociales. Mais la diversité des structures familiales contribue-t-elle à une égalisation des situations économiques ? Les inégalités de destin se réfèrent aux inégalités entre enfants. Bourdieu évoque la reproduction sociale : plus du tiers des enfants appartenant aux 20 % des familles les plus pauvres redoublent dans le primaire, soit un taux trois fois plus élevé que celui des enfants issus des 20 % de familles les plus riches. Et deux tiers d'entre eux sont en échec scolaire lors du collège.

La profession du père conditionne souvent le devenir professionnel des enfants[20]. Plus encore le niveau de diplôme ou la nature de l'activité professionnelle de la mère se révèlent statistiquement discriminants dans les résultats scolaires de l'enfant, parfois contre l'héritage paternel. A ce titre, le capital culturel – ou habitus– détermine le parcours scolaire de l'enfant, bien davantage que le capital économique. Ainsi, près d'un enfant d'employé sur trois occupe une profession intermédiaire et près d'un sur cinq (contre 35 % des enfants de profession intermédiaire) devient cadre. Les stratégies d'orientation scolaire s'analysent alors au vu des positions sociales des parents. *Ipso facto*, la famille reproduit – ou du moins tente de reproduire[21] – les statuts sociaux. Cette reproduction sociale

20. « *Si les agriculteurs sont presque tous des héritiers, les fils d'agriculteurs ne sont plus très nombreux à hériter de la profession de leur père* », Bermond (2004).

21. La famille influence l'orientation scolaire de l'enfant : entre entreprendre des études et apprendre immédiatement un métier, les attitudes familiales sont attestées par les études sociologiques. R. Boudon insiste sur le caractère déterminant des stratégies familiales : l'arbitrage en faveur des études courtes est d'autant plus présent dans les familles populaires qu'elles sous-estiment les avantages des formations longues et en sur-estiment le coût (des études, coût d'opportunité du non-travail, risque d'échec). D'ailleurs, il apparaît que plus grande est la valeur accordée aux études, plus les enfants investissent dans des formations longues. En d'autres termes, l'opinion des parents sur la valeur des études – donc sur un éventuel projet d'études – apparaît comme un facteur discriminant. La condition sociale des parents influence l'orientation ; plus exactement, il existe une inégalité d'accès aux études (type de formation) et une inégalité de comportement (à réussite scolaire égale, la proportion des enfants de cadres supérieurs est plus élevée que celle d'enfants d'ouvriers). L'uniformisation et la démocratisation de l'école n'ont, en ce sens, guère modifié les statistiques et la multiplication des offres de formation (par exemple, les types de baccalauréat) n'ont qu'accentué les inégalités. En réalité, les inégalités sont moins significatives pour les bons et les mauvais élèves que pour les élèves moyens. Certes, différents éléments interviennent dans le choix des études : coût d'entrée (achat des fournitures et manuels scolaires, frais d'inscription), mode de locomotion, distance à parcourir, etc. L'action éducative des parents est également plus ou moins consciente par la surveillance des devoirs à la maison ou la participation à l'instruction des enfants via des visites dans les musées ou la lecture. Plus que le revenu, c'est donc le capital culturel – ambiance familiale et activités langagières– qui influence le parcours scolaire des enfants. En définitive, ce n'est pas tant l'intervention des parents dans la vie scolaire d'un enfant qui est déterminante, mais plutôt la richesse de cette intervention.

intergénérationnelle souligne une concentration scolaire en fonction de l'origine sociale des individus. D'ailleurs, une forte mobilité sociale peut parfois être interprétée comme une trahison, une absence de loyauté envers le milieu originel. L'évolution contraire, descendante – appelée démotion – est plus fréquente dans les milieux populaires : 27 % des enfants d'employés deviennent ouvriers et 25 % des enfants de professions intermédiaires deviennent employés ou ouvriers.

De plus, « *le chômage influe directement sur la réussite scolaire des élèves de deux façons. D'une part, certains enfants n'ont jamais vu leurs parents travailler et d'autre part, des jeunes diplômés reviennent dans le quartier sans avoir de travail* » (Moisan, Simon, 1997).

L'assouplissement de la carte scolaire vise à renforcer l'égalité d'accès à certains lycées ou collèges en permettant aux enfants d'échapper au principe de rattachement territorial à leur école du secteur. C'est ce qu'on appelle le processus de gentrification[22], à savoir l'appropriation par les classes moyennes et supérieures – les *gentrifiers* – de certains espaces urbains originellement populaires, bénéficiant de certains atouts en termes d'espace ou d'image.

Cette inégalité se répercute lors de leur parcours professionnel : les personnes sans qualification bénéficient quatre à cinq fois moins de formation professionnelle que les techniciens. Et les inégalités face au chômage demeurent. La question du sentiment d'injustice intervient ici notablement : elle se fonde dans l'inégalité des salaires et se concentre sur le marché du travail.

SECTION 2 - DE LA DÉNONCIATION DE L'INÉGALITÉ À LA REVENDICATION D'UNE INÉGALITÉ

Le débat sur les inégalités sociales se reflète bien évidemment dans celui de la discrimination positive. Comment penser l'égalité ? Rousseau (1754) déclare que les hommes naissent libres et égaux, citation qui sera reprise dans la Déclaration des droits de l'homme. Mais cette égalité reste une égalité de droit, une égalité formelle qui n'exclut pas les inégalités économiques et sociales. Pour A. Tocqueville, cette égalité représente la pierre angulaire des démocraties modernes. Pour autant, le principe de la méritocratie énonce l'idée que l'existence d'inégalités relève de la responsabilité individuelle ; elles sont le fruit des efforts de chacun. Elles sont donc justifiées. Mais poser l'égalité au départ, c'est poser l'hypothèse du « *voile d'ignorance* » (Rawls, 1971). Autrement dit, les individus ne connaissent pas leurs différences. Toutefois, tant Marx chez que Rousseau, l'individu n'est pas doté

22. Ou, dans sa version péjorative, l'embourgeoisement de certains quartiers. « *Les classes moyennes réagissent de façon contrastée à la position de leur établissement dans son voisinage : elles tendent, dès qu'elles se trouvent dans des configurations défavorisées, à avoir des comportements proches des élèves d'origine populaire mais, lorsqu'elles côtoient les établissements favorisés, elles s'en distinguent sans toutefois pouvoir suivre les mêmes circuits ascendants que les élèves des deux bourgeoisies, à la seule exception des classes moyennes du secteur public qui, dans des établissements caractérisés par un recrutement intermédiaire et un voisinage favorisé, trouvent encore les ressources pour aller vers de meilleurs établissements.* »

également ; il existe des inégalités naturelles (physiques ou morales comme l'âge, la santé, l'esprit, la force) et des inégalités morales ou politiques (richesse, pouvoir, honneur).

ÉQUITÉ ET DISCRIMINATION

Dans sa *Théorie de la Justice* (1971), Rawls définit l'équité à travers la recherche d'une juste redistribution des ressources. Il dépasse la vision utilitariste selon laquelle la justice se mesure à l'utilité d'une action ou d'une règle, et non à son intention. A ce titre, il combine utilité et égalité : les inégalités ne sont acceptables que si elles augmentent le bien-être de tous. Les premières mesures de discrimination positive (*affirmative action*) sont apparues aux Etats-Unis à la fin des années 1960 en instaurant un traitement préférentiel[23] dans l'accès à l'emploi, dans l'admission aux universités et dans l'attribution de marchés publics. Depuis, de nombreux autres pays ont mis en place des mesures qui s'inspirent de cette idée : l'Afrique du Sud avec le programme *Black Economic Empowerment* (1998), le Canada, l'Inde dès l'époque coloniale, la Grande-Bretagne et même la France. Le principe est simple : il s'agit de privilégier certaines catégories en se fondant sur divers critères (sexe, appartenance ethnique, caste) afin de rechercher une situation caractérisée de juste. Elle stigmatise donc une différence pour la valoriser positivement au risque d'en conforter les stéréotypes. En d'autres termes, il s'agit de remédier à la sous-représentativité statistique d'un groupe. C'est le principe de différence de J. Rawls.

L'équité s'inscrit dans une lutte contre les inégalités, les discriminations. Elle est présente[24] dans les domaines de l'éducation, de l'emploi et de la représentation politique. En France nous pouvons ainsi citer – en vrac – les quotas en faveur des handicapés, les conventions entre des zones d'éducation prioritaire (ZEP) et l'Institut d'études politiques de Paris depuis 2001, la parité homme-femme en politique, la nomination d'un préfet musulman en 2004, la signature de la Charte de la diversité en 2004 par près de quarante entreprises (dont Accor, Paribas, Ratp, Total...). Dans le même esprit, en ouvrant en 2006 une classe préparatoire aux classes préparatoires réservée aux élèves boursiers, le lycée Henri IV de Paris opère ainsi une discrimination positive visant à compenser les différences culturelles des trente élèves de ces familles modestes et éviter cette mobilité descendante. L'idée est de réduire la concentration de publics « *défavorisés* » susceptible d'atrophier leurs chances de réussite (« *effet ghetto* ») et de lutter contre la ségrégation scolaire issue de la différenciation socio-spatiale. La volonté de supprimer la carte scolaire intègre alors la politique de mixité sociale et cherche à éviter la ségrégation socio-résidentielle.

23. Les principaux bénéficiaires étaient les Hispaniques, les Noirs, les Asiatiques et les descendants des populations autochtones (*native americans*).
24. Pour l'heure, les mesures prises en ce sens en France ne se réfèrent pas directement à la notion de « *race* » ou de groupe ethnique. Pour autant, les dotations des ZEP ou encore les avantages fiscaux accordés aux départements et territoires d'outre-mer incitent G. Calvès (2005) à dire qu'« *en dépit d'un refus affiché de tenir compte de l'origine des individus, les politiques de discrimination positive territoriale permettent d'atteindre, sans les nommer expressément et surtout sans les désigner exclusivement, les membres de groupes qui, dans d'autres pays, seraient appréhendés comme des groupes ethniques ou raciaux* ».

Mais l'introduction de nouvelles inégalités au nom de la justice sociale n'est pas sans effet pervers. L'agir collectif ne peut se limiter à la recherche de la justice sociale au mépris de la méritocratie. Et ce, d'autant plus dans des domaines comme l'éducation ou l'emploi. L'inégalité n'aboutit pas forcément à l'égalité *a posteriori* car la discrimination positive se définit par des mesures préférentielles basées sur un critère donné. En d'autres termes, la discrimination positive s'inscrit dans une logique d'égalité des résultats et non plus d'égalité des chances. Elle s'appréhende alors comme un passe-droit pour des moins méritants et contrevient directement aux principes d'universalité et d'indifférenciation. Ainsi, pour Rawls (1971), « *il est exclu que la privation de liberté de certains puisse être justifiée par un plus grand bien que d'autres recevraient en partage. Il est incompatible avec la justice d'admettre que les sacrifices imposés à certains puissent être compensés par l'accroissement des avantages qu'un grand nombre en retireraient. C'est pourquoi l'égalité des droits civiques et des libertés pour tous est considérée comme définitive* [...] *Il n'y a pas d'injustice dans le fait qu'un petit nombre obtienne des avantages supérieurs à la moyenne, à condition que soit par là même améliorée la situation des moins favorisés.* » (p. 30 et 41)

Encore une fois cette idée du sacrifice entérine l'autoréférence et l'autovalidation des représentations de l'égalité. Les expériences menées aux Etats-Unis éclairent sur un point précis : ces mesures de discrimination positive permettent essentiellement un rattrapage entre groupes sociaux. Elles ont permis à une élite noire de se constituer, certes essentiellement du fait des salariés du secteur public, mais n'ont pas eu les effets d'entraînement escomptés sur le reste du groupe. Néanmoins, cette élite noire provient pour la majeure partie des couches moyennes et supérieures dudit groupe. Aussi, la discrimination positive ne favorise en rien une redistribution sociale. En conséquence de quoi, en 1995, l'université de Berkeley a décidé de supprimer sa politique de quotas. En 1996, les Etats de Louisiane, du Mississipi et du Texas la restreignent aux universités qui, par le passé, menaient des discriminations. Et, en 2000, la Californie a validé par référendum la modification de la Constitution afin d'interdire la discrimination positive. De la même manière, le bilan en Inde reste contrasté : les mesures de discrimination positive ont renforcé l'ancien système de castes.

C'est pourquoi, dans le cadre de la justice sociale, la perception du « *juste* » demeure hautement subjective. Aussi, il ne suffit pas d'instaurer des traitements préférentiels pour théoriquement lutter contre les discriminations. Ceux-ci suppriment certaines discriminations, mais créent inexorablement de nouvelles formes d'injustice pour les personnes exclues desdites mesures. Toutefois, il semble nécessaire de rappeler que cette option s'inscrit généralement dans un contexte d'échec de l'égalité formelle. La question est de savoir jusqu'à quel point les inégalités doivent être combattues.

VERS UNE ÉGALITÉ DES POSSIBLES ?

Pour Sen (2000), Rawls se trompe en ne prenant pas en compte les différences naturelles existant entre les individus, différences dues aux spécificités physiques, au sexe, à l'âge, aux aptitudes mentales et même aux considérations climatiques. Dans ce contexte, répartir de manière égalitaire les biens premiers ne permet pas d'égaliser les libertés dont jouissent effectivement les individus. Il est nécessaire de tenir compte de sa *capability* (ses possibilités, ses chances de réaliser ses objectifs). Aussi, les indicateurs de pauvreté ne peuvent se résumer à la seule dimension monétaire. Par ailleurs, la notion de *capability* introduit une nouvelle réflexion sur la liberté elle-même. Davantage de liberté peut, *mutatis mutandis*, entrer en conflit avec le bien-être. Aussi A. Sen introduit une distinction entre la liberté d'accomplir son propre bien-être et « *la liberté d'agent* » c'est-à-dire la liberté d'atteindre des objectifs contribuant au bien-être collectif.

Aux Etats-Unis, le degré d'inégalités mesure la distance entre les performances d'individus fondamentalement libres. Leur attachement aux libertés individuelles fonde la responsabilité individuelle dans la justification de certaines inégalités. Ce principe de méritocratie reste néanmoins contesté par Phelps (1984) qui propose des mesures visant à « *récompenser* » (mieux rémunérer) les salariés les moins qualifiés à la fois pour réduire les inégalités mais aussi pour s'assurer de leur adhésion aux valeurs de la société capitaliste. En somme, si la tolérance des inégalités d'un Etat est élevée, les mesures des pouvoirs publics seront essentiellement tournées vers l'équité, comme cela se pratique aux Etats-Unis ou en Grande-Bretagne. Il s'agit d'assurer l'égalité des chances au départ et de laisser le mérite de chacun s'exprimer. *A contrario*, si le pays émet une forte aversion aux inégalités, son action publique s'articule essentiellement autour d'une égalité des conditions en modifiant la répartition en aval de la croissance.

Traditionnellement, la France s'inscrit dans une perspective universaliste. Ainsi, « *liberté, égalité, fraternité* » demeuraient pendant longtemps les principes fondateurs des politiques de redistribution. Symbole de la démocratisation de l'enseignement, le collège unique est aujourd'hui critiqué pour la « *reproduction sociale* » qu'il favorise. D'ailleurs, l'article premier de la Constitution le rappelle : la France « *assure l'égalité devant la loi de tous les citoyens sans distinction d'origine, de race ou de religion* ». *De facto*, la discrimination positive s'inscrit alors en contradiction avec le principe d'indifférenciation du corps des citoyens tel qu'il apparaît dans la Déclaration des citoyens de 1789. Elle ébranle tout à la fois le pacte social issu de la Libération et le pacte civique issu de la Révolution. La révision de la Constitution en 1999 lève cet obstacle et rend alors la loi sur la parité hommes/femmes constitutionnelle. Mais il est vrai que le traité d'Amsterdam (1999) introduit la lutte contre les discriminations dans les prérogatives européennes. L'approche française sera inévitablement influencée par les politiques des autres pays membres.

La thématique concernant les inégalités et la recherche d'une certaine égalité est loin d'être close. Mais la détermination de la fonction de préférence étatique tout comme les difficultés pour réaliser cet optimum posent irrémédiablement la question du contenu d'un caractère dit juste de « *l'égale répartition en raison de leurs facultés contributives* » (article 13 de la Déclaration des droits de l'homme). Faut-il alors se résoudre à opposer égalité formelle et politique de discrimination positive ? En fait, concernant les inégalités, dès la fin du XVIIe siècle, deux discours s'opposent : d'un côté, l'idée que « *l'égalité n'est qu'une chimère* », une illusion inaccessible (Bossuet, Voltaire, Diderot), et d'un autre côté, avec J.-J. Rousseau, l'idée que « *le pays des chimères est le seul digne d'être habité* ». A ses yeux, l'égalité n'est pas accessible non pas parce qu'elle serait impossible mais parce que l'Etat ne se donne pas les moyens d'y parvenir. Pour Ulrich Beck, la solidarité nationale n'a plus aucun sens et plaide en faveur d'une véritable redistribution à l'échelle européenne.

Anthony Giddens (2007) propose une nouvelle conception de l'Etat-Providence et le passage d'une conception négative à une conception positive : ainsi, la prévention doit prévaloir sur la réparation. L'Etat-Providence doit prévenir la maladie en favorisant des comportements sains en amont (en luttant contre tout type d'excès comme le tabac, l'alcool), élever le niveau d'instruction, favoriser l'autonomie et la responsabilisation afin de soutenir l'initiative individuelle. Dans ce cadre précis, l'Etat « *prépare* » les individus à la vie collective plutôt qu'il ne gère des risques sociaux. Bruce Ackerman et Anne Alstott (2000) vont encore plus loin en proposant une prestation versée, non pas aux parents, mais directement à chaque enfant. Ils suggèrent le versement, par l'Etat, d'un patrimoine[25] de 80 000 dollars disponible le jour anniversaire de ses 21 ans. En fait, des initiatives se sont inspirées de cette idée : le *Child Trust Fund*[26] au Royaume-Uni (2002), en Hongrie, à Singapour (2001, le *Baby bonus scheme*), au Canada[27] (2004, *Canada education saving program*) ou en Corée du Sud (2007, *Child development accounts*). Finalement, la prestation sociale n'est pas versée au fur et à mesure du besoin de l'individu (tout au long de sa vie), mais dès son plus jeune âge. Cette dotation universelle et uniforme cherche à responsabiliser l'individu et à modifier une donnée du contrat social : l'implication dans la vie sociale. Un projet de loi *Kids Accounts* (2006) a été déposé en ce sens aux Etats-Unis.

Au final, la remise en cause de l'Etat-Providence est indissociable du « *solidarisme* » ou « *troisième voie* » au sens de Léon Bourgeois (1851-1925) : il existerait une dette sociale en faveur de tous les individus (droits à l'instruction) qui crée un devoir social de chacun (devoir d'assister son prochain).

25. Sans conditions de ressources ou familiales. Chaque jeune l'utilise selon ses préférences : étudier, voyager ou investir dans un logement. Ce montant (80 000 dollars) correspond au coût d'un cycle d'études de quatre années universitaires.
26. Dans les faits, les pouvoirs publics alimentent un compte dès la naissance (350 euros et 700 euros pour les enfants pauvres) et jusqu'à la majorité de l'individu. Les parents peuvent compléter cette dotation. David Nissan et Julien Le Grand (2000) l'ont appelée « *dotation de citoyenneté* ». La dépense est contrôlée et ne peut servir qu'à l'acquisition d'un logement, au financement des études ou d'une entreprise.
27. La dotation prend la forme d'un bon d'étude. Elle ne s'adresse qu'aux plus démunis.

FICHE 11 | L'ÉTAT A-T-IL ENCORE UN RÔLE À JOUER ?

1. RÉFÉRENCES

ARTUS P., « Le déclin de la France, mythe ou réalité ? », *Cahiers français, La Documentation française*, n° 311, novembre-décembre 2002, p. 11-19.

BASSINO J.-P., LEROUX J.-Y., MICHELENA P., *Les Politiques économiques*, LMD Collection, Foucher, 2000.

BASTIAT F., « Patriotisme économique : une satire de 1845. Une pétition des producteurs de lumière », *Futuribles*, octobre 2006, n° 323.

BELLON B., *L'Interventionnisme libéral. La politique industrielle de l'Etat fédéral amércain*, Economica, Paris, 1986.

BIENAYMÉ A., *Les Grandes Questions d'économie contemporaine. La science d'un monde imparfait*, Odile Jacob, Paris, 2006.

BLANCHETON B., « Le dérapage contrôlé des finances publiques de la France », *Problèmes économiques*, 25 mai 2005, n° 2876.

BURDEAU G., *L'Etat*, collection « Essais », Points, 1992.

CARAYON B., VILLENEUVE C., *Patriotisme économique : de la guerre à la paix économique*, Monaco, Ed. du Rocher, 2006.

CHALLE E., « Psychologie de marché et anomalies financières : le rôle des prophéties auto-réalisatrices », *Revue d'économie politique*, janvier-février 2005, n° 1.

COMBE E., *Précis d'économie*, PUF, 8e édition, 2004.

GREFFE X., *Politique économique ; programmes, instruments, perspectives*, Economica, Paris, 1991.

HAYEK F.A., *Droit, législation et liberté*, tome 3, *L'Ordre politique d'un peuple libre*, Quadrige, PUF, 1995.

HÉNIN P.-Y., *Macrodynamique, fluctuation et croissance*, Economica, Paris, 1985.

KEYNES J.M., *Théorie générale de l'emploi, de l'intérêt et de la monnaie*, Payot, 1949.

2. REPÈRES

La dette publique

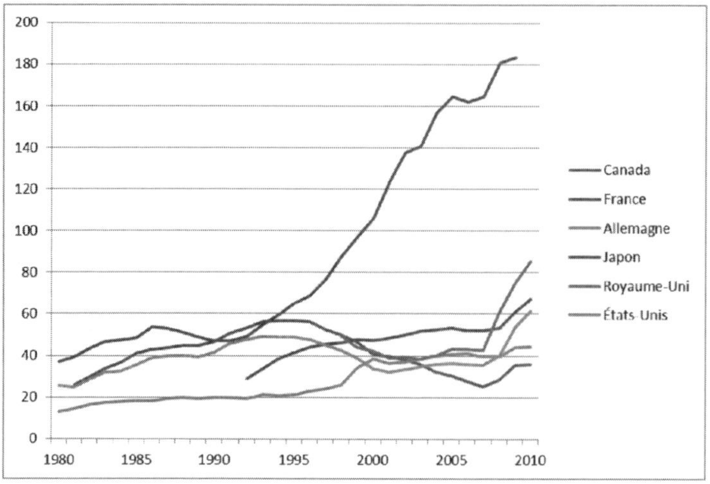

Source : OCDE.

3. EXPLICATIONS

L'intervention de l'Etat dans l'économie interpelle immédiatement la querelle entre orthodoxes et hétérodoxes. Pour les premiers, le rôle de l'Etat se réduit à un Etat-Gendarme ; il n'a pour mission que d'assurer le bon fonctionnement des principes de libre-concurrence et de protéger les individus contre d'éventuels désordres intérieurs et menaces extérieures, de faire respecter le principe de la propriété privée et la bonne exécution des contrats. L'apparition de crises durables non résolues donne aux seconds (marxistes et keynésiens) l'opportunité de défendre une nouvelle conception – plus élargie – de l'Etat et de défendre des positions en rupture par rapport aux courants libéraux. A ce titre, Keynes (1936) affirme qu'il est du rôle des pouvoirs publics d'intervenir dans l'économie afin de pallier aux insuffisances du marché. Le succès des relances keynésiennes au XXe siècle laisse néanmoins place à de nombreuses diatribes sur ce volontarisme économique.

L'article 13 de la Déclaration des droits de l'homme du 26 août 1789 énonce explicitement que « *pour l'entretien de la force publique et pour les dépenses d'administration, une contribution commune est indispensable ; elle doit être également répartie entre les citoyens, en raison de leurs facultés* ». *Ita est* l'intervention de l'Etat suppose des prélèvements obligatoires[1]. Ces derniers sont devenus un thème central dans le débat de politique

1. Proche de 45 % en France, de 27 % aux Etats-Unis, au Japon ; 35 % en Allemagne, en Espagne et au Royaume-Uni contre 50 % en Suède.

économique. Au demeurant, il existe un certain consensus européen quant à leur nécessaire baisse. Mais, face à l'indépendance de la Banque centrale et aux contraintes imposées par la monnaie unique, mais aussi face à l'épuisement des autres formes de politiques publiques, la fiscalité tend à devenir le principal instrument de politique budgétaire. En quoi la baisse des prélèvements obligatoires constitue-t-elle un outil de stabilisation conjoncturelle ? Le refus de l'Etat accompagne-t-il un mouvement, plus général, lié à une revendication individualiste (l'individu avant le groupe et le groupe avant le collectif) ?

Aujourd'hui, la remise en cause de l'Etat s'inscrit dans l'éventuelle faillite des pays endettés. Mais cette remise en cause est directement liée aux agences de notation. Ainsi, un éventuel rééchelonnement de la dette est perçu négativement, comme un défaut de paiement. Sur le plan individuel, pourtant, en cas de difficultés de paiement, n'est-ce pas l'une des premières mesures mises en œuvre ? Cette prééminence de la note sur l'économie réelle souligne l'importance accordée aux marchés financiers. Or les objectifs de l'économie financière et de l'économie réelle ne s'articulent pas dans le même espace temporel : court-terme d'un côté, long terme de l'autre.

Chapitre 1 *VERS LA FIN DE L'ÉTAT ?*

La période des Trente Glorieuses reste l'âge d'or de la politique keynésienne : l'objectif du plein emploi est rendu possible par une stabilisation contracyclique de l'économie, un rôle du secteur public dans l'allocation des ressources et des instruments de redistribution nécessaires pour soutenir une consommation et un investissement industriel. La période des années 1980-90, au contraire, montre les limites de ces politiques et l'application de nouvelles formes de régulation d'inspiration libérale s'est propagée.

SECTION 1 - UNE LÉGITIMITÉ CONTESTÉE

La crise de légitimité se trouve d'autant plus renforcée dans la réaffirmation de certaines inquiétudes face à la mondialisation et à l'extension de nouvelles formes d'emploi, moins protégées qu'avant. De plus, les politiques de revenus ne sont plus guère à l'ordre du jour depuis 1983, date à laquelle l'Etat affirme clairement l'objectif d'une désinflation compétitive laquelle suppose une stratégie de modération des salaires et de ralentissement de l'inflation afin de restaurer la compétitivité des produits nationaux. Les questions liées à la redistribution sociale sont mises en parallèle avec celles liées au financement. Dès lors, l'Etat n'enchante plus guère...

L'APPARITION D'UN DÉFICIT DURABLE

Depuis le milieu des années 1970, le déficit du budget de l'Etat est devenu une donnée récurrente dans la gestion des finances publiques. *A contrario*, durant les dix années précédant le premier choc pétrolier, ce budget était en excédent (sauf 1966-67-68). Mais depuis, ce déficit exprime un besoin de financement constant. Or, dans le cadre de la construction européenne, l'article 104 du traité de Maastricht (1992) contraint les Etats membres à éviter « *les déficits publics excessifs* ». Effectivement, le schéma[2] du financement de l'Etat s'inscrit dans les critères de convergence. La question des avantages de la discipline budgétaire n'est pourtant plus à trancher dans certains pays. Le Canada a entrepris une politique de réduction des dépenses publiques depuis 1993 à l'aune de l'évaluation de la légitimité de celles-ci. La dette publique a été divisée par deux et ramenée à moins de 50 %. Trois expériences d'assainissement budgétaire entraînant une hausse de la consommation peuvent être notées : Danemark (1982-1986), Irlande (1986-1989) et Suède (1985-1987).

Le principe du déficit public volontaire systématique comme politique de plein emploi a montré ses limites. Pour autant, cela signifie-t-il que la recherche de l'équilibre budgétaire en période de dépression conduise à davantage de croissance ? Au départ, Keynes préconise une « *socialisation de l'investissement* » et institue le volontarisme étatique. Celui-ci se définit comme une utilisation du déficit budgétaire à des fins de relance économique. Pour ce faire, l'Etat se substitue aux acteurs privés pour investir et stimuler la demande globale afin de lutter contre le sous-emploi. Le principal effet attendu de l'augmentation des dépenses publiques se résume dans le principe du multiplicateur. En d'autres termes, un effet amplificateur de la variation positive de la demande globale initiale entraîne un sursaut de croissance économique. En d'autres termes, il impulse une économie mixte combinant mécanismes privés et rôle de l'Etat. Cependant, il omet le processus de récurrence périodique des difficultés de l'incitation à investir et de l'efficacité marginale du capital. Aussi F.A. Hayek lui reprochera de n'avoir qu'une vision à court terme au sujet des risques inflationnistes et dépressifs de la stimulation étatique de la demande globale.

Aujourd'hui, ce type de raisonnement est soumis à une politique basée sur une monnaie forte. Dès lors, les conséquences d'une relance budgétaire en changes fixes (la zone euro) dépendent du degré de mobilité des capitaux. Dans le cas d'une forte mobilité des capitaux, la relance provoque un excédent extérieur. Le pays accumule alors des réserves de change entraînant à la hausse la masse monétaire et à la baisse la parité de la monnaie. Cette politique monétaire accommodante provoque une pression à la baisse des taux d'intérêt, favorise la reprise des investissements et de la consommation. L'effet se révèle donc expansionniste. Dans le cas d'une faible mobilité des capitaux, la relance provoque un déficit extérieur ; la récession s'installe. En d'autres termes, la relance budgétaire est d'autant plus efficace que le degré de mobilité des capitaux est fort. La masse monétaire est alors endogène et tout se passe comme si la relance budgétaire était accompagnée d'une relance monétaire. La France appartient à la zone euro et subit, de ce fait,

2. C'est à la Commission européenne qu'il revient de surveiller l'évolution de deux critères particuliers : d'une part, le rapport entre le déficit prévu ou effectif et le produit intérieur brut et, d'autre part, le rapport entre la dette publique et le produit intérieur brut. Aussi, dès lors que les effets de l'augmentation des dépenses publiques sont largement contestés, quelles peuvent être les conséquences d'un déficit subi ? L'outil budgétaire n'est-il plus un composant de la politique économique ?

la politique monétaire. Aussi, même si elle fait le choix d'une stratégie étatique volontariste, les effets risquent d'être au mieux limités, *a contrario* dévastateurs sur le plan de l'équilibre financier.

La persistance de l'endettement public s'explique essentiellement par l'impossibilité de mener une politique monétaire de relance au niveau national et par la difficulté – politique – de susciter des réformes structurelles. Néanmoins, le poids de la dette impose de repenser ce type de stratégie en raison de sa soutenabilité à long terme.

UNE CONFIANCE DÉTÉRIORÉE

La présence omnipotente de l'Etat dans l'économie provoque plusieurs effets pervers. Réduire la pression des prélèvements obligatoires est alors un moyen de relancer la consommation par un pouvoir d'achat amélioré tout en limitant l'épargne de précaution liée à la crainte de l'endettement public. La baisse des prélèvements restaure la confiance des agents économiques.

Selon l'économie de l'offre (Laffer, Gilder), « *trop d'impôt tue l'impôt* » : il existerait un seuil d'acceptabilité fiscale . ayant atteint ce seuil de tolérance – un niveau d'imposition raisonnable– les économies contemporaines peuvent retrouver la croissance en freinant la pression des prélèvements obligatoires. En d'autres termes, l'excès de prélèvements obligatoires pénalise l'épargne et l'investissement et surtout désincite le travail voire encourage l'économie souterraine et la fuite des capitaux. Les impôts et les dépenses publiques doivent alors être contrôlés de telle sorte à inciter les agents à investir. A défaut, les ménages préfèreront la consommation à l'épargne, le loisir au travail (trappe à inactivité). Aussi, les politiques de redistribution ont des effets limités. L'économie de l'offre récuse l'utilisation systématique du déficit budgétaire et conteste l'efficacité du multiplicateur keynésien.

Friedman va plus loin : il affirme que les politiques de stabilisation conjoncturelle sont forcément vouées à l'échec. Certes, à court terme, les agents économiques peuvent être victimes de l'illusion monétaire, mais il se produit irrémédiablement un phénomène d'anticipations adaptatives car ces agents vont se constituer des réserves financières – une épargne de précaution – pour se parer aux futures hausses d'impôt. En d'autres termes, les agents ne sont pas myopes et la baisse du chômage accompagnée d'une hausse de l'inflation n'est que conjoncturelle. Elle appelle à des ajustements ultérieurs. Le ralentissement économique qui en découle de cette épargne ainsi constituée pèse alors à nouveau sur les recettes futures de l'Etat et contribue à accentuer les déficits initiaux. En conséquence de quoi, le volontarisme politique engendre des comportements routiniers, peu propices à la recherche du progrès. Il est à l'origine d'un chômage volontaire et d'une croissance appauvrissante. Au sens de Mill (1873), « *l'erreur commune des socialistes est de ne pas tenir compte de la paresse naturelle aux hommes, de leur tendance à la vie passive, à se faire esclave de la coutume et à persister indéfiniment dans une voie déterminée. Que l'homme obtienne une situation qu'il estime tolérable, ce qu'on doit en craindre, c'est de le voir aussitôt tomber dans la stagnation, de voir toutes les facultés humaines se rouiller au point de perdre même la vigueur nécessaire pour ne pas reculer* ».

SECTION 2 - UN ENDETTEMENT CROISSANT

La dette publique n'a cessé de croître et les critères de Maastricht n'ont pas empêché cette évolution. En réalité, même si cette question de la gestion de la dette publique pose la question de son remboursement, elle reflète essentiellement des considérations intergénérationnelles. Peut-on légitimement transférer le poids de cette dette aux générations futures ? Effectivement, depuis 1984, la dette publique française a explosé puisqu'elle a été multipliée par cinq en vingt ans et qui dépasse les 60 % du PIB depuis 2004. Cette progression vertigineuse aboutit irrémédiablement à un gonflement du poids de la dette.

UN EFFET D'ÉVICTION ET UN EFFET BOULE DE NEIGE

Un déficit budgétaire doit être financé. Il peut l'être soit par une hausse des impôts, soit en ayant recours aux bons du Trésor. La première alternative limite l'effet relance désiré et risque d'aggraver les faibles performances en matière de croissance. Le recours aux bons du Trésor, quant à lui, puise dans l'épargne disponible via les marchés financiers. Toutefois, le recours à l'épargne réduit l'épargne destinée à financer les projets d'investissement des firmes. Il y a donc éviction des fonds privés par les fonds publics. Cette rareté des fonds prêtables contribue à une hausse des taux d'intérêt.

Dans le cas d'une relance budgétaire, l'accroissement excessif de la dette publique peut compromettre son efficacité par le biais de son financement mais aussi l'accumulation du capital privée. Cet effet d'éviction conduit inexorablement à accroître les pressions sur le marché financier et à une hausse des taux d'intérêt, défavorable à une relance des projets d'investissement. Par ailleurs, l'hypothèse implicite sur laquelle repose l'utilisation de l'outil budgétaire est la consommation des ménages. Or, dans un contexte de chômage durable et de masse accompagné d'une croissance atone, la confiance dans le futur des ménages et les anticipations des entrepreneurs se révèlent pessimistes. Tout revenu complémentaire alimente alors, *mutatis mutandis*, une épargne de précaution. L'efficacité de la politique budgétaire s'en trouve donc fortement réduite. Le seuil de soutenabilité de la dette publique est ainsi vite atteint. De façon radicale, plus la dette augmente et plus elle évince une partie de l'épargne au détriment du secteur privé et plus elle nécessite des arbitrages dans l'affectation des recettes publiques au détriment d'une politique de relance. Les marges de manœuvre budgétaire s'en trouvent notablement atrophiées.

Or, cette hausse des taux d'intérêt alourdit encore davantage les charges d'intérêt. Si le déficit primaire n'est pas positif, autrement dit si le solde actuel du budget de l'Etat ne fait pas apparaître un excédent permettant de faire face à cette nouvelle dépense, le déficit se creuse davantage. Et l'Etat se voit contraint de recourir à un nouvel emprunt : c'est l'effet boule de neige de la dette publique c'est-à-dire une accumulation inévitable de la dette. Or, selon l'école du *Public Choice* et la Nouvelle économie classique, ces éléments plaident en faveur d'un assainissement des finances publiques. Une politique de réduction des prélèvements obligatoires provoque toutefois nécessairement des mesures d'accompagnement. Des réformes structurelles avec une fiscalisation croissante de la Sécurité sociale (CSG, CMU), mais aussi une réforme de l'assurance chômage (*workfare*).

En réponse à tous ces arguments, l'effet boule de neige doit être limité : le poids des intérêts de la dette atrophie les marges de manœuvre des décideurs publics et ce d'autant plus que les charges structurelles de l'Etat recouvrent la majorité du budget actuel. Toute stratégie conjoncturelle impliquerait nécessairement une nouvelle hausse des prélèvements obligatoires. La question de l'impact des déficits publics sur les générations futures pose ainsi le problème de la répartition intergénérationnelle de la dette publique. Entre égoïsme et générosité intergénérationnelle, l'interprétation[3] du volontarisme de l'Etat est loin d'être tranchée. Le remboursement de l'emprunt et le paiement des charges d'intérêt posent la question de la soutenabilité de la dette publique.

LE BUDGET RESTE NÉANMOINS LE SEUL OUTIL DE STABILISATION DISPONIBLE

Le non-respect du Pacte de stabilité par un certain nombre de pays de la zone euro, dont la France, a largement fragilisé le principe de l'assainissement des finances publiques qu'impose ce Pacte. Le maintien d'un haut niveau de dépenses publiques s'explique alors essentiellement par une volonté politique de favoriser la paix sociale et d'amortir les chocs d'une croissance atone. Mais la situation est-elle tenable ? L'analyse du détail des dépenses publiques confirme cette approche puisque les dépenses de fonctionnement (36,4 %) et de transfert (51,8 %) sont telles qu'elles ne laissent aucune marge de manœuvre en matière d'investissement et de politiques de grands travaux (5,8 %). Le rapport dépenses des administrations publiques sur PIB a retrouvé son niveau de 1994 (environ 55 %). L'illusion d'une baisse des dépenses intervient essentiellement dans les années 90 lorsque les taux de croissance étaient plus élevés. Cet interventionnisme étatique s'explique par le jeu des stabilisateurs automatiques. Toutefois, une nouvelle question est posée : le rôle de la notation. La note attribuée par les agences de notation se fait en référence à un seuil d'endettement (en l'espèce 60 %, lequel a été fixé dans le contexte économique des années 1990). Est-il encore légitime ?

3. Aujourd'hui un déficit qui finance la recherche ou l'instruction améliore le potentiel de croissance future (brevets, productivité du travail améliorée) : la dette actuelle profite aux générations futures, lesquelles disposeront d'une croissance plus forte pour rembourser la dette.ou l'instruction améliore le potentiel de croissance future (brevets, productivité du travail améliorée) : la dette actuelle profite aux générations futures, lesquelles disposeront d'une croissance plus forte pour rembourser la dette.

A côté de ces arguments internes, l'ouverture progressive des économies fragilise l'efficacité du multiplicateur keynésien. Cette contrainte extérieure n'est pas nouvelle même si la réapparition d'un déficit de la balance commerciale française la repositionne dans le débat. Ainsi, déjà en 1975, puis en 1981, l'efficacité du multiplicateur a buté sur la faible croissance externe. Il apparaît donc que relance de la croissance interne et ralentissement économique extérieur ne sont guère compatibles.

Dérive des finances publiques et comportement sur les marchés financiers

Montée de la dette publique
(dépassement du seuil de 60 %) → Crise de confiance des investisseurs (risque de défaillance) lesquels vendent leurs bons du trésor

↓

Chute du cours des bons du Trésor

↓

Tensions sur les taux d'intérêt
(prime de risque accentuée)

Montée des taux d'intérêt

Crise de confiance

↙

Conséquences sur l'économie réelle :

baisse de l'investissement, épargne de précaution, croissance affaiblie

L'abandon du pouvoir de battre monnaie limite les possibilités de relance monétaire puisque la France ne peut plus décider ni de son taux d'intérêt ni de la parité de sa monnaie. Le choix de la monnaie européenne signifie la centralisation, au niveau européen, de la politique monétaire. L'abandon du pouvoir de création monétaire constitue la pierre angulaire de l'indépendance de la Banque centrale. Il signifie aussi que l'Etat se désengage de la politique monétaire et laisse tout pouvoir à l'institut d'émission. La création de la monnaie unique a eu pour conséquence supplémentaire de transférer ce pouvoir monétaire à la Banque centrale européenne. Certes la monnaie européenne cherche à représenter – symboliquement – l'unité de l'Europe même si elle ne concerne qu'une partie des pays membres (la zone euro). Or, définir le niveau du taux d'intérêt ou encore la parité de sa monnaie n'est pas neutre sur le plan économique car une politique monétaire expansionniste est un outil de relance non négligeable. Toute la question liée à la remise en cause de la politique monétaire européenne restaure les avantages d'une politique monétaire assouplie : ne plus lier la dette publique aux aléas du marché est un atout non négligeable dans une société mondialisée. Restaurer la confiance dans les institutions publiques nationales contribue également à créer un contexte économique propice au désendettement de l'Etat. En outre, une politique monétaire de relance augmente l'inflation et réduit d'autant la valeur réelle de la dette publique. Elle est une façon d'effacer la dette. La question du remboursement de la dette implique nécessairement certains sacrifices. Encore faut-il les envisager.

Chapitre 2 *L'ÉTAT N'EST PAS MORT*

En réalité, la dynamique en cahots de la rigueur budgétaire favorise un enchaînement récessionniste et réaffirme l'importance de la relance de la demande interne à savoir la consommation et l'investissement. La longue tradition de l'interventionnisme étatique américaine obéit à cette logique.

SECTION 1 - LA NÉCESSITÉ DE CHANGER DE PARADIGME

En posant l'hypothèse – optimiste – de la relance par la consommation, la perspective keynésienne omet d'insister sur le rôle moteur de la propension à épargner et à importer. Car il ne suffit pas d'attendre des ménages qu'ils consomment, encore faut-il qu'ils achètent des produits fabriqués dans le pays pour que les effets soient bénéfiques. A défaut, les recettes publiques ne permettent pas de compenser le déficit initial. C'est le début de la spirale de l'endettement. La recherche de la maîtrise des finances publiques et la politique de désinflation compétitive ont largement incité les ménages à davantage de rigueur dans leur consommation. Il est vrai que des facteurs comme la hausse du chômage, l'apparition de la précarité et la résurgence de la pauvreté tout comme la remise en cause de certains éléments fondateurs de la protection sociale ont été des vecteurs de la constitution d'une importante épargne de précaution.

MODIFIER LE CONTENU DE LA POLITIQUE MONÉTAIRE

Sur le plan théorique, le modèle de R. Mundell et J.M. Fleming (1962) constitue la pierre angulaire de l'analyse des politiques économiques en économie ouverte. En régime de changes fixes, la relance budgétaire aboutit à une hausse des taux d'intérêt. Cette dernière provoque une sortie des capitaux et contribue ainsi à une dégradation du solde extérieur. Comme le taux de change est fixe, cette sortie contracte la masse monétaire et réduit *de facto* l'efficacité du multiplicateur. En fait, la relance budgétaire est efficace à condition que les capitaux soient parfaitement mobiles. Dans ce cas, la hausse des taux d'intérêt permet d'attirer des capitaux dont l'afflux entraîne un réajustement à la baisse de la parité de la monnaie nationale. Celle-ci améliore la compétitivité-prix des exportations nationales et accentue l'effet multiplicateur. La relance est alors financée par l'entrée de devises. Une stratégie de dépréciation monétaire s'analyse donc comme une expansion monétaire ayant des effets bénéfiques sur la croissance. Ces deux exemples illustrent parfaitement le cas de la France qui se trouve dans une situation de fixité de la monnaie et celui des Etats-Unis dont la dépendance vis-à-vis des pays étrangers est de plus en plus forte.

Une baisse des taux d'intérêt induite par la non-rareté des fonds prêtables disponibles permettrait de stimuler l'effet multiplicateur à travers la demande de crédit. Effectivement, la baisse des taux accroît la profitabilité du capital et augmente le nombre de projets rentables. Par ailleurs, cette hausse des dépenses d'investissement entraîne ex post un surcroît de revenus. La seule réduction des prélèvements obligatoires ne saurait suffire pour agir sur l'emploi lorsque les anticipations sont pessimistes. Selon la théorie de la demande effective de J.M. Keynes (1949), la politique des finances publiques représente un élément de la politique de plein emploi. Elle doit permettre de combattre l'insuffisance de la consommation car pour lui, « *la dépense est vertueuse* ».

La fiscalité n'est donc pas neutre. Deux aspects doivent être mis en avant. Ainsi, elle comporte à la fois une action correctrice tendant à compenser l'excès de propension à épargner et à accroître les revenus qui alimentent la dépense. En d'autres termes, l'idée est de pénaliser l'épargne excessive afin d'obtenir les ressources nécessaires pour distribuer des transferts sociaux. Ce transfert des possibilités de consommation vers les populations à faibles revenus, donc à forte propension à consommer. La fiscalité redistributrice aboutit donc à maintenir un niveau de dépense globale apte à élever l'emploi mais aussi à réaliser une répartition plus équitable des richesses.

Cependant, le succès d'une telle stratégie reste tributaire des politiques économiques menées par les pays partenaires. Ainsi, si tous les pays pratiquent la même stratégie, les effets attendus peuvent être limités voire même désastreux en matière de finances publiques. La tentative française de 1981 illustre alors parfaitement les déboires d'une relance non coordonnée. C'est la raison pour laquelle, dans un contexte mondialisé, les interdépendances des pays sont souvent présentées comme un argument en défaveur des politiques de relance. Cependant, en se référant à la stratégie américaine, il semblerait que les pratiques non concertées puissent avoir des effets positifs sur la croissance interne. Le débat sur l'interventionnisme étatique est donc loin d'être résolu.

LE FINANCEMENT DE L'ÉCONOMIE

Les puissances publiques semblent être devenues impuissantes face à l'endettement. Lorsque l'évolution de la dette est plus rapide que celle des ressources publiques, cela signifie que l'endettement de la puissance publique est croissant. D'où l'idée des critères d'assainissement des finances publiques tels qu'ils apparaissent dans le traité de Maastricht. En reliant la dette publique au PIB, il est possible de percevoir le degré de soutenabilité de la dette. Dès lors que le PIB croît moins vite que la dette, un déficit supplémentaire apparaît. Il s'agit donc d'éviter que l'évolution du déficit public ne décroche de l'évolution du PIB. Cet indicateur phare permet alors d'appréhender le déficit primaire : si le solde des administrations publiques avant paiement des intérêts de la dette est positif, il est suffisant pour faire face aux échéances et stabiliser la dette. A défaut, il contribue à l'effet boule de neige et auto-entretient l'endettement public. Concernant le remboursement de la dette, pourquoi ne pas envisager la solution adoptée par le FMI pour éviter la faillite du Mexique en 1982 ? Ce plan Brady permet à un Etat de racheter sa dette à un prix plus faible : les créanciers échangent les bons du Trésor actuels contre des bons d'une durée plus longue et à un taux plus faible. Ces nouveaux bons étant garantis (couverts) par des pays qui se porteraient garants[4].

Une politique monétaire expansionniste permet ainsi d'améliorer la compétitivité-prix des produits nationaux tout en favorisant la consommation et l'investissement. En ce qui concerne le financement de ses derniers, le recours aux institutions bancaires limite la dépendance du pays envers des capitaux volatiles et spéculatifs tentés par des perspectives de rentabilité à court terme. Cette stratégie est d'autant plus efficace si elle accompagne une politique de relance keynésienne autocentrée, autrement dit lorsque la propension à importer des ménages nationaux est faible.

Selon la théorie libérale, le rétablissement de l'équilibre des finances publiques contribue à limiter l'effet d'éviction sur les marchés financiers et, en ce sens, à réduire les tensions liées au financement des activités des entreprises. La création d'une monnaie unique a supprimé toute différence de change et créé un environnement monétaire stabilisé. Ici, l'intervention limitée de l'Etat améliore leur profitabilité. La désindexation des salaires, la désinflation compétitive menée depuis 1983 ont ainsi contribué à une nouvelle répartition de la valeur ajoutée au bénéfice du capital. La désintermédiation financière et la déréglementation des marchés financiers participent également à une amélioration de la compétitivité des entreprises nationales.

L'abandon de toute idée de relance budgétaire obéit à un objectif de modération des anticipations inflationnistes. Cet objectif est d'ailleurs conforté par la politique monétaire de la BCE. Nonobstant, des limites à l'efficacité de la politique de désinflation compétitive peuvent être spécifiées. Effectivement, cette stratégie s'inscrit dans une logique déflationniste dès lors que la maîtrise de la masse monétaire limite les capacités de financement de l'économie. En l'espèce, les entreprises ne trouvent pas les moyens de financement pour leurs investissements et les ménages ne sont pas incités à consommer. En d'autres termes, les perspectives de croissance se révèlent moroses et alimentent un cycle de croissance atone. De plus, celles-ci poussent les entreprises à privilégier les gains de productivité à la fois pour rechercher davantage de rentabilité au niveau interne, mais également pour gagner des parts de marché à l'extérieur. Ces investissements de productivité ne permettent pas, en outre, de pallier les insuffisances chroniques de la structure productive française.

Ainsi, en privilégiant les émissions de titres sur les marchés financiers, les pays à tradition anglo-saxonne seraient mieux à même de financer les investissements. Le caractère implicite du financement direct de leurs économies facilite l'apparition de grappes

4. Les Etats-Unis s'étaient portés garants des nouveaux bons mexicains. Une autre manière d'affirmer une solidarité monétaire.

d'innovation. Néanmoins B. Amable (2005) relativise : le financement des firmes par les marchés boursiers contraint à une perspective de rentabilité de court terme basée uniquement sur la distribution de dividendes. Pour s'adapter à cette perspective, la flexibilité du marché du travail est indispensable afin de permettre un ajustement rapide des effectifs, donc des performances des firmes. Pour les salariés, la probabilité plus forte de perdre son emploi est compensée par la rapidité à retrouver un emploi. Mais pour Amable, cette complémentarité entre le financement des firmes et le marché du travail s'observe également dans les pays européens. Le financement bancaire suppose des relations de long terme et de mauvaises performances ne se traduisent pas forcément par des compressions de personnel. *A contrario*, cette stabilité dans l'emploi implique également un chômage plus durable. Comme si compétitivité des entreprises et flexibilité du marché du travail constituaient la pierre angulaire de la nouvelle société industrielle.

SECTION 2 - L'INTERVENTION DE L'ÉTAT PEUT-ELLE GÉNÉRER DAVANTAGE DE CROISSANCE ?

L'ouverture des frontières permet aux firmes de se doter d'avantages comparatifs. Bénéficiant d'économies d'échelle par l'élargissement des marchés, celles-ci offrent des produits standardisables. Elles peuvent aussi, *mutatis mutandis*, abaisser les coûts de production en profitant des différences de législation (fiscale, sociale) et participer, à ce titre, à une meilleure allocation internationale des ressources. Mais l'entreprise doit disposer d'un contexte et d'un environnement favorables.

UNE POLITIQUE INDUSTRIELLE

Le volontarisme économique ne se résume pas à la simple question de la politique budgétaire ou monétaire. Il s'inscrit aussi par le biais du contenu qu'il donne à la politique industrielle. Des actions ciblées d'un Etat soucieux de la prospérité des firmes justifient une intervention économique. Protéger des nouveaux secteurs ou des secteurs subissant la concurrence internationale obéit à une volonté de défendre l'intérêt national. Dans le premier cas, il s'agit de permettre aux industries naissantes de se constituer les armes nécessaires pour faire face à la concurrence : la couverture des charges fixes, l'accumulation d'une certaine expérience ou encore la protection temporaire d'une nouvelle technologie (via le brevet) sont autant d'arguments qui militent en faveur d'une politique industrielle active. Théoriquement, A. Hamilton (1791) puis F. List (1841) ont souligné l'importance du rôle de l'Etat. Quant à la protection des industries vieillissantes, il s'agit surtout de protéger l'emploi dans la mesure où le secteur en question ne peut lutter durablement et équitablement contre la concurrence étrangère. L'exemple du textile est alors illustratif. Toutefois, cette dernière option évoque surtout l'incapacité à organiser la reconversion des salariés licenciés et leur insertion sur le marché du travail. Elle dénote l'impuissance de l'Etat face à cette population directement victime de la mondialisation.

Et J. Hugues (1991) va plus loin dans l'analyse en affirmant l'absence d'un modèle ultralibéral dans les politiques économiques américaines : l'Etat fédéral s'octroie le droit moral d'intervenir dans l'économie dès lors qu'il s'agit de fortifier les entreprises nationales. Pour preuve, la politique de recherche et de développement débutant sous la présidence Carter avec le *Cooperative Automotive Research Program*, puis le *Partnership for a new Generation on Vehicles* signé en 1993 avec l'administration Clinton. Les Etats-Unis affirment vouloir réduire les droits de douane d'ici 2015 tout en instaurant – au nom de la clause de sauvegarde – des taxes à l'importation sur l'acier. Ce dispositif contractuel fréquemment utilisé dans les affaires internationales cherche à instaurer un équilibre contractuel équitable. En 2002, l'Union européenne active la clause de sauvegarde[5] par le biais de droits de douane contre l'acier en surplus arrivant en Europe. Cet « *effet domino* » fait donc suite à la mise en place des mesures protectionnistes américaines. De manière similaire, la question des importations chinoises en Europe avait fait débat en 2005 : la procédure d'urgence, comme l'ont fait les Etats-Unis, consistait à passer tout de suite à la phase des consultations formelles avec Pékin, sous l'égide de l'OMC. Ceci aurait pour conséquence l'application immédiate aux exportations chinoises vers l'UE du plafonnement prévu dans une clause spéciale des accords d'adhésion de la Chine à l'OMC, soit une limitation de la hausse des importations chinoises à 7,5 % par an. Il s'agit là aussi d'une mesure inhérente à la clause de sauvegarde. Il en est de même dans le secteur agricole.

L'intervention de l'Etat se justifie dans le cadre des échanges internationaux. Le protectionnisme économique désigne ainsi l'ensemble des mesures permettant de protéger les firmes nationales via des barrières douanières, des quotas ou encore des aides et des subventions publiques. De la même manière, le patriotisme économique fait appel à un comportement spécifique des ménages et des entreprises : privilégier la production nationale voire locale. En fait, il s'agit de stimuler le marché intérieur tout en réduisant les fuites liées aux importations.

5. La clause de sauvegarde est prévue dans les accords de l'Organisation mondiale du commerce (OMC) pour protéger une industrie nationale en cas d'augmentation massive et soudaine des importations. Des mesures de sauvegarde sont des restrictions d'urgence appliquées aux importations à titre temporaire pour faire face à des circonstances spéciales, comme une augmentation soudaine des importations. L'OMC prévoit ainsi l'application de tarifs de sauvegarde plus élevés qui peut être automatiquement déclenchée lorsque le volume des importations excède un certain niveau ou que les prix tombent en deçà d'un certain niveau. Par ailleurs, il n'est pas nécessaire de démontrer qu'un dommage grave est causé à la branche de production nationale. Pour l'heure, l'Europe l'a utilisée 539 fois contre 189 pour les Etats-Unis, la Suisse-Liechtenstein arrivant en tête (961 fois). D'ailleurs, cette clause de sauvegarde fut invoquée par la France en 1998 lors de la mise sur le marché de deux colzas Topas 19/2 et Ms1xRf1 autorités en Europe respectivement pour l'importation et la production de semences. La commercialisation de ces colzas a été suspendue sur le territoire national par arrêtés des 20 novembre 1998, 26 juillet 2001, 25 juillet 2003 et 19 juillet 2004. Les arguments scientifiques liés à la dispersion des transgènes et leur impact sur l'environnement fondent cette décision.

FAVORISER LA CRÉATION DE PÔLES DE COMPÉTITIVITÉ

La création de réseaux nationaux de relations, d'institutions sociales et politiques est un vecteur incitatif à l'innovation, donc de gains de compétitivité (Lundwall, 1988). Le rôle de l'Etat se révèle notable puisqu'il peut susciter la naissance d'un cadre propice à ces interactions (Freeman, 1988 ; Nelson, 1988). La volonté politique de favoriser la création des pôles de compétitivité s'inspire de cette thèse. Au demeurant, on reconnaît depuis Keynes le rôle des pouvoirs publics dans l'élaboration des anticipations des entrepreneurs quant aux décisions stratégiques des firmes (« *animal spirits* »). Aussi, l'annonce d'une baisse des taux d'intérêt ou du lancement de nouveaux projets d'infrastructures peut agir positivement sur les choix des firmes. Cette relance macroéconomique fournit des débouchés solvables supplémentaires et peut inciter à de nouvelles embauches. L'effet multiplicateur attendu contribue alors à améliorer indirectement la compétitivité par l'agrandissement du marché auquel elles se destinent.

Ces différentes réflexions se réfèrent toutes au rôle pour l'Etat dans le contexte actuel : dans une économie sans frontières, quelle est la place de l'Etat ? Il semble que, malgré l'option de l'intégration européenne comme moteur de la compétitivité, l'Etat peut retrouver une force, une assise économique. A ce titre, l'exemple des Etats-Unis est sans conteste révélateur. Les politiques économiques soutiennent l'économie nationale et accompagnent le patriotisme économique des différents agents économiques. Il existe donc bel et bien une autre option dans la dynamique mondiale. Le poids de la dette publique est-il encore supportable ?

Depuis le début des années 1990, on assiste à une transformation profonde de la répartition entre les impôts et les cotisations. Or les cotisations sont affectées à un objet particulier, la protection sociale ; leur variation entraîne *de facto* des conséquences en matière de redistribution sociale. *Ita est* le poids des prélèvements obligatoires est donc tributaire de l'arbitrage effectué par chaque pays en ce qui concerne le type de services à mutualiser : quel service est collectif et lequel est-il susceptible d'être satisfait par le marché ? Dans le cadre de cette réflexion, il s'agit d'interroger la fonction objectif de l'Etat dans la mesure où le bien-être social peut faire l'objet de plusieurs représentations sociales. Ainsi, la volonté de réduire les prélèvements obligatoires obéit à la fois à une politique de relance budgétaire et à une politique de réduction du pouvoir discrétionnaire de l'Etat (via une réduction des dépenses publiques et du déficit public). De manière similaire, privilégier les impôts directs à la place des impôts indirects n'est pas anodin : les premiers ne modifient que le prix du travail par rapport aux loisirs alors que les seconds agissent sur l'ensemble des prix relatifs. Par ailleurs, le montant des prélèvements obligatoires n'est pas un critère suffisant pour juger de la qualité et l'efficacité de l'intervention publique. Cette nouvelle optique est largement développée dans les pays anglo-saxons depuis ces dernières années et se retrouve dans l'idée des *prior options* c'est-à-dire que les besoins collectifs à satisfaire ont fortement évolué depuis le début du XXe siècle. Ainsi en est-il de l'instruction publique.

FICHE 12 | LE SOUS-EMPLOI

1. RÉFÉRENCES

AMABLE B., *Les Cinq Capitalismes. Diversité des systèmes économiques et sociaux dans la mondialisation*, Seuil, 2005.

AOKI M., *L'Economie japonaise*, Economica, 1995.

BAZILLIER R., SIRVEN N., « Les normes fondamentales du travail contribuent-elles à réduire les inégalités ? », *Revue française d'économie*, octobre 2006, volume XXI, n° 2.

BISMUT C., PISANY-FERRY J., « L'Union économique et monétaire, principes et implications », *Revue économique*, 1994, vol. 44, hors-série, p. 121-142.

BLANCHARD O., « The economic future of Europe », *The Journal of economic perspectives*, 2004, vol. 18, p. 3-26.

BOYER R., DURAND J.-P., *L'Après-Fordisme*, Syros, Alternatives économiques, 1994.

CAPELLE-BLANCARD G., COUDERC N., « Licenciements boursiers chez Michelin et Danone : beaucoup de bruit pour rien ? », *Revue française d'économie*, octobre 2006, volume XXI, n° 2.

CARDEBAT J.-M., « Commerce international et normes sociales. Table ronde », *Revue française d'économie*, octobre 2006, volume XXI, n° 2.

DURANCE P., GODET M., MARTINEZ M., « Démographie, activité et croissance : comment expliquer les écarts de croissance entre les Etats-Unis et les pays européens ? », *Futuribles*, février 2006, n° 316.

FRIEDMAN M., « The Role of Monetary Policy », *American Economic Review*, 1968, vol. 58, p. 1-17.

GADREY J., « Une économie de services », *Cahiers français, La Documentation française*, n° 311, novembre-décembre 2002, p. 20-25.

GAUTIER J., « Protection de l'emploi : de la dérégulation à la flexicurité », *Problèmes économiques*, 6 juillet 2005, n° 2879.

GORDON R.J., « Two centuries of economic growth : Europe chasing the american frontier », *CEPR Discussion Paper*, 2004, n° 4415, Londres.

KRUGMAN P., OBSTFELD M., *Economie internationale*, éd. De Boeck, 1992.

LE MERRER P., « La mondialisation au regard des théories du commerce », *Problèmes économiques*, n° 2.911, 22 novembre 2006.

L'HORTY Y., « Chômage structurel : un déséquilibre permanent du marché du travail », *Problèmes économiques*, 6 juillet 2005, n° 2879.

LIPSEY R.G., « The Relation between Unemployment and the Rate of Change of Money Wages Rates in the UK, 1861-1957 : a Further Analysis », *Economica*, février 1960.

MALINVAUD E., *Essai sur la théorie du chômage*, Clamann-Lévy, 1983.

MOREL S., « Emploi et pauvreté aux Etats-Unis : les politiques de Workfare », in BARBIER J.-C., GAUTIÉ J., *Les Politiques de l'emploi en Europe et aux Etats-Unis*, PUF, 1999, p. 219-234.

NAMUR D., TRUEL J.-L., « Désindustrialisation, délocalisations et marchés financiers : l'économie réelle sous influence », *Problèmes économiques*, 8 juin 2005, n° 2877.

PARANT A., « Emploi en France : le retournement ? Le salut par le retournement démographique ? », *Futuribles*, décembre 2006, n° 325.

PEAUCELLE J.-L., « Raisonner sur les épingles, l'exemple d'Adam Smith sur la division du travail », *Revue d'économie politique*, juillet-août 2005, n° 4.

PHILLIPS A.W., « The Relation between Unemployment and the Rate of Change of Money Wages Rates in the UK, 1861-1957 », *Economica*, novembre 1958.

PRESCOTT O., « Why do Americans work so much more than Europeans ? », *Federal Reserve Bank of Minneapolis quaterly Review*, vol. 28, n° 1, July 2004, p. 2-13.

RIFKIN J., *La Fin du travail*, La Découverte Poche, 1997.

SAMUELSON P.A., « When Ricardo and Mill Reboot and Confirm Arguments of Mainstream Economists Supporting Globalization », *Journal of Economic Perspectives*, volume 18, n° 3, été 2004.

SMITH A., *Recherches sur la nature et les causes de la richesse des nations* (1776), GF-Flammarion, 1991.

TERFOUS N., « Mondialisation et marché du travail dans les pays industrialisés », *Economie et Prévision*, 2006, n° 172.

VEIL M., « Les lois Hartz, plus qu'une réforme du marché du travail ? », *Problèmes économiques*, 6 juillet 2005, n° 2879.

VERGARA F., « Sursaut de la productivité américaine, réalité ou illusion statistique ? », *Problèmes économiques*, n° 2.911, 22 novembre 2006.

2. REPÈRES

Taux de chômage : comparatif

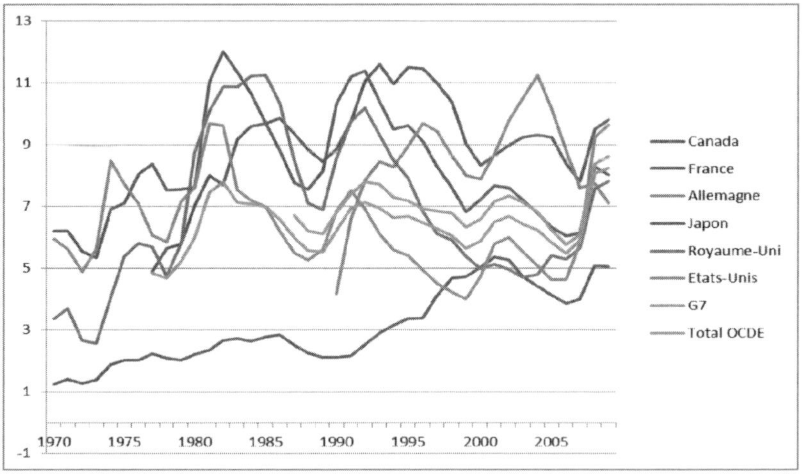

Source : OCDE.

Comparatif des taux d'inflation

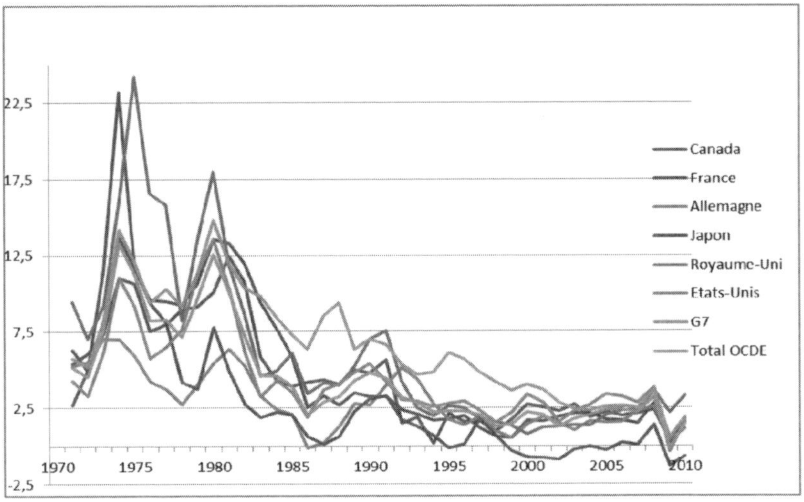

Source : OCDE.

3. EXPLICATIONS

La France connaît un taux de chômage endémique depuis la fin des années 1970 puisque le taux n'est jamais réellement descendu sous les 7,5 %. Depuis le début des années 1980, la France a affirmé son choix de s'installer dans la mondialisation *via* l'ouverture de ses frontières. Elle s'est adaptée aux contraintes qui l'accompagnent, au prix d'ajustements sociaux parfois douloureux. La fin du compromis fordiste issu des Trente Glorieuses s'est confirmée et transforme notablement le modèle traditionnel d'emploi. Certes la tertiarisation des besoins et des emplois, la construction européenne via la création d'un grand marché concurrentiel redessinent les contours de l'action étatique, mais ces ajustements ne sont pas sans conséquence sur notre économique nationale. Face à la montée du chômage, les différents gouvernements ont mis en place d'innombrables politiques d'emploi. La plupart se basent sur une réduction[1] des charges sociales car depuis la politique de modération salariale (1983), le coût du travail doit être réduit. Dès lors, est-il utopique d'envisager le retour du plein emploi ?

1. Essentiellement pour les bas salaires dans la mesure où cette réduction renforce la profitabilité de l'embauche de personnes à faible productivité du travail. L'incitation fiscale destinée aux embauches d'aides à domicile obéit également à cette volonté. Néanmoins, cette décentralisation des politiques d'emplois est directement destinée aux ménages et ne peut être la panacée.

Chapitre 1 TOUJOURS LES MÊMES POLITIQUES D'EMPLOI

Dans le cadre d'une réduction de la population active, deux stratégies sont généralement développées même si elles obéissent au même objectif à savoir la limitation des entrées et l'incitation à sortir du marché du travail. Celles-ci s'accompagnent souvent d'un assouplissement du marché du travail.

SECTION 1 - LA VARIATION DU VOLUME DE L'EMPLOI

Pour résoudre le chômage, plusieurs mesures visant à agir sur le volume d'emplois sont mises en œuvre. La question de la réduction du temps de travail intervient également dans une volonté d'enrichir la croissance en emplois. Ainsi, la loi Robien de 1996 incite les firmes à passer aux 35 heures, les lois Aubry en 1998 et 2000, les y contraint.

AGIR SUR LE VOLUME D'EMPLOI

Le niveau de production détermine le niveau d'emploi. Mais il n'est pas le seul facteur. Ainsi, l'évolution de la population totale agit sur la population active. Mais toute création d'emploi n'implique pas irrémédiablement une baisse du nombre de chômeurs. Cette idée du travailleur additionnel fait ainsi référence à toute une catégorie de salariés découragés par la recherche d'emplois et qui, en cas de conjoncture favorable, réintègre le marché du travail. Aussi, la création d'emplois peut paradoxalement entraîner une hausse du chômage. De plus, le vieillissement de la population n'est pas sans effet : alors que le départ en retraite de toute une génération de salariés pourrait susciter de nouvelles embauches, il peut au contraire favoriser les restructurations et de facto les gains de productivité. L'idée de développer les préretraites[2] participe également au principe de substitution d'un actif en départ par un chômeur actuel afin de réduire le poids financier du sous-emploi.

2. A ce titre, l'évolution du taux de dépendance est une variable clé dans celle du mode de financement des retraites. Le type de prestations fournies n'est pas anodin : à « *prestations définies* », cela signifie que les retraités perçoivent un certain pourcentage de leur salaire de référence ; à « *contributions définies* », les prestations perçues dépendent de la rentabilité de leurs placements. Le risque s'avère donc nettement différent selon les dispositifs. Dans un régime à cotisations définies, le risque est d'ordre financier puisque la pension dépend de la rentabilité des placements sur le marché financier. Dans un régime à prestations définies, les engagements ne sont pas nécessairement couverts par un fonds ; le risque est essentiellement d'ordre social puisque l'existence de clauses minimales de durée de cotisation favorise les salariés ayant des carrières professionnelles stables. Aux Etats-Unis, les régimes de retraite par capitalisation à prestations définies sont en perte de vitesse car ils se révèlent coûteux et risqués pour l'employeur. *A contrario*, les régimes à cotisations définies se développent mais, différence notable, les risques financiers et la charge du financement sont ainsi reportés sur le salarié. Un choc boursier fragilise ce type de régime. L'évolution de la situation économique conditionne les modèles basés sur l'assurance dans la mesure où le financement repose sur les cotisations des actifs. Mais il en est de même pour les modèles basés sur l'assistance puisque l'impôt dépend de la croissance. Cet effet justifie la mise en place de nombreuses réformes qui visent toutes à réduire le montant des pensions, à augmenter la durée de la vie active et à accroître la contribution. Celle-ci tend à élargir l'assiette de calcul en prenant en compte des revenus à la fois du travail et du patrimoine. Ainsi en est-il de la contribution sociale généralisée qui s'est substituée en partie à la cotisation maladie.

Une action sur la population active

Le départ en retraite de la génération du *baby-boom* libère un certain nombre d'emplois. Il s'agit aussi d'agir sur l'âge de la scolarisation en augmentant le niveau de diplôme obtenu par les jeunes. Il est vrai qu'en France les jeunes sont les premiers touchés par la précarité et par le chômage. Cette dévalorisation des salaires d'embauche tout comme des diplômes a fait apparaître la notion de « *génération sacrifiée* » créant ainsi le phénomène de la « *décote de la valeur jeune*[3] ». Par ailleurs, l'apparition de travailleurs pauvres (*poor workers*) longtemps catalogués comme une caractéristique inhérente à l'économie états-unienne relance à juste titre la question des inégalités salariales. Cette nouvelle forme d'inégalité qui touche cette catégorie de salariés intervient à deux niveaux : d'une part, face au chômage volontaire (trappe à inactivité) et, d'autre part, face à la répartition primaire des revenus (trappe à pauvreté).

La mise en place de la prime pour l'emploi cherche à minimiser cette inégalité en assurant un revenu complémentaire au travail tout en incitant à accepter un emploi, même mal rémunéré.

Les modèles économiques qui font du taux d'épargne un déterminant du niveau du PIB font de la démographie, et du travail en général, l'élément qui conditionne à long terme le niveau de croissance potentielle. Tel est l'enseignement de la théorie de Harrod-Domar. En d'autres termes, la croissance peut également être limitée par le facteur travail[4]. Effectivement, ce dernier intervient tant par sa quantité que par sa qualification. Certes en France le taux de chômage actuel éloigne ce risque. Pourtant le travail intervient pourtant sous deux aspects : un fort taux de chômage limite la progression des salaires et accentue la déqualification des chômeurs de longue durée. De plus, il n'exclut pas l'existence de pénuries de main-d'œuvre dans certains secteurs. Ce chômage dit paradoxal pose alors la question de la (re)qualification des individus aux besoins du marché du travail.

3. La volonté de préserver les générations futures contre d'éventuelles pertes de pouvoir d'achat ou de niveaux de vie peut motiver les nouveaux retraités de constituer un patrimoine important. Cette solidarité intergénérationnelle s'explique alors par la crainte de temps futurs incertains induits par le remboursement d'une dette publique, une précarisation des emplois ou encore une incapacité des pouvoirs publics à faire face à certaines contraintes de la mondialisation. Cette épargne de prévoyance se réfère donc à une forme de générosité intergénérationnelle. L'altruisme intergénérationnel intervient dans la décision d'épargne. Pour M. Friedman (1957), le comportement d'épargne se justifie aussi par la volonté des parents de transmettre un patrimoine positif à leur descendance. Le théorème de l'équivalence ricardienne explique ce phénomène.

4. Le printemps économique du Japon s'interprète également en termes de vieillissement démographique : l'existence de nombreux retraités qui ne bénéficient plus de pensions généreuses contribue à la diminution de l'épargne nationale. Ainsi, cette nouvelle génération de *papy boom* puise dans ses bas de laine et consomme. Même la fixation du taux d'intérêt à des niveaux records proches de zéro par la Banque centrale nippone n'avait pas réussi à modifier le comportement des japonais.

Le vieillissement de la population pose aussi la question du financement[5] des retraites qui repose essentiellement sur le facteur travail, donc sur la solidarité intergénérationnelle ; le renchérissement continu du travail pèse sur la répartition des richesses. Effectivement, l'augmentation des charges sociales réduit l'employabilité des populations les moins qualifiées, qui sont les plus exposées à la concurrence internationale. Or, l'inscription de la France dans l'Union européenne et dans l'économie mondiale impose, *nolens volens*, de respecter l'impératif de compétitivité. Le mode de production post-fordiste crée une nouvelle relation salariale : plus flexible (donc plus précaire), il a modifié le comportement[6] des agents économiques. Ainsi, à l'instar de la « *cloche de richesses* » (ou cycle de vie) de Modigliani-Brumberg (1954), l'évolution de l'épargne suit celle des revenus de l'individu ; en d'autres termes, s'il a tendance à épargner en début de vie, il désépargne en fin de vie. Un pays avec une population vieillissante est alors une population qui consomme ou qui transfère un pouvoir d'achat aux générations présentes.

La réduction du temps de travail

En un siècle, la durée annuelle du travail est passée, en France, de 3 200 heures à 1 600 heures. Certes, cette durée a augmenté entre 1937 et 1966 avant de connaître une stagnation entre 1984 et 1995, et ne reflète pas les changements qualitatifs intervenus dans les modalités de la réduction du temps de travail. En fait, la remise en cause du modèle hebdomadaire (8 heures par jour, 5 jours sur 7) s'est progressivement mise en place et – avec elle – une redéfinition du rôle de l'Etat. Cette rupture intervient dans les années 1980 avec les lois Auroux. Effectivement, l'Etat se limite à fixer le cadre de négociations entre les partenaires sociaux en décentralisant les modalités d'aménagement du temps de travail. A cet égard, l'éclatement du temps de travail se concrétise essentiellement par l'annualisation du temps de travail. Ce nouveau paradigme référentiel modifie en profondeur le contenu du travail. Il accompagne la recherche de gains de productivité. Autre paradoxe, la diminution du temps de travail préfigure également une reconfiguration des relations salariales : la précarisation du contrat de travail et la flexibilité en sont les principales caractéristiques. Aussi est-on loin de la fin du temps de travail.

La thèse défendue par J. Rifkin (1997) soutient l'idée que seule une réduction universelle du temps de travail et la création d'un tiers secteur non marchand (solidaire) permettront de faire face aux suppressions massives d'emplois issues de la troisième révolution industrielle. Il soutient qu'il existe une relation inversement proportionnelle entre la

5. Quel que soit le régime, il reste tributaire de la situation économique : lorsque la croissance économique s'avère atone, l'évolution du revenu global réduit d'autant les prélèvements obligatoires, que ce soit sous la forme d'impôt ou de cotisation via un fort taux de chômage. De plus, pour que le régime par capitalisation soit plus rentable que le régime par répartition, le taux d'intérêt réel doit certes être positif, mais surtout supérieur au taux de croissance économique. Aujourd'hui, les conditions semblent réunies, mais que sera-ce dans une trentaine d'années ?
6. Face à cette vulnérabilité sociale, conjuguée à l'existence d'un chômage durable et massif et à la remise en cause de l'Etat-Providence, les ménages développent une épargne de précaution.

productivité et les emplois. Cette thèse radicale met toutefois l'accent sur l'impact de la mondialisation sur la société salariale. Elle l'a indéniablement déstabilisée : les principales caractéristiques sont la précarisation et la vulnérabilité sociale des personnes ayant peu ou pas de qualification et qui subissent directement la concurrence des pays à bas salaires. Les unités de production se délocalisent et cette volatilité accompagne la décomposition des entreprises.

Par ailleurs, la question de la compensation salariale n'est pas en reste : la réduction du temps de travail s'accompagne-t-elle ou non d'une modification des salaires ? Dans la positive, elle s'interprète comme une hausse du salaire horaire qui provoque une hausse du coût du travail. Irrémédiablement, les entreprises sont incitées à encourager les gains de productivité. Car le coût du travail pèse sur les coûts de production et, par conséquent, sur la compétitivité des entreprises. De plus, dans les secteurs à pénurie d'embauche (bâtiment, hospitalier), cette diminution du temps de travail risque de provoquer des goulots d'étranglement, d'inciter à la hausse des prix et d'alimenter ainsi un phénomène inflationniste.

QUEL IMPACT SUR LA CRÉATION D'EMPLOIS ?

La réduction du temps de travail a parfois été évoquée pour partager le travail existant mais ses effets économiques sont aléatoires (avec ou sans compensation salariale, gains de productivité, logique tayloriste, semaine de quatre jours, retraite à 55 ans). Elle repose sur l'idée que les salariés privilégient les loisirs au salaire. Si le chômage est keynésien, une réduction sans compensation déprime davantage la demande. Si le chômage est classique, la compensation accroît le coût salarial et décourage les embauches au profit de la flexibilité et de l'accélération des cadences.

Effets pervers sur le salaire

La réduction du temps de travail et la création d'emplois ont des relations ambiguës. Ainsi, on reconnaît traditionnellement à la première deux types d'enjeux différents. Des enjeux sociaux tout d'abord puisqu'elle accroît le temps de loisir et développe la consommation via la création de nouveaux besoins (tertiarisation de la société). Des enjeux économiques ensuite du fait d'un découpage d'un volume global d'emploi auprès d'une population active occupée plus nombreuse. Mais cette stratégie n'est plausible que dans des unités de production de grande taille où les préceptes tayloriens s'appliquent. En réalité, les effets de la réduction du temps de travail ont été plus modestes : elle a favorisé les gains de productivité en dégradant la relation coût du travail / temps de travail et en accroissant la précarité. Les effets pervers induits sont donc triviaux puisque la réduction du travail dans le cadre de la loi Aubry s'est concrétisée par des accords de modération salariale incluant l'interdiction d'effectuer des heures supplémentaires. L'apparition de plusieurs salaires minimums contribua au développement des bas salaires et alimenta l'économie souterraine. Ainsi, selon M. Didier et M. Martinez (2001), « *entre 1997 et 2000, un point de croissance s'est accompagné de 0,4 point d'emploi au Royaume-Uni, de 0,5 point d'emploi en France et en Allemagne, de 0,7 point d'emploi en Italie et de 1 point d'emploi en Espagne* ». Pour ces auteurs, les créations d'emplois s'expliquent par « *l'enrichissement de la croissance en emplois (sous l'effet de la modération salariale notamment des baisses de charges) et de la reprise de la croissance européenne depuis 1996* ». En d'autres termes, les effets d'une diminution du temps de travail ne sont pas aisés à observer.

La multiplication des gains de productivité

L'amélioration de la productivité réduit l'efficacité de la réduction du temps de travail dans la mesure où plus les gains de productivité sont élevés, plus les embauches supplémentaires seront limitées. La recherche de la productivité est-elle une solution à la crise de l'emploi ? Les relations entre productivité et emploi ont été largement débattues dans la littérature économique et le lien entre productivité et évolution qualitative de l'emploi n'a pas toujours une réponse favorable. A production constante, les gains de productivité économisent les facteurs de production, donc réduisent l'emploi. La création d'emplois résulte alors d'une augmentation de la production supérieure aux gains de productivité. Aussi, l'élément décisif demeure le type d'investissement réalisé par l'entrepreneur. Tout investissement de rationalisation se révèle destructeur d'emplois. *A contrario*, l'investissement de capacité est créateur d'emplois. Mais les gains de productivité posent aussi la question de leur répartition. Ainsi, la grande différence entre l'analyse marxiste et l'approche libérale résulte de la réponse donnée à cette question. Si, pour Smith, les gains de productivité sont à l'origine de l'enrichissement des nations par leur diffusion dans l'économie soit par le biais d'une baisse des prix ou d'une hausse des salaires, pour Marx, ils sont la cause de la création de la plus-value. La non-restitution des gains de productivité aux salariés entraîne la crise de surproduction puisque la production supplémentaire ne trouve pas acheteur.

La persistance d'un chômage élevé dans un certain nombre de pays européens pose des doutes sur la capacité de ces stratégies économiques à générer de nouveaux gisements d'emplois. Aussi, de nombreuses voix s'élèvent en faveur de réformes structurelles.

SECTION 2 - LES LIMITES D'UN ÉVENTUEL ASSOUPLISSEMENT DU MARCHÉ DU TRAVAIL

Comment expliquer les écarts existant entre les taux de chômage ? Les différences méthodologiques ne sont pas négligeables et rendent les comparaisons internationales très délicates. Loin de négliger ces écarts statistiques, quels arguments théoriques peuvent-ils être énoncés ? Selon la théorie libérale, les écarts existant entre les taux de chômage s'expliquent essentiellement du fait de dysfonctionnements sur les marchés du travail. Ainsi l'existence d'un salaire minimum, d'une législation trop contraignante ou de la présence de syndicats porteurs de revendications corporatistes sont autant de rigidités qui empêchent un fonctionnement fluide des négociations décentralisées liées au facteur travail.

UN INSTRUMENT D'ACTIVATION DU MARCHÉ DU TRAVAIL

La réforme du marché du travail signifie généralement une volonté de modérer les hausses salariales et d'accroître l'emploi. Mais l'activité du marché du travail intervient également dans la réforme de mode d'indemnisation des chômeurs, de la réduction du coût du travail ou encore dans le code du travail même.

L'assouplissement du coût du travail

Le principe d'autorégulation du marché du travail trouve son fondement dans l'approche néoclassique. Ainsi, en l'absence d'entraves, la confrontation entre l'offre et la demande de travail aboutit – certes avec tâtonnement – à une quantité et un salaire d'équilibre. Ce dernier dépend de la productivité marginale du travail, laquelle décroît à mesure que l'emploi augmente. La demande de travail émanant des entreprises est donc une fonction décroissante du salaire. En conséquence de quoi, un salaire supérieur à la productivité marginale du travail modifie la combinaison productive en faveur du capital et génère du chômage. Cet assouplissement du coût du travail justifie une politique de réduction des charges sociales basée sur les populations à plus faible productivité du travail à savoir les jeunes, les non-qualifiés ou encore les chômeurs de longue durée. En effet, une des caractéristiques du marché du travail français demeure le chômage de longue durée. La durée moyenne de chômage passe de huit mois en 1974 à seize mois dans les années 1990 et reste encore à plus de quatorze mois aujourd'hui. Ce chômage touche massivement les actifs de moins de 25 ans : un an après la sortie du système scolaire, un homme sur cinq et une femme sur quatre sont toujours sans emploi. De plus, la volonté d'introduire une modération salariale dans l'évolution du travail implique généralement une nouvelle attitude des syndicats. Ces derniers négocient les hausses des salaires avec les employeurs. Aux Pays-Bas et en Irlande, cette stratégie a été signée par les syndicats, les employeurs et l'Etat après négociations. Toutefois, une réduction notable du pouvoir des syndicats a pu être observée, fragilisant encore davantage les populations les plus démunies.

Vers une flexisécurité ?

L'assouplissement de la législation du travail, l'annualisation du temps de travail et le développement du travail atypique sont autant d'arguments avancés pour justifier un potentiel d'emplois non encore exploité. Ainsi, dans les années 2000, l'Espagne a réussi à réduire son taux de chômage de moitié. Certes les contrats temporaires (CDD, intérim) concernent plus d'un tiers des salariés espagnols, la proportion la plus forte de l'Union européenne (14,7 %). Il n'en demeure pas moins que les formes particulières d'emploi (contrats aidés, intérim, CDD) représentent aujourd'hui, en France, près de 13 % des emplois. Le Danemark est alors présenté comme un modèle à suivre. Sa flexisécurité obtient un large écho dans le corps social. L'idée est d'associer le dynamisme d'un marché du travail à une protection sociale généreuse. Il s'agit d'activer la politique d'indemnisation tout en assurant des indemnités élevées. Ce système nécessite toutefois une agence de placement des chômeurs efficace tant en matière d'offres de formation que de reconversion des personnes. Par ailleurs, les délais de chômage doivent être courts. Ce système réaffirme donc les droits, mais aussi les obligations des chômeurs : l'obligation de participer aux programmes d'activation. Un refus entraîne la suspension de ses droits.

LA NÉCESSAIRE COMPLÉMENTARITÉ DES DIVERSES FORMES DE LUTTE CONTRE LE CHÔMAGE

Une seule politique conjoncturelle ne saurait suffire pour agir sur la croissance, donc sur l'emploi lorsque les anticipations sont pessimistes et que les règles monétaires se décident au niveau européen. Les réformes des systèmes d'indemnisation doivent accompagner une relance des débouchés.

Lutter contre le chômage volontaire en favorisant l'insertion

L'offre de travail des ménages croît avec le salaire réel. L'arbitrage travail/loisirs – l'utilité marginale du salaire – détermine le schème de pensée des individus. Aussi, plus le salaire proposé est bas par rapport à leurs prétentions (salaire de réservation), plus les ménages refusent l'emploi. Dans ces conditions, tout chômage est volontaire, excepté le chômage frictionnel, dans la mesure où l'individu refuse de baisser le salaire demandé au salaire d'équilibre. Il le sera dans une dimension soit individuelle soit collective. A ce titre, Pigou (1933) stigmatise l'indemnisation des chômeurs et l'action des syndicats, qui induisent une rigidité du coût du travail à la baisse. Dans cette perspective d'ajustement prix/quantité, la flexibilité des salaires serait alors la garantie du plein emploi. Le principe du *workfare* s'inscrit directement dans une stratégie d'activation des dépenses liées au chômage. Ainsi, il s'agit de développer des formations en fonction des besoins des entreprises, de réduire le montant et/ou la durée d'indemnisation, de réaffirmer certaines obligations du chômeur en imposant des critères d'admissibilité plus stricts. En Allemagne, la réforme de l'assurance chômage (*Hartz* IV) a endurci les conditions d'indemnisation des chômeurs : au bout d'une année de chômage (dix-huit mois pour les plus de 55 ans), les individus sont en fin de droits et glissent dans le régime de la solidarité nationale. Par ailleurs, la création d'un guichet unique avec un conseiller pour 150 chômeurs (*job center*) vise à améliorer le taux de replacement des sans-emploi. De la même manière, l'obligation de suivre une formation cherche à favoriser la réinsertion des chômeurs de longue durée. On se réfère ici à la courbe de Beveridge (qui relie les emplois vacants au chômage) : il ne suffit pas de créer des emplois pour faire baisser le chômage. Encore faut-il que la personne dispose des qualifications requises.

Favoriser la consommation et non l'épargne

Keynes réfute l'idée néoclassique de l'autorégulation du marché du travail. Pour lui, ce n'est pas le manque de flexibilité qui est à l'origine du chômage, mais l'insuffisance de débouchés. En conséquence de quoi, il propose de relancer la demande effective : seules les perspectives de débouchés solvables conditionnent la demande de travail. Toutefois, il ne conteste pas le principe néoclassique du fonctionnement du marché du travail : les entrepreneurs raisonnent en comparant productivité marginale du travail et coût du travail dans la mesure où les gains de productivité permettent d'accroître les profits. En fait, il analyse la crise économique des années 1930 et constate que, malgré la baisse des salaires, le chômage continue d'augmenter. Il faut donc agir sur les anticipations des entrepreneurs de telle manière à ce qu'ils déterminent le volume d'emploi en fonction d'une conjoncture favorable. Agir sur la propension à consommer et sur l'efficacité marginale du capital – donc le taux d'intérêt – permet d'accroître les projets d'investissement et, par effet d'entraînement, le volume d'emploi. Il existe donc du chômage involontaire en raison d'anticipations pessimistes. Dans ce contexte, les firmes limitent les décisions d'embauche et favorisent le recours aux gains de productivité. D'ailleurs, la mise en place de la prime pour l'emploi relance le pouvoir d'achat d'une partie des salariés, ceux dits « *travailleurs pauvres* ». Selon la loi psychologique de la consommation de Keynes, octroyer davantage de pouvoir d'achat aux personnes les plus démunies permet une relance de la consommation, celles-ci ayant une propension à consommer plus forte. De plus, cette mesure permet implicitement de remotiver ces salariés face à la faiblesse de leur rémunération. Lutter contre la trappe à pauvreté en même temps que renforcer les conditions d'admissibilité de l'accès aux indemnités chômage (lutter contre la trappe à inactivité) vise à renforcer le dispositif d'activation.

Chapitre 2 LES EFFETS CONTRASTÉS DE LA POLITIQUE DE DÉSINFLATION COMPÉTITIVE

La persistance d'un chômage durable et massif suggère l'existence d'un dilemme en matière de politique économique. Mais existe-t-il réellement un arbitrage ? Au niveau des moyens disponibles, l'affrontement entre thèses libérales et keynésiennes suppose que certains objectifs économiques ne seraient pas compatibles. Entre interprétations conjoncturelles et structurelles d'une croissance atone, la place accordée à la lutte contre l'inflation semble néanmoins avoir trouvé une assise européenne.

SECTION 1 - AU NOM DE LA CONTRAINTE EXTÉRIEURE...

Les effets néfastes de l'inflation sur la croissance, donc sur l'emploi et le pouvoir d'achat des ménages, ont été largement expliqués pour justifier la mise en place d'une stratégie de désinflation compétitive et d'une politique de monnaie forte. En l'espèce, l'inflation réduit la compétitivité-prix des entreprises nationales. Par conséquent, pour relancer l'emploi, la recherche d'une balance commerciale excédentaire devient un objectif spécifique dès les années 1980. Mais cette recherche implique de restaurer la compétitivité des firmes.

LA CONTRAINTE EXTÉRIEURE

La lutte contre l'inflation, et plus précisément contre la boucle prix-salaires, devient un des axes prioritaires de la politique économique française. Lutter contre l'inflation réduit le chômage. Mais à quel prix ? Le resserrement de la politique monétaire s'accompagne effectivement d'un climat de stagnation économique.

La désinflation compétitive : une approche monétariste

Dans la perspective européenne, l'inflation n'est pas perçue comme un simple déséquilibre entre l'offre et la demande de biens et de services. Elle est avant tout un phénomène monétaire. Cette approche monétariste se fonde sur l'équation de Fischer qui établit un lien entre production et masse monétaire : une variation trop brutale de cette dernière crée une nouvelle demande qui exerce une pression sur les prix et alimente une inflation. Aussi, la maîtrise de la création monétaire constitue un préalable incontournable pour la stabilité de l'économie. Par conséquent, le crédit et les déficits doivent être limités. Seul le recours à l'épargne doit financer un éventuel déficit.

La désinflation compétitive s'enracine dans ce cheminement théorique. Il s'agit de favoriser le retour à l'emploi en privilégiant les politiques publiques restrictives. Cette lutte contre l'inflation se justifie également au nom de la fonction de réserve de valeur de la monnaie. En effet, la monnaie est un instrument d'épargne et, en tant que tel, conserve la richesse – le patrimoine – d'une période temporelle à une autre. Mais pour que cette fonction puisse s'exercer, encore faut-il que la monnaie demeure un outil de mesure référent dans lequel les individus ont confiance. Elle ne préserve alors sa valeur qu'à la condition que sa valeur soit stable dans le temps. *A contrario*, elle fait courir le risque de perte en capital à son détenteur. Aussi, la monnaie représente une « *mémoire*[7] *sociale* », un lien entre le présent et l'avenir.

Mais ces explications justifiant une désinflation compétitive via la modération salariale ignorent totalement l'inflation par la demande. Celle-ci intervient lorsque la demande des ménages excède l'offre disponible. Aussi, dans un contexte de rigidité de l'offre à court terme, les firmes sont incitées à augmenter leurs tarifs puisqu'elles ne souffrent pas de l'absence de débouchés. Cette fois-ci, l'inflation est synonyme de croissance future, de débouchés potentiels et de désépargne. Elle enclenche un cercle vertueux basé sur la consommation et l'investissement.

Les effets attendus d'une politique de monnaie forte

L'idée est d'avoir une balance commerciale positive car lorsque les exportations sont supérieures aux importations, les flux monétaires entrants (les devises) sont supérieurs aux flux monétaires sortants (monnaie nationale servant à payer les importations). Ces devises sont ensuite échangées en monnaie nationale par les résidents : la monnaie nationale s'apprécie. En résumé, une balance commerciale excédentaire renforce la monnaie nationale. Deux conséquences en découlent : 1) une hausse des devises détenues par la Banque centrale et 2) une hausse de la valeur de la monnaie nationale qui accentue la crédibilité internationale de la monnaie nationale.

7. A titre d'exemple, le mark était la fierté des Allemands car non seulement il marquait une rupture avec la période nationale-socialiste, mais signifiait une revanche économique face à la victoire des Alliés.

Les effets attendus d'une politique de monnaie forte

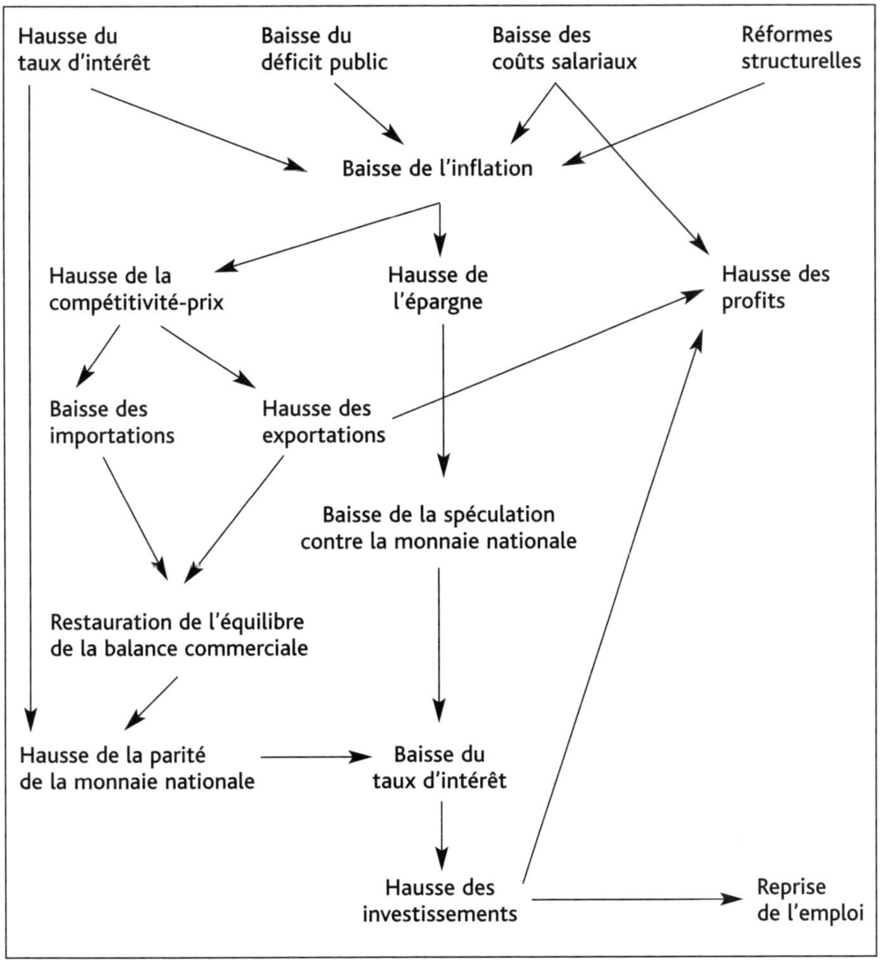

Dans cette approche, le commerce extérieur est un facteur de dynamisme national et il est du rôle de l'Etat de limiter toutes les entraves aux échanges. Cette question de la balance commerciale est toujours d'actualité : lorsqu'elle présente un solde négatif, il se produit une sorte de panique généralisée à la fois de la part de la Banque centrale et des pouvoirs publics. Certes, ce déficit commercial pose la question de la compétitivité des produits nationaux sans que cette stratégie de recherche des gains de compétitivité (gains de productivité) pose la question de la rémunération du travail et de la place du travail dans le processus de production.

En privilégiant les exportations, on néglige l'autre facteur de croissance qu'est la consommation intérieure. En conséquence de quoi, deux points doivent être précisés :

• premier point : si pour avoir des produits compétitifs, les entreprises basent leur stratégie sur les seuls coûts de production, elles auront tendance à favoriser les gains de productivité, c'est-à-dire à augmenter la production en diminuant la quantité de facteur de production utilisée ou à augmenter les investissements de productivité. Dans les deux cas, le facteur travail est réduit sur le plan national, ce qui signifie moins de pouvoir d'achat, donc moins de consommation. Il peut donc y avoir incompatibilité entre les objectifs de la balance commerciale et la relance de la consommation ou la protection sociale élevée des salariés ;

• second point : si la monnaie nationale est forte, les produits nationaux sont moins compétitifs. Ainsi, lorsque l'euro devient plus fort que le dollar, l'Europe perd en compétitivité-prix. Il est plus difficile d'exporter et les entreprises européennes sont incitées soit à délocaliser soit à développer encore davantage les gains de productivité. Il peut y avoir incompatibilité dans les objectifs de la balance commerciale et la valeur de la monnaie nationale (donc la politique monétaire).

AU DÉPART, UNE APPROCHE MERCANTILISTE

Pour financer les investissements nécessaires, un contrôle des coûts est nécessaire : contrôle du taux d'intérêt et du coût du travail via une modération salariale. L'idée est d'assurer une offre de produits nationaux de qualité compétitifs afin de dégager des excédents commerciaux les plus élevés possible. En d'autres termes, la balance commerciale doit être positive (ou excédentaire). L'objectif serait alors non plus d'accumuler des métaux précieux, mais de préserver des emplois. Nonobstant, il n'est pas certain que ces derniers le soient réellement.

Dans ce cadre précis, la politique de l'excédent commercial prend tout son sens

Les échecs de la politique de relance de 1975 et de 1981 invitent à s'interroger sur l'opportunité d'une recherche d'une balance commerciale excédentaire. Ainsi, en 1981, le gouvernement Mauroy mène une politique d'inspiration keynésienne : hausse du Smic et des prestations sociales, création d'emplois dans la fonction publique afin d'inverser le taux de chômage. Mais cette politique est un échec économique, lequel se traduit par une hausse des importations (et de ce fait une dégradation de la balance commerciale), une poussée inflationniste, une aggravation du déficit public et une triple dévaluation du franc entre octobre 1981 et mars 1983. Le chômage augmente considérablement. La politique de rigueur est introduite en 1983, jamais remise en cause depuis. En réalité, la France aurait pu se soustraire de cette contrainte en quittant le système monétaire européen réfutant *de facto* ses engagements européens. D'autres l'ont fait (l'Italie et le Royaume-Uni sont sortis du SME en 1992).

Cette approche justifie la politique de désinflation compétitive – dite politique du franc fort – menée en France depuis 1983. En effet, la recherche d'une maîtrise de l'inflation avec un objectif de compétitivité vise à restaurer l'équilibre de la balance commerciale : réduire les importations et favoriser les exportations. Toutefois, si l'objectif est de réduire l'inflation, cela implique une politique monétaire restrictive (maîtrise de la masse monétaire, hausse du taux d'intérêt, hausse de la valeur de la monnaie). En 1983, cela signifie pour la France aligner ses taux d'intérêt réels sur ceux de l'Allemagne. A ce titre, l'Allemagne assure son excédent commercial par ses échanges avec des pays de l'Est émergents (10 % de ses exportations), avec la Chine et l'Inde (grâce à une industrie de pointe).

Pour la pensée libérale, le mécanisme du marché plonge l'individu dans un milieu qui le stimule, qui l'oblige à inventer, à innover et à prendre des risques. En cela, la pensée libérale présente le libre-échange comme une spirale de croissance ascendante. La division du travail est possible et la multiplication des richesses n'est limitée qu'à la taille du marché, d'où l'idée de favoriser les échanges internationaux en réduisant les barrières douanières et en ouvrant les frontières. A titre d'illustration, la philosophie de la construction européenne tourne autour de l'extension géographique : l'idée est d'obtenir un taux de croissance élevé (on caractérise cette croissance de smithienne en référence à Adam Smith puisqu'elle se fonde sur la recherche d'un grand marché, lequel favorise la division du travail). Le traité de Rome de 1957 crée un grand marché commun sans frontières. D'ailleurs, Ricardo est favorable à une spécialisation internationale du travail, et ce indirectement puisqu'il considère que la spécialisation internationale de la production génère davantage de richesses nationales.

Des effets contrastés

Cette politique de désinflation compétitive fut un succès sur le plan de la lutte contre l'inflation et de l'objectif de monnaie forte (d'abord le franc puis l'euro). Mais concernant la lutte contre le chômage, l'échec est patent. D'ailleurs, il n'est pas certain que cette stratégie ait permis d'alimenter la croissance. Pour illustrer la contestation de cette option, il suffit de se référer à la courbe de Phillips (1958) qui suggère l'existence de conflits d'intérêts (arbitrage politique) dans la définition des objectifs du carré magique (croissance, chômage, équilibre extérieur, inflation). En l'espèce, la recherche d'une inflation[8] faible suppose l'acceptation implicite d'un chômage élevé : inflation et chômage s'avèrent des objectifs contradictoires et incompatibles. L'option pour telle ou telle alternative suppose un arbitrage politique. En conséquence de quoi, le choix de privilégier la désinflation compétitive à partir de 1983 comporte un coût social qu'est le chômage et de la précarité de l'emploi. Cette stratégie a, aujourd'hui, montré ses limites. Il n'est plus nécessaire de lutter contre l'inflation. Le choix de réduire explicitement la demande intérieure dans le but de juguler l'inflation mais aussi de lutter contre le déficit extérieur comporte nécessairement des effets sur l'emploi.

8. Le taux de chômage naturel est une hypothèse monétariste visant à réfuter la courbe de Phillips : ce taux réputé stable à long terme (Friedman, 1968) définit le chômage naturel comme celui compatible avec une inflation nulle, d'où sa traduction en Nairu, *Non Accelerating Inflation Rate of Unemployment*.

La courbe de Phillips (1958)

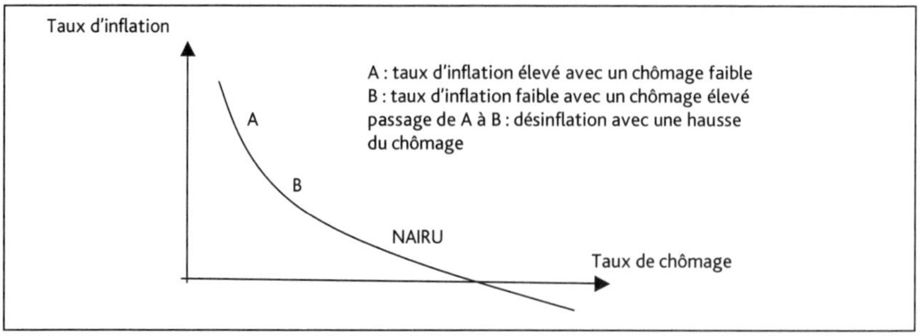

Mais la modération salariale conduit à une baisse du pouvoir d'achat des salariés nationaux, ceux-ci tendant alors à développer une épargne de précaution et à concentrer leurs achats sur des produits importés, à bas coûts. L'effet sur la balance commerciale est d'autant plus néfaste que la propension à importer est forte. Pour Fernand Braudel, le mercantilisme est « *la politique des dominés* ». A ce titre, aujourd'hui, la croissance induite par le libre-échange pousse à la compétitivité par les bas salaires. La croissance devient appauvrissante. D'ailleurs, Adam Smith justifiait également des mesures protectionnistes dès lors que l'intérêt de la Nation était en danger : « *La défense est une chose beaucoup plus importante que l'opulence.* » (livre IV, chapitre 2) Sur le plan concret, des politiques de réduction de la concurrence ont été mises en œuvre : tarification préférentielle pour les produits agricoles afin d'assurer l'indépendance alimentaire du continent européen, des quotas sur le textile et les chaussures chinoises pour préserver l'emploi dans le secteur européen ou protection des firmes nationales vis-à-vis des capitaux étrangers comme cela se pratique aux Etats-Unis. Dès lors, peut-on négliger la contrainte extérieure ?

Les Etats-Unis montrent combien les mercantilistes se sont trompés quant aux sources du pouvoir financier international des nations. La balance commerciale américaine est structurellement déficitaire depuis les années 1980 sans pour autant remettre en cause sa puissance internationale. Toutefois, le message mercantiliste est loin d'avoir perdu toute actualité.

SECTION 2 - NE FAUDRAIT-IL PAS CHANGER DE POLITIQUE ÉCONOMIQUE ?

L'absence de réactivité des politiques économiques révèle en réalité une orientation procyclique. En d'autres termes, en période de récession, elles sont austères alors qu'en période de croissance, elles sont (modérément) expansives. Or dans un contexte de stagnation économique, le fait qu'elles s'exercent dans le même sens que le choc aggrave les effets récessifs. Ainsi, elles ont souvent été appliquées dans le cadre du Fonds monétaire international dans des pays en voie de développement ; leurs résultats sont sans appel : une aggravation de la pauvreté et un marasme économique. Le cas de l'Amérique latine corrobore parfaitement cette situation. Il est donc nécessaire de sortir du dogme de l'indispensable excédent de la balance commerciale.

LES LIMITES D'UNE POLITIQUE DÉSINFLATIONNISTE

En Europe, le Pacte de stabilité entretient une certaine rigueur budgétaire alors même que les vicissitudes économiques s'avèrent fortes ; en d'autres termes, les politiques procycliques ne permettent pas de jouer le rôle de moteur de la croissance en cas de défaillance du secteur privé. Elles aggravent la situation de crise via l'amplification des fluctuations avec les conséquences que l'on sait sur l'emploi et la pauvreté.

Agir rapidement sur les anticipations des agents économiques

La politique monétaire actuelle de la Banque centrale européenne (BCE) basée sur une appréciation de la monnaie ne permet pas de trouver un moteur de croissance à l'extérieur via les exportations. Il devient nécessaire et urgent d'agir sur les moteurs internes : la consommation et l'investissement pour rehausser le sentier de la croissance effective.

De plus ce resserrement de la contrainte monétaire accentue l'ampleur de la dette publique. En limitant le pouvoir d'achat (via la modération salariale) et en favorisant les gains de productivité au nom d'une compétitivité-prix, les ménages consomment moins. Les rentrées fiscales s'amenuisent et creusent le déficit public. De plus, notre monnaie européenne surévaluée favorise les importations au détriment des exportations. La pression sur les coûts de production se renforce ainsi mécaniquement. Le cycle de ralentissement s'autorenforce.

La BCE justifie sa politique monétaire d'austérité par la crainte d'une inflation. Aussi, elle s'oppose à une baisse du taux d'intérêt ou encore à un assouplissement de sa stratégie d'euro fort.

Au demeurant, face à la situation économique qui perdure depuis les années 1990 et face au différentiel de croissance grandissant vis-à-vis des Etats-Unis, peut-on encore affirmer que la politique monétaire soit soucieuse de la croissance ? Cette question interroge le risque déflationniste en Europe. De façon institutionnelle, elle pose le débat sur le contrôle de la première banque européenne. Autrement dit, l'indépendance de l'Institut monétaire européen ne comporte-t-elle réellement que des avantages dès lors que ses statuts ne spécifient aucune contrainte explicite liée à la recherche du plein emploi ? Ainsi, à l'inverse de la FED[9] aux Etats-Unis, la Banque centrale européenne a d'abord pour mission de lutter contre l'inflation ; le soutien à la croissance n'intervient que dans un second temps et à condition que la stabilité des prix soit assurée. Mais aujourd'hui, elle semble au contraire nier le risque de déflation dans la zone euro.

9. Le choix de la Banque centrale américaine d'assouplir sa politique monétaire a permis de relancer la demande interne et, par voie de conséquence, de soutenir la croissance. Cette redéfinition du concept de « dollar fort » s'effectue autour d'une « *douce négligence* » (*benign neglect*). Ce choix s'inscrit dans une longue tradition de l'interventionnisme étatique, et ce malgré la « *main invisible* » du marché. La fluctuation de la monnaie demeure un instrument de relance économique mais, dans le contexte européen actuel, la volonté de lutter contre l'inflation via une monnaie forte entre en contradiction avec cette conception de la monnaie. La conception monétariste n'est donc valable qu'en Europe puisque les Etats-Unis ont, depuis Reagan, abandonné les remèdes monétaristes contre la stagflation.

Vive l'inflation !

Une analyse sur le long terme suggère une appréciation plus positive de l'inflation : les périodes de hausse de prix sont synonymes de prospérité et de hausse des revenus. Ainsi en est-il des périodes s'étendant de 1250 à 1350, puis de 1510 à 1630, de 1730 à 1817 et de 1913 à 1990 (exclusion faite des années 1930). Alors que le règne de Louis XIV affiche une maîtrise des prix, il correspond aussi à une croissance atone. Il en est de même pour le XIXe siècle. A l'instar d'une inflation monétaire comme à l'époque de Law ou de la Révolution française, l'inflation a des effets sociaux positifs puisqu'elle réduit la valeur réelle de la dette et la valeur des liquidités détenues par les épargnants. En ce sens, elle lisse les inégalités. Par ailleurs, elle favorise l'investissement *via* des taux d'intérêt réels plus faibles.

Une inflation par la demande s'interprète positivement dans la mesure où, en termes d'anticipations, elle est synonyme de davantage de débouchés pour les entreprises. Celles-ci sont alors incitées à multiplier leurs projets d'investissements puisque la demande intérieure (les ménages) et la demande extérieure (les exportations) augmentent. Cette influence de la demande et des profits se retrouve dans le principe de l'accélérateur. Si les anticipations sont fébriles, les firmes vont préférer accroître le taux d'utilisation de leur capacité productive et privilégier les gains de productivité. Un ralentissement de la croissance suffit à faire baisser les investissements. Au contraire, si les anticipations de la hausse de la demande sont durablement supérieures à celles de la capacité de production, elles vont investir. En d'autres termes, les variations de la demande exercent un effet amplificateur sur celles de l'investissement.

La notion même de stabilité des prix doit être assouplie. En la fixant, par exemple, dans un corridor situé entre 2 % et 2,5 %, la BCE pourrait davantage tenir compte de la croissance. Mais peut-être faut-il rappeler les origines de l'inflation. Traditionnellement, elle s'explique par une pression des coûts de production[10] (donc de l'offre) sur les prix de vente. Aussi, un relâchement des hypothèses monétaristes via l'acceptation d'une définition de l'inflation moins stricte permettrait de libérer certaines marges de manœuvre. D'ailleurs, faut-il encore lutter contre l'inflation ? Cette controverse au sujet de la politique monétaire européenne se révèle d'autant plus patente que la balance commerciale française est redevenue déficitaire. Ainsi l'Espagne a vu ses prix à la consommation augmenter une fois et demie plus rapidement que dans le reste de la zone euro alors même que son taux de chômage a été divisé par deux entre 1993 et 2005. Or, comme le taux d'intérêt est identique dans toute la zone euro puisqu'il est fixé par la Banque centrale européenne, cette inflation durablement plus forte a permis de réduire le coût réel des emprunts. Elle a donc

10. Ainsi, l'accroissement du prix du pétrole lors des deux chocs pétroliers en 1973 et 1976 ou encore la hausse des salaires à un niveau supérieur à celle des gains de productivité ont largement contribué au phénomène inflationniste des années 1970. Par extrapolation, il s'agissait de lutter contre cette inflation salariale afin de rétablir la compétitivité des firmes nationales, mais aussi leurs marges. Il est donc devenu courant de résumer l'inflation à l'existence de tensions salariales sur le marché du travail. L'indexation des salaires sur les gains de productivité permet de sortir de cette boucle prix/salaires puisque les entreprises ne répercutent plus les hausses des coûts de production sur les prix de vente.

été doublement favorable à l'emploi en favorisant le rattrapage technologique *via* les investissements des entreprises mais aussi la consommation et les projets immobiliers des ménages dont l'endettement atteint des niveaux record (90 % de leurs revenus contre 60 % en France).

VERS UN RELÂCHEMENT DE LA POLITIQUE MONÉTAIRE

La neutralité de la monnaie repose sur une controverse entre libéraux (« *la monnaie n'est qu'un voile* ») et keynésiens (« *la monnaie est un outil de politique économique* »). Les monétaristes insistent sur le caractère déstabilisant d'une politique monétaire expansionniste qui n'aboutirait qu'à une hausse de l'inflation (équation de Fischer : Mv = PY). L'objectif est la stabilité des prix et la stabilité monétaire.

Une dépréciation de la monnaie peut être une arme économique

La baisse de la valeur d'une monnaie peut être stratégique pour relancer la croissance *via* le commerce extérieur. Elle a principalement trois effets visibles sur le schéma suivant : un effet prélèvement extérieur (1), un effet substitution (2) et un effet revenu (3). Chronologiquement, la dégradation initiale du fait de la hausse du prix des importations des importations ne laisse place à l'effet compétitivité-prix qu'à la condition que la condition Marshall-Lerner-Robinson soit satisfaite. Ensuite, l'effet-revenu annule ce second effet du fait de la hausse des importations et/ou des prix.

La courbe en J

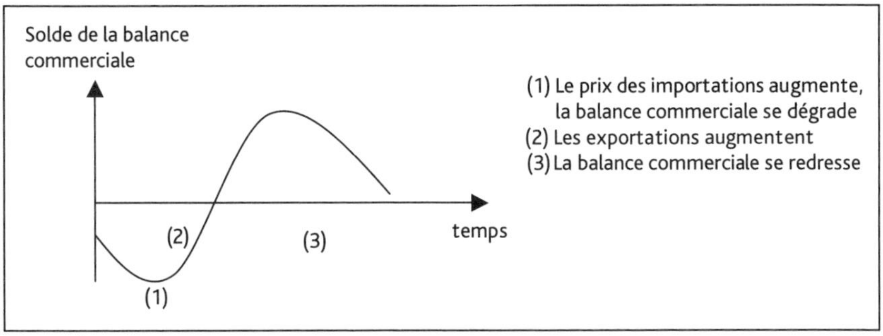

Le déficit commercial américain n'est pas récent. Déjà dans les années 1980, se posait la question de la satisfaction des besoins de consommation interne. Effectivement, les Américains ont un véritable profil de « cigale », dans la mesure où la production nationale ne suffit pas à répondre à la consommation interne. De plus, l'évolution des cours des matières premières et essentiellement énergétiques ne permet pas d'entrevoir une modification significative de ce déficit extérieur[11]. D'ailleurs, la baisse de la monnaie nationale dope la compétitivité des produits nationaux et, de ce fait, les exportations. Les importations, au contraire, sont renchéries.

Déséquilibres nationaux – équilibres nationaux

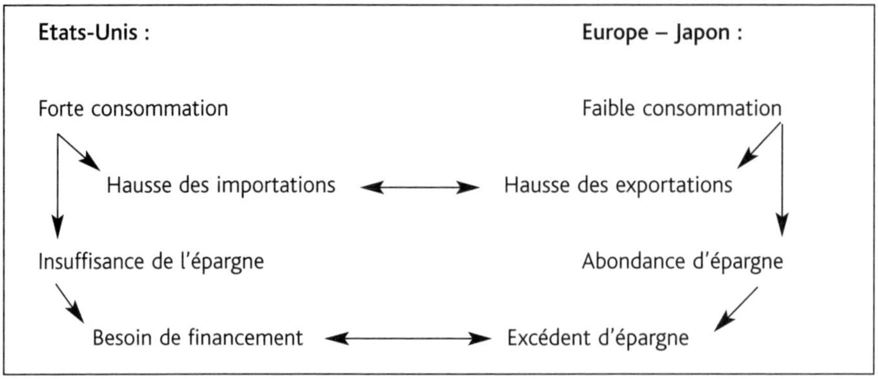

L'ouverture des économies et l'interdépendance qui en découle fragilisent considérablement l'efficacité des politiques économiques. Ainsi, le principe de la relance keynésienne repose sur une forte consommation de produits nationaux. A défaut, cette relance assure les débouchés d'entreprises étrangères et *a fortiori* la croissance des partenaires économiques. Le solde de la balance commerciale n'est pas neutre. Le creusement du déficit extérieur américain s'inscrit structurellement en hausse depuis les années 1980. Il interroge la capacité à attirer des capitaux étrangers sur le territoire des Etats-Unis qui, aujourd'hui, se justifie par une forte efficacité marginale anticipée. Toutefois, d'un point de vue international, ce déficit[12] révèle l'existence d'excédents dans d'autres pays et spécifiquement au Japon et en Asie émergente (dont la Chine). Théoriquement, ce déséquilibre exté-

11. Toutefois, ce dernier implique un besoin de financement dans la mesure où les entrées effectifs de flux réels doivent être compensées par un montant identique de sorties de flux monétaires. En d'autres termes, les devises importées suite aux exportations ne suffisent pas à payer les fournisseurs étrangers. Si « *la balance courante des Etats-Unis est déficitaire depuis le milieu des années 60. Depuis 90, cette balance courante est déficitaire tous les ans (excepté en 1991). Depuis le milieu des années 90, ce déficit a plus que doublé et atteint, en 2005, 6,4 % du PIB, c'est-à-dire 1,8 % du PIB mondial* » (Granrut, 2006). Il est l'est d'autant plus avec le Canada, le Mexique et, plus récemment la Chine.

12. C'est pourquoi la question porte essentiellement sur la soutenabilité des déséquilibres internationaux et les risques d'ajustement inhérents à cette situation. Si le creusement du déficit américain s'explique par la désépargne des ménages américains, il est aussi le reflet de l'insuffisance de la croissance potentielle en Europe et au Japon, de la faiblesse de la demande privée asiatique et de la fixité du taux de change des devises asiatiques favorisant l'accumulation de réserves officielles. Aussi, il semble intéressant de s'interroger sur les liens entre les déséquilibres internes et leurs contreparties externes. Cette question porte essentiellement sur la situation américaine et sur la soutenabilité mondiale de leur déficit courant. Quels en sont les ajustements et quelles en sont les conséquences pour le reste du monde ?

rieur pousse la devise américaine à la baisse puisque les recettes monétaires issues des exportations ne suffisent pas à financer l'afflux d'importations sur le sol américain. Mais une forte chute du dollar entrave encore davantage la compétitivité des autres économies.

La compétitivité hors prix

Généralement, on considère que le solde de la balance commerciale reflète les évolutions de la sphère réelle. Ainsi, un solde négatif exprime une forte propension à importer et/ou une faible proportion à exporter. La première s'explique à la fois par une forte demande intérieure que les entreprises nationales ne peuvent satisfaire du fait de goulots d'étranglement ou d'une situation de plein emploi. Elle débouche alors sur une situation inflationniste. Néanmoins, elle résulte aussi d'une faible compétitivité interne des produits fabriqués dans des pays émergents (textile, cuir, etc.). Cette dernière explication fait référence à la difficulté à exporter. De manière similaire, une balance déficitaire signifie qu'un pays investit davantage qu'il n'épargne. Les pays souffrant d'une balance excédentaire sont donc à même d'exporter cet excédent d'épargne et de financer les pays déficitaires.

En définitive, la recherche de compétitivité revêt deux facettes : la compétitivité-prix (c'est-à-dire la capacité à vendre des produits moins chers obtenus à partir d'une structure de coûts plus favorable) et la compétitivité hors prix (ou compétitivité-produits). Cette dernière fournit un avantage concurrentiel à la firme dès que ses produits sont considérés comme des produits de meilleure qualité ou suffisamment différenciés pour être préférés à d'autres : c'est le concept de valeur ajoutée de M. Porter (1982). En effet, eu égard aux évolutions de la demande et de la technologie, la différenciation horizontale (en offrant une gamme différenciée) ou verticale (en offrant des produits de même nature mais de qualité différente) apparaît comme une source de compétitivité. Pour cela, la stratégie d'innovation demeure un atout indispensable. Il est probable que les positions compétitives japonaises obtenues à l'exportation (forte différentiation horizontale) et allemandes (forte différentiation verticale) soient liées aux efforts de recherche desdits pays. L'innovation technologique offre un avantage concurrentiel puisqu'elle crée, au moins dans la phase initiale de la commercialisation, une situation monopolistique avantageuse pour la firme (analyses du cycle de vie du produit de Vernon et du commerce international de Posner).

Améliorer la compétitivité structurelle (via la qualité et la variété des produits, agir sur les délais de livraison, individualiser le service après-vente, etc.)

↓

Prix des biens = coût de revient + marge bénéficiaire

↙ ↘

Maîtriser les coûts de production
Réduire le coût du travail
Multiplier les gains de productivité

Réduire les profits pour
améliorer la compétitivité-
prix des produits exportés

CONCLUSIONS

La persistance d'un taux de chômage élevé pose la question des gains. Effectivement, si le sous-emploi se maintient à un tel niveau depuis plus de vingt ans, il doit bien y avoir des effets positifs. Le chômage de masse correspond-il à un équilibre politique, socialement accepté ? Dans un pays démocratique, l'absence de réforme structurelle n'est que le reflet d'une volonté collective. De plus, si ce taux se maintient à un niveau élevé avec une inflation maîtrisée, peut-être avons-nous tout simplement atteint le taux de chômage naturel ?

Le contexte économique stagnant nécessite une baisse des taux ou une modification de la parité de l'euro. Symboliquement, cette mesure agirait directement sur les anticipations des agents économiques, donc sur le moral des ménages et des entrepreneurs. L'argument de la crédibilité sera d'autant plus recevable que la politique monétaire apparaît soutenir la croissance. A l'inverse, elle renforce l'idée d'une monnaie européenne faible et de la nécessité de la soutenir par une politique monétaire austère. Est-il possible et souhaitable de relancer la consommation des ménages ? Oui car la consommation représente un moteur déterminant dans la croissance ; un ralentissement des dépenses des ménages, qui développent ainsi un comportement précautionneux face à l'avenir, rend les anticipations des entreprises plus pessimistes. Dès lors, stimuler la consommation peut être un atout dans la volonté de faire baisser le chômage et d'atteindre le plein emploi. Des mesures incitatives comme le déblocage de l'épargne salariale ont permis d'encourager la dépense des ménages.

Le sujet se réfère aux malheurs de la désinflation compétitive et pose de nombreuses questions : faut-il desserrer la contrainte extérieure ? Faut-il avoir peur d'un retour de l'inflation ? Toutes ces interrogations remettent en cause la stratégie de désinflation compétitive mise en œuvre depuis 1983 et qui trouve aujourd'hui toutes ses limites, non seulement en termes de politiques de revenus puisqu'elle a contribué à alimenter une épargne de précaution et à limiter la consommation interne, mais aussi sur le marché du travail en contribuant à fragiliser une grande partie de salariés qui ont subi la modération salariale. En réalité, cette optique accompagnée – et renforcée – par le choix de l'abandon de l'outil monétaire conduit à privilégier la croissance « venue d'ailleurs » au détriment de la croissance interne. Désinflation semble aller de pair avec récession.

FICHE 13 | VERS QUELLE EUROPE ?

1. RÉFÉRENCES

AGLIETTA M., *Macroéconomie financière*, collection Repères, Paris, La Découverte, 2001.

ARTUS P., « Que retenir des thèses contre l'Union monétaire européenne », *Revue d'économie financière*, numéro spécial hors-série, septembre 1992.

BELKE A., SETZER R., « Instabilité, contagion et taux de change », *Problèmes économiques*, 25 mai 2005, n° 2876.

BOISSIEU C. DE, « Crise du SME et transition vers l'UEM », *Regards sur l'actualité*, avril 1997.

COHEN E., *L'Ordre économique mondial*, Fayard, 2001.

DREVET J.-F., « L'Union européenne et ses périphéries », *Futuribles*, juillet-août 2006, n° 321.

DRUMETZ F., ERKEL-ROUSSE H., JAILLARD P., « La convergence régionale et l'UEM », *Economie et Statistique*, 1993, n° 262-263.

GRAUWE P. DE, *La Monnaie internationale*, éd. De Boeck, 1999.

FELDSTEIN M., « UEM : un point de vue critique », *Problèmes économiques*, n° 2290, septembre 1992.

FITOUSSI J.-P., *Le Débat interdit. Monnaie, Europe, pauvreté*, Arléa, 1995.

GASPARD M., *Réinventer la croissance : les chemins de l'emploi en Europe*, Syros, 1997.

GENIN F., « Monnaie européenne, Enjeux et réflexions », *Economie appliquée*, Poche, Economica, Paris, 1995.

LAFAY G., « La contradiction inhérente à l'euro : débat sur les alternatives et autres propositions de monnaie commune », *Issues*, 1998, n° 51-52, p. 75-83.

LAFAY G., « Une théorie du taux de change dans une économie mondialisée », *Problèmes économiques*, 25 mai 2005, n° 2876.

LATINIER A., « Les crises de change : enseignements théoriques », *Problèmes économiques*, 25 mai 2005, n° 2876.

LARAT F., « Histoire politique de l'intégration européenne (1945-2003) », *Notes et études documentaires, La Documentation française*, n° 5173, juillet 2003.

LUCAS R., « Expectations and the neutrality of money », *Journal of Economic Theory*, volume 4, avril 1973, p. 103-124.

MUET P.A., *Le Chômage persistant en Europe*, Presses de la Fondation nationale des sciences politiques, Paris, 1994.

PLIHON D., *La Monnaie et ses mécanismes*, La Découverte, collection « Repères », 2000.

VAUGHAN-WHITEHEAD D., « L'Europe à 25 : un défi social », *Etudes*, La Documentation française, avril 2005.

YVARS B., *Economie européenne*, Précis Dalloz, 1997.

ARTUS P., « Dollar et croissance », *Problèmes économiques*, 25 mai 2005, n° 2876.

2. REPÈRES

Quelques éléments historiques de l'idéal européen

1950	Schuman propose un plan pour l'Europe.
1951	Fondation de la CECA réunissant l'Allemagne, la France, l'Italie, le Benelux.
1952	Traité de la communauté européenne de défense (CED).
1954	La France rejette la CED.
1957	Traité de Rome instituant la CEE, une Europe des Six.
1962	Premiers accords sur la PAC.
1968	Instauration de l'union douanière dans la CEE.
1972	Création du serpent monétaire européen.
1973	1er élargissement de l'Europe (Danemark, Irlande, Royaume-Uni) : l'Europe à 9.
1976	Plan de lutte contre l'inflation (V. Giscard d'Estaing, R. Barre) ; blocage des prix Accords de la Jamaïque légalisent le système des changes flottants.
1979	Entrée en vigueur du SME ; premières élections du parlement européen.
1981	La Grèce devient le dixième Etat européen.
1985	Accords de Schengen : ouverture des frontières entre l'Allemagne, le Benelux et la France.
1986	L'Espagne et le Portugal entrent dans la CEE (Europe deS 12).
1987	Entrée en vigueur de l'Acte unique européen (signé en 1986).
1989	Chute du mur de Berlin et réunification des deux Allemagnes (1990).
1992	Traité de Maastricht ; fortes turbulences au sein du SME. Accords sur l'Espace économique européen ; la Suisse refuse de rejoindre l'Union européenne.
1993	Fin du SME et création du SME bis suite à de fortes attaques spéculatives contre certaines monnaies européennes (marges élargies de 2,25 % à 15 %).
1994	La Norvège dit « non » à l'Europe pour la seconde fois (1972 pour la 1re fois).
1995	L'Europe passe à 15 (Autriche, Finlande, Suède).
1997	Signature du Pacte de stabilité et de croissance.
1999	Entrée en vigueur de l'euro (création de la zone euro avec 11 pays : Allemagne, Autriche, Belgique, Espagne, Finlande, France, Irlande, Italie, Luxembourg, Pays-Bas, Portugal) et du traité d'Amsterdam ; la Suède et l'Angleterre refusent.
2001	L'euro est la monnaie officielle de douze pays (la Grèce intègre la zone euro) ; les Irlandais refusent le traité de Nice (réforme institutionnelle de l'Union).

2003	Entrée en vigueur du traité de Nice.
2004	L'Europe passe de 15 à 25 avec dix nouveaux entrants (Chypre, Malte, Estonie, Lettonie, Lituanie, Slovaquie, Slovénie, République tchèque, Hongrie, Pologne).
2005	La France et les Pays-Bas rejettent la Constitution européenne. Assouplissement du Pacte de stabilité et de croissance.
2007	La Roumanie et la Bulgarie rejoignent l'Union européenne (Europe des 27). La Slovénie adopte l'euro (13e pays). Le traité de Lisbonne remplace le traité de Nice.
2008	Le dollar est au plus bas (1 euro = 1,60 dollar). Chypre et Malte rejoignent la zone euro (15 pays). Dénonciation des Pigs (Portugal, Italie, Grèce, Espagne) pour leur mauvaise gestion de la dette publique ; parfois Piigs (avec l'Irlande en sus).
2009	La Slovaquie rejoint la zone euro (16e pays).
2010	Crise de la dette grecque, crise en Irlande qui fragilise la crédibilité de l'euro.
2011	L'Estonie est le 17e pays à rejoindre la zone euro. Fortes turbulences et remise en cause de l'euro en raison des déficits abyssaux de certains pays.

3. EXPLICATIONS

Les différentes étapes de l'unification européenne sont riches en expériences. La naissance de la Communauté européenne du charbon et de l'acier (Ceca) résulte de la signature du traité de Paris en 1951 entre six pays (Belgique, RFA, France, Italie, Luxembourg, Pays-Bas). Son originalité tient dans son indépendance vis-à-vis des gouvernements et dans sa capacité à prélever directement des fonds financiers sur les productions dont elle a la charge. Même si ces fonds ne dépassent pas 1 % de la valeur de la production, il s'agit tout de même d'une première tentative d'impôt européen. Des développements significatifs en matière économique (mise en place d'un marché commun du charbon et de l'acier, lourds investissements) et sociale (financement d'actions face à la crise charbonnière) ne lui ont néanmoins pas permis de faire face à l'arrivée de nouvelles ressources énergétiques (comme le pétrole).

Toutefois, si les réalisations concrètes concernant l'Europe n'ont rencontré un terrain favorable qu'après la seconde guerre mondiale, il semblerait que le cheminement demeure long et tatillon. Les hésitations dans la construction européenne entérinent les difficultés économiques et le retard par rapport aux Etats-Unis mais aussi, potentiellement, par rapport à des pays émergents comme la Chine ou l'Inde. Certes, le renforcement de certaines politiques communes et le nombre croissant d'adhérents illustrent d'un certain dynamisme. A dire vrai cette hétérogénéité semble pourtant devenir un obstacle majeur face aux nouveaux défis de ce XXIe siècle. Aussi, en dehors de la contrainte, l'Europe a-t-elle encore un avenir ?

L'évolution de l'Union européenne semble prendre la voie de l'élargissement. Aussi, il apparaît que l'Europe ne se définit qu'à travers un espace économique. Est-il alors encore légitime de s'interroger sur le devenir de l'Europe ? Si l'Europe cherche à l'évidence à se donner un rôle croissant sur la scène internationale, et ce essentiellement face aux Etats-Unis, au Japon ou aux nouveaux pays industrialisés, elle se doit au préalable de faire face aux fortes disparités et divergences internes. L'Europe se construit lentement et progressivement sur la base de règles juridiques communes. Mais il semble patent que la genèse et les fondements de la construction européenne trouvent leurs sources dans les avantages que peut retirer chacun des membres à l'intégration économique.

Chapitre 1 DE LA CEE À L'UNION EUROPÉENNE

La naissance et la consolidation de la Communauté économique européenne (CEE) ont toujours privilégié la dimension commerciale, la réalisation d'un grand marché commun, puis financière à travers une monnaie commune. Pour autant, les ambitions premières déjà inscrites dans le préambule du traité de Rome étaient plus vastes : « *établir les fondements d'une Union sans cesse plus étroite entre les peuples d'Europe* ». En cela, le contenu de la construction européenne reflète malgré tout l'existence de disparités économiques et démographiques et pose le problème des spécificités des échanges extérieurs et des politiques communes *via* la politique agricole commune et les fonds structurels.

SECTION 1 - LES RÉALISATIONS

La construction européenne répond à une utopie diplomatique : l'interdépendance économique réduit le risque de conflit entre les Etats. Malgré les réticences et les hésitations, l'Europe s'impose comme une donnée historique de la seconde moitié du XXe siècle. Pourtant, les taux d'abstention records soulignent le peu d'intérêt – d'enthousiasme – porté au projet par les citoyens européens : l'Europe se fait-elle contre les hommes ?

UNE VOLONTÉ DE COOPÉRER

Contrairement à la situation en 1918, les pays européens n'ont pas les moyens d'assurer leur reconstruction après le second conflit mondial. Aussi, le plan Marshall rend possible le redressement de l'Europe tout en accentuant la dépendance à l'égard des Etats-Unis. A l'instar d'Aristide Briand, cette volonté de coopérer avait déjà un certain écho dans les années 1930. La quête de l'union obéit aussi à une quête d'identité[1].

1. Souvenons-nous de la rencontre, en 1946, sur la thématique de « *l'esprit européen* » entre Georges Bernanos, Georg Luckas, Denis de Rougemont, etc. Ou encore du cycle de conférences à l'Unesco, la même année, avec A. Malraux et L. Aragon. La question liée à la conscience européenne est omniprésente. En 1948, c'est un congrès réuni à La Haye (avec Churchill, Mitterrand et Reynaud) qui plaide en faveur d'une identité communautaire.

De la CEE et de la PAC...

Les premières initiatives concrètes sont françaises : R. Schuman et J. Monnet proposent un rapprochement le 9 mai 1950 : ce sera la Ceca. Ensuite, la volonté porte sur une défense commune. Mais la Communauté européenne de défense (CED) ne franchira pas les clivages politiques. Pourtant, le 27 mars 1957, est signé le traité de Rome, qui fonde la Communauté économique européenne (CEE) et l'Euratom, une agence pour le développement nucléaire civil. La création d'un marché commun va plus loin qu'une simple zone de libre-échange car non seulement les obstacles aux échanges sont supprimés[2], mais une position commerciale commune[3] vis-à-vis des pays tiers est en outre définie.

Quoi qu'il en soit, l'entente franco-allemande constitue le moteur de la construction européenne. Les sommets européens – inaugurés par V. Giscard d'Estaing – deviennent rapidement le symbole de l'intensification des relations entre Etats. Citons quelques exemples : en 1979, M. Thatcher négocie son droit à l'équivalence monétaire[4] ; en 1984 l'Acte unique européen est défini ; et en 1995, le calendrier de l'euro est définitivement établi.

Dans cette dynamique, la Politique agricole commune (PAC) apparaît comme un symbole de coopération. La PAC est souvent considérée – à juste titre – comme la politique communautaire la plus épanouie. Sa réussite est incontestable dans la mesure où ses objectifs initiaux ont été atteints à la fois sur le plan de la productivité agricole et sur celui de la hausse de la production. Trop peut-être puisque l'apparition de forts excédents a remis en cause ses fondements (réforme en 1992). Néanmoins, l'Union européenne est devenue la deuxième région mondiale agricole. Le fait qu'elle absorbe encore près de la moitié du budget européen suscite de nouvelles polémiques et a fait naître une nouvelle PAC qui s'oppose à la précédente (respect de l'environnement, remise en cause du productivisme, baisse des prix garantis, limitation des productions, soutien aux producteurs et non plus aux productions).

... à l'Acte unique européen

La réalisation du libre-échange via l'union douanière est réalisée en 1968. La suppression intégrale des droits de douane à l'intérieur de l'Union et l'établissement d'un tarif commun vis-à-vis des pays tiers invitent tout naturellement à la création d'un marché commun. En revanche, celle-ci est plus lente puisque l'Acte unique date de 1987 (effectif en 1993) et marque le pas de la réalisation du grand marché intérieur. Mais des différences subsistent dans les taux de TVA, dans les normes et l'existence de marchés publics. La philosophie de cet Acte unique est alors de supprimer toute barrière physique, technique et fiscale.

2. Dès 1961, les contingentements et restrictions quantitatives sont supprimés ; les droits de douane sont définitivement supprimés le 1er juillet 1968. Il existe des clauses de sauvegarde en cas de grave crise de la balance commerciale.
3. Qui se manifeste par un transfert de compétence du national vers le communautaire puisque le tarif extérieur commun ne peut être modifié qu'à l'unanimité par le Conseil des ministres.
4. Concrètement, elle obtient un remboursement du « trop versé » par la Grande-Bretagne.

ENTRE APPROFONDISSEMENT ET ÉLARGISSEMENT

De nombreuses hésitations fragilisent le devenir de l'Union. Ainsi est-il du dilemme entre élargissement et approfondissement, des difficultés des réformes institutionnelles et du « *déficit démocratique* » que le traité de Maastricht[5] (1992) n'a pas réussi à combler. De plus, l'exécution du volet économique de ce dernier – réaffirmé dans le Pacte de croissance et de stabilité (1997) – souligne les carences : certains pays membres n'ont pas adopté l'euro alors que d'autres ont largement dépassé les critères imposés en matière de finances publiques. Sa crédibilité s'en trouve ainsi fortement entamée.

La voie adoptée : celle de l'élargissement européen

C'est donc l'Europe de la diversité qui se construit. De l'Europe des six en 1957 (Allemagne, France, Italie, Benelux), l'Europe passe à 9 en 1973 (Danemark, Irlande, Royaume-Uni), à 10 en 1981 (Grèce), à 12 en 1986 (Espagne et Portugal), à 15 en 1995 (Autriche, Finlande, Suède), à 25 en 2004 (Chypre, Malte, Estonie, Lettonie, Lituanie, Slovaquie, Slovénie, République Tchèque, Hongrie, Pologne) et enfin à 27 en 2007 (Bulgarie, Roumanie).

Mais cet ensemble est loin d'être homogène tant en terme démographique et économique que social. La volonté d'élargir sans cesse l'Europe obéit à une logique smithienne : un grand marché assure de nouveaux débouchés. Elle présuppose un impact positif sur la croissance européenne. Quant aux écarts économiques, les politiques structurelles ont pour objectif de compenser les disparités des régions les plus pauvres via un phénomène de convergence. Mais quels sont véritablement les gains à l'intégration ? L'objectif se situe autour des bénéfices liés à l'union douanière. Selon la théorie de J. Viner (1950), le producteur est efficace dans une union douanière : économie d'échelle, hausse de la concurrence, meilleure allocation des facteurs de production. De plus, la théorie de la spécialisation du commerce international suppose une spécialisation sectorielle et ce, même si le commerce intra-branches se développe. L'objectif de l'intégration est incontestablement celui du libre-échange dans la mesure où, aujourd'hui, il semble admis que celui-ci rime avec prospérité économique. D'où l'idée de l'union douanière mais surtout de l'intégration régionale, à savoir la suppression de toute forme d'entraves et la création d'un ensemble unifié.

Le libre-échange comme idéal européen ?

L'achèvement du marché intérieur passe inévitablement par la libre-circulation des marchandises, des capitaux, des travailleurs et la liberté d'établissement et de prestations de services. La signature de l'Acte unique en 1987 et la rédaction du *Livre blanc* détaillant les diverses mesures à entreprendre pour y aboutir en 1993 signent alors la volonté d'une

5. Les accords de Maastricht de décembre 1991 expriment la volonté des Etats membres de donner naissance à une Union politique à travers une politique étrangère et de sécurité communes. En fait, les objectifs sont assez clairement annoncés : sauvegarde des valeurs communes, des intérêts fondamentaux et de l'indépendance de l'Union via le renforcement de la sécurité de l'Union. Le maintien de la paix et le renforcement de la sécurité internationale sont valorisés par une coopération internationale et un développement et une consolidation de la démocratie et de l'Etat de droit par la promotion des droits de l'homme.

complète libéralisation. Le second impact est l'incitation à l'investissement dans les économies émergentes. Aussi, l'harmonisation des normes, l'ouverture des marchés publics, la suppression des entraves non tarifaires aux échanges accroissent la mobilité et la profitabilité du facteur capital. Le financement des économies émergentes s'en trouve facilité. En outre, théoriquement, la réduction du retard d'investissement de ces nouveaux membres crée une nouvelle demande pour les firmes françaises. Cette stratégie sous-tend qu'il existe des liens positifs entre l'investissement direct à l'étranger et les exportations. Pour l'économie française, l'élargissement européen serait donc source de surcroît de revenus via une demande solvable supplémentaire pour de nouveaux besoins. Ces deux impacts sont complémentaires et s'autorenforcent dans la mesure où, à terme, la consommation actuelle des pays émergents augmente les débouchés de nos entreprises. Ces effets bénéfiques attendus d'une logique smithienne de la croissance économique provoquent un choc sur l'offre afin de réallouer les facteurs de production et de stimuler l'investissement. En réalité, il n'est pas sûr que ces effets aient été réalisés.

SECTION 2 - QUELLE EUROPE POUR DEMAIN ?

La seule politique d'intégration économique ne saurait suffire pour agir sur la croissance européenne, donc sur l'emploi lorsque les disparités économiques sont trop fortes. De plus, le problème quant à la définition des règles futures reste entier.

COMMENT TROUVER DE LA COHÉRENCE ?

Les obstacles sont récurrents : ainsi en est-il des moments de stagnation du fait de la disparité dans les objectifs même de la construction européenne.

Dans l'organisation politique tout d'abord. Les droits régaliens des Etats nationaux posent la question des limites de la souveraineté nationale : entretenir une armée ou définir une diplomatie ? Rappelons l'échec des accords de la Communauté européenne de défense en 1954, l'action gaullienne de la « *chaise vide* » en 1965, le fragile succès lors du référendum sur le traité de Maastricht ou encore le récent succès du « non » français au référendum concernant la ratification de la Constitution européenne. Toutes ces réticences écornent la politique commune de l'Union européenne. Et l'incapacité européenne à empêcher des catastrophes maritimes ou à gérer des crises sanitaires comme la vache folle démontre le nécessaire recours à la souveraineté nationale. Par ailleurs, le caractère technocratique des règlements européens, le pouvoir de la Commission européenne sont autant d'arguments des opposants pour dénoncer le caractère peu démocratique des institutions européennes. Le manque de transparence et l'accentuation de la libre-concurrence sont encore d'autres facteurs qui provoquent des réactions négatives dans l'opinion publique. En l'espèce, la directive *Bolkestein* (2006) sur la libéralisation des services illustre parfaitement cet état social. Cela signifie-t-il que l'agir collectif européen est en panne ?

Par ailleurs, l'incapacité à réformer les institutions européennes et à trouver des accords communs dénote l'abandon du projet politique d'approfondissement au profit de l'élargissement. De plus, l'existence de fortes disparités entre les Etats pose également le problème de la domination des petits pays par les grands que l'opposition « Vieille Europe/ Nouvelle Europe » n'a fait qu'attiser les tensions entre Etats. Mais ce triomphe de l'approche marchande de l'Union européenne pose aussi la question de ses frontières : l'Ukraine, la Turquie, l'Afrique du Nord...

L'UNION N'EST-ELLE QU'UN DÉBOUCHÉ COMMERCIAL ?

Les nouveaux élargissements suscitent de nouvelles craintes, et ce aussi bien dans le domaine de l'agriculture que dans celui des biens et des services. Les délocalisations potentielles – du fait d'une nouvelle concurrence – créent un impact non négligeable : le chômage reste l'un des fléaux de l'Europe.

Une Europe anti-sociale ?

Les réticences des Danois et des Suédois vis-à-vis de la monnaie européenne s'expliquent par leur volonté de préserver leur système de protection sociale. A ce titre, la question de l'élargissement demeure ambiguë même si l'article 237 du traité de Rome énonce clairement la possibilité d'adhésion de tout Etat européen. Est-elle un aspect positif ou négatif dans le processus d'intégration européenne ? S'agissant du pouvoir attractif des pays membres et des continuels élargissements, il semblerait qu'il soit le signe du triomphe de l'intégration... Néanmoins, la nécessité de faire face à une rude concurrence émanant des pays émergents, qui bénéficient de faibles coûts de production, modifie le regard porté à ces nouveaux adhérents. Ils font eux-mêmes partie de ces zones à faibles coûts et constituent un atout dans la concurrence internationale. Pour l'Europe, ils représentent une réponse possible, même s'ils provoquent des redéploiements industriels au niveau intracommunautaire.

Ces continuels élargissements posent de nombreuses difficultés : la superposition des règlements et des limitations[6] à ces derniers démontre l'incapacité à assimiler certains acquis. La multiplication des exceptions est ainsi devenue la règle. Autant de compromis qui fragilisent un éventuel approfondissement. Ces élargissements successifs remettent également en cause la répartition du budget communautaire avec les aides agricoles et les fonds structurels. Initialement, les différences de PIB par habitant ont été nivelées par le biais du fonds de cohésion au profit essentiellement de l'Espagne, du Portugal, de l'Irlande et de la Grèce. Mais l'arrivée des pays de l'Est modifie cette répartition d'autant plus que leurs contributions au budget commun restent limitées.

Une trop grande hétérogénéité comme obstacle à un idéal social ?

En définitive, le succès de l'Europe s'interprète à travers sa géométrie variable. Son hétérogénéité tant sociale qu'économique traduit l'absence d'unité. Les politiques de cohésion

6. *Cf.* l'Europe bleue avec la Norvège et l'Espagne, les normes concernant les transports routiers entre l'Autriche et la Suisse, le rabais britannique face à la PAC...

ne suffiront pas à niveler ces écarts. L'espace européen sera donc purement commercial. De plus, la récente distinction entre la Vieille Europe et la Nouvelle Europe met en lumière ces divergences d'intérêts même si ces élargissements n'ont pas réellement déplacé le cœur de l'Union par rapport à la « *banane bleue* ». En cette période de croissance ralentie face aux Etats-Unis et à la Chine, les handicaps de l'extension territoriale s'affirment comme autant de freins à une intégration politique. De plus, le chômage massif et durable met en exergue un certain consensus : la nécessité de rendre le marché du travail plus fluide enterrant ainsi la création d'un véritable socle social commun. L'exemple des craintes britanniques et néerlandaises quant à la Charte sociale jugée trop contraignante illustre parfaitement ce processus. L'Europe doit affirmer son existence au-delà d'une simple dimension marchande. Mais l'absence d'un réel budget fédéral pouvant assurer les fonctions de stabilisation et de relance pénalise son devenir. Plusieurs conceptions de la construction européenne influencent son avenir : fédéralisme, approche confédérale ou encore fonctionnalisme sont autant de voies possibles pour renforcer l'intégration institutionnelle.

Chapitre 2 *FAUT-IL ABANDONNER L'EURO ?*

Dans une phase de cohérence monétaire mondiale et d'intégration, l'Union européenne s'est dotée d'une monnaie unique et d'une politique monétaire commune. Cette volonté de faire face à un contexte monétaire international non stabilisé constitue une réponse aux aquilons qui ébranlèrent le système monétaire de Bretton Woods dès 1969. L'euro est une monnaie sans Etat qui n'obéit qu'à la BCE. Les crises successives en Grèce, en Irlande, au Portugal et en Espagne soulèvent une question politique : la crise trouverait-elle une issue hors de la cotation des marchés financiers ?

SECTION 1 - UNE PARTICULARITÉ EUROPÉENNE

La succession de crises monétaires et l'échec des accords internationaux conduisent les pays européens à accompagner les échanges de biens et services d'une stabilité monétaire. Celle-ci prend la forme d'un serpent puis d'un système monétaire, d'un système renforcé par le biais des interventions des banques centrales avant de passer à une monnaie unique.

UNE VOLONTÉ DE COOPÉRER FACE À UNE INSTABILITÉ MONÉTAIRE

Les tentatives de coopération monétaire se manifestent à travers le serpent européen dès 1972 puis le système monétaire européen (SME) en 1979. En fait, le serpent monétaire naît de l'échec des accords du *Smithsonian Institute* (signés le 18 décembre 1971). Initialement, il s'agit d'une tentative de retrouver des changes stables après la décision de Nixon portant l'inconvertibilité du dollar en or. Deux points essentiels sont à noter (qui serviront ensuite pour la construction du modèle européen) : la définition d'une grille de parités et l'introduction de changes fixes mais ajustables[7] (les marges de fluctuations sont portées de 1 % à 2,25 % par rapport au dollar). Le serpent monétaire européen (12 avril 1972) introduit des relations plus strictes entre les Etats européens[8] en réduisant les différences de parité entre les monnaies : l'écart entre la monnaie la plus faible et la plus forte par rapport au dollar ne doit pas dépasser 2,25 %. Se crée ainsi un tunnel dont le diamètre est au maximum 4,5 %.

Mais les spéculations contre le dollar demeurent déstabilisantes[9] puisque la parité de chaque monnaie européenne se fait sur la base du dollar. Aussi, le passage du serpent au SME (13 mars 1979) modifie considérablement la coopération monétaire : elle se construit en interne en référence à un écu[10]. Le SME fixe un seuil d'alerte de trois quarts de l'écart maximal (d'où son surnom de « *serpent à sonnette* ») afin de limiter les sorties des marges de fluctuation. Il renforce *de facto* la dimension coopérative[11] du processus en marche. Mais, progressivement, le SME devient une zone-mark[12].

7. Il appartient à chaque pays de défendre sa propre monnaie et de respecter les marges de fluctuations. En d'autres termes, les Etats-Unis n'ont pas à intervenir sur le marché des changes ; ce sont les autres pays qui doivent s'adapter au dollar. Lorsque le cours plancher est atteint, la Banque centrale achète de la monnaie nationale pour augmenter la parité ; ceci implique une contraction monétaire pouvant aller à l'encontre de la croissance (hausse des taux d'intérêt, baisses de la consommation et des investissements).
8. Exemple : les marges de fluctuations de +/- 2,25 % introduisent des cours plafond et plancher par rapport au dollar. Les écarts entre les monnaies européennes pouvaient être considérables.
9. Dès juin 1972, la livre anglaise et la lire italienne flottent librement. Le franc quitte le serpent en janvier 1974, le réintègre en juillet 1975 puis flotte à nouveau en mars 1976. Le mark commence à s'imposer par sa stabilité. En réalité, le serpent ne fonctionne correctement que pour quatre monnaies : le mark, le franc belge, le florin hollandais et la couronne danoise.
10. Unité monétaire européenne qui se définit comme un panier de monnaies à parité fixe selon l'importance économique de chaque pays européen. Elle devient aussi l'instrument de règlement entre les banques centrales. Chaque monnaie a un cours pivot par rapport à l'écu qui permet alors de définir des seuils de divergence (1,35 %) ; ce seuil de divergence déclenche l'action de la Banque centrale avant l'atteinte du seuil maximum.
11 Les difficultés progressives des différentes banques centrales quant au respect des marges de fluctuation et, par voie de conséquence, à la défense de leur monnaie fragilisent le dispositif. Aussi, la création du Fecom institue une coopération et un soutien communautaires. Cette solidarité financière introduite par le biais de dépôts auprès du Fecom constitue un tournant dans l'histoire monétaire internationale.
12. Par la suite, la réunification allemande a pesé sur l'évolution de la croissance européenne. L'option allemande de convertir la monnaie est-allemande en mark et de financer celle-ci par une hausse des taux d'intérêt réels et non par l'impôt appela à la solidarité économique européenne. Cette option a permis d'éviter de trop fortes pressions inflationnistes, mais elle a également contraint les autres pays membres à s'aligner sur cette politique. Ces derniers ont donc fait le choix de ne plus stimuler leur croissance interne et de négliger la lutte contre le chômage.

Le serpent monétaire européen

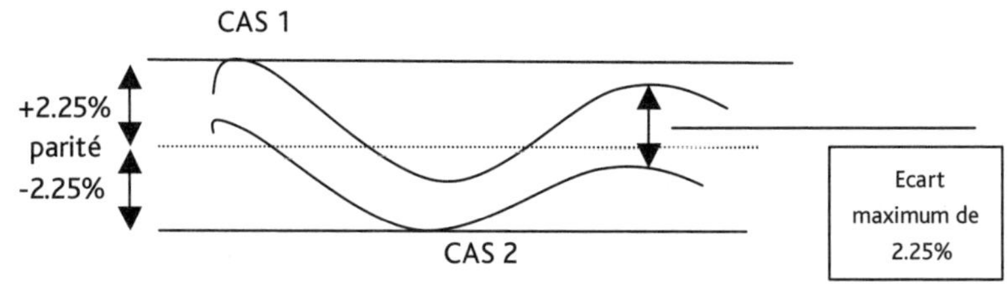

Cas 1 : la Banque centrale intervient en vendant de la monnaie nationale
Cas 2 : elle achète de la monnaie nationale

Ces tentatives ne constituent pas foncièrement de réels succès : réévaluations et dévaluations successives, sorties provisoires de certaines monnaies. Pourtant, elles inaugurent tout de même une volonté de modeler un espace monétaire européen indépendant. Surtout, elles ont fait émerger une convergence dans les politiques économiques : sur le modèle allemand, il s'agit de donner la priorité à la lutte contre l'inflation, à la rigueur salariale et à la limitation des déficits publics. En effet, suite à l'effondrement du système de Bretton Woods, l'Europe doit faire face aux fortes fluctuations monétaires, parfois induites par des mouvements spéculatifs. Elle cherche à arrimer les monnaies européennes à un pivot commun. Une stratégie des parités monétaires fixes mais ajustables exige un étalon de valeur qui ne sera plus le dollar, mais l'écu. En réalité, la création de l'euro répond surtout à une volonté de rechercher d'une stabilité monétaire.

La définition et la mise en place du SME après plusieurs années d'expérience de coopération monétaire étaient destinées à contrecarrer les tentatives de spéculation internationale sur les monnaies européennes faibles ou transitoirement affaiblies. Aussi, l'objet du traité de Maastricht (1992) a été de déterminer les critères de convergence nécessaires pour introduire cette monnaie unique sous l'autorité d'une Banque centrale européenne (BCE). Parallèlement, afin d'éviter l'éclatement du SME, les marges de fluctuation[13] ont été élargies à +/- 15 % en juillet 1993. Le 1er janvier 1999, les parités ont été irrémédiablement fixes et les politiques monétaires nationales de douze Etats Membres transférées à la BCE. La zone euro est née.

13. Toutefois, dès le départ, des dérogations ont été concédées : ainsi en est-il au Royaume-Uni et au Danemark. Ces fameuses clauses d'*opting out* constituent de véritables dispenses de l'union monétaire. En outre, le passage vers une union monétaire modifie également le mode de gestion de la monnaie. Dans le cadre du SME, la convergence s'effectuait par le biais des pressions du marché, elles-mêmes liées aux inégalités entre les monnaies. Mais une union monétaire nécessite un système de gestion commun. Ainsi, le système européen des banques centrales est responsable de la politique monétaire intérieure et le Conseil des ministres de l'Economie et des Finances (Ecofin) se prononce – après recommandations de la Commission – sur la politique de change vis à vis des monnaies tierces.

LES EXIGENCES DU TRAITÉ DE MAASTRICHT

Cette introduction de la monnaie unique n'est pas sans conséquence sur les politiques économiques nationales. En l'espèce, les critères de convergence, qui sont au nombre de cinq, conditionnent une certaine logique[14] économique : limitation du taux d'intérêt à long terme au maximum de deux points au-dessus de la moyenne des trois taux les plus faibles, respect d'une inflation maximale à 1,5 point au-dessus de la moyenne des trois meilleures performances, d'un déficit public et d'une dette publique respectivement inférieurs à 3 % et 60 % du PIB, appartenance au SME (respect des marges de fluctuation de +/- 2,25 %). En d'autres termes, le traité de Maastricht exige une politique économique de rigueur et le renoncement à toute politique de relance dès lors que les critères sont approchés. *Ita est « la France* [...] *mène dans les années 90 une politique contraire à ses intérêts économiques immédiats, mais permettant de réaliser l'objectif historique majeur que s'étaient fixés les gouvernements français, à savoir l'intégration monétaire de l'Europe* », explique Cohen (2001, chap. 4). Cette politique se trouve renforcée par le Pacte de croissance et de stabilité, qui introduit une procédure de sanctions en cas de non-respect des critères de finances publiques.

Les politiques budgétaire et monétaire sont traditionnellement conduites en vue de créer les conditions incitatives à mettre en place les règles et institutions les mieux appropriées pour soutenir la croissance Il semblerait que la stratégie européenne connaît ici ses limites. Les rigidités qu'elle implique éloignent les pays du sentier d'équilibre. La création de l'Union économique et monétaire a par ailleurs admis la séparation de deux blocs par le biais de la zone euro. En ne satisfaisant pas aux critères, certains pays membres sont *de facto* exclus du processus d'union monétaire. Et la clause d'*opting out* suite au refus des électeurs danois de ratifier le traité de Maastricht renforce cette Europe à deux vitesses.

SECTION 2 - LA ZONE EURO : UN ÉCHEC OU UN SUCCÈS À REVOIR ?

Le débat concernant l'opportunité de l'euro se développe : des voix s'élèvent en faveur d'une monnaie nationale et du pouvoir régalien et souverainiste de battre monnaie. Effectivement, dans le contexte de chômage de masse et de croissance atone, l'actuelle rigueur budgétaire renforce les craintes sociales et alimente une certaine contestation. De plus les pays situés hors de la zone euro affichent des performances économiques satisfaisantes tant en termes de croissance que d'emploi. Dès lors, la situation économique européenne actuelle est-elle encore adaptée aux dispositions du Pacte de croissance et de stabilité, contraignantes en matière de finances publiques ?

14. Par ailleurs, les contraintes liées aux finances publiques et l'impossibilité de financer les déficits budgétaires sur des ressources monétaires relèvent d'une logique monétariste. En effet, la thèse de M. Friedman énonce le risque inflationniste dès lors que la création monétaire excède l'évolution de la croissance. Toute politique budgétaire expansive aboutit inexorablement à une hausse des prix. Or, l'article 105 du traité de Maastricht spécifie explicitement que l'objectif de stabilité des prix s'impose comme une priorité dans la politique monétaire.

À LA VUE DES CONTRAINTES IMPOSÉES PAR LA MONNAIE UNIQUE, FAUT-IL Y RENONCER ? LES CONDITIONS D'EFFICACITÉ SONT-ELLES RÉUNIES ?

La question des gains à l'union monétaire est donc bel et bien posée. Certes, elle a éliminé les coûts de transactions internes et réduit le risque de change intracommunautaire. Le besoin de réserves de change s'est atrophié dans la mesure où les autorités monétaires nationales n'ont plus à défendre la parité de leur monnaie. Mais la création d'une zone spécifique pour les pays ayant adopté la monnaie unique crée *de facto* une Europe à plusieurs vitesses. En réalité, elle est son aboutissement logique ; seul un « *noyau dur* » de pays membres satisfaisait les conditions de passage vers l'euro. La monnaie unique est devenue le support d'une concurrence intra-communautaire. En somme, le choix d'une monnaie forte et la volonté de contraindre les finances publiques tout en interdisant le financement monétaire des déficits publics reflètent la renonciation des pouvoirs publics nationaux à d'éventuelles politiques d'inspiration keynésienne. En d'autres termes, un objectif d'emploi élevé ne peut être maintenu dans le cadre de l'Union.

Le triangle d'incompatibilité de Padoa-Schioppa (1987), inspiré des travaux de Mundell et Fleming, spécifie qu'il n'est pas possible de mener conjointement une politique monétaire indépendante, une libre-circulation des capitaux et un taux de change fixe. Par exemple, si la BCE fait le choix de réduire son taux d'intérêt pour relancer l'économie, elle se trouve confronter à un déséquilibre de la balance des capitaux qui modifie la parité de la monnaie. Elle se voit alors contrainte de défendre sa monnaie. Or, une politique monétaire active, impliquant de manipuler la parité de la monnaie ou le taux d'intérêt, serait un moyen efficace de soutenir la croissance et de maintenir l'économie européenne sur son sentier de croissance potentielle. Cette appréciation durable met en péril les échanges commerciaux de la zone euro car la compétitivité-prix des exportations dépend des taux de change.

Aujourd'hui, l'euro est remis en cause : il aurait été le symbole de la volonté de coopérer et de la crédibilité de l'union européenne. Mais l'euro est-il une monnaie crédible ? Et si oui, cette crédibilité doit-elle se payer au prix de restrictions budgétaires et sociales[15] ? Le cas des réformes en Grèce est patent. Le refus d'intégrer la zone euro de la Suède illustre aussi sa volonté de préserver un modèle social. Comment interpréter les refus d'adhésion de pays tels que la Norvège et la Suisse ? Le profil des pays adhérents diffère considérablement des pays qui se rétractent. Dès lors, la question de la défense de la monnaie européenne mérite d'être posée. La puissance d'un continent ne peut se mesurer à sa simple dimension monétaire.

15. Les plans de sauvetage grecs prévoient une diminution de 30 % du 13e mois et 60 % du 14e mois des fonctionnaires. Au Portugal, est prévu un gel des salaires du secteur public. En Irlande, les salaires des fonctionnaires ont déjà été réduits en 2009. Cette baisse des revenus vise à maîtriser l'inflation et à restaurer la compétitivité.

LE PACTE N'EST-IL QU'UN PACTE DE STABILITÉ OU PEUT-IL DEVENIR UN PACTE DE LA CROISSANCE ?

Quel est encore le degré de liberté dans l'élaboration de la politique budgétaire ? L'existence de chocs asymétriques au sein de l'Union laisse peu d'initiative aux pouvoirs publics nationaux. Force est de constater que les déséquilibres nationaux perdurent après l'expérience d'unification monétaire. Un constat mérite cependant d'être noté : les petits pays européens enregistrent des performances économiques bien meilleures que les plus grands (à l'exception de l'Allemagne), comme si l'étroitesse du marché intérieur incitait les firmes nationales à être plus compétitives. En définitive, les Etats membres se situent dans un contexte de politique économique extrêmement rigide : la politique monétaire est dévolue à une BCE indépendante et la politique budgétaire limitée par des seuils. Dans un tel contexte, le marché du travail devient variable d'ajustement. Mais tous les pays sont-ils à même de répondre à cette exigence ? Il semble de plus en plus dangereux de rester sur une stratégie de changes irrévocablement fixes. Décidément, la monnaie n'est pas neutre. L'introduction de la monnaie unique aurait dû homogénéiser les économies ; en réalité, elle ne fait que réaffirmer les disparités. L'euro aurait dû impulser une nouvelle croissance et préserver la zone des effets conjoncturels mondiaux, la croissance demeure en fait atone.

Dès lors la stratégie de Lisbonne peut s'interpréter comme une volonté d'endogénéiser la croissance. En l'espèce, en 2000, le sommet de Lisbonne définit une politique de l'innovation et signe la volonté des Etats européens d'introduire l'innovation comme atout européen. L'analyse néoclassique (Solow, 1956) insiste sur le rôle de facteurs exogènes dans l'origine de la croissance. Dès lors qu'une économie satisfait les conditions de flexibilité des prix et des techniques de production, son stock de capital augmente au même rythme que la population, augmenté du taux de croissance de la productivité du travail. Le sentier de croissance[16] se caractérise alors par un taux uniforme et constant. La croissance devient endogène dès lors que les actions des individus investissent dans des biens d'équipement ou dans des frais de recherche et de développement ou encore réalisent des infrastructures.

L'intensité de l'innovation dépendra alors du processus de destruction créatrice (Schumpeter, 1951) en œuvre et de la rapidité de remplacement des anciens biens ou *process* de production par les nouveaux. Le développement de modalités juridiques de protection de la propriété intellectuelle (*via* les brevets) assure des situations monopolistiques aux firmes innovantes. Aussi, la politique économique n'est pas neutre sur le plan

16. En d'autres termes, le taux d'épargne correspond exactement au taux d'investissement et n'influe pas sur la croissance, même s'il modifie la productivité via l'intensité capitalistique de la production. Cela signifie que le processus d'apprentissage par la pratique (Arrow, 1962) ne modifie pas de façon significative la source de la croissance. Cette approche théorique se fonde en réalité sur la dichotomie entre croissance (long terme) et fluctuation cycliques (court terme) dont les évolutions ne répondraient pas aux mêmes caractéristiques. Plus spécifiquement, Solow (1956) considère que les difficultés de coordination entre l'offre et la demande n'interviennent qu'à court terme et n'agissent pas sur la croissance à long terme. Aussi, cette dernière ne s'explique qu'à travers l'évolution démographique et le progrès technique.

de la recherche ; elle peut inciter les entreprises à opter pour des comportements offensifs en termes de stratégies commerciales. Au demeurant, elle peut également promouvoir une politique d'instruction de haut niveau afin d'améliorer l'employabilité des individus, donc leur productivité du travail.

4. DÉBAT. L'EUROPE SURVIVRA-T-ELLE À SES CONTRADICTIONS ?

La monnaie est au cœur des relations marchandes puisque l'activité économique se fonde sur l'échange. Mais ses fonctions d'unité de compte (recherche de stabilité) et de mesure et de réserve de valeur (inflation faible) peuvent freiner la croissance. En l'espèce, la volonté de préserver le pouvoir d'achat de la monnaie d'une période à une autre justifie la lutte contre l'inflation et la recherche d'une monnaie forte. Dès lors, la monnaie unique peut aller à l'encontre de la baisse du chômage de masse. Est-ce une alternative économique ou politique ? L'Union économique et monétaire implique-t-elle une politique antisociale ? Le Pacte européen se définit-il autour du pacte de stabilité ou du pacte de croissance ? Si la stabilité est effectivement bien en marche, en est-il autant de la croissance ? La zone euro est-elle une zone monétaire optimale ? En d'autres termes, le fonctionnement de l'Europe monétaire se trouve désormais à l'épreuve des faits avec tous les risques de *dumping* social inhérents à une politique de monnaie forte. Il n'est pas sûr que l'euro survive à ses contradictions.

FICHE 14 | LA DÉMONDIALISATION EST-ELLE EN MARCHE ?

1. RÉFÉRENCES

ARTUS P., « Commerce Nord-Sud : les effets des particularités chinoises », *Revue française d'économie*, octobre 2006, volume XXI, n° 2.

BHAGWATI J., PANAGARIYA A., SRINIVASAN T.N., « Bhagwati et al. repensent les délocalisations et défendent la globalisation », *Problèmes économiques*, 8 juin 2005, n° 2877.

BOUBA-OLGA O., *Les Nouvelles Géographies du capitalisme. Comprendre et maîtriser les délocalisations*, Seuil, coll. « Economie Humaine », Paris, 2006.

BRAUDEL F., *La Dynamique du capitalisme*, Flammarion, 1985.

FORRESTER V., *L'Horreur économique*, Le Livre de Poche, 1996.

KRUGMAN P., OBSTFELD M., *Economie internationale*, éd. De Boeck, 1992.

« Mondialisation et commerce mondial », *Les Cahiers français*, n° 325, 2005, La Documentation française.

KRUGMAN P., « L'émergence des zones régionales de libre-échange : justifications économiques et politiques », *Problèmes économiques*, n° 2289, septembre 1992.

MILELLI C., « L'essor des accords de libre-échange en Asie », *Problèmes économiques*, 13 avril 2005, n° 2873.

RAINELLI M., *L'Organisation mondiale du commerce*, La Découverte, 2004.

SANDRETTO R., « Libre-échange versus protectionnisme », *Cahiers français*, La Documentation française, n° 317, novembre-décembre 2003, p. 35-40.

SANDRETTO R., « Les analyses du commerce international », *Cahiers français*, La Documentation française, n° 315, juillet-août 2003, p. 62-69.

SIROËN J.-M., « L'international n'est pas le global. Pour un usage raisonné du concept de globalisation », *Revue d'économie politique*, novembre-décembre 2004, n° 6.

SAMUELSON P.A., « Quand Samuelson revisite les théories classiques de Ricardo et de Mill », *Problèmes économiques*, 8 juin 2005, n° 2877.

TÉNIER J., « Intégrations régionales et mondialisation : complémentarité ou contradiction », *Notes et études documentaires, La Documentation française*, n° 5170-71, mai-juin 2003.

2. REPÈRES

Délocalisation : les délocalisations sont souvent le symbole de la mondialisation. Elles reflètent le positionnement des firmes multinationales dans les pays où les avantages comparatifs en termes de coûts et de nouveaux marchés leur permettent d'être le plus rentables. Cette stratégie est facilitée par la forte mobilité du capital.

Patriotisme économique : le patriotisme économique se réfère à un comportement des agents économiques qui consiste à privilégier la production nationale, à développer des re-localisations nationales. L'origine du produit devient un argument commercial. Cette forme de consommation et/ou de mode de production se veut éthique dans le sens où l'objectif est d'assurer des débouchés localement. Elle s'apparente à une forme de protectionnisme comportemental.

3. EXPLICATIONS

Depuis le 1er janvier 2005, la Chine bénéficie d'une libéralisation des échanges mondiaux de textile entraînant ainsi une chute de près de 7 % de la production européenne en mi-2005 par rapport à 2004 (et de 18 % par rapport à 2001). Par conséquent, la négociation entre l'Europe et la Chine en faveur du rétablissement provisoire de quotas a vu le jour. D'ailleurs, cette adhésion de la Chine à l'OMC depuis novembre 2001 a largement bénéficié au développement chinois. Qu'en est-il des autres pays ?

La progression des échanges tient surtout aux principaux pays industrialisés ; progressivement une triade entre les Etats-Unis, l'Union européenne et la zone asiatique se crée. En somme, un paradoxe découle du libre-échange : interdépendance entre les Etats et fragmentation du monde en plusieurs pôles. La mondialisation favorise la multiplication des échanges tout en renforçant la compétition entre les Etats. Dès lors, pourquoi échanger ? L'intégration internationale affecte-t-elle les inégalités ? La libéralisation des échanges est-elle bénéfique pour la croissance ? La constitution de zones régionales est-elle le symbole d'une reterritorialisation de la production, donc des échanges ? Qu'il s'agisse d'un processus historique (F. Braudel) ou d'un phénomène récent (Michalet), la mondialisation s'inscrit dans une dynamique capitaliste qui remet en cause les modes de régulation traditionnels fondés sur la souveraineté des Etats. Par ailleurs, cette mondialisation se différencie de l'internationalisation des échanges car elle ne se base plus sur l'unique spécialisation des Etats et n'est pas réduite aux seuls échanges de marchandises : les flux de capitaux, d'hommes, de services et d'informations se développent.

Chapitre 1 *LA LIBÉRALISATION DES ÉCHANGES*

Dans ce contexte, la France est confrontée à plusieurs défis : ouverture à la concurrence de certains marchés jusqu'alors protégés, participation à l'Union européenne, laquelle est un vecteur – et non un rempart – de la mondialisation. Les faits stylisés notent que le commerce extérieur contribue dorénavant de manière négative à la croissance : la forte hausse des importations n'a pu être compensée par l'amélioration en valeur des exportations. Finalement, tous les efforts déployés en faveur de la désinflation compétitive n'ont eu une portée qu'entre 1992 et 2002 (période durant laquelle la balance commerciale était excédentaire).

SECTION 1 - CROISSANCE ET OUVERTURE DES FRONTIÈRES

Depuis les premiers accords du Gatt, les échanges ont toujours progressé plus rapidement que la production, ce qui souligne le rôle moteur du commerce international dans la croissance mondiale. A l'origine, la libéralisation des échanges visait à instaurer « *un code de bonne conduite* » libéral et multilatéral.

LE LIBRE-ÉCHANGE, UN COMMERCE GAGNANT/GAGNANT

Ce code de bonne conduite repose sur trois principes : 1) la liberté des échanges par abaissement des droits de douane et réduction des restrictions quantitatives ou qualitatives aux échanges ; 2) le principe de non-discrimination (avec la clause de la nation la plus favorisée[1] et la non-discrimination entre les exportateurs étrangers et les producteurs nationaux) et 3) la réciprocité. Cette convention donne naissance aux principes mis en œuvre par le Gatt. Ils sont à rapprocher de ceux qui guident l'action du Fonds monétaire international (FMI) et de la Banque mondiale. Ces accords prévoient de réduire les tarifs douaniers de manière drastique : 34 % en huit ans pour le *Tokyo Round* en 1979, 38 % pour l'*Uruguay Round*[2] en 1995.

Une succession de cycles

Le premier cycle de négociations intervient en 1947. Les cycles les plus récents démontrent la difficulté à aboutir à un consensus général. Pourtant, les accords portent sur l'abaissement continu des droits de douane même si certains arrangements spécifiques (négociations bilatérales entre pays industriels et pays en développement) sont prévus (accords multifibres pour le textile lors du *Tokyo Round* (1973-1979). Des désaccords concernant l'agriculture, la propriété intellectuelle et les services sont patents. Le cycle de Doha a été enclenché en novembre 2001 à l'issue de la 4e conférence ministérielle de l'OMC. Il comporte vingt et un sujets dont la libéralisation des marchés agricoles et l'ouverture du marché des services. Depuis l'échec des négociations de Seattle en 1999, l'intégration des pays pauvres dans le commerce mondial, via un traitement spécial et différencié, est également un élément de négociation. Mais les discussions se révèlent houleuses : ainsi, les sujets dits « *de Singapour* » (transparence des marchés publics, concurrence) ont été supprimés, à la demande des pays en développement. Parallèlement, les pays africains exigent une suppression des subventions au coton américain. En juillet 2004, l'Europe et les Etats-Unis se sont engagés à réduire leurs aides agricoles.

Les gains à l'échange

La mondialisation pose la question des gains à l'échange. La règle est simple : selon la théorie des avantages comparatifs (Ricardo), la participation aux échanges internationaux nécessite de développer la productivité tout en maintenant les coûts de production à un

1. La clause de la nation la plus favorisée est une disposition fréquente des traités de commerce international qui se résume dans l'idée que « *ce qui est accordé à l'un, est accordé à tous* ». La nation (A) offrant la clause de la nation la plus favorisée à la nation (B) s'engage à ne pas imposer de droit de douane plus élevés sur les exportations de B qu'elle n'en impose à tout autre partenaire commercial. Dans les accords de l'Organisation mondiale du commerce (OMC), la clause de la nation la plus favorisée (dite « *clause NPF* ») stipule que tout avantage commercial accordé par un pays à un autre (même si celui-ci n'est pas membre de l'OMC), doit être immédiatement accordé à la totalité des partenaires économiques.
2. L'*Uruguay Round* (1986-1994) aboutit à l'accord de Marrakech avec la création de l'Organisation mondiale du commerce (OMC).

niveau concurrentiel. Chaque pays tend à échanger des biens plus performants en contraignant les industries nationales à moderniser leur outil de production. En ce sens, l'ouverture des frontières favorise la production via les économies d'échelle puisque les marchés sont élargis. Ce gain de production entraîne une amélioration du bien-être global : ce surplus de richesses bénéficie à la fois aux producteurs et aux consommateurs. Pour S. Mill, les principaux bénéficiaires sont les pays les plus pauvres et corrigeraient les inégalités de départ. Cette idée se retrouve dans ce que l'on nomme « *le paradoxe de Stuart Mill* » à savoir que la forte demande des pays développés renchérit le prix de leurs importations. Bénéficiant d'un tarif plus élevé, les pays peu développés ont ainsi accès à de nouvelles ressources extérieures. Ce principe se retrouve d'ailleurs dans le théorème HOS (Heckscher-Ohlin-Samuelson) selon lequel la libéralisation des échanges aboutit à une égalisation des niveaux de vie par le biais d'une harmonisation mondiale. Mais une harmonisation vers le haut ou vers le bas ?

Théoriquement, l'ouverture des frontières génère deux types de gains : des gains d'échange liés à la modification de la structure des prix relatifs et des gains de spécialisation liés à la réallocation des facteurs vers les pays disposant d'une production plus efficace. Mais, dans les pays concernés, ces résultats ne sont pas synonymes d'effets positifs pour tout le monde, car si la mondialisation s'appuie aujourd'hui sur l'intégration commerciale, elle s'accompagne également – à travers l'externalisation d'activités – d'une tendance à la désintégration de la production. Cette thèse se retrouve dans le paradoxe de West-Graham (1923) selon lequel le libre-échange aboutit parfois à une dégradation de la situation nationale : les gains à l'échange ne sont pas également répartis dans la mesure où le pays qui se spécialise dans les biens à forts rendements décroissants s'appauvrit, alors que celui qui se spécialise dans les biens à rendements faiblement croissants s'enrichit. Cette désintégration est considérée par certains comme une désindustrialisation, par d'autres comme une simple transformation de la gestion des activités productives.

Affirmer que la croissance peut provenir de l'extérieur est un argument qui justifie la mise en place de stratégies industrielles permettant aux firmes nationales de développer leur compétitivité. Effectivement, plus les gains de compétitivité sont favorables aux entreprises nationales, plus les exportations sont fortes. La croissance interne est alors assurée. Toutefois, l'impact sur l'emploi demeure plus ambigu puisque cette recherche de compétitivité exige des efforts en matière de modération salariale et de gains de productivité (désinflation compétitive). Elle s'effectue alors au détriment de la consommation interne. De plus, la seule croissance extérieure pour assurer les débouchés des entreprises locales accentue la dépendance vis-à-vis des pays acheteurs. Or, dans un contexte mondialisé, la mobilité du facteur capital contribue à ne récolter que les effets négatifs de l'ouverture des frontières.

APPRIVOISER LA MONDIALISATION

L'adage « *la nécessité fait la loi* » est souvent un argument pour lutter contre les méfaits de la mondialisation. En l'espèce, il affirme la faculté pour l'Etat de s'attribuer des pouvoirs exceptionnels pour résoudre une période de troubles. Au rapport de force induit par la mondialisation succède un rapport de droit justifiant des mesures protectionnistes. Mais alors, l'Etat est-il de retour ?

Les relations ambiguës entre emploi et libre-échange

La France semble de plus en plus démunie face à cette mondialisation. L'abandon progressif des politiques de relance, les privatisations et l'ouverture à la concurrence des marchés publics participent au recul de l'intervention de l'Etat. La mondialisation est synonyme de restructurations, de délocalisations et de modération salariale. Elle justifie la recherche de la sacro-sainte compétitivité. Il est vrai que le récent retournement du solde de la balance commerciale française relativise la dimension positive de la mondialisation. Certes, la France a toujours été fortement importatrice et sa dépendance quant à certains produits énergétiques accroît le débat actuel sur d'éventuelles stratégies d'essence colbertiste, lesquelles militent en faveur d'une position commerciale étatique active. Mais l'Etat peut-il encore jouer un rôle face aux multinationales[3] et aux fonds de pension ?

L'introduction de la flexibilité dans le code du travail accompagne cette stratégie. La question du *dumping* social est posée dans la mesure où les faibles coûts de production de certains pays en développement entrent directement en concurrence avec nos productions. Inexorablement, la création de marchés à bas prix (textile, produits électroménagers, par exemple) profite aux consommateurs, du fait d'une offre élargie à un moindre prix, mais se révèle défavorable aux salariés par l'apparition de travailleurs pauvres et de chômeurs de longue durée en raison de leur faible productivité.

La théorie de la compensation de Sauvy suppose certes que le transfert d'un secteur de production à un autre permet de limiter les effets négatifs sur l'emploi. Mais cette hypothèse suppose un système éducatif et de reconversion des compétences efficace. A défaut, la mondialisation crée un marché du travail dual avec, d'un côté, la recherche de compétences pointues et valorisées et, d'un autre côté, l'apparition d'une main-d'œuvre peu qualifiée qui ne trouve pas demandeur sur le marché du travail.

La concurrence des pays à bas salaires est-elle à l'origine de la désindustrialisation des pays développés ? P. Krugman (1992) réfute catégoriquement cette idée : sur la période 1970-90, l'essentiel de la baisse de la part de l'industrie s'explique par des facteurs internes à chaque pays. Il précise que la hausse de la productivité ainsi que l'apparition des nouveaux besoins dans le secteur tertiaire provoquent un double mouvement : destruction d'emplois dans l'industrie et création de nouveaux emplois dans les services. Il confirme ainsi la thèse du déversement d'A. Sauvy. Dès lors, la mondialisation ne menacerait pas le travail. Pourtant, dans les pays développés, le débat sur la mondialisation se focalise autour de la question du travail. Elle est associée à l'externalisation, à la délocalisation et, *de facto*, à la perte d'emplois. En d'autres termes, la libéralisation des échanges

3. Elles accentuent le redéploiement industriel à l'échelle mondiale par la répartition des différentes tâches via la création de filiales et fonctionnent ainsi en réseaux entraînant des délocalisations. En l'espèce, près des deux cinquièmes du commerce mondial sont le fait de transactions intra-firmes. D'autre part, le financement des activités s'effectue par fonds de pension sous couvert d'une forte mobilité du facteur capital.

et des capitaux serait l'une des causes de notre chômage. Selon la théorie de Stolper et Samuelson (2004), la mondialisation est responsable de l'accroissement des inégalités. Les pays développés se concentrent dans des activités à forte valeur ajoutée nécessitant une main-d'œuvre ayant un haut niveau de compétences. *A contrario*, les activités délocalisées utilisent de la main-d'œuvre peu qualifiée. Cette situation accentue les inégalités salariales.

L'Etat doit-il protéger l'économie nationale ?

Le développement des échanges sans entrave peut justifier le recours à un protectionnisme éducateur de la part de l'Etat. Ainsi en est-il des stratégies de protection des firmes nationales en déclin ou de reconquête du marché intérieur (Mitral, 1981) ou de la construction d'avantages comparatifs via des politiques commerciales stratégiques dans un environnement oligopolistique comme le prône P. Krugman (1992). De manière similaire, List (1941) propose, dans le cadre d'un protectionnisme éducatif, « *des béquilles pour apprendre à marcher* » afin de favoriser des positions compétitives par un effet d'apprentissage. Le protectionnisme se justifie à chaque fois que les échanges ne sont pas sur une base égalitaire, il est « *une défense contre la loi du plus fort* » et permet de ne pas « *entraver le progrès des nations retardataires* ». Les multinationales recherchent les coûts de production les plus faibles (avantages fiscaux, faible coût du travail, zones franches). Pour List (1841) : « *la richesse d'un pays ne dépend pas de la quantité de richesses et de valeurs échangeables qu'il possède, mais du degré de développement des forces productives* ». Son protectionnisme s'intègre dans une logique[4] plus générale : « *protectionnisme, industrialisme, étatisme* ». Pour List, « *le système douanier est une conséquence naturelle de la tendance des nations à rechercher des garanties pour leur prospérité et leur survie ou pour établir leur suprématie* ». En fait, le protectionnisme est un état temporaire, une étape vers l'indépendance qui nécessite « *un sacrifice* » que doit supporter le consommateur – qui pourrait bénéficier de produits à prix plus faibles – au nom de l'intérêt de la Nation : « *Nous faisons avec la protection douanière un sacrifice à la valeur qui sera récompensé par le développement d'une force productive.* » (1841)

Mais comment définir le niveau optimal de protectionnisme ? Aux Etats-Unis, le rétablissement des droits de douane sur l'acier, en 2002, a pour objectif de préserver des emplois sur le territoire national.

SECTION 2 - VERS UN DÉSÉQUILIBRE MONDIAL ?

La soutenabilité de ces déséquilibres à la fois extérieurs et intérieurs ne semble pas perturber les Etats-Unis. Débiteurs du reste du Monde, ils semblent même s'en accommoder, dans la mesure où leur sentier de croissance potentielle n'est pas remis en cause. N'y a-t-il pas un risque de faillite ? La situation est plutôt favorable aux Etats-Unis, mais est-elle tenable sur le long terme ?

4. C'est d'ailleurs autour de ces éléments (entre autres) que se construit l'école historique allemande.

LE FINANCEMENT DES DÉFICITS JUMEAUX AMÉRICAINS

L'arbitrage entre une croissance interne (via la consommation des ménages et l'investissement des entreprises), d'une part, et le risque d'une récession du fait de comportement de panique sur les marchés financiers, d'autre part, est d'autant plus patent pour les Etats-Unis qui affichent des déficits jumeaux records.

Des besoins de financement internes satisfaits

Leurs besoins de financement font référence à un déficit tant externe (persistance d'un surplus d'importations) qu'interne (accumulation de déficits publics). Or, les perspectives futures ne laissent pas présager un réel changement : la hausse du prix du pétrole risque d'aggraver le déficit commercial, alors que l'absence de comportement d'épargne alimente un besoin de financement public. Certes la croissance économique américaine demeure structurellement forte, mais elle ne suffit pas à assurer des recettes fiscales suffisantes pour couvrir le déficit public. Pour l'heure, les déséquilibres états-uniens trouvent leurs contreparties dans les excédents des autres pays partenaires : excédents commerciaux certes, mais aussi excédents d'épargne. Ces éléments demeurent néanmoins favorables aux Etats-Unis même s'ils contribuent à accentuer la dépendance américaine vis-à-vis des pays tiers. A ce titre, 40 % du déficit commercial américain provient des échanges avec la Chine.

Etats-Unis : déficits jumeaux = forts besoins de financement

• déficit commercial (exportations < importations) • déficit public : face à des ménages « cigales » qui consomment (faible épargne)	Où trouver les fonds ? Dans les pays en excédent d'épargne et en excédent commercial Avec des ménages « fourmis » épargnants (Chine, Japon, Union européenne)

Pour l'heure, le financement des déficits publics et extérieurs américains s'effectue par le biais de l'épargne mondiale. Il est vrai que le maintien de taux d'intérêt à long terme américain à un niveau très faible favorise le déséquilibre de leur marché financier interne, tout en alimentant une demande dynamique sur le marché des biens et des services. Le déséquilibre interne entre épargne et investissement demeure un moteur de croissance aux Etats-Unis. Mais cette tendance naturelle à l'accroissement des dépenses publiques est remise en cause dès les années 1990 en raison du besoin de financement pesant sur l'économie mondiale. L'idée est alors de réduire ce dernier afin de réduire la pression sur les taux d'intérêt. L'austérité budgétaire aurait donc pour conséquence de réduire l'effet d'éviction afin de stimuler l'activité économique.

Toutefois, accompagnée de la hausse des excédents commerciaux chinois et asiatiques, la pression à la hausse exercée sur les devises, ainsi que la hausse continue des réserves de change rendent coûteuse toute appréciation des monnaies par rapport au dollar. La Chine l'a d'ailleurs bien compris, dans la mesure où elle refuse l'option de réévaluation du yuan proposée par les Etats-Unis depuis avril 2006. Aussi, si la dépréciation du dollar devait se poursuivre, l'économie américaine pourrait être fragilisée et connaître des difficultés de financement. Les détenteurs étrangers d'actifs financiers américains pourraient être incités à vendre leurs actifs pour limiter leur perte, ce qui aurait pour effet de précipiter la baisse de leurs prix et conduire à une forte hausse des taux d'intérêt. Ce risque de récession aux Etats-Unis semble néanmoins peu probable. La décision de la FED de maintenir son taux directeur à un niveau proche de zéro confirme cette volonté de mener une politique monétaire souple, favorable à la consommation et aux investissements.

La faiblesse de l'épargne nationale

Le profil du consommateur états-unien est favorable à une relance keynésienne. Il délaisse l'épargne au profit de la consommation. En conséquence de quoi, le taux d'épargne s'élève à moins de 6 % en 2010 (contre 16 % en France). Et la politique monétaire accommodante de la Banque centrale américaine menant des taux d'intérêt faibles ne risque pas d'inciter les ménages américains à l'épargne. Au contraire, la faiblesse des taux a augmenté la rentabilité des actions en bourse et a contribué à un effet-revenu : pour un même placement, le rendement s'en trouve amélioré.

Pour se financer, le Trésor américain offre ainsi des bons du Trésor à échéance 30 ans. Et le succès de ces obligations publiques est confirmé par la rapidité des souscriptions. Or l'achat de ces obligations américaines représente l'essentiel des flux financiers en direction des Etats-Unis. L'émergence de nouveaux instruments financiers *via* un système financier de plus en plus déréglementé et la croissance des flux de capitaux mondialisés ont accompagné une politique monétaire du dollar accommodante. De ce fait, les faibles taux d'intérêt et de change ont largement alimenté une demande intérieure forte et une offre de financement extérieur.

Afin d'assurer un niveau suffisant de réserves officielles, les Banques centrales, essentiellement asiatiques, achètent des bons du Trésor américain. Elles concourent ainsi à sécuriser leurs monnaies nationales en empêchant une éventuelle appréciation de celles-ci. Car une hausse de la parité de leurs monnaies entraverait leurs exportations vers leur principal débouché, les Etats-Unis. Les importations américaines sont la simple contrepartie d'exportations internationales, essentiellement en provenance des pays asiatiques et des pays exportateurs de pétrole. Aussi, elles demeurent une source de croissance internationale non négligeable pour ces pays. Une plus faible croissance américaine limite le déficit extérieur états-unien, mais limiterait *de facto* la croissance potentielle au niveau mondial. La vitalité économique américaine est donc une garantie implicite de ces déséquilibres. Mais sont-ils durablement soutenables ?

VERS UN RETOUR À L'ÉQUILIBRE ?

Ces déséquilibres ont des conséquences sur la productivité et la compétitivité des pays. Cet avantage compétitif implicite résulte de la forte mobilité des capitaux. Plusieurs paradoxes restent toutefois notables. Ainsi, le creusement du déficit extérieur américain pose la question de la compétitivité de l'économie américaine. Il doit donc être mis en parallèle avec la répartition des gains de productivité. Or ces derniers apparaissent essentiellement dans les secteurs protégés de la concurrence internationale. Autrement dit, cela signifie – à terme – l'existence d'un surplus d'investissement en raison de la forte rentabilité dans ces secteurs.

La garantie d'une rentabilité sécurisée

Face à une épargne intérieure insuffisante, cet excès appelle un afflux de capitaux extérieurs. Or, depuis le début du XXIe siècle, la destination de ces derniers a changé : les investisseurs optent de plus en plus en faveur des bons de trésor américains au détriment des investissements directs ou d'achats d'actions. Le motif de spéculation n'est donc pas privilégié et la recherche d'une rentabilité forte laisse place à une certaine sécurité dans le rendement. D'ailleurs, P. Delalande (2006) affirme que « si *les Etats-Unis étaient un pays comme les autres, par exemple comme la Thaïlande en juillet 1997, la défiance envers la monnaie d'un tel pays, cumulant ces deux déficits, augmenterait. Les prêteurs extérieurs chercheraient à se faire rembourser au plus vite et retireraient leurs avoirs liquides du pays. Ils se débarrasseraient de la monnaie locale à tout prix et la valeur de cette monnaie s'effondrerait.* » Pourtant, les Etats-Unis continuent à attirer des capitaux et à inspirer confiance ! Selon P. Delalande (2006), « *le rendement des actifs détenus à l'étranger par des Américains est supérieur d'environ 3 % aux intérêts que les Etats-Unis doivent payer sur leur dette extérieure* ».

Vers un réajustement interne de la situation ?

La crise financière asiatique de 1997 puis celle, plus récente, des *subprimes* montrent la fragilité du système international et ses risques dans un contexte de forte mobilité du capital. Mais, à la différence des Etats-Unis, les taux d'épargne domestiques restent à des niveaux élevés. Aussi, en se polarisant sur les déséquilibres de paiements courants, les flux de capitaux se dirigent principalement vers les pays avancés. Que se passerait-il si les Américains se mettaient à épargner ? Une forte baisse de la consommation américaine aurait sans nul doute des conséquences dans les pays asiatiques et spécifiquement en Chine (dont plus du tiers de leur PIB est constitué d'exportations). En d'autres termes, si le déficit courant américain tendait à se réduire, il en découlerait inévitablement des réallocations des structures productives au niveau mondial. De la même manière, il semble peu probable que les Chinois limitent de façon significative leur épargne en raison des récentes réformes sociales diminuant les transferts sociaux. De manière similaire, les Etats-Unis pourraient être tentés de mettre en place des mesures protectionnistes afin de limiter leur déficit extérieur. Cette stratégie – plus probable – pourrait néanmoins faire échouer les négociations commerciales débutées lors du cycle de Doha. En somme, il semble peu probable que le retour à l'équilibre soit une priorité. Ni pour les Etats-Unis, ni pour les principaux partenaires d'ailleurs. Le fait que les Américains « *vivent au-dessus de leurs moyens* » demeure un moteur de la croissance mondiale.

Chapitre 2 DE LA REMISE EN CAUSE DES BIENFAITS DU LIBRE-ÉCHANGE À UNE NOUVELLE FORME DE MONDIALISATION

Partout, de nouvelles zones d'échange se créent. Mondialisation des échanges et constitution de zones régionales sont deux évolutions concomitantes. Elles manifestent un refus de la mondialisation au profit d'une entente régionale. Ainsi, depuis le début des années 1990, 250 accords de libre-échange ont été notifiés à l'OMC. Le choix de la France d'approfondir sa présence dans l'Union européenne intervient exactement au moment de la constatation de l'échec des politiques nationales de relance keynésienne. L'Europe est alors présentée comme la solution à la crise via l'ouverture de nouveaux marchés. Mais cette alternative à la politique nationale implique des choix économiques importants : une désinflation compétitive, un euro fort et une modération des salaires afin d'assurer une compétitivité. Cette dynamique se révèle néanmoins en cahots dans la mesure où tous les effets attendus ne sont pas forcément positifs. Le local serait-il la solution ?

SECTION 1 - RE-TERRITORIALISER LA PRODUCTION OU LES AVANTAGES DE L'INTÉGRATION RÉGIONALE

La recherche d'une certaine interdépendance économique justifie l'intégration régionale. Il s'agit de construire de nouvelles frontières que la mondialisation rend plus floues. Depuis la création de l'OMC, plus de 130 accords dérogent à la clause de la nation la plus favorisée et obéissent à l'article 24 qui autorise la création d'une zone commerciale.

À LA RECHERCHE DE RELATIONS PRÉFÉRENTIELLES

Le regroupement de divers pays obéit généralement à des considérations géographiques. Ainsi, ce sont souvent des pays voisins qui signent des traités d'ouverture des frontières ou de coopération économique.

Une stabilité locale *versus* une compétitivité internationale

L'intégration économique assure un contexte de stabilité politique. Elle obéit à des considérations géopolitiques. Elle réduit les incertitudes et rassure des investisseurs internationaux potentiels. Pourtant la plupart des accords de libre-échange ont un caractère bilatéral. Et il semblerait que leur essor intervient de façon simultanée avec les échecs des conférences internationales de négociations commerciales, telles que Seattle en 1999 ou Cancun en 2003. Aussi, la recherche de relations économiques préférentielles semble être une alternative à la libéralisation mondiale du commerce. L'existence d'un pôle de croissance intervient comme un facteur décisif dans la signature d'un accord : en Asie, par exemple, le Japon et aujourd'hui la Chine nourrissent une dynamique économique régionale propre. Le projet chinois d'aide en faveur de ses voisins moins développés (Cambodge, Laos, Vietnam, Thaïlande) participe à cet éveil économique. D'ailleurs, les Etats-Unis ne sont pas absents de cette envolée : outre des accords avec le Mexique et le Canada, des négociations ouvertes en 2000 ont abouti à la signature d'un accord de libre-échange avec Singapour. Les firmes américaines ont obtenu un large accès au marché intérieur dans des secteurs où elles détiennent un avantage comparatif certain (finances, télécommunication, professions libérales).

L'apparition des zones régionales dans l'espace « monde » accentue le phénomène de mondialisation. Effectivement, ces ententes régionales s'analysent à la fois comme un rempart potentiel contre des effets néfastes de la mondialisation et comme un vecteur de celle-ci. Ces associations de pays rassemblent tout type de pays et interviennent de façon indifférenciée, même si elles s'expliquent très souvent par des considérations géographiques : le Mercosur, l'Ansea, l'Alena, l'Apec, l'Union européenne. Seule l'Afrique apparaît en retrait[5]. Partout (à l'exception de l'Ansea), le commerce intrazone représente entre la moitié et les trois quarts du commerce total. Le climat de guerre commerciale est patent : ainsi les différentes négociations dans le cadre des accords de l'OMC sont houleuses, essentiellement entre les Etats-Unis et l'Europe sur des dossiers tels que l'agriculture, l'aéronautique, l'acier, mais aussi entre le Japon et les Etats-Unis concernant l'automobile ou l'électronique. La tendance est au transfert de la concurrence entre pays à celle entre blocs régionaux, mais ne réduit pas pour autant les conflits d'intérêts au sein de chaque bloc.

Un subtil dosage entre protectionnisme et ouverture des frontières

L'intégration régionale permet de s'insérer dans un espace économique mondialisé. Elle assure de nouveaux débouchés par la création de zones de commerce dépourvues d'entraves. Par ailleurs, la suppression des barrières tarifaires et non tarifaires favorise les échanges puisque les biens, les services et les hommes circulent librement. Elle permet aux entreprises nationales d'anticiper de nouveaux débouchés solvables. Elle favorise un processus d'harmonisation : les normes, les réglementations, les produits, etc. Ce sont autant d'éléments qui permettent de fluidifier les marchés et d'accélérer les échanges. Par ailleurs, le processus repose sur le principe des économies d'échelle et des économies de champs. L'argument de la suppression des coûts de transaction est souvent avancé pour justifier de l'intégration régionale. Les entreprises Sony et Sharp conservent ainsi la plus grande partie de leur production au Japon – et ce malgré les coûts salariaux plus élevés – du fait de l'existence d'une plus grande capacité d'innovation. De même, l'Italie du Nord

5. Il semblerait toutefois que ce fait risque de changer. La présence d'investissement chinois dans certaines zones ainsi que le renchérissement de certaines matières premières favorisent la croissance de pays comme l'Ethiopie, le Mozambique ou la Tanzanie qui affichent des taux de croissance dépassant ceux de l'Amérique latine. En une décennie, le PIB est passé de 2,4 à 5,7 % en moyenne sur tout le continent africain (moyenne asiatique : 7,9 %). En interne, le Mozambique ou la Tanzanie ont réduit leurs dépenses publiques pour favoriser l'investissement.

demeure un pôle de textile compétitif face à la production chinoise grâce à sa proximité de Milan (capitale de la mode) et à une main-d'œuvre qualifiée. La libre-circulation des capitaux permet également une meilleure allocation des ressources disponibles. De plus, en raison de l'apparition de nouveaux marchés, les débouchés des entreprises nationales augmentent. Il existerait alors un effet bénéfique sur le pouvoir d'achat des nationaux dans la mesure où ce processus favorise la croissance.

LES LIMITES DE L'INTÉGRATION RÉGIONALE

Les forces à l'œuvre semblent conduire à la même conclusion : la loi d'airain de la concurrence pousse inéluctablement à la convergence des économies. Toutefois, cette harmonisation s'inscrit dans une tendance à la baisse et suscite la recherche du plus faible coût. La signature d'accords de libéralisation des échanges ou d'intégration régionale ne repose pas forcément sur un principe égalitaire.

Le pouvoir de marché

Samuelson (2004) émet un doute sur les gains du libre-échange et critique la vision mutuellement avantageuse du commerce internationale. Selon lui, s'il y a un gagnant, il y a un perdant. Il évoque comme premier exemple les produits agricoles : lorsque la productivité augmente dans un pays exportateur, elle accroît la compétitivité-prix et le pays importateur profite d'un prix plus faible. Mais ce dernier est préjudiciable au pays exportateur : la croissance devient appauvrissante. Le second exemple se réfère aux transferts technologiques : le pays périphérique (où les entreprises délocalisées s'installent) peut dépasser le centre (pays d'origine). Ce dernier est alors doublement perdant puisqu'il a non seulement perdu la production, mais aussi la capacité de produire les produits plus performants en raison du coût de ses facteurs de production. En l'espèce, les Etats-Unis, selon lui, n'ont rien à gagner du commerce avec la Chine. Les échanges sont appauvrissants.

La Chine ou l'Inde disposent d'un poids dont certains pays en développement sont dépourvus. Ceci place les effets de pouvoir voire de domination au cœur de la réflexion de cette dynamique régionale. L'exemple de l'introduction de cultures transgéniques sur des marchés agricoles nationaux dénote alors parfaitement ce nouveau rapport de forces. Si les Etats-Unis défendent la libéralisation totale des échanges, ils entendent bien assurer de nouveaux débouchés aux firmes nationales (comme Monsanto et DuPont). Par ailleurs, la libre-circulation des capitaux a pour conséquence d'entraîner des fermetures d'usines dans les zones les plus coûteuses. *Ita est*, plus la mobilité du facteur capital est forte, plus la relocalisation des processus de production dans des zones plus rentables provoque des licenciements dans la zone initiale. L'industrie du textile française a ainsi largement subi cette mondialisation, sans pour autant avoir été protégée par l'intégration régionale. Aujourd'hui, ce risque de délocalisation concerne toutes les activités : entre les centres d'appel et la création de composants à l'étranger ou la transmission de rayons X de Boston à Bombay, rien ne semble échapper à l'externalisation. L'exemple de Walmart (grand distributeur américaine) est patent : il impose à ces fournisseurs des contraintes de coûts telles que seule la délocalisation d'une partie de la production permet de satisfaire. Au bonheur du consommateur, mais au détriment du salarié. Ou comment la course au *discount* aboutit à un appauvrissement de la nation !

Re-territorialiser la production n'implique pas nécessairement une plus grande protection du salarié

L'intégration régionale n'est pas toujours une opportunité pour les salariés dans la mesure où la recherche de la compétitivité sous-entend une modération salariale, laquelle se retrouve en matière de redistribution (*via* le problème du financement). Aussi, tout le débat sur les normes sociales internationales intervient exactement devant la faiblesse des réponses des Etats-Nations aux effets de la mondialisation. Mais que recouvre cette notion ? Seront-elles coercitives ou reposeront-elles sur l'engagement social des firmes ? Qui certifie la production ? La mondialisation appelle ainsi une labellisation éthique de la production réalisée. Les questions liées au travail forcé ou au travail des enfants s'inscrivent dans cette logique.

Les nouvelles formes de délocalisations semblent nuancer la théorie de Stolper/Samuelson (2004) : les délocalisations concernent aujourd'hui également les activités de services (assurance, vente par correspondance, etc.). Ainsi en est-il des centres d'appel qui se développent en Afrique du Nord ou en Inde. Or la société de services (commerce, transport, administration, santé, assurance, culture) représente aujourd'hui près de 70 % de l'emploi ou de la valeur ajoutée dans les pays industrialisés. Cette évolution signifie concrètement que l'on est passé d'une société de l'effort physique et du travail direct sur la matière (agriculture, industrie) à une société basée sur l'effort mental dans laquelle l'information tient une grande place. Cette rupture introduit l'idée d'une société post-industrielle, de l'avènement d'un secteur tertiaire. Il est vrai que cette société de services constitue le prolongement normal de la diffusion des biens. Ainsi en est-il de l'automobile qui nécessite des cours de conduite, des polices d'assurance, des services d'entretien, des modes de financement, de la publicité, etc. En fait, « *les services sont le moyen, pour les sociétés, de gérer leur complexité* ».

La loi de Baumol-Bowen (1965) ou loi de la fatalité des coûts croissants, permet d'éclairer encore ce phénomène : l'apparition d'une économie duale avec deux secteurs, l'un à forte productivité et l'autre à constante (voire faible) productivité, induit nécessairement un ralentissement de la croissance dans la mesure où les gains de productivité observables dans le premier secteur seront absorbés par le second. En d'autres termes, la tertiarisation d'une société développée où le revenu par habitant est élevé se révèle plus lent que la mécanisation des secteurs manufacturiers. L'informatisation des sociétés implique donc irrémédiablement un rythme de croissance plus faible. Et Baumol (1965) de réintroduire le rôle de l'Etat dans la mesure où l'existence d'une faible productivité du travail dans le secteur public n'est pas liée au caractère public de l'activité, mais à sa nature : la production publique est une production de services. La dynamique de la croissance dépend donc également du transfert des facteurs de production (donc de la productivité) d'un secteur à un autre. La loi de Kaldor-Verdoorn (1948) explique cela : la croissance de la demande est directement liée aux gains de productivité du travail.

SECTION 2 - LA DÉMONDIALISATION[6] COMME NOUVELLE FORME DE MONDIALISATION ?

Outre la reterritorialisation de la production, la démondialisation est favorable à une nouvelle forme d'accumulation. En l'espèce si la fermeture des frontières n'est plus possible, il est toutefois possible de réduire les méfaits de la globalisation. Elle se concentre alors sur la définition de nouvelles règles, socialement plus justes et écologiquement plus raisonnables. En réalité, cette démondialisation répond à un besoin social de liens : envisager la production à taille humaine dans des centres de distribution plus réduits où le salarié redevient propriétaire de sa production. La critique de la mondialisation est radicale. Elle s'inscrit dans une volonté de retrouver un espace maîtrisable détaché des marchés financiers.

VERS UN COMMERCE PLUS ÉQUITABLE

Re-territorialiser la production permet de relocaliser les firmes, donc les emplois. Mais aussi les profits et le pouvoir d'achat. Ces éléments modifient les déterminants de la croissance interne en assurant des débouchés internes. Pour inciter à une telle démarche, la question de la lutte contre la fraude, contre les contrefaçons et le régime fiscal avantageux aux multinationales (à travers les prix de transfert entre sociétés d'un même groupe) doit être posée. Surtout, la relocalisation des processus de production nécessite de relocaliser les financements des firmes afin d'affaiblir la pression exercée par les fonds de pension. Dans cette perspective, les mouvements de spéculation peuvent être limités par une taxation spécifique (taxe Tobin[7]). La forte mobilité du capital accentue les méfaits de la mondialisation. Mais cette démondialisation repose aussi sur une action concrète du consommateur ! La question porte aussi sur le sens à donner à la consommation (eu égard à la critique de Baudrillard ou de Veblen au sujet de la consommation ostentatoire). La démondialisation est aussi un appel à la simplicité, à une consommation forcément plus frugale... Le retour à des règles plus traditionnelles et plus humaines participe à ce mode de vie et de consommation plus « naturelle », plus qualitative, plus durable, plus sobre et moins de pacotille. Le citoyen devient consommateur-acteur.

Ces aspects se retrouvent dans l'approche des besoins essentiels (ou élémentaires) qui met en exergue les méfaits du modernisme et les préoccupations écologiques du Club de Rome (1973). La vision du développement économique est différente : l'autonomie

6. Le terme provient de Walden Bello (*Deglobalization, ideas for a New World Economy*, 2002) : « *Il s'agit de réorienter les économies, de la priorité à la production pour l'exportation, à celle pour la production destinée aux marchés locaux.* »

7. La taxe Tobin est une proposition du prix Nobel Tobin : instaurer une taxe (de 0,01 %) sur les mouvements de capitaux transitant sur le marché des changes. L'objectif est de réduire la spéculation contre les monnaies afin d'introduire davantage de stabilité dans les échanges internationaux. L'idée – originale – réside dans l'utilisation du produit de cette taxe. Ce dernier pourrait alimenter des programmes d'aide au développement et levé par le FMI, il accentuerait le rôle de contrôle de cette institution dans l'utilisation de ces fonds.

(*self-reliance*) « *ne signifie pas autarcie mais des bénéfices mutuels tirés du commerce et de la coopération et une redistribution plus juste des ressources satisfaisant des besoins essentiels* [...] *Cela exclut la dépendance vis-à-vis des influences et des pouvoirs extérieurs qui pourraient se transformer en pressions politiques* » (Déclaration de Cocoyoc, 1974, Cnuced).

S'y inscrivent toutes les stratégies d'éco-développement et de commerce équitable, mais aussi des labels qui renseignent sur l'origine des produits. Elles sont souvent le fait d'organisations non gouvernementales plus ou moins hors du circuit marchand traditionnel. Pourquoi ne pas envisager une taxation spécifique pour cette production plus locale afin de renforcer ce type de comportement (et assurer des emplois au niveau local, à la source de la demande) ? Cette taxation favorise les activités de proximité et pourrait être mise en parallèle avec un système de bonus/malus[8] sur les entreprises qui licencient.

Ce type de commerce tend à se développer. Il apparaît aussi en concomitance avec la dénonciation d'une division internationale du travail : l'école de la dépendance dénonce les échanges inégaux entre les pays. La théorie de l'avantage comparatif s'applique mais au détriment du développement des pays dits périphériques (ou satellites). La croissance des pays industrialisés (métropoles) conduit à un « *développement du sous-développement* » (Gunder Frank, 1970). Nous retrouvons également les thèses néo-marxistes concernant le développement du capitalisme au niveau mondial[9].

Ces questions sont d'autant plus légitimes que les conflits sociaux (lors de licenciements boursiers) sont d'autant plus violents. On assiste, parfois, à un retour du luddisme, ces « *briseurs de machines* » du XIXe siècle (à Civet dans les Ardennes pour les salariés de Cellatex, dans les brasseries d'Adelshoffen près de Strasbourg, chez Bertrand-Faure à Nogent-sur-Seine).

ET UN COMMERCE PLUS DURABLE

Déjà en 1992, l'Agenda 21 – rédigé lors du sommet de Rio – prévoit la mise en application de plusieurs mesures afin de « *transmettre un monde vivable et reproductible* ». Le traité de Maastricht précise, dans son article 2, que les Etats membres ont la tâche de rechercher « *une croissance durable et non inflationniste respectant l'environnement* ». Le développement durable[10] s'inscrit dans un penser collectif et va bien plus loin que le

8. Le principe du « bonus-malus » est un système cherchant à pénaliser financièrement les entreprises qui licencient. Basé sur une logique inhérente aux assurances, le dispositif lie le comportement de la firme en matière de gestion du personnel (embauche ou licenciement) et son taux de cotisation. Déjà en œuvre aux Etats-Unis, cette « *experience rating* » modifie le statut de la cotisation. Ainsi, le coût du licenciement est directement pris en charge aux deux tiers par la firme qui licencie, c'est-à-dire que la cotisation sur la masse salariale ne finance qu'un tiers de l'assurance chômage et la contribution de solidarité les deux tiers restants.

9. Nous invitons le lecteur à relire la fiche 6.

10. En ce sens, l'économie de fonctionnalité représente une option possible : elle consiste à ne pas créer en quantité des objets mais à raisonner en services. L'idée de la voiture en co-location entérine parfaitement ce schéma de fonctionnement : ce n'est pas la possession de l'objet, mais la disponibilité de celui-ci qui en fait l'attrait. L'objectif n'est plus d'acquérir mais de partager collectivement un bien utilisable individuellement. Cette rupture dans le mode de consommation actuel transforme le rapport des individus aux objets.

simple recyclage des déchets ou la récupération des eaux de pluie. Il a pour objet de transmettre en quantité et en qualité. Ce besoin d'agir collectif pose la question de l'intervention de la puissance publique à travers la fiscalité par exemple. En effet, l'Etat joue un rôle important dans la mesure où il participe activement aux dépenses d'infrastructures. Le choix du ferroutage ou du transport routier demeure un choix politique. La démondialisation plaide en faveur de la prise en compte des externalités négatives.

Aujourd'hui, le rail ne concerne que 8 % du fret européen (contre 40 % aux Etats-Unis). Dès lors, l'action gouvernementale est loin d'être neutre : encourager certaines catégories de technologie, agir sur les infrastructures, éduquer les individus sont autant d'éléments d'une politique étatique volontariste. Les voies du développement éthique, du commerce équitable ou du développement local par la diminution des sous-traitants et des frais de transport par l'assurance de débouchés locaux pour l'agriculture biologique (cantines scolaires, hôpitaux, réseaux commerciaux locaux) ne sont pas en reste. Pour faire évoluer nos modes de production, de distribution et de consommation, la mise en exergue de nouvelles formes de régulation s'avère indispensables. Il est alors possible de hiérarchiser les réponses en s'attachant essentiellement au développement local.

Ainsi, un système de production mondialisé s'articule autour de la sous-traitance, des flux tendus nécessitant des délais de livraison très courts. Outre l'importance économique du secteur, les enjeux sont également qualitatifs : ils se définissent d'abord par l'évolution des besoins des usagers : mobilité, vitesse, fiabilité, qualité et sécurité. En matière de marchandises, un déterminant clé dans les décisions reste le coût des transports. Avec le renchérissement du prix du pétrole, il n'est pas sûr que les gains liés à la faiblesse des coûts salariaux soient compensés par ces coûts de transport, auxquels se rajoutent les frais liés au contrôle de la production, aux éventuels coûts liés aux contrefaçons ou malfaçons et défauts de qualité.

Dans son rapport de la première conférence des Nations unies sur l'environnement (1972), Dubos affirmait déjà qu'il fallait « *penser globalement, agir localement* ».

CONCLUSIONS

Paul Krugman souligne les imperfections dans la concurrence internationale : les subventions publiques soutiennent l'économie nationale et modifient le prix effectif, donc le gain à l'échange réel. Par ailleurs, la question du gain à l'échange fait intervenir celle de la répartition de ce gain. En l'occurrence, comment réinsérer les travailleurs licenciés dans le cadre des opérations de délocalisations ? En outre, la théorie de Sauvy ne fonctionne guère puisque les emplois dans l'industrie étaient mieux rémunérés que dans les services. Aussi, même si le transfert de salariés s'opère, ces derniers bénéficient de salaires plus faibles. D'où cette idée que la mondialisation accentue l'apparition d'une trappe à pauvreté. La croissance n'est pas toujours enrichissante, elle peut être appauvrissante.

L'épargne est un élément déterminant dans une économie puisqu'elle assure un financement direct des projets. Cependant, dans une économie d'endettement basée sur un rôle prédominant des institutions financières, est-elle incontournable ? Dans un contexte de relance et de globalisation économique, il semblerait que l'efficacité d'une politique de taux dépend de la propension à consommer (à non-épargner) des ménages. Véritablement, le moteur de la croissance demeure irrémédiablement la consommation. Il est temps de changer de paradigme.

La déréglementation des marchés (ouverture à la concurrence, privatisations) et la globalisation financière ont également fragilisé la régulation fordiste. Le désengagement de l'Etat est manifeste. Face aux délocalisations, aux risques financiers (effet « *château de cartes* » comme en Argentine), aux asymétries d'information (cas Enron aux Etats-Unis), les dysfonctionnements du marché mondial suscitent craintes et pessimisme dans les comportements des agents économiques. La déréglementation compromet la croissance.

La coopération intergouvernementale (OMC, G8, ONU, FMI, OIT, Gafi), le regroupement en zones géographiques et le développement de partenariats locaux (Union européenne, Alena, Mercosur, etc.) sont autant de formes de régulation potentielles.

Faut-il alors conclure que cette évolution économique nécessite une monnaie internationale commune ? Est-ce la clé pour assurer une harmonisation et une équité ? Si l'on se réfère au père de la théorie de la zone monétaire optimale de Robert Mundell, le retour à un étalon-or et la réaffirmation du régime de changes fixes de Bretton-Woods (via la création d'une monnaie mondiale) permettraient-ils d'assurer les fondements d'une dynamique mondiale ? Mais n'était-ce pas déjà ce que défendaient à la fois A. Smith et J.M. Keynes, qui croyaient en un système de changes fixes appuyé soit sur l'or, soit sur une monnaie mondiale ?

GLOSSAIRE

Assistance

Le principe de l'assistance (de type Beveridge) s'oppose au principe de l'assurance (de type Bismarck) dans le sens où il n'exige pas de cotisation préalable pour bénéficier de certaines prestations sociales. Il repose sur la solidarité nationale. Au contraire, l'assurance nécessite l'accumulation de certains droits (nombre de points, durée de cotisation, etc.) pour pouvoir y prétendre. Elle repose sur un lien contributif réciproque. L'exemple de l'assurance chômage est à ce titre illustratif : pour bénéficier d'une indemnité de chômage, le salarié licencié doit justifier d'un certain délai de cotisation. A défaut, il est exclu du dispositif de l'assurance, mais peut prétendre au revenu minimum d'insertion (système d'assistance). De manière similaire, le chômeur de longue durée n'est pas assuré à vie sur ses indemnités chômage. Passé un délai, il rejoint le régime de l'assistance *via* l'allocation spécifique de solidarité.

Capitalisme

Notion qui apparaît en 1753 dans la langue française, le capitalisme se construit autour de la dichotomie capital / travail et reste conditionné par l'approche marxiste, qui insiste sur la concentration du pouvoir politique des détenteurs de richesses. Trois formes différentes de capitalisme peuvent être présentées (non exhaustif) :

• le capitalisme français avec la création d'une planification indicative : l'Etat fixe des orientations et invite, par des mesures fiscales ou monétaires, à les suivre ;

• le capitalisme américain où la propriété (actionnariat) est dispersée : cette démocratie financière (« *gigantesque propriété passive* ») se concrétise par une masse d'actions répandues dans le public. Toutefois, la FED lutte contre l'inflation et les récessions ; les autorités gouvernementales construisent des logements sociaux, contrôlent les fusions et acquisitions et soutient l'agriculture. Les Etats-Unis disposent depuis 1935 d'un système fédéral de santé (programmes d'assistance) et fixent un niveau de pauvreté minimal (1964) ;

• le capitalisme japonais est à la base du « *miracle japonais* » d'après-guerre : les efforts d'investissement sont considérables (30 % du PIB) et les prédispositions psychologiques de la population (volonté au travail, soumission à la hiérarchie) confirment la hausse de la croissance. L'entreprise est la première réalité sociologique du pays. Sa politique commerciale est agressive et son marché intérieur fortement protégé. D'une production « de pacotille » durant la fin des années 1940, le pays se dirige vers une production de qualité dont l'innovation constitue le principal moteur.

Ceteris paribus

Les principales théories raisonnent *ceteris paribus,* c'est-à-dire « *toutes choses égales par ailleurs* ». En effet, les hypothèses sont nécessaires pour comprendre les actions des individus. Afin de considérer l'impact d'un changement, le raisonnement se construit en faisant abstraction des autres variables (elles sont constantes). Pour Marshall (1890) : « *Nous réduisons toutes les autres forces à l'inaction au moyen de la formule toutes choses égales par ailleurs. Nous ne supposons pas qu'elles soient inactives, mais pour le moment, nous ignorons leur activité* [...] *Ce qu'il faut faire ensuite, c'est dégager de nouvelles forces de ce sommeil hypothétique qui pesait sur elles.* » Exemple : si la durée du travail hebdomadaire est réduite, *ceteris paribus*, des emplois sont créés. L'hypothèse *ceteris paribus* implicite repose sur une productivité du travail constante. Si cette hypothèse n'est pas vérifiée, il n'y a pas création d'emplois puisque le surplus de production est réalisé grâce à des gains de productivité.

Capitalisation

Un système de retraite par capitalisation repose sur l'épargne individuelle. Il peut être obligatoire ou facultatif, collectif (au niveau contractuel dans le cadre d'une entreprise ou national à travers le fonds de retraite crée en 1999) ou individuel (l'assurance vie ou la constitution d'un patrimoine par exemples).

Chômage

Le chômage définit une situation de sous-emploi sur le marché du travail. Selon les dernières conventions européennes (règlement du 7 septembre 2000), est considérée comme chômeur toute personne à la recherche active d'un emploi, immédiatement disponible et n'ayant pas travaillé lors de la semaine de référence (ne serait-ce qu'une heure). Cet excès de main-œuvre ne trouvant pas demandeur auprès des entreprises peut avoir différentes causes (insuffisance de débouchés futurs, inadéquation dans la formation, coût du travail trop élevé...).

Le chômage d'équilibre (taux de chômage naturel) correspond à un taux de chômage concomitant à une inflation maîtrisée. Son intitulé en anglais résume cette idée de Friedman : *non accelerating inflation rate of unemployment* (Nairu). Ce taux résulte d'une hypothèse monétariste visant à réfuter la courbe de Phillips-Lipsey (1960). En fait, il s'agit d'un taux réputé stable à long terme, représentatif de l'équilibre économique. Il trouve son fondement dans l'hypothèse de rigidité des salaires réels : la fixation du salaire d'efficience s'effectue par la négociation entre employeurs et pouvoir syndical (représentant les *insiders*) mais en dehors du marché du travail. Cette hypothèse fait référence à l'existence d'un marché du travail dual avec des *insiders* (personnes protégées bénéficiant d'un contrat à durée indéterminée avec une protection sociale importante) et des *outsiders* (subissant les nouvelles formes d'emploi, peu protégés et exclus des systèmes de protection sociale paternaliste comme les complémentaires, etc.).

Le chômage frictionnel découle des mouvements de la population active, notamment du retour d'anciens actifs ayant retrouvé un emploi Le chômage conjoncturel résulte des vicissitudes de la croissance. Il est souvent désigné comme du chômage keynésien puisqu'une simple reprise (donc relance) de la croissance suffit à supprimer ce type de chômage. Ce dernier est qualifié d'involontaire car les individus désirent un emploi mais n'en trouvent pas en raison de l'insuffisance d'embauches. Le chômage structurel se définit comme le niveau de sous-emploi de longue période que l'on obtient en éliminant le chômage conjoncturel et le chômage frictionnel. On décline ce chômage comme libéral en raison de son caractère volontaire : la rigidité du mode de fonctionnement du marché du travail, la présence de syndicats représentants des intérêts singuliers ou encore la présence d'aides sociales trop généreuses pesant sur le coût du travail empêchent le retour à l'équilibre.

Concurrence pure et parfaite

La concurrence pure et parfaite constitue une hypothèse forte de l'école néoclassique. Elle permet de démontrer qu'à l'équilibre de long terme, le prix est égal au coût moyen minimum et que les entreprises présentes sur le marché réalisent un profit nul. Cette hypothèse repose sur plusieurs axiomes :

• le libre accès au marché implique qu'il n'existe aucune barrière à l'entrée empêchant une entreprise d'intégrer un marché (aucun obstacle institutionnel, technique, commercial ou financier) ; elle sera remise en cause par l'existence de coûts d'entrée comme un brevet, un niveau d'investissement minimal ;

• l'atomicité du marché suppose une égale répartition des pouvoirs entre les agents (l'importance individuelle est négligeable) ; la constitution de cartels ou de syndicats la remet en cause ;

• la transparence du marché avec une information parfaite des agents, disponibles sans coût ; cet axiome n'est pas vérifié (fiabilité et disponibilité des informations) ;

• l'homogénéité du produit suggère l'inexistence de différence entre les facteurs de production et entre les produits ; les stratégies de différenciation et de publicité par la marque fragilisent fortement cet axiome.

Croissance

La croissance désigne la variation du PIB, c'est-à-dire la quantité de richesses produite par un pays au cours d'une période donnée. Mais croissance ne signifie pas forcément amélioration du bien-être puisqu'elle peut s'accompagner d'un creusement des inégalités. La croissance soutenable renvoie aux contraintes environnementales et à la prise en considération des générations futures dans la fonction de production. A ce titre la croissance est dite soutenable dès lors que l'utilisation des ressources disponibles (eau, air, sol) n'hypothèque pas la croissance future. Cet altruisme intergénérationnel prend alors en compte les externalités négatives (pollution).

Coûts de transaction

La théorie des coûts de transaction a été élaborée par Ronald Coase (1959). Elle critique l'analyse de Pigou sur les effets externes (ou externalités) en énonçant l'idée qu'il est possible de les internaliser par la voie de la négociation, à partir d'une dotation initiale des droits de propriété. Cette négociation bilatérale conduit les deux parties à s'entendre sur le prix de l'externalité et son niveau. Cette critique coasienne de l'analyse pigovienne est contenue dans le théorème de Coase : les externalités ne constitueraient pas un obstacle à l'optimalité, ce qui est contraire à la microéconomie usuelle. Il devient alors une vraie critique du modèle de la concurrence pure et parfaite.

CMU

La couverture maladie universelle (CMU) fut instituée par la loi du 27 juillet 1999. Initialement, tout résident en France pouvait en bénéficier à la condition de déclarer que ses ressources étaient insuffisantes. Elle donne droit à toutes les prestations en nature du régime général. Par ailleurs, elle donne droit au revenu minimum d'insertion (RMI).

Création monétaire *ex nihilo*

La création *ex nihilo* (« *à partir de rien* ») de la monnaie par les institutions financières bancaires reflète tout simplement leur possibilité de créer de la monnaie à partir de dépôts. La particularité réside dans l'idée que les crédits accordés sont plus élevés que les dépôts et que ce sont les nouveaux crédits qui permettent de nouveaux dépôts (*via* les remboursements). Ce processus donne naissance à un financement monétaire de l'économie par le biais de simples jeux d'écritures. Il ne repose pas sur un montant équivalent. La notion même de crédit prend ici tout son sens.

Critères de convergence

Les critères de convergence sont plus connus sous le nom de critères de Maastricht. Ils précisent les valeurs de référence concernant les finances publiques. Chaque année, le déficit public et la dette publique doivent être inférieurs à respectivement 3 % et 60 % du produit intérieur brut. Ces rapports sont appréciés en tendance, ce qui signifie que, même en cas de dépassement, c'est l'évolution qui importe. Ces objectifs chiffrés visent l'assainissement des finances de l'Etat.

Cycle

Un cycle économique désigne l'alternance de phases d'expansion et de ralentissement du taux de croissance tendanciel (*trend*). Selon Kondratiev, les cycles longs se caractérisent par le renouvellement des biens en capitaux essentiels tels que les infrastructures ou les bâtiments. Selon Juglar, les cycles sont plus courts et se réfèrent au développement et à la diffusion nationale puis internationale des biens d'un secteur donné.

Dépression

Cette dernière exprime une diminution ou un ralentissement à long terme du taux de croissance en raison d'une baisse de la consommation ou des prix et d'une hausse du chômage.

Déqualification

La thèse de la déqualification (Marglin et Braverman *in* Gorz, 1988) propose une lecture marxiste du taylorisme. La division du travail déqualifie les salariés et confisque leur savoir-faire tout en renforçant le pouvoir des capitalistes. En devenant interchangeable, le salarié ne dispose plus d'un pouvoir de négociation.

Développement

W.W. Rostow (1960) conceptualise le développement d'un pays autour de cinq étapes : la première correspond à la société traditionnelle dominée par le secteur agricole, puis la multiplication des échanges permet de modifier le schéma de pensée en favorisant l'ouverture des frontières et des esprits. Dès lors, le décollage économique (*take-off*) est possible : la révolution industrielle (investissement) est financée par une épargne croissante. Puis une phase plus qualitative apparaît, dans la mesure où le progrès technique se diffuse (« *marche vers la maturité* »). La dernière phase correspond à une ère de consommation de masse illustrée par les Trente Glorieuses durant lesquelles le fordisme a largement contribué au développement économique et social des pays européens. La croissance a une dimension linéaire – voire unilatérale – et est la condition *sine qua non* pour qu'un pays passe d'un état sous-développé à un stade industrialisé. Il est également vecteur de réduction des inégalités sociales (S. Kuznets, 1950).

Division du travail

La division du travail consiste en une répartition du travail en tâches parcellaires. Son principe se retrouve dès 1776 chez A. Smith à travers son exemple de la manufacture des épingles. Considérée comme une cause du développement industriel, elle favorise la dextérité des individus et supprime les pertes de temps liées au passage d'une tâche à une autre. Par ailleurs, elle sous-entend la séparation des tâches et une hiérarchie dans le processus de production. Cette philosophie sera reprise par F.W. Taylor (1856-1915) puis par H. Ford (1863-1947), pionnier dans l'industrie automobile. Dans le film *Les Temps Modernes* (1936) de Charlie Chaplin, l'acteur dénonce les méfaits et la pénibilité induite par cette organisation du travail.

Division internationale du travail

La division internationale du travail signifie que les tâches sont réparties au niveau mondial entre les pays développés (activités à forte valeur ajoutée) et les pays moins avancés (activités de montage). Avec les nouvelles technologies d'information et de communication, les pays émergents bénéficient de la prospérité des pays les plus avancés. Toutefois, l'amélioration du niveau technologique d'un pays dépend de plusieurs facteurs. En l'espèce, l'importation de brevets et/ou de licences, de technologies directement incorporées dans l'outil de production, le libre accès de la technologie du fait d'une diffusion mondiale des données scientifiques sont autant d'éléments qui permettent de réduire le différentiel technologique entre les pays. Dans le cadre d'une politique économique, les mesures ne sont pas neutres : favoriser les échanges extérieurs et faciliter l'installation de firmes étrangères sur le territoire national sont autant d'atouts qui permettent d'accroître son potentiel de croissance. La Chine n'est pas en reste dans cette démarche : la volonté de transférer les technologies et le savoir-faire en échange de contrats commerciaux obéit à cette stratégie de rattrapage rapide. Les pays imitateurs participent ainsi à la diffusion mondiale du progrès technique. Une fois introduit, celui-ci se propage plus rapidement à l'économie nationale.

Dévaluation compétitive

La dévaluation compétitive est une sous-évaluation provoquée par la Banque centrale afin d'augmenter la compétitivité-prix des entreprises nationales. Les exportations sont moins chères alors que le prix des importations est augmenté. L'idée est de relancer la croissance interne par le biais du commerce international. Il s'agit d'une mesure non-coopérative d'inspiration protectionniste.

Dumping social

Le dumping social se réfère à l'existence de distorsions de concurrence. Il se concrétise par des délocalisations vers les régions à faibles coûts salariaux et aboutit à un nivellement par le bas des réglementations du travail. Dès 1988, la Commission européenne a rendu un rapport sur « *la dimension sociale du marché intérieur* » qui suggère plusieurs pistes pour protéger le travailleur européen. La Charte européenne des droits sociaux a été adoptée en 1989 (sauf par le Royaume-Uni). Elle renforce le rôle des fonds structurels tout en réaffirmant la liberté d'établissement. Par la suite, la multiplication des champs de l'action sociale dans les textes européens n'a pas permis de limiter ce dumping social intracommunautaire.

Economie d'endettement

Une économie d'endettement fait référence au financement indirect d'une économie. Elle insiste sur l'importance des banques en tant qu'intermédiaire entre une épargne (les dépôts) et un investissement (les crédits). La transformation de l'épargne en crédits est généralement appelée intermédiation. Cette économie d'endettement s'oppose à une économie de marchés de capitaux qui se caractérise par un financement sans intermédiaire financier. Historiquement, la France fut une économie d'endettement jusque dans les années 1980 ; ensuite, la déréglementation, le décloisonnement et la dérégulation financière ont favorisé le développement des marchés de capitaux.

Economie solidaire

L'économie solidaire désigne les secteurs non marchand et marchand (mais non régi par le principe de domination du capital). Elle recouvre le secteur associatif, les biens collectifs et les biens publics. Ces derniers sont des biens collectifs dont la propriété est publique. Les biens collectifs sont des biens non rivaux et/ou non exclusifs dont la solvabilité ne peut être assurée par le marché. En d'autres termes, il n'est pas possible d'en interdire l'accès ou la disponibilité ou d'en réserver l'exclusivité à quelque agent que ce soit.

Fayol

Henri Fayol (1841-1925), ingénieur français et auteur de *L'Administration industrielle et générale* (Dunod, 1916), a été précurseur dans les sciences de gestion. Selon lui, il faut penser l'administration comme du management, de la gestion qui interroge la politique générale d'une firme. Dès lors, l'activité de cette dernière comporte un aspect horizontal (l'administration afin de préparer, commander, coordonner et contrôler) et cinq aspects verticaux ou spécifiques (la technique à savoir transformer et produire, le commercial en négociant les achats et les ventes, la finance, la sécurité des personnes et des biens et la comptabilité), L'administrateur doit donc posséder certaines qualités : prévoir, organiser, commander, coordonner et contrôler.

Financement d'une économie

Le financement d'une économie précise la place de l'épargne dans une économie. Selon la tradition libérale, l'épargne précède l'investissement ; le taux d'intérêt résulte de la confrontation entre une offre et une demande de fonds prêtables sur le marché des capitaux. Mais une économie peut aussi se financer par le biais des banques. Cette distinction entre d'une part le financement direct et d'autre part le financement indirect révèle deux conceptions différentes du rôle de la monnaie dans une économie.

Fiscalisation de la protection sociale

La fiscalisation (ou nationalisation) de la protection sociale se réfère à l'évolution du mode de financement de la Sécurité sociale. Initialement, elle se finançait par le biais des cotisations sociales, mais la persistance d'un déséquilibre financier – essentiellement pour la branche maladie – a conduit le système à ouvrir le mode de financement à une assiette plus large. L'introduction de la contribution sociale généralisée (CSG) a ainsi abouti à une fiscalisation partielle des finances sociales dans la mesure où elle se calcule à la fois sur les revenus du travail, et sur ceux de remplacement et du patrimoine. La fiscalisation désigne ainsi la distanciation du droit à prestations et du montant cotisé. Elle a pour principal avantage de ne pas asseoir le financement de la protection sociale sur les seuls revenus du travail et d'échapper ainsi, du moins en partie, aux vicissitudes de l'emploi. La privatisation de la protection sociale fait référence à la part croissante des dépenses de protection sociale qui reste à la charge des ménages. Il s'agit à la fois du ticket modérateur (pour les médicaments), du forfait hospitalier et du déremboursement de certains soins. Aussi, elle s'accompagne d'une multiplication des dispositifs complémentaires individuels.

Fonds européen de coopération monétaire (Fecom)

Le Fecom est institué en 1972. Il a pour mission de gérer l'assistance financière aux monnaies européennes en difficulté et d'assurer la gestion communautaire des réserves de change. Il institue une solidarité financière par le biais de dépôts auprès du Fecom utilisables en prêts à court terme. Cette aide aux banques centrales dans le soutien de leur monnaie constitue un tournant dans l'histoire monétaire.

Fordisme

Le fordisme est un modèle de développement largement expliqué par l'école de la Régulation. Il repose sur un régime d'accumulation (production et consommation de masse, politiques macroéconomiques d'inspiration keynésienne) et un mode de régulation (conventions et négociations collectives). Les Trente Glorieuses en sont l'illustration.

Firme-réseau

La firme réseau naît avec la multiplication des sous-traitants ; les frontières de l'entreprise deviennent floues puisqu'une société-mère déplace et déstructure son outil de production en sous-structures plus ou moins stables, parfois mises en concurrence. Cette forme de société favorise le dualisme du marché du travail car les salariés appartenant à la firme principale bénéficient d'avantages sociaux plus confortables (comité d'entreprise, etc.). L'incertitude économique est transférée aux sous-traitants.

Gouvernance d'entreprise

La gouvernance d'entreprise est un mode de gestion des firmes qui repose sur le pouvoir prédominant des actionnaires sur les gestionnaires. Généralement, cela signifie que les objectifs de rentabilité à court terme sont privilégiés, au détriment de projets d'investissement visant le long terme. La théorie de l'agence souligne alors l'importance des comportements stratégiques liés à l'incapacité à observer parfaitement les comportements. Ainsi, si les actionnaires ont pour objectif de maximiser leurs dividendes, les gestionnaires privilégient la taille de la firme afin d'asseoir leur pouvoir.

Halo du chômage

Le halo du chômage désigne l'ensemble des personnes qui ne répondent pas *stricto sensu* à la définition statistique du chômeur. Cette expression regroupe les chômeurs découragés, les personnes ayant un emploi précaire mais désireuses d'en changer, etc. Les frontières entre emploi, inactivité et chômage deviennent ainsi de plus en plus floues, à un point tel que les contours de la population active, et plus spécifiquement du chômage s'amenuisent. La principale explication réside essentiellement dans la précarisation des emplois.

Holisme

Le holisme privilégie le global et s'inscrit en contestation de l'approche néoclassique. Cette dernière – par le biais de la formalisation – introduit le concept du *ceteris paribus* en se concentrant sur un point particulier. Or, selon le holisme, un phénomène ne peut être pensé isolément ; l'abstraction par la décomposition en éléments simples et indépendants ne correspond pas à la réalité. En généralisant, le tout est supérieur à la somme des individualités (1+1 > 2).

IDH

L'indicateur de développement humain (IDH) des Nations unies réunit le PIB par habitant, l'espérance de vie et le taux d'alphabétisation. Il n'est pas le seul indicateur. Ainsi, en France, le réseau d'alerte sur les inégalités a construit le BIP 40 (baromètre des inégalités et de la pauvreté) qui recoupe quarante indices, dont le taux de chômage, le taux d'accès au baccalauréat, l'accès aux transports ou à la santé, etc.

Inflation

L'inflation est une hausse durable et générale des prix. Elle provient soit d'un choc d'offre (hausse du prix des produits importés ou des matières premières, des salaires induite ou non par des gains de productivité : inflation par les coûts), soit d'une demande supplémentaire (hausse des débouchés : inflation par la demande ; ou de la création monétaire : inflation monétaire). La désinflation correspond à un ralentissement de la hausse des prix (l'inflation est positive mais de plus en plus faible). La déflation correspond à une baisse des prix. La stagflation désigne la situation des années 1970 durant laquelle chômage, croissance faible et inflation forte peuvent coexister. La stagflation contredit l'idée d'un arbitrage entre inflation et chômage comme le suggéraient Keynes ou Phillips.

Investissement

L'investissement correspond à la formation brute de capital fixe. Généralement, on distingue l'investissement de capacité qui a pour but d'accroître la capacité de production de la firme, l'investissement de productivité (ou de rationalisation) dont l'objectif est d'améliorer l'efficacité des facteurs de production. L'impact sur l'emploi est différent selon le type d'investissement réalisé : alors que le premier favorise la création d'emplois, le second vise à développer des gains de productivité, néfaste au développement de l'emploi au sein de la firme. La distinction entre investissement immatériel et investissement matériel s'analyse par le biais des dépenses réalisées : ainsi, les frais de recherche et de développement, de formation ou d'acquisitions de brevets et/ou de logiciels constituent des investissements immatériels. L'investissement matériel reflète les dépenses en machines, matériels ou encore en bâtiments.

Libéralisme

Le libéralisme désigne une philosophie politique fondée sur la primauté de l'individu. C'est pourquoi l'Etat est un Etat-Gendarme, garant de la défense des libertés individuelles et des droits individuels, dont notamment le droit de propriété et le droit à la protection par la loi. La philosophie des droits naturels de Locke est la parfaite illustration du libéralisme américain et de la philosophie politique classique du XVIIIe siècle. La vision défendue est pragmatique et optimiste du fait de sa foi dans le progrès et de son désir de changement. Or le progrès et l'innovation sont régis par l'intérêt individuel ; l'égalité des chances (*equality of opportunity*) permet à chacun d'exprimer et d'exercer ses propres talents (le fameux « *rêve américain* »). Il a foi en l'individu et au sens moral inné. C'est pourquoi deux types de libéralisme économique coexistent : le *New Deal* des années 1930 où la *Great Society* de Lyndon Johnson illustre le libéralisme progressiste dans le sens où l'Etat joue le rôle de régulateur ; et l'« *economic conservative* » qui désigne un libéralisme classique, hérité d'Adam Smith et de John Stuart Mill, synonyme de libre-entreprise et de liberté des échanges économiques.

Masse monétaire

La masse monétaire désigne la quantité de monnaie en circulation dans une économie. Elle se définit autour de l'agrégat M3 qui regroupe les monnaies divisionnaire, fiduciaire et scripturale et tous les titres négociables à court terme. La Banque centrale se réfère à cet agrégat pour déterminer sa politique monétaire.

Méthode des coûts complets

Les méthodes des coûts complets et *Activity Based Cost* (ABC) sont des méthodes de calculs des coûts. La première, adaptée à une firme mono-activité à grande échelle, base la détermination du coût total sur une hiérarchie des coûts (sections homogènes : achat-production-vente). La seconde insiste sur l'inducteur de coût et les éléments porteurs de valeur ajoutée afin d'éviter l'arbitraire dans la définition d'une clé de répartition des charges de structure (comme c'est le cas dans la première approche) ; elle concerne des firmes produisant de petites séries et sujettes à la concurrence.

Microéconomie

La microéconomie repose sur le postulat de l'*homo-œconomicus* à savoir la rationalité économique des agents. Les actions sont le résultat d'un processus d'optimisation sous contraintes[1] qui limitent les choix possibles. Cette rationalité fera l'objet de nombreuses contestations car les choix sont parfois conditionnés par le contexte culturel ou géographique. Ainsi, la rationalité économique peut être limitée au sens de l'optimisation stricte. De nombreux auteurs (F. Perroux, H. Leibenstein, H. Simon) démontrent alors que l'acte est global et contingent, remettant ainsi en cause le cadre théorique simpliste des néoclassiques.

1. Essentiellement budgétaire pour un ménage, technique et financière pour une firme.

Multiplicateur

Le multiplicateur d'investissement s'observe lorsqu'un investissement supplémentaire se traduit par une hausse plus importante de la demande. Aussi, selon la conception keynésienne, cet effet sera d'autant plus efficace que la propension à consommer forte et la propension à importer faible. Pour Samuelson (1939), les fluctuations cycliques proviennent de l'interaction entre les principes du multiplicateur keynésien et de l'accélérateur de l'investissement faisant jouer un rôle clé à la consommation des ménages. L'idée principale est que le revenu fluctue autour d'un équilibre ; plus les fluctuations (oscillations) sont fortes, plus le système est instable.

OMC

L'organisation mondiale du commerce (OMC) fait suite au Gatt. Mais ils se distinguent à plusieurs niveaux : l'OMC est une institution internationale dotée de procédures de régulation des conflits, l'Organe de règlement des différends (ORD). Ses accords concernent tous les échanges économiques, sont multilatéraux et engagent tous les membres. Aussi, une baisse généralisée des tarifs irrite certains pays en développement du fait de la perte potentielle de leurs préférences différentielles.

Pacte de croissance et de stabilité

Le Pacte de croissance et de stabilité est proposé à la fin de l'année 1995 par le ministre allemand de l'Economie (T. Waigel). Il s'inspire de l'article 104C alinéa 11 du chapitre III du traité de Maastricht et spécifie la possibilité de sanction en cas de déficit budgétaire jugé excessif. Cet article prévoit une surveillance des finances publiques au regard des deux critères de convergence. Ainsi, des avertissements préventifs permettent de manifester publiquement des réprimandes certes non contraignantes à un pays qui s'approche des seuils. En cas de dépassement, la procédure pour déficits excessifs contraint l'Etat à la mise en place de mesures correctrices afin de rétablir la situation dans un délai d'un an. A défaut, il encourt des sanctions via la constitution d'un dépôt sans intérêt équivalent à 0,25 % du PIB. En réalité, aucun pays ne s'est vu infliger d'amendes financières.

Paternalisme

L'entreprise paternaliste s'occupe de ses salariés bien au-delà des prérogatives liées au contrat de travail ; elle s'introduit dans la sphère privée de son salarié. Elle rend légitime le rapport salarial. Autour de l'usine, se construit un hôpital, une bibliothèque ou une école. A l'image d'A. Krupp, sidérurgiste rhénan, le salarié se retrouve dans un monde clos organisé autour de l'usine avec son économat, son casino, ses quatre écoles industrielles, sa salle de lecture, sa clinique dentaire et son foyer pour retraités infirmes. Si l'objectif est de s'assurer un certain niveau de productivité, il s'agit tout autant de créer un esprit familial, de fidélité à l'entreprise et ainsi d'éviter toute grève ou révolte. Né à la fin du XIXe siècle, le paternalisme relève surtout d'industriels chrétiens ou libéraux qui vont au-delà de la simple stratégie du « bâton » pour gérer la main-d'œuvre. Citons les mines ou le textile, Michelin, Schneider.

Pauvreté

Il existe deux indicateurs actuellement. Le premier (français) définit comme pauvre l'individu qui dispose d'un revenu inférieur à 50 % du revenu médian. Le revenu médian est ainsi passé de 658 à 1160 euros entre 1970 et 2000. Le second (européen) retient le seuil de 60 % du revenu médian. Selon l'indicateur, on évalue donc à 3,6 millions ou à 6,8 millions le nombres de pauvres en France !

Plein emploi

Le plein emploi est une situation où toute personne désirant un emploi est satisfaite. Une situation de plein emploi ne se caractérise pas par un chômage nul, dans la mesure où il existe toujours une période d'ajustement et de rencontre entre l'offre et la demande de travail. Ce délai reste cependant relativement court.

Politique agricole commune (PAC)

La PAC correspond à la politique communautaire la plus aboutie. Certes elle englobe encore la majorité du budget européen. Ce marché commun agricole s'appuie sur la mise en place d'une politique de soutien aux agriculteurs et d'un tarif extérieur commun. Les articles 37 et 38 du traité de Rome en précisent les objectifs : l'accroissement de la productivité, l'assurance d'un niveau de vie équitable des agriculteurs via la stabilisation des marchés et l'existence de prix planchers. Mais mise en place en 1958, elle est aujourd'hui largement contestée et cherche davantage à privilégier une agriculture raisonnable, soucieuse de l'environnement.

Prélèvements obligatoires

Pour l'OCDE, il s'agit de tous les prélèvements ayant un caractère obligatoire et sans contrepartie immédiate et individualisable. *A contrario*, Eurostat intègre les cotisations sociales en raison de leur mécanisme de répartition. Aussi, il convient de relativiser l'écart entre l'Europe et les Etats-Unis car si l'on intègre les contributions des firmes américaines aux fonds de retraite privés et les contributions des salariés et des employeurs à l'assurance maladie, les différences s'estompent.

Prophéties autoréalisatrices

Les prophéties autoréalisatrices se résument dans l'idée que le futur est affecté par la vision que l'on en a. Ainsi, pour le sociologue Merton (1948) : « *La prophétie auto-réalisatrice est une définition d'abord fausse d'une situation, mais cette définition erronée suscite un nouveau comportement, qui la rend vraie.* » Si les ménages anticipent leur avenir avec pessimisme, ils alimentent une épargne de précaution. Or, l'insuffisance de débouchés incite les entreprises à davantage de prudence en matière d'investissement et d'embauches. Les anticipations sont donc réalisées : la croissance demeure atone.

Récession

La récession se définit comme une réduction temporaire de l'activité économique (baisse du PIB pendant trois trimestres consécutifs). Elle se distingue de la crise qui trouve tout son sens dans sa traduction anglaise « *turning point* » : la crise marque un point de retournement, une rupture ponctuelle. En outre, la récession – ralentissement de l'activité à court terme – se différencie également de la dépression.

Régionalisme

Le régionalisme désigne la multiplication des accords institutionnels d'intégration régionale. Il est donc le fruit d'une volonté politique. La régionalisation recouvre une évolution plus naturelle du fait de l'ouverture des frontières : la multiplication des échanges implique une plus grande interdépendance entre les pays. L'acteur principal est le capital via les entreprises. Le régionalisme commercial fait référence à la multiplication, depuis les années 1980, des accords d'intégration régionale. Cette intensification des échanges entre des pays géographiquement proches révèle des réalités différentes : zones de libre-échange, union douanière, marché commun ou encore union économique. Le régionalisme est souvent appréhendé comme une forme de protectionnisme régional face à la mondialisation.

Répartition (retraite)

Un système de retraite par répartition redistribue chaque année des pensions sur la base des cotisations versées par les salariés. Le système est contributif et réciproque. Il participe ainsi à une solidarité intergénérationnelle (des actifs vers les retraités). En fait, le principe est simple : le revenu de remplacement se détermine par rapport à la durée de contribution et à un salaire de référence. Le taux de dépendance correspond au nombre de retraités par cotisants. L'Insee l'estime à 38 pour 100 cotisants en 2000 et respectivement à 53 et 68 pour 100 en 2020 et 2050. Le taux de remplacement correspond au rapport entre le montant de la pension et celui du salaire antérieur. La pension se calcule

– pour les salariés relevant du régime général donc du secteur privé – selon des principes liés à l'âge de l'individu, la durée de cotisation et un salaire de référence. Ainsi, en 1993, la réforme Balladur fixe la durée à 40 ans ; la réforme Fillon la pousse à 41 en 2008 et 42 en 2012. Le calcul s'effectue sur la base de 50 % du salaire de référence lui-même défini par la moyenne des 25 meilleures années limitée au plafond de la Sécurité sociale. Par ailleurs, la réforme Fillon de 2003 modifie également le mode de calcul des pensions du secteur public : la durée de cotisation sera de 40 ans d'ici 2008 et le salaire de référence passe du salaire moyen des six derniers mois à celui des 3 dernières années.

Révolution industrielle

La révolution industrielle fait référence à une transformation profonde de la société : pour A. Blanqui[2], elle caractérise le passage d'une société traditionnelle (agricole et artisanale) à une société moderne (industrielle et commerciale). Toutefois, cette transformation connaît des interprétations différentes selon le caractère plus ou moins radical accordé aux changements dans la société. En l'espèce, F. Braudel (1979) préfère la notion d'industrialisation[3] de la société plutôt que de révolution industrielle en raison de la progressivité du processus (dans le temps et dans l'espace) en mettant en avant des conditions préindustrielles (« *une situation de proto-industrialisation* », pour F. Mendels, 1972) Ainsi, en France, le *putting out system* permet aux marchands de fournir des matières premières aux paysans, que ces derniers transforment puis revendent. Cette première approche du commerce préfigure de l'avènement capitaliste à venir. Pour l'historien G. Duby (1976), cette période préindustrielle débute même au Xe siècle.

Science économique

La science économique se divise en deux grandes approches. La microéconomie se concentre sur les comportements individuels d'un agent économique comme un ménage, une entreprise, un Etat. Elle est à la fois normative et explicative d'un comportement individuel dans un cadre particulier (échange marchand). La macroéconomie élargit son champ d'analyse et raisonne essentiellement au niveau général. Par exemple, la microéconomie explique pourquoi un agent décide de se porter sur le marché de l'emploi ou d'investir alors que la macroéconomie s'intéresse aux quantités agrégées, c'est-à-dire au taux de chômage ou d'accumulation du capital de l'économie et pose le problème en termes de taux d'intérêt, de débouchés, d'intervention de l'Etat.

2. Expression consacrée par A. Blanqui (1838), libéral français, qui succède à J.-B. Say à la chaire d'économie politique du Cnam en 1833.
3. Pour Braudel, « *il n'y a jamais entre passé, même lointain et présent de discontinuité absolue, ou si l'on préfère de non contamination. Les expériences du passé ne cessent de se prolonger dans la vie présente* ». Ainsi, certains historiens (P. Mantoux, 1906) datent le début de la révolution industrielle (période proto-industrielle) de la fin du Moyen Age, au début de la Renaissance, même si, selon certains, la révolution industrielle en soi a lieu au XVIIIe siècle.

Serpent monétaire

Le serpent monétaire limite l'écart instantané entre une des monnaies européennes et le dollar à 2,25 %. A défaut, les banques centrales doivent intervenir pour soutenir la monnaie et la maintenir dans ces limites. Créé en 1972, il connaît de fortes turbulences dès 1973 : 15 changements de parité en cinq ans et la sortie d'un certain nombre de monnaies (France, Italie, Norvège, Suède...). En mars 1979, il cède sa place au système monétaire européen.

Stabilisateurs automatiques

Cette expression désigne le fait qu'une partie des recettes et des dépenses de l'Etat soit endogène. Certaines évolutions des finances publiques sont directement liées aux vicissitudes économiques et indépendantes des politiques discrétionnaires. En période de croissance, les recettes publiques augmentent mécaniquement.

Système monétaire européen (SME)

Le SME résulte d'une volonté commune d'éviter l'éclatement de l'Union face à une pression extérieure importée (l'instabilité du dollar). L'unité de référence devient l'Ecu. A chaque monnaie européenne est attribué un cours-pivot rattaché à cet Ecu. Les marges de fluctuation autorisées sont de +/- 2,25 %, mais l'introduction d'un indicateur de divergence fixé aux trois quarts de l'écart maximal affirme une stratégie de coopération entre les banques centrales européennes. Par ailleurs, le SME institue une solidarité financière puisque chaque autorité monétaire peut intervenir sur le marché des changes pour soutenir une monnaie partenaire.

Subprimes

Les prêts immobiliers dits « *subprimes* » sont des crédits accordés aux ménages présentant de trop faibles garanties pour accéder aux crédits normaux. Ce type de crédit – basé sur la variabilité du taux d'intérêt – s'est essentiellement développé à partir de 2004. Durant cette période, les taux d'intérêt très bas ont permis à ce type de ménages d'accéder à la propriété. Aussi, une hausse des taux d'intérêt augmente le risque de défaillance et, dès la fin 2006, un nombre croissant de ménages américains n'ont pu faire face à leurs remboursements. Du fait du principe de l'hypothèque, ils ont été amenés à céder leur habitation[4]. Cette offre supplémentaire sur le marché de l'immobilier a contribué à réduire de façon significative la valeur des actifs immobiliers. Les premières faillites n'ont que peu d'effet ; c'est d'ailleurs l'avantage des opérations de titrisation[5]. Toutefois, une sous-estimation des risques a conduit les institutions financières à ne pas provisionner ou comptabiliser le risque de leur compte. En vendant ces créances sur le marché financier (*via* la titrisation), les banques ont participé à la création d'un risque systémique, qui s'est propagé à l'économie mondiale. Cette large répartition des risques a ensuite conduit à aggraver la crise de panique, par un effet de contagion rapide. Ainsi, en 2007, un nombre important de déposants désirent retirer leurs fonds. Certains organismes bancaires n'ont pu faire face à cette demande de monnaie, ils ont fait faillite. Cette crise a dépassé les frontières américaines, car les banques européennes se sont engagées dans ce type de dispositif. En 2008, une nouvelle étape a été franchie, dans la mesure où ces difficultés se sont transformées en crise de liquidité, en sachant que la liquidité se définit comme la capacité à disposer très rapidement de fonds monétaires.

Tiers-Monde

Le Tiers-Monde (plus exactement le troisième monde en référence aux deux blocs que sont l'Est et l'Ouest) est une expression introduite par A. Sauvy (1954) pour désigner le sous-développement. Sauvy croit en l'existence d'un optimum de population compatible avec le plein emploi et la création de ressources. A l'opposé de Malthus, Sauvy considère que la démographie conditionne la croissance future : plus la population est jeune, plus les perspectives de progrès sont importantes. Aussi, dès 1987 (*L'Europe submergée*), il soulève le danger d'une Europe vieillissante face à un Sud, pauvre mais jeune.

Trappe à inactivité

La trappe à inactivité ou à chômage fait référence au différentiel entre minima sociaux et revenus du travail. Selon certaines études, celui-ci serait faible et expliquerait la réticence de certains chômeurs à accepter un nouvel emploi. En théorie, corriger cet effet

4. Une baisse des prix de l'immobilier affecte : 1) la consommation des ménages, puisqu'une baisse de la valeur de leurs actifs pèse négativement sur leurs anticipations de revenus futurs (plu value potentielle en cas de vente) et la perception de la baisse de leur patrimoine équivaut à une baisse de leur revenus permanents au sens de Friedman et les conduit à une baisse de leur consommation actuelle. La hausse de l'épargne contribue alors à la croissance ; et 2) les investissements résidentiels et ce, dans la mesure où le secteur du bâtiment est un secteur où les gains de productivité sont faibles et la sensibilité des décisions d'embauche, aux variations de la conjoncture sont fortes. En définitive, une crise immobilière débouche non seulement sur une crise bancaire (*via* l'insolvabilité des ménages et une crise économique (risque de récession).

5. La titrisation se définit comme un montage financier, permettant à un établissement de transférer le risque de non-remboursement d'un crédit, en le transformant en produit financier qui sera vendu sur un marché. Chacun détient un peu de risque et cette dilution des titres (sains avec d'autres plus « *toxiques* ») auprès d'un nombre important d'agences financières, a permis, dans un premier temps, d'amortir le choc.

peut revêtir deux formes : soit rendre le travail plus attractif (le plus souvent par le biais de primes à l'embauche), soit rendre le non-travail moins attractif (en accentuant la dégressivité temporelle des aides sociales).

Trappe à pauvreté

La trappe à pauvreté fait référence à cette nouvelle catégorie de salariés que l'on nomme désormais les « *travailleurs pauvres* ». Depuis 1998, les emplois précaires ou à temps partiel sont devenus la première source de pauvreté. L'impôt négatif (Etats-Unis en 1975, et Royaume-Uni en 2005) ou encore la prime pour l'emploi instituée en France en 2000 cherchent à améliorer leur situation. En réalité, elle supprime la frontière entre revenu de l'activité et aide sociale.

Triangle d'incompatibilité

Le triangle d'incompatibilité énonce l'idée qu'un pays peut avoir un taux de change fixe et une politique monétaire indépendante s'il contrôle les mouvements de capitaux. Pour R. Mundell, il s'agit là d'une idée erronée. Effectivement, il affirme qu'en régime de changes flexibles et de parfaite mobilité des capitaux, la politique monétaire devient un instrument puissant et la politique budgétaire totalement inutile. L'inverse est vrai en régime de changes fixes. En d'autres termes, en régime de changes fixes, la politique monétaire doit être consacrée à la balance des paiements ; la politique budgétaire doit servir à dynamiser la demande intérieure.

Utilitarisme

L'utilitarisme prend des formes différentes selon que l'on croit ou non possible de mesurer les degrés de satisfaction (d'utilité, de bonheur) de chaque individu. Nous différencierons deux cas.

Premier cas : pour Jevons, Menger et Walras (néoclassiques de la fin du XIXe siècle), la satisfaction est mesurable (quantifiable). Dès lors, l'utilité totale ressentie par le consommateur est croissante mais, du fait d'une saturation des besoins, l'utilité marginale (d'une unité supplémentaire consommée) est décroissante. En extrapolant, toute situation qui augmente la somme des satisfactions individuelles est préférable : le sacrifice de certains agents (perte de satisfaction) se justifie si le bien-être de la collectivité (agrégation des satisfactions) est plus élevé. Cette position – déjà défendue par Bentham au XVIIIe siècle – développe un conséquentialisme welfariste qui met en avant l'utilité de l'acte, utilité mesurée exclusivement par le bien-être (le *welfare*). Dès lors, l'Etat doit raisonner sur les conséquences des actions, et non sur leurs motivations intellectuelles ou philosophiques. Au XIXe siècle, J.S. Mill propose d'inclure dans la satisfaction (l'utilité) des dimensions esthétiques ou spirituelles (comme la charité qui procure un sentiment de bien-être à celui qui la pratique).

Deuxième cas : pour Pareto, Slutsky puis Hicks et Samuelson (classico-keynésien du XIXe siècle), la classification est préférable à la quantification. Autrement dit, l'hypothèse est que les individus sont capables de ranger (classer) leurs préférences suivant un certain ordre (l'utilité est ordinale et non plus cardinale[6] comme dans le premier cas). Aussi, sommer des utilités individuelles n'a plus aucun sens. Pareto propose d'apprécier le bien-être collectif en définissant une situation où il n'est plus possible d'améliorer la satisfaction d'un individu sans réduire celle d'un autre : la situation est pareto-optimale. Pour y parvenir, l'Etat redistribue les richesses (distributions ou dotations initiales via la fiscalité par exemple). Pour Pareto, les individus peuvent ne pas échanger et consommer leurs dotations initiales respectives, mais les agents ne le feront pas, car l'échange leur permettra d'accroître leurs satisfactions. Cette question de l'intérêt général est posée avec la théorie classique et sera reprise dans les années 1970-80 par la théorie des choix publics (Ecole du *public choice*) : comment l'Etat doit-il arbitrer et en faveur de quoi ou de qui ? En l'espèce, comment prouver que la réduction de la pauvreté a une utilité positive compensant le coût supporté par ceux qui financent ces dispositifs ? L'argument se trouve souvent dans la relation travail et dans la réduction de la criminalité ou la délinquance que le non-travail est supposé induire. La protection sociale trouve ici des justifications utilitaristes.

Théorie du déversement

Selon la théorie du déversement d'A. Sauvy (1963), les gains de productivité dans un secteur suppriment des emplois et dégagent de la main-d'œuvre disponible pour le secteur en croissance. Par ailleurs, ce déplacement des compétences permet de répondre à l'évolution de la structure de la demande (loisirs, etc.). Cette perspective optimiste n'est néanmoins réalisable que s'il existe un système de reconversion des qualifications des individus licenciés provenant du secteur en déclin ou sujet à de forts gains de productivité. C'est pourquoi le passage du secteur primaire au secteur secondaire s'opère sans grande difficulté. Cependant, le transfert d'ouvriers industriels vers le secteur tertiaire (santé, loisirs, tourisme, commerce, petite enfance...) exige une politique de formation basée sur la reconversion de compétences. Inefficace, cette dernière crée un chômage durable structurel. Dès lors, un chômage paradoxal apparaît du fait de la coexistence de secteurs en pénurie de main-d'œuvre face à un taux de chômage important.

6. Baslé et al. (1993, p. 188) : « *les comparaisons interpersonnelles (entre des individus différents) d'utilité sont donc séparées des comparaisons intrapersonnelles (au sein d'un même individu)* ». Pour Pareto, il est impossible d'agréger des comparaisons interpersonnelles comme le propose la théorie de l'utilité cardinale.